Prophecy & Revelation

성경과 함께 읽는

에녹1서

마지막 때를 살아가는
모든 성도들이 읽도록 기록된 책

The Book of
Enoch

진리의집

마지막 때를 살아가는
모든 성도들이 읽도록 기록된 책

성경과 함께 읽는
에녹1서

머리말

에녹이 하나님과 동행하더니 하나님이 그를 데려가시므로

세상에 있지 아니하였더라(창 5:24)

에녹은 땅에서 하나님과 또한 천사들과 300년간 동행하다 죽음을 경험하지 않고 하늘로 승천했다. 에녹이 땅에서 하나님과 동행했던 그 300년의 삶은 어떠한 삶이었을까? 그에게 어떤 일이 있었고 그는 어떤 체험을 했을까? "에녹과 같이 하나님과 동행하고 하나님을 신뢰하고 하나님을 기쁘시게 하고 싶다!"라는 마음의 소원이 나를 이 여정으로 이끌어 왔다.

에녹은 히브리어로 「하녹ㅎ חנוך이라고 발음된다.¹

하녹의 첫 번째 의미는 '봉헌(奉獻)된 자', '드려진 자', '바쳐진 자'라는 뜻이다. 가인의 아들도 그 이름이 하녹이었지만 그는 세상 神에 드려지고 세속에 바쳐지고 죄와 악에 봉헌된 자가 되었다. 그러나 아담의 7대손 하녹은 하나님께 전적으로 헌신된 자, 하나님만을 위해서 자신의 삶이 드려진 자, 하나님이 기뻐하시는 거룩한 삶을 위해 바쳐진 자로서 '하녹'의 삶을 살았다.

하녹의 두 번째 의미는 '좋은 모델이 되어 가르쳐주는 스승'라는 의미이

---

1   하녹의 '하' 발음이 나는 히브리어 헤트ㄲ는 목구멍을 긁는 소리로 'ㅋ'과 'ㅎ'의 조합으로 표기해 보았다. '녹' 발음의 종성 'ㅋ' 소리인 카프ㄱ도 어미에서는 헤트ㄲ와 동일한 목구멍 긁는 소리로 발음됨으로 'ㅋ'과 'ㅎ'의 조합으로 표기해 보았다.

다. 메하네흐מחנ라고 하면 가정교사나 스승을 의미한다. 말로만 가르치는 선생이 아니라 앞서가며 삶으로서 좋은 표본이 되어주는 우리 모든 믿는 자들의 스승이며 선두주자라는 의미이다.

하녹의 세 번째 의미에는 '취임식을 거행하다'라는 뜻이 있다. 의로움 안에서 죽은 믿는 자들이 종말의 때에 가서 부활할 것이고 하늘로 들려 올려져서 하나님의 보좌 주위에 함께 앉혀지게 될 것이다. 그런데 하녹은 그것을 미리 앞서 경험해 본 자이고 하나님은 미래에 있을 일을 하녹에게 먼저 실행해 보시고 하녹을 하나님 보다는 조금 낮으며[2] 모든 천사들 보다는 높은 자리에 앉히시는 취임식을 미리 거행해 주셨다. 미래에 우리 인간을 위해서 거행될 영광스러운 취임식을 하나님은 하녹을 통해서 먼저 실행해 보신 것이다.

이런 지식이 내게 너무 놀라우며 높아서

내가 능히 그것에 미치지 못하나이다(시 139:6)

에녹서가 가지고 있는 세계관으로서 구약과 신약 성경의 세계관에 영향을 미친 사상들과 그 핵심 주제들은 다음과 같다.

1. 기독교가 고대 유대교의 한 분파에서 초기 기독교로 넘어오는 과정에서 가장 큰 영향을 미쳤던 인자(人子)사상(46장,48장)[3]

---

2 (시 8:5) 그를 하나님보다 조금 못하게 하시고 영화와 존귀로 관을 씌우셨나이다

3 예수님이 초림으로 유대 땅에 오셨을 때 스스로를 인자(人子)로 여기셨다. 당시 유대인들이 가지고 있던 메시아에 대한 이미지는 인자(人子) 사상에 그 기초를 둔다.

    a. 태초부터 '날들의 창시자'(성부聖父)와 함께 계시던 성자聖子

    b. 만물보다 선재先在하신 인자

    c. 태초 전부터 아버지에 의해 불려진 인자의 이름 그러나 창세
       전부터 감추어진 인자와 그 이름

    d. 이후에 택한 자들과 의로운 자들에게 계시될 인자

    e. 열방의 빛이며 애통하는 자들의 소망이신 인자

2. 7천년으로 설정해 놓은 전체 인류 역사의 시간 셋팅, 6천년 동안의 인
   류 역사와 제7천년의 천년왕국(6일과 제7일인 샤밭)

3. 마지막 때에 있을 의로운 자들을 위한 부활과 상급 그리고 악한 자들
   을 위한 심판과 징벌

4. 대속죄일에 행해지는 아자젤 의식과 종말 심판 때 모든 죄에 대한 책임을
   지게 될 타락한 감찰자 천사들의 관계(9:6; 10:4-8; 86:1-2; 88:1-3)

5. 부활 이후에 하나님보다 조금 못하지만 천사들보다는 더 높고 영화로
   운 존귀한 존재가 되도록 창조되어진 인간(인자와 인간 영화론 p139, 71:15;
   105:2))

6. 오는 세상(올람하바עולם הבא, World to come, 내세來世)의 첫 단계인 올람하티
   쿤(עולם התיקון, 천년왕국, 메시아 왕국 시대)과 오는 세상의 온전한 단계인 새
   하늘과 새 땅(91:16-17; 92:1)

7. 첫 창조에 속한 하늘과 땅은 인류 역사 7천년의 끝에 마감되어 사라지
   고 그 후에 새 창조에 속한 새 하늘과 새 땅은 새롭게 된 피조물과 함께
   영원한 무죄 세상으로 영원 무궁히 지속된다는 사상(72:1;계21:1)

8. 천사들의 이름들과 그들의 섬김, 각종 타락한 천사들이 땅과 사람에
   게 미친 악한 영향력들과 대적자(사탄)로서의 그들의 역할들(6:7; 8-9장;
   20:1~8; 40장; 54:6; 69:1-13; 71:8-9,13)

9. 반인반신의 존재들의 몸이 죽었을 때 나온 영들이 땅에 여전히 남아서 인간을 괴롭히는 땅에 속한 악한 영들(더러운 귀신들)의 기원이 됨(15:3-16:1, p76)

10. 귀신들이 허락받은 활동의 시기와 그들이 받게 될 정해진 때의 심판 (p79)

11. 하늘의 예루살렘과 땅의 예루살렘, 곧 하늘의 에덴과 땅의 동산

12. 과거 에덴-동산의 중앙이었으며 미래에 회복될 에덴-동산의 중앙인 예루살렘의 중심성

13. 집(성전)과 탑(하늘과 땅을 이어주는 통로), 거룩한 성전 위에 세워진 거룩한 하늘과 연결된 탑과 음란한 우상숭배 제단위에 세워진 악한 하늘을 이어주는 탑(89:50; 54-56장; 66-67장; 73장; 91:9)

14. 홀로코스트(유대인 대학살)와 현대 이스라엘의 재건 그리고 예루살렘을 중심으로 지구에 천년왕국이 시작되기 전까지의 현대 이스라엘의 역사 시나리오 (90:2-5)

15. 예루살렘을 중심으로 일어날 종말 전쟁 시나리오(중동을 중심으로 일어나는 3차 세계 대전과 메시아의 지상 재림 직전에 일어나는 아마겟돈 전쟁) (53-57장; 90:5-20)

16. 메시아의 지상 재림 직전에 예루살렘에 잠시 존재하게 될 제3성전과 천년왕국의 성전(90:28-29)

17. 제3성전에서 악한 천사들과 악한 지도자들과 눈먼 양들과 야생 양들에 대한 재판 후에 그들을 각각의 무저갱으로 던져 넣는 심판 집행 후 제3성전이 철거되고 천년왕국의 성전이 하늘로부터 세워짐. 천년왕국의 성전에서 부활한 성도들과 택함 받고 의로운 자들을 위한 상급과 보상과 칭찬의 심판이 집행됨.(90:20-32)

18. 만물을 존재하도록 한 창조의 능력인 그 이름과 만물이 유지되도록 만물을 붙들고 있는 그 이름이 가진 맹세의 힘(69:13-26)

19. 태양과 달의 행로와 법칙과 주기, 태양의 60주기, 달의 위상 변화 (72:33-37; 78장)

20. 아담부터 노아 홍수까지와 노아 홍수 이후부터 메시아의 재림까지 그리고 그후 땅에 있게 될 천년왕국에 대한 인류 역사 7천년을 그려주고 있는 동물 묵시(85-90장)

21. 변화 받은 유대인과 변화 받은 이방인이 새로운 인류(한 새 사람)를 이루어 성전에서 한 하나님을 섬기는 천년왕국 시대(90:33-39)

22. 인류 역사 7천년을 열 번의 7백년의 구조로 설명하고 있는 10주간 묵시(열 이레 묵시 91:12-93:10)

23. 마지막 때의 순간을 살아가게 될 성도들을 위한 위로와 소망의 메시지들 그리고 의인들을 위한 상급과 보상의 부활과 예비된 영예로운 보좌와 영생에 대한 기대들을 주는 메시지들 그리고 죄인들은 영원히 불타는 지옥에서 울부짖고 흐느끼며 심한 고통에 신음하게 될 것이라는 경고의 메시지들(91-108장)

이와 같이 구약과 신약 성경의 사상적 배경이 되어주었던 에녹서는 지금 우리가 정경을 읽을 때 성경을 더 깊이 이해할 수 있도록 돕는 배경 지식들을 제공해 주는 큰 유익을 준다. 이러한 유익함은 성경을 사랑하고 연구하는 사람들이 에녹서를 읽고 도움을 받아야 할 중요한 이유가 된다.

교회에서 에녹서를 언급하는 것만으로도 낯설게 느끼며 거부감과 걱정을 표시하는 사람들이 많은 것이 사실이다. 지금까지는 주님의 섭리에 의해서 감춰져 왔으니 당연한 일이다. 에녹서를 이야기하는 자들을 이단까지는 아니지만 이상하고 위험한 단체처럼 취급하기까지 하는 사역자들도 종종 있다.

지금까지는 에녹서의 사본들을 대조 연구해서 좀 더 신뢰할 만한 본문으로 제대로 읽어 볼 수 있는 공인된 한글 번역본이 부족하기도 했고 에녹서를 바르게 이해할 수 있도록 안내하는 잘 연구된 해설서도 없었기 때문에, 한 번이라도 제대로 읽어본 적 없이 기독교 역사 안에 오랫동안 자리 잡아 왔던 막연한 부정적인 인식들이 사역자들과 성도들의 마음에 브레이크를 잡게 하는 것은 당연한 반응이다.

그러나 이렇게 생각해보라. 초대교회 사도들과 성도들이 그들의 메시지에서 에녹서를 인용하고 언급하였으며 에녹서의 지식을 공유하였다라는 사실 때문에 지금의 교회가 초대교회 공동체를 이단적이었다라든지 이상하고 위험한 단체였다라고 평가할 수 있는 것일까? 오히려 예수님과 사도들과 초대교회 성도들이 당연하게 받아들이고 있었던 히브리적 관점이나 에녹서의 세계관 그리고 이러한 배경 지식을 바탕으로 기록된 신약성경의 주제들(앞 페이지에 있는 22가지 주제를 참고)을 후대의 교회들이 다르게 이해하고 해석하는 것이 더 이상하고 안타까운 현상이 아닐까?

에녹1서 1장과 마지막 장인 108장에는 이 에녹서가 마지막 때에 환난의 시대에 살아가게 될 성도들을 위해서 기록되었다고 명시하고 있다.[4]

---

4 (에녹1서 92:1b) 서기관 하녹(에녹)에 의해 쓰여진 이 완전한 지혜의 가르침은 땅 위에 살아가게 될 나의 모든 자녀들과 의와 샬롬(평화)을 지킬 마지막 세대들을 위한 것이다.

이것은 악하고 불경건한 모든 자들을 제거하기로 예정된 환난의 그 날들에 살아가게 될 택함 받고 의로운 자들을 축복한 하녹(에녹)의 축복의 말들이다… 이제 내가 말하는 것은 이 세대를 위한 것이 아니요, 앞으로 오게 될 멀리 있는 세대를 위한 것이다(1:1-2)

하녹(에녹)이 그의 아들 메투쉘라흐(므두셀라)를 위해 또한 마지막 날들에 하녹(에녹)의 뒤를 따르며 토라를 지킬 자들을 위해 쓴 다른 책(108:1)

나는 종말의 시대를 살아가는 모든 마지막 성도들이 읽도록 기록된 에녹1서를 모든 성도들이 읽고 유익을 얻게 되기를 바라며 에녹과 같이 하나님과 동행하다가 죽음을 보지 않고 하늘로 들려 올라가는 '에녹의 세대'로서 또한 '휴거의 세대'로서 당신이 준비되어지기를 축복한다.

일러두기

이 책에서 에녹1서 본문의 뼈대는 R. H. Charles(1912)의 영문 번역본을 기본으로 사용하였고 더 정확한 단어 선택과 문장 구조를 위하여 사본 간의 대조 작업을 하는 동안 쿰란 사본의 아람어 부분이 있을 경우 아람어를 우선 순위로 사용하였고 에티오피아어 사본들과 그리스어 사본을 대조하여 재검토한 후 번역하였다. 필요한 경우 에티오피아 고대어 Ge'ez 사전도 참고하였다. 오랜 시간 연구하여 결과물을 내어놓은 앞선 학자들의 노고에 감사의 마음을 표현하고 싶다.

본문 번역을 위해서 참고한 책과 사전은 아래와 같다. 그 외 참고서적은 부록에 있는 참고 문헌 리스트를 참고할 수 있다.

1. R.H. Charles. *The Book of Enoch or 1 Enoch*. 2nd ed. Oxford, 1912.

2. Milik, J. T., Black, Matthew. *The Books of Enoch: Aramaic Fragments of Qumran Cave 4*. Oxford, 1976.

3. Knibb, Michael A. *The Ethiopic Book of Enoch: A New Edition in the Light of the Aramaic Dead Sea Fragments*. Oxford, 1978.

4. Charlesworth, James H. The Old Testament Pseudepigrapha, Volume 1: Apocalyptic Literature & Testaments, 1983.

5. Black, Matthew. *The Book of Enoch or I Enoch*. Leiden: Brill, 1985.

6. Nickelsburg, George W. E., VanderKam, James C., *1 Enoch: The Hermeneia Translation*, 2012.

7. Leslau, Wolf. *Concise dictionary of Ge'ez (classical Ethiopic)*. Wiesbaden: Harrassowitz, 1989.

8. Leslau, Wolf. *Comparative dictionary of Ge'ez: (Classical ethiopic) Ge'ez-English/English-Ge'ez, with an index of the semitic roots*. Wiesbaden: Otto Harrassowitz, 1991.

1. 본문에서의 모든 인명 및 지명은 최대한 히브리어 원래 발음에 가깝게 번역하였다. 예) 하녹(에녹), 쉘(셋), 에노쉬(에노스), 야레드(야렛), 메투쉘라흐(므두셀라), 라멕(라멕), 노아흐(노아), 쉠(셈), 예펱(야벳), 네필림(네피림), 헤르몬(헐몬)

2. 한글 번역의 어감이 자연스럽지 못하더라도 단수와 복수를 정확하게 구분하였다. 예) '날(a day)' 과 '날들(days)'

3. 한글 성경 인용은 개역한글판을 기본으로 사용하였지만 필요에 따라 원어를 바탕한 직역을 사용하였다.

4. 숫자가 많이 나오는 경우는 아라비아 숫자를 사용하였다.

5. A.M. 은 라틴어 'Anno Mundi'의 약자로 아담 창조 이후 몇 년이 지났는지를 계수하는 연호이며 유대력과 같다.

6. 문단을 나누고 문단의 핵심 주제를 파란색 제목으로 넣어서 본문의 내용을 바르게 이해할 수 있도록 하였다.

7. 주제 박스와 각주의 주해를 통해서 에녹서 본문에서 말하고자 하는 히브리적인 관점들과 세계관들을 이해할 수 있도록 설명을 더하였으며 관련 성경 본문들도 함께 읽을 수 있도록 했다.

12 성경과 함께 읽는 에녹1서

Thanks to

예루살렘 진리의 집 Family로서 이 책이 나올 수 있도록 번역과 교정에 도움을 주신 분들(임하나, 홍윤정, 양바울, 박아인, 백에스더)에게 감사를 드립니다. 책이 출판될 수 있도록 기도해 주시고 지원해 주시고 기다려 주신 많은 분들에게 그리고 박미소 북디자이너와 출판의 모든 과정을 담당해준 디자인 아난의 백진영 대표에게 고마운 마음을 전합니다. 낳아 주시고 건강하게 길러 주실 뿐만 아니라 우리의 하는 모든 일을 함께 기뻐해 주시고 자랑스러워 해주시는 부모님들께 늘 감사드립니다.

나의 친구이며 동역자이고 현숙한 아내인 백에스더 목사에게 특별한 감사를 드립니다. 아빠의 긴 이야기들을 잘 들어주고 반응해준 세 아들에게 고마운 마음을 전합니다.

하나님! 저에게 이 일을 할 수 있도록 허락해주셔서 감사드립니다.

차 례

주제 상자 글 목록

[쿰란 4번 동굴에서 발굴된 아람어 에녹1서 4Q201(4QEnᵃ)]

위 사본의 본문은 하늘에서 내려온 감찰자 천사들이 땅으로 내려와 사람의 딸들을 아내로 취하여 네필림을 낳았으며 인류에게 비밀이었던 지식들을 드러내 주었다는 내용이 포함되어 있다. 이는 창세기 6:1-4과 관련된 이야기이며 위 아람어 사본은 에티오피아 에녹1서 5:4에서 7:1 사이의 내용과 일치하는 본문이다.

사진출처: Dead Sea Scrolls DIGITAL LIBRARY www.deadseascrolls.org.il

마지막 때를 살아가는
모든 성도들이 읽도록 기록된 책

에녹서에 대해서

에녹서의 과거와 현재

에녹서는 아담의 칠대 손 에녹[5]이 기록하여 므두셀라에게[6] 또한 노아에게[7] 전해주었고 홍수 이후에 노아에게서[8] 아브람에게까지 전달되어 읽혔으며 구약의 족장들에 의해 가보로 간직되어 전해 내려오다가[9] 출이집트 이후에 레

---

5 유다서 1:14-15에서 예수님의 친동생이며 야고보의 동생인 유다는 에녹1서 1:9을 직접 인용하면서 아담의 칠대 손 에녹이 에녹서를 기록하였다고 확인해 주고 있다. 유다의 이러한 견해는 유다의 개인적인 견해가 아니라 당시 주후 1세기 초대 교회가 받아들이고 있던 입장이었고 그 입장에 따라 유다는 성도들을 권면하기 위해 유다서를 적으면서 당시 권위 있게 여기던 에녹서를 직접 인용하며 서신서를 기록하고 성도들에게 보낸 것이다.

6 에녹1서 81장과 82장에 의하면 에녹은 승천하기 일 년 전에 하늘을 방문하고 내려와서 그가 보고 들었던 것을 366권(에녹2서 23:3)의 두루마리로 기록하여 남겼고 자녀들에게 가르쳤다. 에녹은 그의 아들 므두셀라에게 그 책들을 맡겨서 먼 훗날의 세대들에게까지 전달될 수 있도록 부탁한다.

(에녹1서 81:6) 일 년 동안 우리는 네가 너의 힘을 다시 얻어서 너의 자녀들에게 가르치고 그들을 위해서 이것들을 기록하여서 너의 모든 자녀들에게 증거하도록 너를 너의 자녀들과 함께 있도록 남겨 둘 것이다. 그리고 두 번째 해에 우리는 그들 중에서 너를 데려 갈 것이다.

(에녹1서 82:1) 이제 나의 아들 메투셀라흐(므두셀라)야, 내가 이 모든 것들을 너에게 자세히 말하고 너를 위해서 기록한다. 나는 너에게 모든 것을 계시하였고 이 모든 일들에 관한 책들을 너에게 적어 주었다. 내 아들 메투셀라흐(므두셀라)야, 네 아버지의 손으로부터 받은 그 책들을 잘 간직하여서 네가 그 책들을 영원한 세대들에게까지 전달할 수 있게 하여라.

7 에녹1서 68:1의 각주 설명 참조

8 교부 터툴리안은 '에녹의 예언서의 진정성에 관하여' 라는 글에서 에녹이 적은 책과 에녹이 전한 메시지가 므두셀라와 노아에게 전달되었고 그러한 지식의 전달이 홍수 이후에 계속되었음에 대해서 논하고 있다. Tertullian, "On The Apparel Of Women" (2004). *III. Concerning the genuineness of "The Prophecy of Enoch.*

9 (희년서 12:25-27) 25여호와 하나님께서 말씀하셨다. "아브람의 입과 그의 두 귀를 열어 주어라. 그래서 계시되었던 그 언어를 그가 듣고 입으로 말할 수 있게 하여라. 이는 (바벨탑이) 뒤엎어진 그 날로부터 인간의 모든 자녀들의 입에서 그 언어가 멈춰졌기 때문이다. 26나(천사)는 그의 입과 그의 귀와 그의 입술을 열어주었고 나(천사)는 창조의 언어인 히브리어로 그와 말하

위인 제사장들에 의해 보관되어 오다(신 17:18-19 미쉬네 하토라 하쫄התורה המשנה הזאת), 선지자들의 비밀 교본으로 사용되었던 것으로 보인다. 바벨론 포로 귀환 이후 헬라 제국 후기에 극심한 유대교 말살 정책으로 토라가 불태워지던 시기에 종말론적 신앙과 묵시 문학이 부흥하던 시대적인 분위기에 발맞춰 여러 개의 사본들로 필사되어져[10] 하시딤 하리쇼님הראשונים חסידים들(경건한 유대 종파들)에 의해 소장되어 읽혔으며 그후 고대 유대인들과 초기 기독교의 교부들에 의해 '성서'로서 여겨지며[11] 경건한 사람들에 의해 읽혔지만 시간이 흐

기 시작했다. 27그는 히브리어로 기록된 그의 조상들의 책들을 꺼내어 그 책들을 필사하였으며 그때부터 그는 그 책들을 연구하기 시작했다. 나는 그가 이해할 수 없었던 것을 그에게 알게 하였으며 그는 우기 6개월 동안 그 책들을 연구하였다.

바벨탑이 무너지고 언어가 혼잡하게 되어 그 결과 70민족들이 분산되게 된 사건을 '뒤엎던 그 날'이라고 표현하고 있다. 노아의 홍수 이후부터 한 동안 히브리어가 유일한 언어였지만(홍수 이전에 히브리어 외에도 다른 언어들이 있었을 가능성도 있다) 바벨탑 사건 때 히브리어는 사라지고 잊혀져 여러 민족의 언어들로 분산되어서 언어별 종족별로 민족들이 나뉘게 되었다. 아브람이 갈대아 우르를 떠나기 12년 전에 바벨탑이 뒤엎어진 사건이 있었고 갈대아 우르를 떠나 하란에 도착한 후 14년을 지난 후에 하나님의 명령으로 천사가 아브람에게 히브리어를 듣고 말할 수 있도록 입을 열어 주었고 가르쳐주었다. 26년 만에 히브리어가 듣고 말하는 언어로 다시 부활한 것이었다.

10   쿰란 4번 동굴에서 발견된 아람어와 히브리어 에녹서 사본들은 이 시기에 여러 사본들로 필사된 에녹 문헌들 중에서 발견되어진 몇 개의 사본들인 것으로 보인다. 이러한 이유 때문에 대부분의 학자들이 쿰란 4번 동굴에서 발견된 에녹서 사본들의 연대를 주전 4세기에서 주전 1세기 사이로 보게 되는 것이다. 예를 들어 학자들이 감찰자들의 책의 기록 연대를 주전 300-200년이라고 추정하는 것은 그 사본이 그 시기의 것으로 보이기 때문이라는 의미이지 그 이전 시대에는 없었는데 주전 300-200년에 창작되었다라는 것을 의미하는 것이 아니다.

에녹의 책들(일부 노아의 책)은 소중한 가보로서 족장들을 통해서 그리고 소수의 사람들을 통해서 귀중하게 간직되어 내려오다가 주전 4세기에서 주전 1세기 사이에 경건한 자들에 의해서 그 원자료를 바탕으로 여러 사본들로 기록되고 정리되어져서 소장되어 왔던 것이다.

11   에녹1서는 유다뿐만 아니라 주후 2세기 초의 바나바의 서신, 베드로의 묵시와 수많은 변증 작품에서도 많이 직간접 인용되었다. 당시 예수 믿는 유대인 공동체들이 그러했듯이 초기 이방인 기독교인들도 에녹1서를 받아들이며 사용했다. 주후 2-3세기 교부시대에 많은 교회 지도

르며 유대교와 기독교 세계에서 그 전권은 오랫동안 자취를 감추게 되었다.

1773년 에티오피아를 방문했던 스코틀랜드 탐험가 James Bruce가 세 권의 에녹1서를 유럽 기독교 세계로 가지고 오게 되면서 에녹1서 전권이 에티오피아 정교회에서는 희년서와 함께 정경으로서 보존되어 왔다는 사실이 알려지게 되었다. 그러나 그 이후에도 아주 극소수의 사람들에게만 관심을 받아오던 에녹1서가 학자들에 의해서 학문세계에서 관심을 받기 시작한 것은 1952년 9월 쿰란 4번 동굴에서 발견된 사본들 중에서 아람어(일부 히브리어)로 된 에녹1서가 존재한다는 사실이 J. T. Milik에 의해서 확인되면서부터였다.[12] 그는 쿰란 4번 동굴에서 발견된 에녹 문헌들에 대해서 정리된 자료들을 1976년 책으로 내어 놓으로써 학문계에 소개하였지만 21세기에 들어서야 에녹서에 대한 학계[13]의 관심은 더 늘어나 에녹 문헌들과 문헌들 속에서 발견되어지는 에녹 전승들(Traditions)에 관한 자료와 논문들이 쏟아져 나오게 되었다. 그 예로 2000년부터 2007년 7년간 공식적으로 학계에 보고된 관련 논문들과 책들이 총 214편이나 출간된 것으로 확인된다.[14]

자들도(2세기 순교자 저스틴Justin Martyr, 2세기 이레네우스Irenaeus, 2세기 알렉산드리아의 클레멘트Clement of Alexandria, 3세기 오리겐Origin) 에녹1서에 영향을 받고 그 내용을 언급하였다. 터툴리안Tertullian(주후160-230)은 에녹1서를 '거룩한 성서(Set-apart Scripture)'라고 불렀다. 많은 교부들과 변증가들에 의해서 에녹1서는 정경적인 책의 무게감을 가지는 것으로 여겨졌었다. Henry Hayman, "The Book of Enoch in Reference to the New Testament and Early Christian Antiquity," *The Biblical World* 12.1 (1898): 37–46.

12 J. T. Milik Black, Matthew, *The Books of Enoch: Aramaic Fragments of Qumran Cave 4* (Oxford, 1976). vi.

13 Enoch Seminar: Founded in 2001 by director Gabriele Boccaccini, the Enoch Seminar is an open and inclusive forum of international specialists in early Judaism, Christianity and Islam. http://enochseminar.org/

14 에녹 문헌 연구를 위한 Bibliography를 참고할 수 있는 곳은 다음과 같다. James Waddell, "Enoch And The Enoch Tradition: A Bibliography, 2000–Present" (2007): 337–47.

히브리 성경의 정경 형성의 과정과 유대교에서 금서가 된 에녹1서

구약 히브리 성경이 하나님의 섭리 안에서 39권으로 정경화 되었던 것은 주후 70년의 예루살렘 성전 파괴 20년 후인 주후 90년 무렵 이스라엘의 지중해 해변에 가까운 마을 야브네에 모였던 유대 랍비들에 의해 주최된 '얌니아 회의'에서 결정된 것이라고 일반적으로 받아들여지고 있다.

개신교는 얌니아에서 요하난 벤 자카이(Yohanan ben Zakkai)를 중심으로 모인 유대 랍비들이 정경으로 채택한 구약 24권(현재 개신교의 구약39권과 동일)을 종교개혁자들을 시작으로 개신교의 구약 정경으로 받아들여 오늘날까지 사용하고 있다.

이와 달리 주전 3-2세기경 그리스어로 번역되어 주로 헬라파 유대인들에 의해 받아들여져 사용되어 오던 알렉산드리아 정경인 70인역은 46권으로 구성되어 있으며 이 46권의 구약 정경은 기독교가 종교개혁 이전까지 약1500년 동안 사용해오던 구약 정경 목록이었지만 종교개혁 이후 현재 개신교에서는 정경으로 인정하지 않는 일곱 권[15]의 책 목록이 정경으로 포함되어 있다.

주후 70년 예루살렘 성전이 무너졌고 이스라엘 나라가 망하여 없어진 위기 상황에서 남은 유대인들은 바리새파 전통의 랍비 유대교를 견고하게 해야 할 필요성에 직면하게 되었으며 또한 유대인과 이방인들 사이에서 급성장하는 신흥 종교인 기독교가 예슈아를 메시아로 믿고 주장하는 것에 대한 유대교의 입장을 분명히 해야 했었다. 헬라파 유대인들이 주로 사용하던 70인역

James H Charlesworth, *The Old Testament Pseudepigrapha, Volume 1: Apocalyptic Literature & Testaments*, 1983. 337-47.

15 토빗기, 유딧기, 마카비 상, 마카비 하, 지혜서, 집회서, 바룩서까지 7권과 다니엘서 3장의 일부분, 에스더서 일부분을 포함

정경의 목록뿐 아니라, 새롭게 권위를 부여 받고 있는 기독교 경전인 신약 서신들이 회람되어 기독교에 의해 읽혀지고 전파되고 있는 분위기에 자극 받게 되는 점 등의 여러가지 시대적인 긴장감 속에서 바리새파 유대인들에게 자체적인 정경화 작업이 요구되었던 것이다.[16] 이런 정경 목록의 결정과정에 어떤 책을 정경목록에 포함하거나 배제할지에 대한 많은 토론과 논쟁이 있었으며 정경 목록의 결정 이후에도 샴마이 학파와 힐렐 학파의 견해 차이에 따라 아가서와 전도서와 에스더서의 정경성에 대한 논쟁도 한동안 계속되었다.[17]

랍비 유대교의 이러한 정경 목록에 대한 계속되어진 논쟁 과정에서 에녹 1서가 랍비들에 의해서 유대인들에게 금서가 되는 역사적인 과정이 있었다. 랍비 아키바Akiva의 제자인 랍비 시몬 벤 요하이Shimon ben Yochai(주후160)는 랍비들이 에녹서를 비밀스럽게 사용해왔지만 일반인들이 에녹서를 읽고 잘못 이해하고 인도함 받을 것을 염려하여 금서가 되게 했다.[18]

---

16 Charlesworth, *The Old Testament Pseudepigrapha, Volume 1: Apocalyptic Literature & Testaments*. xxiii.

17 Mishnah Yadayim 3:5에는 아가서와 전도서에 대한 랍비들의 치열한 논쟁들을 소개하면서 다음과 같은 각자의 의견들이 적혀있다. 아키바: "아가서와 전도서는 손을 부정하게한다." 랍비 요세: "전도서는 손을 부정하게 하지 않지만 아가서에 대해서는 논쟁이 있다." 랍비 시몬: "전도서를 다루는 것은 샴마이학파의 관대함 중에 한 부분이며 힐렐학파의 엄격함 중에 한 부분이다." 랍비 쉬몬 벤 아자이: "나는 72장로들이 랍비 엘라자르 벤 아자리아를 학회의 장으로 임명했을 때 72장로들로 부터 전통을 이어받았다. 아가서와 전도서는 손을 더럽힌다." 랍비 아키바: "그것으로부터 멀리 떨어져 있어라! 이스라엘의 어떤 자도 아가서가 손을 더럽히지 않는다고 말하면서 논쟁하지 못한다. 온 세상은 아가서가 이스라엘에 주어졌을 당시만큼 자격이 있지 못하다. 모든 성문서들은 거룩하지만 아가서는 가장 거룩한 지성소이기 때문이다. 그들이 논쟁할 것이라면 전도서에 대해서만 논쟁할 것이다." 랍비 아키바의 사위 랍비 요난나 벤 요슈아: "벤 아자이의 말에 따라 그들은 그렇게 논쟁했고 그렇게 결론에 도달했다."

18 James Scott Trimm, *The Book of Enoch Study Edition* (The Worldwide Nazarene Assembly of Elohim, 2017).10.

"랍비 시몬은 말하길: 내가 만약 거룩하신 분께서 인류에게 에녹서와 아담서를 주었을 그때 살아있었다면 나는 그 책들이 유포되는 것을 막으려고 노력했을 것이다. 왜냐하면 모든 지혜자들이 다 적절한 주의를 기울여서 이 글을 읽는 것이 아니며 그 책으로부터 왜곡된 사상들을 이와 같이 뽑아 내기 때문이다. 그것은 가장 높으신 분으로부터 벗어나서 이상한 힘을 경배하게 하도록 인도한다. 자, 그러나 이 모든 것을 이해하는 지혜자는 그 책들을 비밀로 함으로써 그들의 주님을 섬기는 일에 그들 자신을 강화시킨다."[19]

당시 유대교의 한 당파로[20] 출발한 기독교가 유대교를 압도하며 많은 추종자들이 증가하면서 더 이상 유대교의 한 종파가 아닌 독자적인 이방인의 한 종교로서 자리를 잡아가는 과정을 걷고 있을 때, 유대교와 기독교의 신학적 민감한 갈등의 주제들을 다루고 있는 에녹서가 유대인들에게 불편해지기 시작했다. 특히 에녹서에서 언급하는 인자사상과 메시야 사상은 당시 예슈아를 메시아로 믿는 신흥 종교였던 기독교를 강력하게 지지해주는 것으로 그들 눈에 보여졌기 때문에 랍비 유대교의 랍비들은 에녹서가 유대인들을 잘못된 곳으로, 왜곡된 사상으로 즉, 기독교로 인도함을 받도록 하는 위험성으로부터 보호하기 위해서 에녹서를 랍비 유대교에서 금서가 되도록 만들었다.

시몬 벤 요하이Shimon ben Yochai와 비슷한 시기에 활동하던 교부 터툴리안(주후155-240)은 그의 글 '에녹의 예언서의 진정성에 관하여' [21]에서 아래와 같이 논했다.

---

19 Zohar 1:72b

20 사도행전 24:5 나사렛 이단의 우두머리라. αἵρεσις(hairesis)는 당시에는 '이단'이라는 단어가 아니라 한 분파나 종파를 의미하는 단어로 사용되었다.

21 Tertullian, "On the Apparel of Women" (2004). III. *Concerning the genuineness of "The Prophecy of Enoch.*

그러나 그 동일한 성서(에녹의 예언서)에서 에녹은 주님에 관하여
이와 같이 설교했었다. 우리(기독교)와 관련된 어떤 것도 우리(기독교)에
의해서 거절되지 말아야 할 것이다. 그리고 우리는 "덕을 세우기에 적합한
모든 성경(에녹의 예언서를 포함)은 신적인 영감을 받은 것이다"라고 읽는다.
이러한 이유[22]로 인해 에녹서는 현재 유대인들에 의해서 버려진 것으로 보인다.
이것은 그들이 그리스도에 관해서 말해주는 모든 다른 구절들을 받아들이지
않는 것과 같은 이유이다. 유대인들이 그리스도에 관해서 말하고 있는
성서들을 받아들이지 않는다는 사실은 놀라운 일이 아니다. 그리스도는 심지어
유대인들의 목전에서 직접 대면하여 말씀하였음에도 그들은
그분을 받아들이지 않았었다. 사도 유다의 서신에서도 에녹의 증언이
언급되고 있다는 사실이 이러한 고려 사항에 추가되어야 한다.

터툴리안은 당대 기독교와 유대교에서 예수님의 메시아되심에 대한 강력한 증언의 메시지를 담고 있는 에녹서가 성서의 권위로 받아들여져야함을 피력했었다.

에녹 세미나: 에녹 유대교의 재발견

이러한 구약 히브리 성경의 정경화 작업 이전에 정경과 더불어 함께 읽혀 졌을 뿐 아니라 정경의 형성과정에 중요한 배경을 제공해왔던 에녹계 문헌들에 대한 학계의 깊은 관심은 2001년부터 격년으로 진행되고 있는 에녹 세미나Enoch Seminar(2021년 11차)를 통해 나타나고 있는데 이 세미나를 통해서 다음과 같은 내용이 발표되었다.

---

22   에녹서가 예수님을 메시아(그리스도)라고 증언해주고 있는 이유

여전히 정경의 경계선boundary에 의해 넓게 나누어진 학문 안에서
에녹서 연구는 우리에게 우리의 전문 분야와 우리의 경계선boundary을 깨고
나올 기회를 주며 다른 전문 분야와 다른 접근들에 주의 깊게 귀 기울이도록
우리를 독려한다. 에녹서는 오랫동안 서있던 분리 장벽들을
찢어 내리기 위한 효과적인 도구임이 입증되어왔다.[23]

에녹계 문헌들에 대한 연구과정에서 미시간 대학교에서 중동학부의 초기 기독교학과 유대학 교수인 가브리엘 보카치니 Gabriele Boccaccini는 에세네 파의 현대식 이름을 '에녹 유대교'로 새롭게 제시하면서 에녹계 문헌들을 보 유하고 있던 '에녹 유대교'의 유대 분파들과 '쿰란 공동체'가 서로 관련이 있 다고 설명하고 있다.

에녹 유대교는 에세네파의 주류 몸통에 대한 현대식 이름이다.
쿰란 공동체는 에녹 유대교로부터 분리되어 나온 과격하고 급진적이며
반체제적인 변두리의 분파이다.[24]

또한 가브리엘 Gabriele은 마카비 시대(주전166-143) 이전 어느 시대부터 이미 '에녹 유대교'가 존재해 왔으며 어느 시점부터는 '예루살렘 제사장 기득권층과 충돌이 있었다'라는 사실을 인정하는 사람들이 늘어나고 있다고 말하고 있다.

여전히 분명한 정의를 내릴 순 없지만 실제로 사회적 실체였던 '에녹 그룹'

---

23 "The Early Enoch Literature," *Journal for the Study of Judaism* 367 (2007). viii.

24 Gabriele Boccaccini, *Beyond the Essene Hypothesis: The Parting of the Ways between Qumran and Enochic Judaism* (Grand Rapids, Mich.: William B. Eerdmans Pub, 1998). 16.

즉, 예루살렘 제사장 기득권층과 서로 충돌을 읽으켰던 지성적 전통('에녹 유대교')이

마카비 이전 시대부터 존재해 왔음을 인정하는 사람들이

이제 우리 중에서 점점 증가하는 것 같다.[25]

쿰란 공동체를 포함하여 쿰란 공동체와 비슷한 성격을 가진 더 큰 부류의 하시딤 하리쇼님(경건한 유대 종파들)[26]을 현대적 이름으로 '에녹 유대교'라 이름을 부여하게 되는 이유는 에녹 문헌들이 당대에 쿰란 공동체와 에세네파를 포함한 하시딤 공동체들에게 상당히 중요한 영향을 미치고 있었다라는 공통점이 발견되기 때문이다.

우리 중 많은 자들은 확신하기를 에녹의 사상은 에세네파와

쿰란 공동체의 등장에 결정적인 영향을 아주 많이 주었으며

그래서 몇몇 사람들은 에세네파와 쿰란 공동체의 근원들이

사독 운동 보다는 에녹 운동으로 거슬러 올라가는 것으로 보고 있다.[27]

고대 유대교와 초기 기독교 영역에서 국제적으로 저명한 36명의 학자들이 함께 했던 제1회 에녹 세미나(2001)의 결과물로서 나온 회보 *에녹 유대교*

---

25 "The Early Enoch Literature." 326.

26 경건한 유대 종파들을 의미하는 하시딤 하리쇼님הסידים הראשונים은 마카비서에 세 번 언급되고 있으며 바리새파나 에세네파의 전신(前身)으로 여겨진다. (마카비상 2:42) 그들은 용감한 사람들이었고 모두 *경건하게 율법을 지키는 사람들*이었다.

그들은 헬라군과 전쟁 중에도 광야에서 안식일을 지켰으며 헬라군이 칼로 목을 베는 중에도 안식일을 어기지 않기 위해서 죽음을 선택할 정도로 경건한 자들이었다.

27 "The Early Enoch Literature." 326.

*의 기원들The origins of Enochic Judaism*의 서문에서 가브리엘은 에녹 세미나를 통한 열매를 아래와 같이 평가하고 있다.

> 에녹 유대교의 재발견은 제2차 성전시대 유대교 분야에 대한
> 최근 연구의 주요한 업적들 중에 하나이다.[28]

이처럼 '에녹 유대교'라는 명칭을 제2차 성전 시대의 하시딤 하리쇼님(경건한 유대교 종파들)에게 부여함으로써 그들의 정체성을 되찾아 준 것과 그들이 에녹 문헌에 의해 절대적이며 공통적인 영향을 받았다는 역사적 사실을 다시 인식하게 된 것을 학계에서는 21세기 학계의 주요한 업적이라 평가하면서 에녹 문헌, 에녹 사상, 에녹 공동체와 에녹 유대교가 제2성전 시대의 연구에서 그동안 간과되어 왔던 중요한 역사적 주제임을 부각시키고 있다.

에녹 유대교의 한 분파인 나사렛 당파 사람들

초대교회 전승들을 수집해 온 신학자인 바르길 픽스너 Pixner는 그의 책 *With Jesus through Galilee According to the Fifth Gospel*에서 다윗의 직계 혈통 중의 한 분파로서 다윗 왕가였던 나사렛 사람들도 극히 보수적인 하시딤 하리쇼님(경건한 유대 종파들)의 한 분파로 여겨지던 유대교 종파였다고 분류하고 있다. 다윗의 직계 혈통들로 구성된 그들은 바벨론 포로에서 돌아와 버려진 마을에 정착하였는데 이후 그들은 나사렛 사람들[29]이라 불리게 되었다는 것이다.

---

28 Gabriele. Boccaccini Argall, Randal A., Enoch Seminar, "The Origins of Enochic Judaism: Proceedings of the First Enoch Seminar, University of Michigan, Sesto Fiorentino, Italy, June 19-23, 2001" (Torino: S. Zamorani, 2002). 9.

29 Bargil Pixner, *With Jesus through Galilee According to the Fifth Gospel / Bargil Pixner* (Rosh Pina: Rosh Pina: Corazin, 1992). 16-17.

또한 나사렛 마을에 살던 나사렛 예수의 친동생이었던 나사렛 당파(하시딤 하리쇼님) 유대인 유다가 유다서 1:14-15에서 에녹1서 1:9을 '직접 인용' 한 것을 볼 때 에세네파와 쿰란에 모였던 야하드 공동체와 더불어 나사렛 사람들도 큰 부류안에서 하시딤 하리쇼님으로서 에녹 문헌들을 보유하고 있던 에녹 유대교로 분류되어질 수 있을 것이다.

당시 예수님 또한 에녹 유대교로 특징되어지는 하시딤 하리쇼님의 영향 아래 계셨다고 보여지며 에녹 문헌들의 내용과 에녹서로부터 습득한 배경지식을 능숙하게 인지하고 계셨음을 유추해 볼 수 있다.

에녹서에 대한 열린 마음으로의 초대

히브리 성경의 저자들은 20권 이상의 비 정경 자료에서부터 50회 이상 역사 속에 사라진 원자료들을 참고하거나 인용하거나 언급했다.[30] 정경의 저자들에 의한 비 정경 자료들의 사용도 하나님의 섭리 안에서 이루어진 일임을

---

30 구약 히브리 정경의 저자들이 성경을 기록하고 정리할 때 그들이 참고했던 문헌들 제목은 아래와 같다.

여호와의 전쟁기(민 21:14), 야살의 책(수 10:13; 삼하 1:18), 사무엘의 책(삼상 10:25), 솔로몬의 행적(왕상 11:41), 다윗 왕의 역대지략(대상 27:24), 선견자 사무엘의 글, 선지자 나단의 글, 선견자 갓의 글(대상 29:29), 선지자 나단의 글, 실로 사람 아히야의 예언, 선견자 잇도의 묵시 책(대하 9:29), 선지자 잇도의 주석 책(대하 13:22), 하나니의 아들 예후의 글(대하 20:34), 열왕기 주석(대하 24:27), 호새(선견자들)의 사기(대하 33:19), (아하수에로 왕의) 궁중 실록, 역대 일기(에스더 2:23; 6:1).

위의 목록 중에서 현재까지 전해지는 책은 '야살의 책'이다. 사도 바울은 야살의 책에서만 나오는 정보를 디모데후서 3:8에서 인용하였다. A.D.1세기의 랍비 엘리아자르Eliazar의 작품에서도, 그 후 미쉬나와 탈무드에서도 야살의 책은 많이 인용되고 있다. 그러나 여러 세대를 걸쳐 여러 사람들이 보충하고 추가하는 방식으로 쓰여진 야살의 책의 내용을 어디서부터 어느 정도까지 받아들일 수 있을지에 대한 논쟁의 여지가 있다.

생각해 보아야한다. 성경의 내적인 증거로서 성경이 인정하고 있는 비 정경 자료들의 사용을 염두에 둘 때 그러한 비 정경 자료을 무가치하다거나 정경과 무관하다라고 쳐낼 수 없는 것이다. 'Sola Scriptura'를 선포하는 자들이라면 성경 자체가 인정해주고 있는 성경의 참고 자료들에 대해서도 관심을 가지고 살펴보아야할 것이다.

비록 에티오피아 정교회를 제외한 모든 기독교계에서는 오랫동안 에녹서와 희년서가 잊혀졌었고 그들처럼 두 책을 정경으로 여기지는 않고 있지만 고대 유대교와 초기 기독교에 지대한 영향을 미쳤던 '에녹 유대교'에 대한 학계의 이러한 새로운 이해로 인해 정경 형성의 사상적, 신학적인 배경이 되어주었던 에녹 문헌들과 사상을 연구함으로써 이 마지막 때에 성도들이 성경을 이해하고 이 시대를 해석하는 데 새로운 지평을 열 수 있게 될 것을 기대한다.

마지막 때를 살아가는
모든 성도들이 읽도록 기록된 책

성경과 함께 읽는 에녹1서

제1권

감찰자들의 책

(1~36)

본문 구조

Ⅰ. 도입부(1-5)

1:1-2　　　마지막 때에 있을 환란의 시대를 살아가게 될 의로운 자들을 위해 기록된 에녹서

1:3-9　　　주님께서 심판하시려 그분의 하늘 처소에서 떠나 땅으로 내려오심

2:1-5:3　　우주 만물과 천체들과 계절과 자연의 순종

5:4　　　　그러나 계명들을 어기고 도를 넘어선 죄인들

5:5-7　　　저주받은 자들 VS 택함 받은 자들

5:8-9　　　택함 받은 자들의 부활과 영원한 무죄의 상태

Ⅱ. 홍수 심판과 종말의 큰 심판 그리고 그 후 오게 될 천년왕국(6-11)

홍수 심판이 오도록 땅과 사람들을 부패하게 한 타락한 감찰자들인 쉐미하자와 그 무리들 & 네 천사장의 중보(6-9)

6:1-8　　　쉐미하자가 이끄는 200명의 감찰자들이 헤르몬 산으로 내려오다

7:1-6　　　감찰자들이 사람들의 딸들 사이에서 태어난 거인들, 거인들이 낳은 네필림, 네필림이 낳은 엘료드. 그들이 여자들에게 마법, 주문 및 뿌리 자

Ⅲ. 꿈 환상을 통한 에녹의 하늘 방문(12-36)

에녹의 메시지(12-13)

12:1-2   땅에서 감찰자들과 동행하던 에녹이 천사들의 안내로 하늘을 방문하다

12:3-5   땅에 내려온 선한 감찰자들이 타락한 감찰자들에게 전할 심판의 메시지를 의의 서기관 에녹에게 전달하다

13:1-3   에녹이 아자젤과 쉐미하자의 무리들에게 선고의 메시지를 전달하다

13:4-7   타락한 감찰자들이 에녹에게 주님께 전할 탄원서를 요청하다

13:8-10   에녹이 꿈 환상에서 받은 심판과 책망의 메시지

타락한 감찰자들을 책망한 말씀의 책(14)

14:1-3   감찰자들을 책망하도록 예정된 에녹

14:4-7   너희의 탄원은 영원히 거절되었으며 너희에게는 샬롬이 없을 것이다!

14:8-14   에녹이 불의 혀들을 지나 우박들로 만들어진 큰 집에 들어가 엎드리다

14:15-25 에녹이 불의 혀로 지어진 더 크고 영광으로 찬란한 집안에 있는 높이 들린 보좌에 앉으신 위대하신 분 앞으로 나아가다

보좌에 앉으신 분께서 에녹에게 감찰자들에 대한 심판을 말씀하시다(15-16)

15:1-2   타락한 감찰자들의 탄원에 대한 주님의 응답

에녹이 하늘과 땅의 여러 장소들을 방문하다(17-23)

21:7-10   범죄한 천사들을 위해 예비되어 있는 영원한(무한한) 감옥

22:1-14   부활과 큰 심판의 날이 이르기까지 죽은 자들이 머무는 네 장소(음부들)

23:1-4   서쪽의 땅의 끝들에서 쉬지 않고 궤도를 달리며 하늘의 모든 광명체들을

           궤도에 따라 돌게하는 불

셋째 하늘의 에덴(낙원/하늘 시온/하늘에 있는 예루살렘)과 생명나무(24-25)

24:1-2   하늘에 있는 일곱 웅장한 산

24:3-6   일곱 번째 산 위에 있는 보좌를 둘러싼 향목들 중의 한 나무(생명나무)

25:1-3   큰 심판 때에 땅으로 내려와 예루살렘에 놓일 보좌가 될 하늘에 있는

           보좌의 산과 그 보좌를 둘러 있는 생명나무

25:4-7   큰 심판 이후 의롭고 거룩한 자들에게 양식으로 주어지게 될 생명

           나무 열매

땅 중앙에 있는 동산(땅의 시온/땅의 예루살렘)을 방문함(26-27)

26:1-6   에덴-동산의 중앙 자리였으며 땅의 중앙인 예루살렘의 지형 묘사

27:1-3a   힌놈의 골짜기(게힌놈)에서 저주받은 자들에 대한 공의의 심판이 집행

           되는 광경이 의인들이 보는 앞에서 영원히 집행됨

27:3b-5   자비를 베푼 자는 심판대 앞에서 그 베푼 자비로 인해 배당된 보상을

           받고 주님을 찬송함

동방의 땅들에 있는 각종 향기나는 나무들(28-31)

선악의 나무가 있는 의의 동산(32)

땅의 끝들과 하늘의 열린 문들(33-36)

마지막 때에 있을 환난 시대를 살아가게 될 택함 받고
의로운 자들을 위해 기록된 에녹서

1 이것은 악하고 불경건한 모든 자들을 제거하기로 예정된 환난의 그 날들에 살아가게 될 택함 받고 의로운 자들[31]을 축복한 하녹(에녹)의 축복의 말들이다.

2 하녹(에녹)은 대답하여 말하였다. "주님에 의해 눈들이 열린 의로운 자 하녹(에녹)은 하늘에서 거룩한 장면을 보았는데 이는 그분이 나에게[32] 보여준 것이다. 나는 감찰자들[33]과 거룩한 자들로부터 이 모든 것을 들었고 나는 내가 본 것을 이해했으나 이제 내가 말하는 것은 이 세대를 위한 것이 아니요, 앞으로 오게 될 멀리 있는 세대를 위한 것이다."[34]

---

31 '택함 받고 의로운 자들' 또는 '택함 받은 자들과 의로운 자들'은 에녹1서 제2권 비유들의 책에서 짝을 이루어 나오는 표현이다(에녹1서 38:3,4; 39:6,7; 48:1; 58:1.2; 61:13; 62:12,13,15; 70:3).

32 3인칭에서 1인칭으로 전환된다. 에녹1서 13:1 참조

33 여기서 감찰자들(아람어로 이린 עִירִין Watchers)은 주로 하나님께서 다섯째 하늘에 배치해 두신 천사들을 지칭한다. 그러나, 다섯째 하늘에 배치된 천사들이 아니더라도 감찰(감시, 순찰)의 역할과 사명을 받고 보냄 받은 천사를 아람어 에녹1서에서는 이린 עִירִין이라는 단어를 사용했다(에녹1서 22:6 참조). 홍수 이전 야레드(야렛)의 시대에 땅을 부패하게 하고 사람을 타락시켜서 대홍수의 심판이 이르도록 주도했던 타락한 감찰자들도 땅에 내려와서 활동하였지만 타락하지 않은 거룩한 감찰자들의 활동과 그들의 역할도 있었다. 에녹이 하나님과 동행하던 300년 동안 선한 감찰자 천사들이 에녹과 함께 하였다(12:2). 타락한 감찰자들에게 메시지를 전달하기 위해서 거룩한 감찰자들이 에녹에게 내려와서 메시지를 전하라고 할 때도 거룩한 감찰자들의 활동이 나타난다(12:3-6). 다니엘서에도(4:13, 17, 23) 다니엘을 통하여 느부갓네살의 꿈 환상을 해석하는 과정에서 거룩한 감찰자들의 활동이 나타난다.

34 300년을 하나님과 동행하며 하늘과 땅을 오가다 A.M.(아담 창조 이후) 987년에 승천했던 에녹이 남긴 메시지의 주요 주제는 약 5천 년 후에 있을 인자의 강림, 그분의 큰 심판, 땅이 회복되어 진리와 샬롬(평화)이 통합된 천년왕국이 있을 것에 대한 예언이다.

주님께서 심판하시려 그분의 하늘 처소에서 떠나 땅으로 내려오심

3   택함 받은 자들에 대하여 나는 지금 말하며 그들에 관하여 비유를 들어

     이야기한다. 거룩하시고 위대하신 분이 그분의 처소에서 나올 것이다.[35]

4   [36]영원하신 하나님이 그분의 처소로부터 내려와 시나이 산[37]을 밟으실 것이

     다. 그분은 그분의 군대와 함께 나타나실 것이고 그분의 능력의 강함으로

     하늘들의 하늘로부터 나타나실 것이다.

5   모두 두려워할 것이며 감찰자들[38]은 무서워 떨 것이고 땅의 모든 끝들에

     숨은 자들은 노래할 것이며 땅의 모든 끝들은 진동할 것이고 두려움과 큰

---

35   하늘에서 땅으로 심판하시고 통치하시기 위해 내려오시는 메시아의 재림: 신 33:1-2;
     단 12:1-4; 계 12:7-9; 계 19:11-16; 시 96:13; 98:9; 사 63:1-6; 계 14:14-20 참조
     (미 1:3-4) 3여호와께서 그의 처소에서 나오시고 강림하사 땅의 높은 곳을 밟으실 것이라
     4그 아래에서 산들이 녹고 골짜기들이 갈라지기를 불 앞의 밀초 같고 비탈로 쏟아지는 물 같을
     것이니 (사 26:21) 보라 여호와께서 그의 처소에서 나오사 땅의 거민의 죄악을 벌하실 것이라
     땅이 그 위에 잦았던 피를 드러내고 그 살해당한 자를 다시는 덮지 아니하리라

36   (단 12:1) 그 때에 네 민족을 호위하는 큰 군주 미가엘이 일어날 것이요 또 환난이 있으리니 이
     는 개국 이래로 그때까지 없던 환난일 것이며... (계 19:11) 또 내가 하늘이 열린 것을 보니 보
     라 백마와 그것을 탄 자가 있으니 그 이름은 충신과 진실이라 그가 공의로 심판하며 싸우더라.
     (계 19:14-15) 14하늘에 있는 군대들이 희고 깨끗한 세마포 옷을 입고 백마를 타고 그를 따르
     더라 15그의 입에서 예리한 검이 나오니 그것으로 만국을 치겠고 친히 그들을 철장으로 다스리
     며 또 친히 하나님 곧 전능하신 이의 맹렬한 진노의 포도주 틀을 밟겠고.

37   씨나이יְנַס는 thorny '뾰족한 가시가 많은' 이라는 뜻이다. 또 다른 뜻으로 clay '진흙의'라는
     뜻이 있다.

38   단 4:13, 17, 23에 단수(2회)와 복수(1회)로 언급된 아람어עִירִין (이린)은 그리스어로 ἐγρήγοροι
     (에그레고로이)로 번역되었고 영어로는 watchers로 번역되었지만 한글로는 순찰자(개역, 개
     정, 현대어, 킹흠정), 파수꾼(바른, 한글킹), 감찰자(새번역, 쉬운, 우리말)로 번역되었다. '잠
     들지 않고 깨어 있어서 지켜보는 자'라는 원의미를 반영해서 이 책에서는 '감찰자'로 통일하
     여 사용하였다.

공포가 땅의 끝들에 있는 그들까지도 사로잡을 것이다.

6 높은 산들은 흔들리며 무너져 부서질 것이요 높은 언덕들은 낮아질 것이며 화염 앞의 초처럼 녹아내릴 것이다.[39]

7 땅 전체가 조각 조각 찢어질 것이며 땅 위에 있는 모든 것은 파괴되고 모든 자들에게 그리고 모든 의인들에게 심판이 있을 것이다.

두 가지 종류의 심판

두 가지 종류의 심판이 모든 인간들 앞에 기다리고 있으며 모두 그 심판대 앞에 서게 될 것이다. 하나의 심판대는 모든 사람이 각 사람의 행위에 따라서 심판 받게 될 '크고 흰 보좌의 심판대'이다. 이 심판은 일반적으로 우리가 심판이라고 말할 때 생각하게 되는 심판이다. 또 다른 하나의 심판은 구원받은 자들이 그 행한 대로 보상과 칭찬과 상급을 받든지 손해와 부끄러움을 어느 정도 당하게 될지를 마주하게 될 그리스도의 심판대이다.

이는 경기장에서 선수들이 경기의 규칙을 어떻게 따랐는지 판정을 내리기 위해 심판들이 높은 대위에 올라서서 심판을 보는 베마βῆμα 심판석으로 바울이 롬 14:10-12, 고후 5:10, 고전 3:11-15에서 그 개념을 설명했다.

---

39 미가 1:4; 나훔 1:5; 시편 97:5; 이사야 34:3; 64:1; 다니엘 2:35,44; 아모스 9:5; 요한계시록 6:14; 에녹1서 52:6에서 '산들'은 종종 '세상 왕국들'을 상징하기도 한다.

^{10}네가 어찌하여 네 형제를 비판하느냐 어찌하여 네 형제를 업신여기느냐 우리가

다 그리스도의 심판대 앞에 서리라 ^{11}기록되었으되 주께서 이르시되 내가

살았노니 모든 무릎이 내게 꿇을 것이요 모든 혀가 하나님께 자백하리라

하였느니라 ^{12}이러므로 우리 각 사람이 자기 일을 하나님께

직고하리라 (롬 14:10-12)

이는 우리가 다 반드시 그리스도의 심판대 앞에 나타나게 되어 각각 선악간에

그 몸으로 행한 것을 따라 받으려 함이라 (고후 5:10)

^{12}만일 누구든지 금이나 은이나 보석이나 나무나 풀이나 짚으로 이 터 위에 세우면

^{13}각 사람의 공적이 나타날 터인데 그 날이 공적을 밝히리니 이는 불로 나타내고

그 불이 각 사람의 공적이 어떠한 것을 시험할 것임이라

^{14}만일 누구든지 그 위에 세운 공적이 그대로 있으면 상을 받고

^{15}누구든지 그 공적이 불타면 해를 받으리니 그러나 자신은 구원을 받되

불 가운데서 받은 것 같으리라 (고전 3:12-15)

믿고 구원받은 이들도 각자 얼마만큼 상급을 받게 될 것인지, 얼마만큼 손해를 받게 될 것인지 또한 얼마만큼 보상을 받게 될 것이지를 결정하기 위해서 그리스도의 심판대(베마βήμα) 앞에 각 사람이 서게 될 것이다. 사는 동안 행했던 모든 것이 벌거벗은 것 같이 다 드러나게 된 후 불을 지나가게 될 것인데 그때 그 사람이 사는 동안 어떻게 쌓아왔느냐에 따라서 타버리는 것은 없어질 것이고 그대로 있는 것은 영원히 남는 상급이 될 것이다.

그리스도의 심판대(베마βήμα)는 땅에서 겉으로 드러난 사람의 기준이 아닌 중심과 본질을 보시는 하나님의 기준으로 구원받은 자에 대한 최종 결산을 하는 심판을 의미한다.

8 그러나 의인들을 위해서는 그분이 샬롬(평화)을 주실 것이고 택함 받은 자들을 안전하게 지키실 것이며 자비가 그들 위에 있을 것이다. 그들 모두는 하나님께 속할 것이고 그분은 그들에게 번영을 주며 그들에게 복을 줄 것이고 그들을 도우실 것이며 하나님의 빛이 그들 위에 비출 것이고 그분은 그들과 함께 샬롬(평화)을 이룰 것이다.

9 보라! 그분은 그분의 수만의 거룩한 자들과 함께[40] 오신다. 이는 모든 자들에 대한 심판을 집행하시고 경건치 않은 자들을 멸망시키시려고 죄인들과 경건치 않은 자들이 행한 모든 악행들과 그분을 대적하여 말한 교만하고 거친 말들에 대해서 모든 육체에게 유죄선고[41]를 하려 하심이다.

---

40 (슥 14:4b) 나의 하나님 여호와께서 임하실 것이요 모든 거룩한 자들이 주와 함께 하리라. (마 25:31-32) [31]인자가 자기 영광으로 모든 천사와 함께 올 때에 자기 영광의 보좌에 앉으리니 [32]모든 민족을 그 앞에 모으고 각각 구분하기를 목자가 양과 염소를 구분하는 것 같이 하여. (마 16:27) 인자가 아버지의 영광으로 그 천사들과 함께 오리니 그 때에 각 사람이 행한 대로 갚으리라. (살전 3:13) 너희 마음을 굳건하게 하시고 우리 주 예수께서 그의 모든 성도와 함께 강림하실 때에 하나님 우리 아버지 앞에서 거룩함에 흠이 없게 하시기를 원하노라.

41 그리스어 번역본에는 '꾸짖다'라는 의미로, 에티오피아 사본β에서는 '입증하다, 확신시키다'의 의미로, 번역되었다.

주후 1세기 초대교회 성도들이 읽었던 에녹서

예수님의 친동생이었으며 나사렛파 유대인 출신으로서 초대교회의 지도자가 된 유다는 유다서 1:14-15에서 에녹1서 1:9을 인용하며 종말적 시대 현상을 마주하며 살아가는 성도들에게, 반드시 모든 것에 대한 심판이 있으니 믿음을 지키고 영생에 이르도록 힘써 싸우라고 권면하고 있다.

유다서 1:14-15는 당시 유대인들이 읽었던 에녹1서 사본으로부터 인용된 것이다. 사해사본에서 아람어(일부 히브리어)로 된 에녹1서가 1952년에 발견되고 나서야 주후 1세기 이전까지 유대인들에게 에녹1서가 잘 알려진 거룩한 책(성서)이었다라는 사실을 알게 되었다.

나사렛파 유대인으로서 다윗 왕가의 직계 후손이자 경건한 유대인이었던 유다는 에녹1서를 익숙하게 잘 알고 있었고 이러한 배경 속에서 유다가 당대 성도들을 권면하기 위해서 에녹1서를 인용하였던 것이다.

이 책은 에티오피아어 에녹1서를 바탕으로 그리스어 일부분과 아람어 조각 문서들을 참고하여 번역하였기 때문에 유다가 아람어로든 혹은 히브리어로든 읽었던 그때 그대로의 문장과 약간의 차이가 있다. 유다서도 헬라어로 번역되면서 에녹1서 1:9절의 직접 인용 구절이 재번역의 과정을 거치게 되었다는 것을 감안해야 한다. 유다가 읽고 인용했던 이 구절이 번역에 번역을 거쳤기 때문에 완벽한 단어 대 단어의 번역으로서 재현될 수는 없지만 우리는 하나님의 섭리와 에티오피아 정교회와 여러 학자들의 노력으로 보존되고 보정된 에녹1서를 읽을 수 있게 되었고 마지막 때를 살아가는 성도들에게 하나님이 오래전부터 이미 에녹을 통해 주셨던 메시지들을 읽고 이해하고 마지막 때를 잘 준비할 수 있게 되었다.

천체들의 순종 및 계절들의 순종과 자연의 순종

2 그분이 만드신 모든 작품들을 잘 들여다보고 하늘의 피조물들을 관찰하여 보아라. 하늘의 광명체들은 그들의 궤도를 바꾸지 않으며 각각의 별들은 정해진 고유의 시간에 맞춰 뜨고 지며 그들에게 정해진 질서를 벗어나 넘어서지 않는다.

2 땅을 관찰하고 땅에서 되어진 그분의 작품들을 잘 생각해 보아라. 처음부터 마지막까지 땅의 그 어떤 하나님의 작품들도 변하지 않으며 모두 너희에게 분명히 드러내 보여준다.

3 여름과 겨울의 징조들을 관찰해 보아라. 어떻게 온 땅이 물로 풍성한지, 어떻게 구름들과 이슬과 비가 땅 위에 머무는지, 겨울의 징조들[42]을 잘 생각해 보아라.

계절에 따른 나무들의 상태 변화

3 이삼 년 후 새로운 잎들이 나기 전까지 잎들이 떨어지지 않고 예전 잎들을 가지고 있는 14 그루의 나무들 외에는 어떻게 모든 나무들이 시든 것처럼 보여지고 어떻게 그 나무 잎들이 떨어지는지 깊이 생각하고 관찰해 보아라.

---

42 이스라엘 땅의 지형적 특징 때문에 겨울에 비가 내리는 우기가 되고 그 우기의 비로 인해 겨울에 땅을 개간할 수 있게 되고 씨를 뿌릴 수 있게 된다. 여름과 겨울 두 계절에 대한 이러한 설명들은 지구의 모든 지역에 대한 것이라기 보다는 땅의 중앙인 이스라엘 땅의 지형적인 특징으로 생기는 자연변화에 맞추어서 묘사되고 있는 것이다.

여름에 작열하는 태양과 땅의 열기

4 또 여름의 징조들[43]을 관찰해 보아라, 태양은 땅 위에 있으며 너희는 양의 타는 듯 내리 쬐는 열기 때문에 피난처와 그늘을 찾고 땅이 타오르는 열기로 뜨거워 너희는 땅이나 바위에 발을 디딜 수도 없다.

영예로움을 위한 과실들

5 나무들이 어떻게 푸른 잎사귀들로 덮이고 그들의 모든 과실들이 영광스러운 영예를 위하여 맺히는지 잘 생각해 보아라.

자연 만물들의 순종

그리고 영원히 살아 계시는 분께서 이 모든 작품들을 너희를 위해 어떻게 창조하셨는지 주의를 기울여 모든 작품들에 관심을 가지고 이해하며 인식하여 보아라.

2 그리고 어떻게 그분의 작품들은 해가 바뀌고 또 바뀌어도 그분 앞에 있으며 그분의 모든 피조물들은 그분을 섬기며 변하지 않고 오직 하나님이 정하신 대로 그분의 명령을 수행하는지 잘 생각해 보아라.

3 또 바다와 강들이 어떻게 그분의 말씀들로부터 그들에게 주어진 본분을 바꾸지 않으며 함께 수행하고 있는지 관찰해 보아라.

---

43 이스라엘 땅은 기후적 특징으로 여름에는 건기가 되며 낮에는 내리 쬐는 태양으로 땅과 바위가 뜨거워져 사람들은 피난처와 그늘을 찾게 된다. 그리고 여름(카이쯔 קיץ)은 끝(케쯔קץ)을 의미하며 악인의 결실들에 대한 공의의 심판과 의인의 열매들에 대한 영광스러운 추수가 가까이 이르렀음에 대한 징조를 보고 깨어나라고 각성시켜 주는(카쯔קץ) 계절이다.

그러나 계명들을 어기고 도를 넘어선 죄인들

4 그러나 너희는[44] 견고하게 서있지 못했으며 주님의 계명들을 따라 행하지 않았고 오히려 도를 넘어서 그분의 위대하심에 대적하여 너희의 부정한 입들로 거만하고 거친 말들을 내뱉었다. 오 너희, 마음이 딱딱하게 굳은 자들이여! 너희에게는 샬롬(평화)이 없을 것이다!

저주받은 자들 VS 택함 받은 자들

5 그 때에 너희는 너희의 날들을 저주할 것이며 너희의 생명의 날들은 사라질 것이고 영원한 저주와 증오 안에서 너희의 파멸의 연수가 증가될 것이며 너희는 어떤 자비도 얻지 못할 것이다.

6 그 날들에 너희는 너희의 이름들을 모든 의인들에게 영원한 가증함으로 남겨지게 할 것이며 모든 저주하는 자들이 너희를 저주할 것이다. 그러나 택한 자들은 즐거워할 것이며 그들에게 죄의 용서와 자비와 샬롬(평화)과 관용이 있을 것이고 구원과 아름다운 빛이 있을 것이다. 너희 모든 죄인들을 위해서는 구원이 없을 것이며 저주가 너희 위에 머물 것이다.

7 택함 받은 자들에게는 빛과 희락과 샬롬(평화)이 있을 것이며 그들은 그 땅을 유업으로 받을 것이다.[45] 그러나 너희 악한 자들에게는 저주가 있을 것이다.

---

44 여기서 '너희'는 1:9에서 언급한 심판 받게 될 죄인들과 불경건한 자들을 지칭하고 있다. 1:9와 5:4 사이에 있는 2:1-5:3의 내용은 자연계의 변하지 않는 순종과 신실함을 증거로서 내놓으면서 죄인들(타락한 천사들을 포함한)의 불순종과 거역의 죄를 고발하는 역할을 하고 있다.

45 (시 37:11, 마 5:5) 의인들이 땅을 차지하게 될 것이다.

택함 받은 자들의 부활과 영원한 무죄의 상태

8 지혜가 택함 받은 자들에게 주어질 그 때에 그들은 모두 다 살아날 것이다. 그들은 부주의하거나 교만함으로 죄를 다시 짓지 아니할 것이다.[46] 그러나 빛 비침을 받은 자들에게 빛이 있을 것이며 지혜가 있는 자들에게는 명철과 분별이 있을 것이다.

9 그들은 다시는 선을 넘어서지 않을 것이며 그들이 사는 모든 날 동안 죄를 짓지 않을 것이고 하나님의 진노로 인하여 죽지 않을 것이며 그들의 생명의 날수를 채울 것이다. 또 그들의 생명이 샬롬 안에서 번성할 것이며 그들의 희락의 해가 그들의 생명의 모든 날 동안 즐거움과 영원한 샬롬 안에서 증가될 것이다.

홍수 심판과 종말의 큰 심판 그리고 그 후에 오게 될 천년왕국(6-11)

쉐미하자가 이끄는 200명의 감찰자들이 헤르몬 산으로 내려오다

6 사람의 아들들이 번성하여 많아졌을 때, 그 날들에 아름답고 매력적인 딸들이 그들에게서 태어났다.

---

46 부활의 때에 부활의 몸을 입게 된 후 다시 죄를 짓지 않게 되는 온전한 상태로 영원한 삶을 살아가게 될 모습을 표현하고 있다. 지혜와 부활하게 하시는 성령이 같은 존재이나 다른 이름으로 등장한다.

(롬 8:11) 예수를 죽은 자 가운데서 살리신 이의 영이 너희 안에 거하시면 그리스도 예수를 죽은 자 가운데서 살리신 이가 너희 안에 거하시는 그의 영으로 말미암아 너희 죽을 몸도 살리시리라.

2 하늘의 아들들인 천사들이 그들을 보았고 정도에서 벗어나 그들을 향한 욕정을 품었다.[47] 그들이 서로에게 말했다. "오라, 사람의 딸들로부터 우리 자신을 위하여 아내를 고르자 그리고 우리를 위해 자녀들을 얻자."

3 그러자 그들의 우두머리였던 쉐미하자가 그들에게 말했다. "나는 너희가 이런 행위를 원하지 않게 되어 나 혼자 이 큰 죄의 형벌을 치르게 될까 두렵다."

4 그러자 그들 모두가 그에게 답하였다. "우리가 모두 맹세하여 서로를 저주로 묶어 우리가 그것을 성취하고 이 행위를 할 때까지 우리 중 어느 누구도 이 합의한 계획을 변경하지 못하도록 하자."

5 그리하여 그들이 모두 함께 맹세하고 서로를 저주와 함께 그 맹세에 묶었다.

6 그들은 모두 200명이었고 야레드[48]의 날들에 헤르몬 산의 정상으로 내려왔다. 그들이 그 산에서 맹세하고 서로를 저주로 묶었기에 그 산을 헤르몬[49]이라 불렀다.

---

47 창 6:2에서 사람의 딸들을 취한 하나님의 아들들이 다섯 번째 하늘에 있는 일부 감찰자들이었으며 이 타락한 감찰자들이 인간 세상을 죄악으로 더 심각하게 물들게 하였다라는 주제는 에녹1서에서 다루는 가장 중요한 사건 중에 하나로 에녹1서 전체 메시지 구조에 근간을 이루며 죄악으로 점철된 인류역사의 주요 원인을 제공한 사건으로 인식된다.

48 야레드(야렛)는 아담의 6대손, 마할랄렐의 아들, 하녹(에녹)의 아버지의 이름이다. 야레드의 시대에 감찰자들이 헤르몬 산 정상으로 내려왔다. 야레드는 '내려왔다'를 의미한다. A.M.460년 야레드가 태어났고 이후 야레드가 살던 시대에 감찰자들이 자기들의 지위(신분)를 지키지 않고 자기들의 처소를 떠나(유 1:6) 헤르몬 산 정상으로 내려왔다(에녹1서 106:13).

49 헤르몬의 어근인 헤렘은 '완전히 멸절하다', '파멸을 위해서 바치다'라는 의미로 헤르몬은 저주의 맹세로 서로 묶으면서 서로에게 헌신되게 한 장소이면서 또한 맹세를 어길 경우 완전히 파멸될 것을 결의한 장소라는 의미가 된다. 하지만 예수님께서는 공생애의 마지막에 이스라엘 땅의 물 근원인 헤르몬 산 밑자락 가이사랴 빌립보(파니아스)에서 첫 번째 수난 고지를 하신 후

7 이것이 그들의 우두머리들의 이름들이다. 그들의 지도자였던 쉐미하자와 두 번째 아르테코프, 세 번째 레마쉬엘, 네 번째 코카브엘, 다섯 번째 탐므엘, 여섯 번째 라므엘, 일곱 번째 다니엘, 여덟 번째 지크엘, 아홉 번째 바라크엘, 열 번째 아싸엘, 열한 번째 헤르마니, 열두 번째 마타르엘, 열세 번째 아난엘, 열네 번째 쎄타우엘, 열다섯 번째 샴쉬엘, 열여섯 번째 샤흐리엘, 열일곱 번째 툼미엘, 열여덟 번째 투르엘, 열아홉 번째 야미엘, 스무 번째 조하리엘.[50]

8 이들은 그들의 십부장들이다.

헤르몬 산 그 장소로 올라가서 저주로 맹세하여 맺어진 어두운 하늘과의 잘못된 연합을 끊으시고 거룩한 하늘과의 연합을 선포하시며 그 자리에서 거룩한 하늘과의 연합을 맛보셨고 영생의 복을 미리 보여주셨다. 시편 133 참조.

50 20명의 십부장과 그 대표 쉐미하자. 1) 쉐미하자שמיחזה=하늘이 보았다 또는 내 이름이 보았다. 2) 아르테코프ארעתקף=땅의 효력. 3) 레마쉬엘רמשאל?=?하나님의 저녁, 하나님의 밝으심, 불타는 숯. 4) 코카브엘כוכבאל=하나님의 별. 5) 아르무마헬ערמומהאל?로 볼 경우 '하나님의 빈틈 없는 사리 분별'이란 뜻이며 오르므엘אורמאל?로 볼 경우 '하나님은 그들의 빛'이란 뜻이다. 6) 라므엘רעמאל=하나님의 천둥. 7) 다니엘דניאל=하나님의 심판. 8) 지크엘זיקאל=하나님의 유성(별똥별). 9) 바라크엘ברקאל=하나님의 번개. 01) 아싸엘עשאל=하나님의 만드심. 11) 헤르마니חרמני=떼어 놓고 금지 차단 추방. 12) 마타르엘מטראל=하나님의 폭풍우. 13) 아난엘עננאל=하나님의 구름. 14) 쎄타우엘סתואל=하나님의 겨울 또는 하나님의 숨겨 보호하심. 15) 샴쉬엘שמשיאל=하나님의 태양. 16) 샤흐리엘שהריאל=하나님의 달. 17) 툼미엘תמיאל=하나님의 온전하심 또는 온전케 하심. 18) 투리엘טוריאל=하나님의 산 또는 질서. 19) 야미엘ימיאל=하나님의 바다. 20) 조하리엘זהריאל=하나님의 찬란한 빛. 에녹1서8장과 69장 참조.

음역된 천사들의 이름들이 에티오피아 사본들마다 조금씩 다르고 그리스어 사본과도 조금씩 다르게 나타난다. 이 책에서는 사해사본의 아람어 에녹서에서 제시된 이름들을 사용하였고 다섯 번째의 이름은 아람어 사본에서는 훼손되어 에티오피아 사본의 이름을 사용했다.

감찰자들과 사람들의 딸들 사이에서 태어난 거인들, 거인들이 낳은 네필림, 네필림이 낳은 엘료드. 그들이 여자들에게 마법, 주문 및 뿌리 자르는 것과 약초들을 가르치다

7 그들과 그들과 함께 한 다른 모든 자들도 자신이 원하는 대로 사람들의 딸들 중에서 자신을 위한 아내들을 취하였으며 그 여자들에게로 들어가 서로가 난잡하게 섞였다. 그들은 여자들에게 마법들과 주문을 거는 법들을 가르쳤으며 뿌리들(근원들)을 자르는 것과 약초들을 보여주었다.

2 그 여자들은 그들로부터 임신을 했고 큰 거인들을 낳았다. 그들은 세 종류를 낳았는데 처음에는 큰 거인들을 낳았고 그 거인들은 네필림[51]을 낳았으며 네필림에게서 엘료드가 태어났다.[52] 그들은 그들의 거대함에 따라서 크

---

51 한글 성경에서는 '네피림'으로 번역되었지만 נְפִילִים을 '네필림'으로 적고 발음하도록 하는 것이 좋겠다.

52 에티오피아 사본들과 그리스 사본 다섯 개 중에 네 개의 사본에서는 '그들의 높이가 3,000 큐빗'이라고 번역되었지만 그리스어 Syncellus 사본에서는 '그들이 세 종류를 낳았다'라고 기록되어 있다. 사본들 사이에서 7:2은 이해의 부족과 번역의 문제들이 남아 있다. 동물 묵시의 86:4와 88:2에서 비유적인 언어로 코끼리, 낙타, 나귀의 세 종류의 종족이 홍수 이전 시대에 출생하였고 번성하였음이 언급되고 있다. (에녹1서 86:4b) 그들은 모두 임신했고 코끼리들, 낙타들, 나귀들을 낳았다. (에녹1서 88:2) 그들 중에 하나가 그의 검을 뽑아서 그 코끼리들과 낙타들과 나귀들에게 주었다. 그들은 서로를 치기 시작했다.

희년서 7:22에서도 네필림의 세 가지 종류가 언급된다. (희년서 7:22) 그들이 아들들을 즉, 네필림을 낳았는데 그들은 모두 서로 같지 않았고 서로를 잡아먹었으며 거인들(아나크)은 네필림(들)을 살해했고 네필림(들)은 엘료드들을, 엘료드들은 인간들을 살해했으며 서로가 서로를 살해했다.

네필림은 '떨어졌다'라는 뜻의 나팔נָפַל 동사에서 '떨어진 자들'이라는 뜻이 된다. 네필림이 가장 포괄적인 개념이다. 엘료드는 '자녀를 낳았다'라는 뜻의 알라드יָלַד 동사에서 '태어난 자들'이란 뜻이 된다.

전반적인 이해를 통해서 아래와 같은 개념으로 이해할 수 있다. 감찰자들과 여자들 사이에서

게 증가하고 있었다.

3   그들은 사람의 아들들의 수고한 모든 것들을 삼켜버리고 있었고 사람들이
    그들에게 더 이상 공급해 줄 것이 없게 되었다.

4   그 거인들은 사람들을 죽이고 그들을 먹어 삼키기 시작했다.[53]

5   그리고 그들은 새들, 짐승들, 파충류와 어류에게 죄를 범하기 시작[54]했으
    며, 그들은 서로의 살을 먹고 피를 마셨다.[55]

6   그러자 땅이 그 무법자들에 대하여 하늘에 호소하였다.

태어난 첫 세대가 있었고 그 첫 세대들과 여자들 사이에서 태어난 두 번째 세대가 있었다. 또한 그들이 동물들과의 교접을 통해서도 세 번째 세대들이 태어났다.

53 George Syncellus가 주후 약 800년에 기록한 성경 연대기 Chronography 11-14, 25-27에서 에녹1서 일부를 그리스어로 번역해 놓았는데 그곳에는 "땅에서 인류의 인구가 감소되기 시작했다"라는 구절이 추가되어 있다. 이는 홍수 전에 각종 하이브리드hybrid 잡종들은 번성하여 점점 그 수가 많아졌지만 순수 인간 혈통의 인구는 계속 줄어들고 있었던 그때 당시의 상황을 추측해 볼 수 있게 한다.

54 동물들에게 죄를 범하기 시작했다는 말은 동물들과의 성적인 교접을 우회해서 표현하고 있는 것이다.

55 레 17:10-12; 삼상 14:32-34 참조.

8장

금지된 가르침: 하늘의 비밀들을 사람들에게 불법으로 가르친 아홉 감찰자들[56]

8 [57]아싸엘은 사람들에게 철로 검들, 무기들, 방패들, 흉패들과 모든 전쟁 도구를 만드는 방법을 가르쳐주었다. [58] 그는 그들에게 땅의 금속들을 보여 주고 금을 다루는 기술을 알려 주었다. 은으로 팔찌들과 장신구들을 만드는 기술을 전수해 주었으며 화장법과 눈 화장 기술과 귀한 보석들과 온갖 빛깔로 염색하는 기술을 보여주고 전수해 주었다. 사람의 아들들은 자신들과 그들의 딸들을 위해서 그것들을 만들었고 그들은 도를 넘어섰으며 거룩한 자들이 길을 벗어나도록 이끌었다.

2 엄청난 불경건함과 넘치는 음란함이 일어났고 그들의 모든 길들은 부패하게 되었다.

3 쉐미하자는 마법을 거는 법과 뿌리들(근원들)을 자르는 방법을 가르쳤고 헤르모니는 마법을 푸는 것을, 바라크엘은 번개의 섬광들의 징조들을, 코카브엘은 별들의 징조들을, 지크엘은 떨어지는 별들의 징조들을, 그리고 아르테코프는 지구의 징조들을, 샴쉬엘은 태양의 징조들을, 샤흐리엘은 달의

---

56 감찰자 천사들이 땅 위에 행했던 악의 내용이 8장에 잘 요약 정리되어 있다. 그것은 각종 살인 전쟁무기를 만드는 기술과 음란하게 꾸미고 음란을 조장하는 법과 마법과 주술을 통해 저주하는 지식과 하늘 천체들의 정보를 통해서 점을 치며 하늘의 어두운 힘을 사용하는 것에 대한 것인데 타락한 감찰자들은 하나님의 허락 없이 불법으로 그러한 지식들을 땅에 풀어서 사람들에게 가르쳐 전달했고 그 이후 세상은 이전과 확연히 달라진 수준으로 더 부패하게 되고 땅에는 난폭한 테러와 전쟁이 더 가득하게 되었다.

57 8:1의 다른 사본에서는 '열번째 십부장 아싸엘'로 시작한다. 6:7과 69:2에서 아싸엘은 10번째 명단에 있다. 아싸엘과 아자엘과 아자젤은 철자가 다르지만 음역의 과정에서 혼동이 생기기도 했던 것으로 보인다.

58 에녹1서 69:6-7에서는 가드리엘이 죽음의 무기들과 방패와 흉배와 살육을 위한 칼과 온갖 죽음의 무기들을 인간의 아들들에게 보여주었으며 그로 인해 땅에서 전쟁이 끊이지 않게 되었다라고 한다.

징조들을 가르쳤다. 그들 모두는 그들의 아내들과 그들의 자녀들에게 신비
들을 누설하기 시작했다.

4 사람들이 멸망되어 감에 따라 그들은 크게 울부짖었고 그들의 부르짖음이
하늘에 닿았다.

땅에서 울부짖는 인간들의 호소가 네 천사장들[59]을 통해 하늘로 상달됨

9 그러자 미카엘과 싸리엘[60]과 라파엘과 가브리엘이 하늘 성소에서부터
을 내려다보았고 땅에서 흐르는 많은 피를 보았다. 온 땅이 불경건함과
포악함으로 가득했다.

2 그들은 들어가면서 서로 말했다. "땅 위에서 부르짖는 그들의 소리가 하늘
의 문들에까지 이르고 있다.

3 이제 하늘의 거룩한 자들인 우리에게까지 인간의 혼들이 호소하며 이렇게
외치고 있다." "지극히 높으신 분께 우리의 호소를 전달해 주십시오, 위대
한 분의 영광 앞에 우리가 파멸되고 있음을 전해주십시오."

4 그리하여 그들은 영원한 주님께 가까이 나아가 말했다. "당신은 모든 신들

---

59 9장에서 네 천사장은 미카엘, 싸리엘, 라파엘, 가브리엘로 구성되어 나오지만 40장, 54:6,
71:8-9, 13에서는 미카엘, 라파엘, 가브리엘, 파누엘로 구성되어 나온다. 20장에서 일곱 천
사장의 명단이 소개되는데 우리엘, 라파엘, 라구엘, 미카엘, 싸리엘, 가브리엘, 루미엘로 구성
되어진 것으로 나온다. 20장의 명단에서는 파누엘이 빠져있어 일곱 천사장의 명단 구성도 달
라지는 것으로 나타난다.

60 싸리엘(9:1; 10:1; 20:6)이 그리스어 사본에서는 우리엘로 음역되었다. 이는 음역되는 과정
에서 실수가 있었을 것으로 보인다. 히브리어 아인의 고대 중기의 서체는 히브리어 싸멕의
아람어 영향을 받은 정방형 서체와 모양이 비슷하다. 사해사본에서 나온 아람어 사본에서는
싸리엘로 나온다.

의 하나님, 주들의 주, 왕들의 왕, 영원하신 하나님이십니다. 당신의 영광의 보좌는 옛적 세대로부터 모든 세대에 이르도록 항상 계시며 당신의 이름은 거룩하고 위대하시니 모든 세대에 이르도록 송축 받으십시오!

5 당신이 모든 것을 만드셨으며 모든 것의 주권이 당신께 있습니다. 모든 것은 당신 눈에 벌거벗은 것 같이 밝히 드러납니다. 당신은 모든 것을 보시며 어떤 것도 당신 앞에서 숨길 수 없습니다.

6 당신은 아자젤이 땅에서 온갖 불의함을 가르친 것과 또 하늘에 숨겨두어인간의 자녀들이 노력해야만 알게 될 영원한 비밀들을 드러내 보인 것을 보고 계십니다.

두 가지 종류의 지식

감찰자들이 허락도 없이 불법으로 하늘의 비밀들을 사람들에게 풀어주었고 또한 그것을 악하고 어두운 방법으로 사용하도록 사람들을 가르쳤다. 그들이 허락 없이 불법으로 풀어준 하늘의 비밀들 중에는 영원히 비밀로만 남지는 않을 지식이었음으로 하나님의 계획 안에 후대의 어느 시점에 땅에 풀려지도록 되어있었던 것들도 있었다.

그러나 여기서 감찰자들이 하늘의 비밀을 1) 허락 없이 불법으로 인간에게 드러내었다는 것과 2) 악하고 어두운 방법으로 온갖 불의함과 함께 그것을 사용하게 하였다는 것에서 문제가 되었고 3) 이를 통해서 인간세상을 부패와 난폭함으로 충만하게 한 것이 큰 죄목으로 여겨져 아자젤과 쉐미하자의 무리들은 결국 심판을 받게 된다.

> 에녹1서에서는 두 가지 종류의 지식이 서로 대립되어 나타나고 있다.
>
> 1) 감찰자들이 하늘의 지식을 하나님의 허락없이 불법으로 사람들에게 알려준 지식
>
> 2) 천사들이 하늘의 지식을 하나님의 명령을 받아 합법적으로 에녹에게 알려주는 지식. 에녹은 그러한 지식을 자녀들에게 말로도 전달하고 글로도 전달한다

7   또한 그와 함께한 그들을 다스리는 권세를 준 쉐미하자는 인간들에게 주술을 알게 하였습니다.

8   게다가 그들은 땅 위에 사람의 딸들에게 들어가 동침하여 불결하게 되었으며 온갖 종류의 죄들을 그 여자들에게 알려주었습니다.

9   그리하여 그 여자들은 거인들을 낳았으며 이로 인해 온 땅이 피와 사악함으로 가득 차게 되었습니다.

10 이제 보십시오. 죽은 혼들이 울부짖고 있으며 그들의 신음소리가 하늘의 문들에 상달되고 있습니다. 땅위에서 벌어지고 있는 불법의 행위들 때문에 그들의 하소연이 하늘에까지 올라오기를 멈추지 않고 있습니다.

11 당신은 이러한 일들이 일어나기도 전에 모든 것을 알고 계셨으며 이 일도 그들과 관련된 일임을 알고 계십니다. 그러나 이 일들에 관하여 그들에게 어떻게 해야 할지 당신은 우리에게 아무것도 말씀하지 않고 계십니다."

> 곧 있게 될 대홍수 심판과 오랜 후에 있게 될 종말의 큰 심판
> 그리고 심판 후에 땅의 회복과 함께 오게 될 의의 시대(10-11)

싸리엘이 받은 명령: 노아에게 가서 "대홍수를 대비하라"고 전하라

10 그 후 지극히 높으신 분, 위대하시고 거룩하신 분께서 말씀하셨고 싸리엘[61]을 라멕의 아들에게로 보내며 그에게 말씀하셨다.

2 "나의 이름으로 노아흐(노아)에게 너 자신을 숨기라고 말하여라. 그리고 온 땅이 멸망할 것이기 때문에 곧 오게 될 종말을 그에게 계시해 주어라. 대홍수가 온 땅에 오기 직전이다. 땅에 있는 모든 것은 파괴될 것이다.

3 지금 그에게 가르쳐주어서 그 의로운 자가 피할 수 있도록, 그의 자손이 온 땅을 위해서 살아남을 수 있도록 하여라. 그로부터 한 나무[62]가 심겨질 것이고 그의 씨는 영원함의 모든 세대들을 위해서 보존될 것이다."

라파엘이 받은 명령: 아자젤을 결박하여 흑암속으로 던져 넣으라 큰 심판의 날에 이르면 그는 타오르는 불구덩이 속으로 내던져 질 것이다

4 주님은 또 라파엘에게 말씀하셨다. "아자젤의 손과 발을 결박하여 흑암 속으로 던져 버려라. 두데이엘[63]에 있는 그 광야를 갈라서 열고 그를 거기 던져 버려라

---

61 에티오피아로 '아슈리알', 그리스어로 '우리엘', 아람어로 '싸리엘'로 불린다.

62 희년서 21:24, 36:6에서는 아브라함을 '의의 나무'로 묘사하고 있다. '의의 나무'의 묘목으로 심겨진 아브라함을 통해서 그의 후손들이 '의의 나무'로 크게 자라는 이미지는 의로운 후손들이 땅에 심겨지고 크게 자라 열매 맺게 되는 인류 구원의 모습을 상징적으로 표현하고 있는 것이다.

63 단수 형태로 두다엘חיחהאל(하나님의 가마솥); 복수 형태로 두데이엘חיחיאל(하나님의 가마솥들)은 아자젤이 감금된 유대 광야의 거칠고 날카로운 절벽이 있는 지역이며 레16장에서 아자

5 거칠고 날카로운 돌들을 그 위에 던져 놓고 흑암으로 그를 덮어 그가 거기에 영원히[64] 머물게 하여라. 또 그의 얼굴을 가려서 그가 빛을 보지 못하게하여라.

6 큰 심판의 날[65]에 그는 그 타오르는 불구덩이 속으로 내던져 버려질 것이다.

7 감찰자들이 망쳐 버린 땅을 회복시켜라. 그 땅의 회복을 알려라. 감찰자들이 그들의 아들들에게 가르쳐 알게 한 지식 때문에[66] 모든 인간의 자녀들이 멸망하는 일이 없도록 내가 그 땅을 회복시킬 것이기 때문이다.

8 온 땅은 아자젤이 하늘의 비밀들을 가르쳐 주었기 때문에 파멸하게 되었으니, '모든 죄'라고 아자젤 앞에 써놓고 모든 죄들의 책임을 그에게 돌려라[67]."

젤을 위해 뽑힌 염소가 보내어져서 떨어뜨려지는 장소와 같은 장소이다. 에녹1서60:8에서는 같은 장소를 두데인은 דודין (가마솥들의 장소)이라 이름하고 있다.

'도드', '두드', '다비드'라고 발음될 수 있는דוד는 '뜨거워진 물을 저장하고 있는 큰 저장 공간'을 의미한다. 이러한 דוד의 의미가 긍정적인 면으로 적용되어져 쓰여진 이름이 다윗(다뷔드 דוד)이다. 하늘로 열린 문을 통해서 하늘에 속한 거룩한 것들로 가득 채우고 그 열정과 사랑과 에너지를 담은 큰 그릇이 되어 다시 땅으로 열린 문을 통해서 그 영향력을 흘려보내는 자가 바로 다윗(다뷔드דוד)의 이름의 뜻인 것이다. 현대 히브리어에서 두드쉐메쉬דודשמש라고하면 '태양열을 받아서 뜨거운 물을 저장하는 물탱크'를 의미한다.

64 히브리어에서 '영원히'라는 개념은 때로는 아주 오랜 시간을 표현하며 실제 무한한 시간으로서의 영원을 의미하는 것이 아닐 경우가 있다. 아자젤이 두데이엘의 광야 아래 오랜 시간 갇혀있다가 하나님의 섭리에 의해서 풀려나서 아자젤의 군대들을 이루고 일정기간 활동하게 되나, 결국 큰 심판의 날에 다시 심판대 앞에 서서 최종 심판의 집행 선고를 받게 될 것이며 그때 '영원히' 영벌의 장소에 머물게 될 것이다.

65 여기서 언급된 '큰 심판의 날'은 A.M.1656년에 있었던 홍수 심판을 의미하는 것이 아니다. '두데이엘' 감옥에 가두어서 마지막에 있을 여호와의 크고 두려운 날까지 집행을 유예하시다가 그 날에 최종 심판을 집행하실 것이다.

66 사망에 이르게 하는 지식 때문에 땅이 망가지게 되었다. 선악을 알게 하는 지식 나무도 이 사망에 이르게 하는 지식과 관련되어 있다. 에녹1서 69:8-11 참조.

67 땅이 회복되는 것과 아자젤이 인류에게 가르쳐 알게 한 지식은 관계가 있다. 아자젤이 불법으로 풀어 놓은 하늘의 비밀 때문에 땅이 썩고 폐허가 되어 버렸기 때문에 천년왕국이 시작하

회복된 에덴동산인 천년왕국이 시작하기 전에 먼저 처리하는 아자젤의
영향력들과 대속죄일에 행하는 아자젤에게 보내는 염소의 의식의 예표

땅이 심하게 망가지게 된 원인을 감찰자 천사들 특별히 주동자 아자젤이 땅을 부패하게 하는 온갖 주술적인 기술들을 사람들에게 가르쳐 주었기 때문이라고 에녹1서는 설명한다.

[7]감찰자들이 망쳐 버린 땅을 회복시켜라. 그 땅의 회복을 알려라. 감찰자들이 그들의 아들들에게 가르쳐 알게 한 지식 때문에 모든 인간의 자녀들이 멸망하는 일이 없도록 내가 그 땅을 회복시킬 것이기 때문이다. [8]온 땅은 아자젤이 하늘의 비밀들을 가르쳐 주었기 때문에 파멸하게 되었으니, '모든 죄'라고 아자젤 앞에 써 놓고 모든 죄들의 책임을 그에게 돌려라."(에녹1서 10:7-8)

예수님의 지상 재림 즉, 예루살렘으로 재입성하시는 날을 예표하는 욤키푸르(대속죄일)에 '아자젤을 위한' 염소를 제비 뽑아서 아자젤에게 그 염소를 보내며 땅을 부패하게 한 그 모든 죄의 원인을 그에게 돌려보내게 하는 행위를 함으로 인류와 땅으로부터 아자젤의 영향력을 완전히 제거해 버리는 예식을 행하는 것이 대속죄일에 행하는 '아자젤 염소 의식'의 의미이다.

아자젤의 영향력을 땅에서 완전히 제거한 이후에 인류역사는 천년 동안 의의 세계인 올람하바(עולם הבא, 오는 세상, 내세, World to come)로 들어간다.

기 직전에 땅을 회복시키고 그 시대로 들어 가려면 먼저 아자젤이 뿌려 놓은 악의 뿌리들을 땅에서부터 근절시켜야 된다. 땅이 회복 불가능하도록 더럽게 한 모든 죄는 아자젤 때문이다.

> **네오스 올람하바인 올람하티쿤과 카이노스 올람하바인 새 하늘 새 땅**
>
> 천년왕국은 올람하바의 첫 단계로서 올람하티쿤עולם התיקון(바르게 고쳐진 세상)이다. 온전한 올람하바는 천년왕국이 끝나고 7천 년의 인류 역사가 마무리된 후 시작될 영원한 새 하늘 새 땅이다. 천년왕국의 올람하티쿤으로서의 올람하바와 새 하늘 새 땅의 영원한 올람하바의 차이점은 천년왕국은 첫 하늘과 첫 땅과 첫 피조 물질을 새롭게(네오스 νέος: 있던 것을 새롭게 재생시킨) 개정해서 살아가는 회복된 에덴-동산의 삶을 살아가는 올람하바의 세상이라면 새 하늘 새 땅은 첫 하늘과 첫 땅과 첫 피조 물질 세계가 사라지고 새(카이노스καινός: 질적으로 완전히 새로운) 하늘 새 땅 새 피조물로만 이루어진 영원한 올람하바의 세상이라는 것이다.
>
> 그리고 천년왕국은 일부 새 창조에 속한 것들이 공존하는 중첩의 세상으로서의 올람하바이며 올람하티쿤이다.

가브리엘이 받은 명령: 혼종(混種)과 하이브리드들과 문란한 자녀들이 서로 싸우다 자멸하게 하라

9   그리고 주님께서 가브리엘[68]에게 말씀하셨다. "그 혼종(混種)들과 하이브리드들과 문란한 자녀들[69]에게로 나아가 사람들 중에서 그 감찰자들의 아들

---

68 가브리엘גַּבְרִיאֵל은 '하나님은 나의 강한 용사' 또는 '하나님은 나의 힘'라는 뜻이다.

69 '혼종들, 하이브리드들, 문란한 자녀들' 이 세 부류는 불법적인 섞임의 결과로 생기게 된 존재들이다. 외부로부터 온 존재와의 연합의 결과로 출생한 존재라는 의미에서 아람어ממזריא를 '혼종(混種)'이라 번역을 했지만 하늘에서 내려온 천사들이 인간계(人間界)에서가 아닌 외계(外界)에서 온 존재이며 그 존재와 여자가 교합하여 낳은 존재라는 관점으로 볼 때 이 단어는 '

들을 멸망시켜라. 그들을 끌어 내어 그들이 서로 대적하게 하여 싸움 중에 스스로 멸망하게 하여라.[70] 그들은 오래 살지 못할 것이다.

10 그들은 영원한 삶을 소망하기 때문에 너에게 간청할 것이지만 그들은 아무 것도 얻지 못할 것이다. 그들은 각자 500년[71]을 살게 될 것이다.

미카엘이 받은 명령: 쉐미하자와 그의 무리들을 70세대 동안 땅 아래 가두어두어라

11 주님께서 미카엘에게 말씀하셨다. "가서 쉐미하자와 그와 함께 있는 다른 자들에게 알려라. 그들은 사람의 딸들과 동침함으로 그들 스스로를 온갖 부정함으로 더럽혔다.[72]

10 그들의 모든 자손들이 서로를 죽이며 그들이 그들의 사랑하는 자들의 멸망을 볼 때 그들을 70 세대[73] 동안 그 땅의 골짜기들 아래 묶어 두어라. 그들

반인반신'으로 이해할 수도 있으며 다른 사본들에는 '거인'으로 번역하기도 했다. '하이브리드'는 두 존재가 반반 섞여 출생한 존재라는 의미에서 그리스로마 신화에서 나오는 동물 반 사람 반인 '반인반수'와 같은 존재라고 이해할 수도 있겠다. '문란한 자녀들'은 선을 넘어선 성적인 타락 즉 남자와 남자, 여자와 여자, 사람과 천사, 사람과 동물간의 성적인 행위들을 하는 자들을 의미하고 있다. 7:2에서는 거인, 네필림, 엘료드 세 부류로 표현되었다.

70 홍수 심판으로 쓸어 버려지기 전에 이미 그들은 서로 싸우고 전쟁하며 서로 많이 죽였다. 그 후에 남은 모든 자들은 홍수로 멸망했다.

71 노아의 홍수는 A.M. 1656년에 있었다. 그때 노아는 600세였다. 노아는 A.M. 1056년에 태어났다. 10:10의 시점인 노아의 홍수 500년 전은 노아가 100세 되던 해이고 A.M. 1156년이었다. 그 해는 에노쉬(에노스)가 죽은 지 16년, 쉘(셋)이 죽은 지 118년, 하녹(에녹)이 승천한 지 169년, 아담이 죽은 지 216년 되던 해이다.

72 (희년서 4:22) 그는 인간의 딸들과 함께 죄를 지었던 감찰자들에게 선언하였다. 이는 이들이 인간의 딸들과 함께 더럽혀지도록 그들과 교합하기 시작했기 때문이며 하녹(에녹)은 그들 모두에 대해서 선언하였다.

73 쉐미하자와 그와 함께 한 천사들은 70세대가 지나는 동안 그 땅의 골짜기들 아래 감금되어 있을 것이며(88:3), 그 후에 심판이 집행될 것이다. 하나님은 홍수 이후에 70세대를 정해 놓으셨

의 심판의 날과 그들의 종말의 날까지, 영원을 위하여 있게 될 심판이 마무리될 때까지 가두어 두어라."이다.

사도들의 '에녹의 예언'에 대한 입장

에녹1서 10:12에서 타락한 감찰자들을 큰 날의 심판까지 골짜기들 아래 가두어 두라는 하나님의 명령이 미카엘 천사장에게 내려진다.

"70 세대 동안 그 땅의 골짜기들 아래 묶어 두어라. 그들의 심판의 날과 그들의 종 말의 날까지, 영원을 위하여 있게 될 심판이 마무리될 때까지 가두어 두어라."

유다서에서 유다는 '너희가 본래 모든 사실을 알고 있으나 내가 너희로 다시 생각나게 하고자 하노라'라고 하면서 세 가지 예를 든다.

[6]또 자기 지위를 지키지 아니하고 자기 처소를 떠난 천사들을 큰 날의 심판까지 영원한 결박으로 흑암에 가두셨으며 [7]소돔과 고모라와 그 이웃 도시들도 그들과 같은 모양으로 간음을 행하며 다른 색을 따라 가다가 영원한 불의 형벌을 받음으로 거울이 되었느니라(유 1:6-7)

다. 70세대의 끝은 심판과 종말의 날이며 영원을 위한 심판이 완료되는 날이다. 여기서 한 세대를 몇 년으로 잡을지 시대마다 가변적으로 적용될지 인간을 기준으로 한 세대인지 천사나 하늘의 기준으로 한 세대인지 알 수 없다. 예를 들기 위하여 만약 한 세대를 평균 60년이라고 잡을 경우 홍수가 있었던 1,656년부터 70세대는 약 5,856년이다. 2022년 9월 26일을 기준으로 유대력인 A.M.는 5783년이 시작된다. 약 74년의 차이가 있다.

1) 주께서 광야에서 불신자를 멸하셨다.

2) 자기 지위와 처소를 떠난 천사들을 대심판 전까지 결박하여 흑암에 가두셨다.

3) 소돔, 고모라, 아드마, 스보임도 천사들과 같은 모양으로 간음하다 영원한 불의 형벌을 받았다.

이 세 가지 역사적인 사실은 당시 초대교회 성도들이 이미 다 잘 알고 있는 내용이지만 유다는 다시 한번 기억을 일깨워 주기 위해서 언급한다고 말하고 있다. 즉, 유다서가 기록될 당시 초대교회 성도들은 에녹1서의 내용(감찰자 천사들이 음란한 행위를 하였음으로 하나님이 그들을 심판의 날까지 감금시켜 놓았다)을 익숙하게 듣고 그 내용을 잘 알고 있었다는 것을 말해준다.

유다 뿐만 아니라 사도 베드로도 그의 서신을 통해서 '베드로와 같은 믿음을 가진 공동체'에게 권면하면서 진리를 알고 진리에 서 있는 성도들을 일깨워 생각나게 하기 위해서 메시아의 재림에 대한 예언을 언급할 때, 예언에 대해서 어떤 자세를 마땅히 취해야 할지를 언급하면서, "성경의 어떤 예언도 어떤 개인적이고 사적인 해석과 이해로부터 온 것이 아니라는 것을 먼저 알아야할 것이며 예언은 언제든지 사람의 뜻으로 낸 것이 아니요 오직 성령의 감동하심을 입은 사람들이 하나님께 받아 말한 것"이라고 예언에 대한 태도에 대해서 지침을 주고 있다.

벧후 1:20의 한글 성경 번역은 "먼저 알 것은 성경의 모든 예언은 사사로이 풀 것이 아니니"로 되어 있어서 사사로이 해석하지 말아야 한다는 뜻으로 읽히며 예언을 어떻게 해석하느냐에 초점을 두고 있는 것 같지만 원어 성경과 다른 여러 번역본에서는 "성경의 어떤 예언도 어떤 개인적인, 사적인 해석과 이해로부터 온 것이 아니라는 것을 먼저 알아야 할 것이다"로 번역되어야 하며 이는 예언의 해석이 아닌 예언의 출처에 초점을 두고 말하고 있는 것이다. 다음 구절인 21절을 참고해 볼 때 "예언은 언제든지 사람의 뜻으로 낸 것이 아니요 오직 성령의 감동하심을 입은 사람들이 하나님께 받아 말한 것임이니라", 20절이 예언을 해석하는 것에 대한 문제가 아니라 예언의 출처에 대한 확실성을 이야기하고 있는 것이라고 보는 것이 맞다.

베드로도 유다와 마찬가지로 벧후 2:4에서 에녹서의 내용을 인용하고 있다. "하나님이 범죄한 천사들을 용서치 아니하시고 지옥에 던져 어두운 구덩이에 두어 심판 때까지 지키게 하셨으며." 베드로 사도도 당시 초대교회의 에녹서에 대한 이러한 공유된 지식을 바탕으로 에녹서를 인용을 할 때, 예수님의 재림에 대해서 다루는 '여호와의 날'에 대한 소선지서들의 예언들과 에녹서의 예언들, 특별히 주의 날에 감금되었던 범죄한 천사들과 악인들을 심판하시러 권능으로 재림하시는 인자이신 메시아에 대해서 자세히 다루고 있는 에녹서의 예언들을 염두에 두면서 이러한 종말에 대한 "성경의 어떤 예언도 예언자의 사적인 해석과 예언자의 개인적인 이해로부터 온 것이 아니라는 것을 먼저 알아야 할 것이며 이 예언은 성령의 감동하심을 입은 사람들이 하나님께 받아 말한 것이다"라고 강조하였던 것이다.

오랜 시간 후 큰 심판이 집행될 때 그들은 다시 심판대 앞에 설 것이며 불의 무저갱으로 던져 질 것이다

13 그 날들에 그들은 불의 무저갱으로 던져질 것이다. 감옥 안에서 고통속에 그들은 영원히 갇히게 될 것이다.

14 누구든지 유죄 선고를 받고 멸망당한 모든 자들은 그들과 함께 그들의 세대의 종말까지 묶여 있게 될 것이다. 내가 심판할 그 심판의 때에 그들은 영원히 사라질 것이다.

15 모든 섞인 종족의 영들과 감찰자들의 아들들을 멸망시켜라 이는 그들이 사람들에게 잘못을 행했기 때문이다.

심판 집행 후 땅에 시작될 의의 시대(천년왕국)의 모습[74]

16 지면으로부터 모든 불의를 파멸시켜라 그러면 모든 사악한 행위가 사라질 것이며 의와 진리의 나무가 나타나 복이 될 것이며 의와 진리의 행위들이 기쁨과 함께 영원히 심겨질 것이다.

17 모든 의로운 자들은 겸손할 것이며 천명의 자녀들을 낳을 만큼 장수할 것이다. 그들의 모든 젊은 날들과 그들의 모든 안식일에 그들은 샬롬(평화)를 완전히 누릴 것이다.

---

74 '올람 하토후'에서 '올람 하티쿤'으로: 올람 하토후העולם התהו는 혼동, 혼잡, 무질서하게 된 상태의 세상을 의미한다. 지금 우리가 살아가는 세상이다. 올람 하티쿤העולם התיקון은 질서가 회복된, 개정(改正: 바르게 고쳐진)된 상태의 세상을 의미한다. 이 올람 하티쿤은 오는 세상 즉, 내세(來世)의 첫 단계이며 지금 우리는 메시아가 오셔서 예루살렘을 중심으로 온 세상을 의와 평강으로 다스리시는 올람 하티쿤העולם התיקון인 천년왕국을 향하여 가까이 와 있다. 그 시대는 전 인류가 다함께 한 하나님을 섬기는 시대가 될 것이다(10:21).

11장

18 그 날들에 온 땅이 의 안에서 경작될 것이고 온갖 나무가 심겨질 것이고 축복으로 가득 채워질 것이다.

19 기쁨을 가져다주는 온갖 나무들을 그들이 땅에 심을 것이고 땅에 심겨진 포도나무는 넘치도록 열매를 맺을 것이며 땅에 심겨진 모든 씨들마다 각각 천 배를 산출하며 올리브나무는 각각 열 배의 기름을 낼 것이다.

20 너는 땅에서 야기된 모든 잘못과 모든 불의와 모든 죄와 모든 불신앙과 모든 부정한 것들로부터 땅을 정결하게 하여라.

21 모든 인간의 자녀들은 의로울 것이며 모든 나라들이 나를 섬기고 나를 송축하며 모두가 나에게 경배할 것이다.

22 그리고 땅은 모든 오염과 더러움과 모든 불결함으로부터 깨끗이 씻겨질 것이며 나는 다시 그들에게 어떤 분노나 징벌의 채찍을 영원한 모든 세대 동안 보내지 않을 것이다.

하늘에 있는 복의 창고들이 열리는 진리와 샬롬이 통합된 세상

11 그 날들에 나는 하늘에 있는 복의 창고들을 열어서 땅 위에 있는 인간의 자녀들의 일들과 수고에 그 복들을 내려줄 것이다.

2   진리와 샬롬(평화)이 함께 통합되어 영원의 날들 동안 영원한 모든 세대에 이르게 될 것이다.

12장

> ## 꿈 환상을 통한 에녹의 하늘 방문(12-36)

땅에서 감찰자들과 동행하던 에녹이 천사들의 안내로 하늘 방문을 하다

12 이 일들 전에 에녹은 숨겨졌고 인간의 자녀들 중 그 누구도 그가 어디에 숨겨졌는지, 어디에 있었는지, 무슨 일이 있었는지 알지 못하였다.

2 그의 행적들은 감찰자들과 함께였으며[75] 그의 날들은 거룩한 자들과 함께였다.[76]

땅에 내려온 선한 감찰자들이 타락한 감찰자들에게 전할 심판의 메시지를 의의 서기관에게 전달함

3 나 하녹(에녹)은 위대하신 주, 영원하신 왕을 송축하고 있었다. 보라, 위대하신 '거룩하신 분'의 감찰자들이 서기관[77]인 나 하녹(에녹)을 불렀고 나에게 말했다.

---

75 당시 땅에는 타락한 감찰자 천사들이 내려와 활동하고 있었지만 타락하지 않은 감찰자 천사들도 내려와 활동하고 있었고 많은 다른 감찰자 천사들은 땅에 내려오지 않고 하늘에 남아 있었다. 선한 역할을 했던 감찰자들에 대한 정보가 희년서 4:15와 쿰란 사본에 나타난다. 12:2-3에서 언급하는 감찰자들은 타락에 참여하지 않은 선한 감찰자들이며 그들은 에녹이 300년간 하나님과 동행하는 동안 에녹과 함께 해주며 땅과 하늘에서 활동하였다. '에녹이 300년 동안 하나님과 동행하였다'라는 창 5:22의 표현을 희년서 4:15에서는 '에녹이 6번의 희년 동안 감찰자 천사들과 함께 동행하였다'라고 표현해주고 있다.

76 12:1-2의 문장은 에녹의 하늘 승천 경험을 다루는 12-36장의 서론과도 같은 문장으로서 12:1-2에서는 에녹을 3인칭으로 소개하고 있지만 12:3부터 36장까지는 에녹이 일인칭 서술자로 나타나고 있다. 12:1-2에서는 에녹이 하늘로 완전히 승천하기 전에 땅에서 선한 감찰자들이 그와 함께 동행했으며 천사들의 안내로 하늘을 방문하는 비밀스러운 체험을 먼저 하고 내려왔음을 표현해주고 있다.

77 에녹1서에서는 에녹의 직분을 '서기관(싸프라אךפס the scribe)'으로 소개하고 있다. 아람어

4 "의의 서기관 하녹(에녹)이여, 너는 높은 하늘과 거룩한 영원한 자리를 떠났
으며 여자들과 스스로를 더럽혔고 인간의 자녀들이 하는 것처럼 그들 자신
을 위해 아내들을 취함으로 땅 위에서 완전히 부패하게 된 하늘의 감찰자
들에게 가서 전하여라.

5 그들에게는 땅에서 샬롬(평화)도 죄에 대한 용서도 없을 것이다.

6 그들은 그들의 자식들로 인해 기뻐하지도 못할 것이다. 그들은 그들이 사
랑하는 자들이 살육당하는 것을 볼 것이며 그들의 아들들이 멸망하는 것을
보며 슬퍼하고 영원히 탄원할 것이지만 그들에게는 어떠한 자비나 샬롬
(평화)도 없을 것이다."

에녹이 아자젤과 쉐미하자의 무리들에게 선고의 메시지를 전달하다

13 하녹(에녹)은 아자젤에게 가서 말했다. "너에게 샬롬이 없을 것이다.
너에 대해서 가혹한 판결이 나왔으니 너는 결박될 것이다.

2 그리고 너는 쉼이나 자비나 어떠한 탄원의 승낙도 얻지 못할 것이다. 이는
네가 인간의 자녀들에게 가르친 잘못과 그들에게 보여준 온갖 신성모독의
행위들과 불법과 죄 때문이다."

싸프라סַפְרָא의 원 개념은 '글 쓰는 자' 또는 '학자' 및 '학사'의 개념이며 에스라서에서는 '학
사 에스라' 또는 '학자 에스라'로 번역되기도 한다. 제1성전 시대에는 왕정 서기관이라는 직분
이 있었고 제2성전 시대에는 사회적 계층으로 굳어진 '서기관'이라는 사회 계층이 있었다. 그
러나 에녹1서에서 '서기관'이라 번역된 싸프라סַפְרָא는 후대에 생긴 왕정 서기관이나 사회 계
층으로서의 서기관을 의미하는 것이 아니라 히브리어 문자를 읽고 쓸 줄 아는 사람을 의미하
는 것이다. 에녹은 이런 의미에서의 서기관(학자)이었으며 하늘로 승천한 후에도 하늘의 서기
관으로서 하나님 앞에서 섬기는 직분을 감당하고 있다. 서기관 천사에 대해서는 89:61-64;
90:14를 참조하라.

3   그리고 나서 나는 그들 모두에게 가서 말했고 그들은 모두 두려워했으며 공포와 떨림이 그들을 사로잡았다.

타락한 감찰자들이 에녹에게 주님께 전할 탄원서를 요청하다

4   그들은 그들이 용서를 받을 수 있도록 그들을 위해 탄원서를 써 줄 것을 나에게 요청하였으며 그 탄원서를 하늘에 계신 주님께 가져가 달라고 요청하였다.

5   이는 그들이 죄를 짓고 행한 행위들과 그들이 받은 선고로 인한 수치심으로 그 후부터는 하늘을 향해 말을 할 수도 없게 되었고 그들의 눈을 하늘로 들어 볼 수도 없게 되었기 때문이다.

6   나는 그들이 면죄와 집행유예를 받을 수 있도록 그들 각각의 행위들과 그들이 요청했던 것들에 관하여 그들을 위한 탄원서를 적었다.

7   나는 헤르몬 산 남서쪽에 있는 단의 물들[78] 곁에 가서 앉았고 그들의 탄원서를 소리 내어 읽다가 잠이 들었다.

에녹이 꿈 환상에서 받은 심판과 책망의 메시지

8   보라 나에게 꿈이 왔고 내게 환상이 떨어졌다. 나는 하늘의 아들들에게 책망하며 말해주어야 할 진노의 장면들을 보았다.

---

78   헤르몬 산 밑자락에는 네 개의 물 근원이 나와서 만나 상부 요단강이 되어 갈릴리를 채우고 다시 흘러내려가 사해를 채운다. 바니아스(가이사랴 빌립보)는 판신을 섬기는 우상숭배의 근거지로서 판Pan은 상체는 인간이며 하체는 염소인 반인반수이다. 레 16장 욤키푸르의 숫염소는 שעיר싸이르 또는 Satyr이며 반인반염소이다.

9 나는 깨어난 후 그들에게 갔다. 그들 모두는 레바논과 스닐 사이에 있는 아벨마임[79]에 함께 모여 앉아서 그들의 얼굴을 가리고 울고 있었다.

10 나는 그들 앞에서 내가 잠들었을 때 보았던 장면들을 말했으며 하늘의 감찰자들을 책망하기 위해 진리의 말씀들을 말하기 시작했다.

타락한 감찰자들을 책망한 말씀의 책(14)

감찰자들을 책망하도록 예정된 에녹

14 이것은 내가 자고 있을 때 꿈 환상에서 거룩하시고 위대하신 분이 명령하신 것에 따라서 기록된 의의 말씀의 책이며 영원에서 온 감찰자들을 책망하시는 말씀의 책이다.

2 위대하신 분께서 인간에게 소통하라고, 그 마음을 이해하라고 주신 육체의 혀와 입의 호흡으로 내가 지금 말할 내용은 내가 꿈 환상에서 본 것이다.

3 그분께서는 사람이 지식의 말을 이해하도록 사람을 예정하셨고 창조하셨 듯이 그분께서는 또한 내가 하늘의 아들들인 감찰자들을 책망하도록 나를 창조하셨고 예정하셨다.

---

79 아람어로 '아벨마인'이라 불리는 아벨마임은 아벨벧마아가(אבל בית-מעכה: 왕상 15:20; 대하 16:4)의 다른 이름이며 요단강의 네 개의 물근원 중에 가장 서쪽 끝에서 시작하는 물줄기인 아윤עיון 시내가 지나가는 목초지이다.

너희의 탄원은 영원히 거절되었으며 너희에게는 샬롬이 없을 것이다!

4 나는 너희를 위한 탄원서를 적었으나 나의 환상에서 나타난 대로 너희의 탄원은 영원의 모든 날 동안 받아들여지지 않을 것이다. 너희에게 완전한 심판이 선고되었으며 너희에게 샬롬(평화)이 없을 것이다.

5 지금부터 영원토록 너희는 하늘로 올라가지 못할 것이며 영원의 모든 날들 동안 너희가 땅에 묶여 있게 될 것이 선고되었다.

6 그 전에 너희는 너희의 사랑하는 자녀들의[80] 멸망을 보게 될 것이며 너희는 그들과 함께 즐거움을 누리지 못하고 그들은 너희 앞에서 칼에 의해 쓰러지게 될 것이다.

7 너희가 울며 내가 적어 놓은 글의 모든 말들로 애원할지라도 너희에 대한 탄원이든 그들에 대한 탄원이든 받아들여지지 않을 것이다.

에녹이 불의 혀들을 지나 우박들로 만들어진 큰 집에 들어가 엎드리다(하늘 체험)

8 그 환상이 나에게 다음과 같이 나타났다. 보라, 그 환상 속에서 구름들이 나를 초대했고 안개가 나를 불렀다. 그리고 유성들과 번개의 섬광들이 나를 재촉하며 급히 몰고 갔다. 그 환상 속에서 바람들이 나를 날게 했고 나를 위로 들어 올려 하늘로 데리고 갔다.

---

80 '너희의 사랑하는 자녀들'인 네필림들은 감찰자들과 여자들 사이에서 태어난 존재로서 반은 타락한 감찰자의 자녀들이며 반은 여자들의 자녀들이다. 에녹서의 배경 사상 중에 하나가 이러한 하이브리드의 혼합종 때문에 궁극적으로 영화의 단계에 이르러야 할 순수 인간 혈통이 사라지게 될 위험에 처해서 결국 홍수가 일어나게 되었다는 것이다. 또한 이 하이브리드의 몸이 죽을 때 그 몸에서 나온 영인 땅의 악한 영들 즉 귀신들이, 홍수 이후에도 종말에 이르기까지, 인간이 영화의 단계에 이르게 되지 못하도록 인류 역사를 훼방하는 역할을 하게된다는 것이다.

9   그리고 나는 우박들로 만들어진 벽과 그 벽들을 둘러싼 불의 혀들에 가까
     워질 때까지 나아갔고 그것들은 나를 두렵게 하기 시작했다.

10   나는 불의 혀들 안으로 들어갔고 우박들로 만들어진 큰 집 곁으로 가까이
     다가갔다. 그 집의 벽들은 눈으로 만들어진 우박의 석판들 같았고 그 집의
     바닥은 눈이었다.

11   그 집의 지붕은 유성들과 번개의 섬광들 같았다. 그들 중에 불타오르는 듯
     한 케루빔(그룹 천사들)이 있었고 그들의 하늘은 물과 같았다.

12   그리고 그 집의 벽들 둘레에 타오르는 불이 있었고 그 문들은 불타오르며
     빛나고 있었다.

13   나는 그 집 안으로 들어갔는데 그 곳은 불처럼 뜨겁고 눈처럼 차가웠다. 그
     안에서 어떤 생명의 즐거움도 느낄 수 없을 만큼 두려움이 나를 둘렀
     으며 떨림이 나를 사로잡았다.

14   나는 흔들리고 떨면서 얼굴을 바닥에 대고 엎드러졌다.

에녹이 불의 혀들로 지어진 더 크고 영광으로 찬란한 집안에 있는 높이 들린 보좌에 앉으신 위대하신 분 앞으로 나아가다(보좌의 방)

15   그리고 나는 그 환상에서 전보다 더 큰 다른 집을 보고 주목하였는데 그 집
     의 모든 문들이 내 앞에 열려 있었다. 그리고 그 집은 불의 혀들로 지어져
     있었다.

16   그 집은 영광과 찬란함과 크기와 모든 면에서 뛰어나 내가 그 영광과 그 크
     기를 너희에게 묘사하지 못할 정도였다.

17   그 바닥은 불이었고 그 위는 번개의 섬광들과 유성들이었다. 그 지붕 역시
     타오르는 불이었다.

18 나는 그 집 안에 있는 높이 들린 보좌를 주목하여 보았다. 그 보좌의 모습은 얼음과 같았고 그 주위는 빛나는 해와 같았으며 케루빔(그룹 천사들)의 합창 소리가 들렸다.

19 그 높이 들린 보좌 밑에서부터 불의 강들이 흘러나오고 있었으며 내가 그곳을 보는 것은 불가능했다.

20 영광 안에 위대하신 그분이 그 위에 앉아 계셨다. 그분의 옷은 해보다 더 빛났고 눈보다 더 희었다.

21 어떤 천사도 들어갈 수 없었고 빛난 광채가 나는 영광스러운 그분의 얼굴의 모습을 육신을 가진 그 어떤 피조물도 바라볼 수 없었다.

22 불 타오르는 바다가 그분 주위에 둘러 있었으며 한 큰 불이 그분 앞에 서 있었고 그분 주위에 있는 어느 누구도 그분 가까이에 다가갈 수 없었다. 10,000에 10,000을 곱한 수의 천사들이 그분 앞에 서 있었지만 그분에게는 어떤 거룩한 참모도 필요하지 않았다.

23 그리고 그분 곁에 있는 그 거룩한 자들은 밤이나 낮에도 떠나지 않았고, 그분에게서 물러나지도 않았다.

24 그때까지 나는 떨며 내 얼굴을 가리고 있었다. 그러자 주님이 그분의 입으로 나를 부르며 내게 말씀하셨다. "이리로 오라, 하녹(에녹), 나의 거룩한 말씀으로 나아오라"

25 거룩한 자들 중에 하나가 나에게 와서 나를 들어 올려 일으켰으며 그 문 가까이 나를 데리고 갔으나 나는 나의 얼굴을 아래로 숙이고 있었다.

보좌에 앉으신 분께서 에녹에게 감찰자들이 땅에 악을 창궐하게
한 일과 거인들의 몸에서 나온 악한 영들의 활동과 종말에 가서
그들이 심판 받을 것을 언급하시다(15-16)

15

그분께서는 나에게 대답하셨고 그분의 음성으로 나에게 말씀하셨다.[81]
"들어라! 두려워하지 말아라, 하녹(에녹), 너 의로운 자여, 의의 서기관
이여! 이리로 와서 나의 음성을 들어라.

2　그들을 대신해서 간청해달라고 너를 보낸 하늘의 감찰자들에게 가서 말하
여라. 사람들이 너희를 대신하여 탄원하는 것이 아니라 너희가 사람들을
대신하여 탄원했어야 했다.

감찰자들과 여자들 사이에 태어난 거인들이 죽을 때 그들의 몸에서
나온 영들이 악한 영들이 되다(귀신의 출처 15:3-16:1)

3　너희는 왜 높고 거룩하고 영원한 하늘을 떠나서 여자들과 동침하였으며
사람의 딸들과 함께 불결하게 되어 그들을 너희 자신들을 위한 아내로 취하
였고 땅의 자손들처럼 행하며 거대한 자식들을 출생하게 하였느냐?

4　너희는 영적 존재이며 거룩하고 영원한 삶을 살고 있었지만 너희는 여자들
위에서 불결하게 되어 육체의 피를 통해 자식을 얻었으며 인간의 피를 좇
아 더러운 욕정을 품었고 그들이 하는 것처럼 혈육을 낳았으나 그들은 결
국 죽고 멸망하게 될 것이다.

81　15:1부터 16:4까지는 에녹이 하늘의 보좌 방에 들어가 위대하신 분 앞에서 들은 메시지로 보
좌에 앉으신 분께서 일인칭 화자로 이 문제를 엄중하게 다루시는 내용이다. 이 사안이 얼마나
큰 문제라고 아버지께서 인식하셨는지 말씀의 엄중한 분위기에서 알 수 있다. 인간 구원과 인
간 최종 영화를 가로막는 사건, 귀신의 출처와 역할과 결국, 거룩한 영과 영원한 연합을 가로막
는 더러운 영과의 연합, 타락한 감찰자들에게 최종 책임을 묻는 마지막 심판 집행.

5 내가 사람들에게는 아내들을 주어 그들이 그 아내들 안에 씨를 뿌릴 수 있
   도록 그리고 그 아내들에 의해서 자식들이 태어나 업적들이 땅에 계속 이
   어질 수 있도록 했다.

6 그러나 너희는 원래 영원히 살며 모든 세대가 영원히 지나는 동안 불멸하
   는 영들로서 존재하는 자들이다.

7 그러므로 나는 너희를 위해서는 아내를 마련해주지 않았다. 왜냐하면 영적
   인 존재들의 거처는 하늘에 있기 때문이다.

8 자, 이제 영들과 육에게서 난 그 거인들은 땅에서 '악한 영들'이라 불리게
   될 것이며 땅이 그들의 거처가 될 것이다.

9 그들의 육의 몸에서 나온 영들이 '악한 영들'이다. 이는 그들이 인간들로부
   터 존재하게 되었으며 또한 그들의 창조의 기원은 하늘의 감찰자들로부터
   이기 때문이다. 그들은 땅에서 '악한 영들'이 될 것이며 '악한 영들'이라 불
   리게 될 것이다.[82]

10 하늘의 영들의 거처는 하늘에 있지만 땅에서 난 영들의 거처는 땅에 있다.

땅에 속한 악한 영인 귀신의 출처와 하는 일

에녹서가 주는 정보에 의하면 귀신들(사람을 미혹하는 불결하고 더러운 영
들)은 대홍수 이전에 감찰자 천사들과 여자들 사이에서 태어났던 존재들

---

[82] 희년서에서도 인간을 잘못된 길로 인도하는 악한 영들의 아버지가 타락한 감찰자 천사들이라
고 표현하고 있다.
(희년서 10:5a) 이 영들의 아비들인 당신의 감찰자들.

(네필림)의 몸이 죽었을 때 그 몸에서 나온 영들이며 귀신은 땅에서 난 영들로서 땅을 거처로 삼는 영들이고 하늘을 거처로 삼는 하늘의 영들과는 구분되는 다른 영들이다.

하늘에 속한 악한 영들의 처소는 하늘(궁창, 공중)이며 그들은 공중의 권세 잡은 자들이지만(엡2:2) 귀신들은 땅에서 난 영들이기 때문에 그들의 처소는 땅이다. 그리고 땅에서 활동하는 '악한 영들'인 귀신들은 거인들(네필림)의 몸이 죽었을 때 분리되어 나온 영들이기 때문에 한 때 몸이 있었던 귀신들은 그들이 쉴 곳을 얻기 위해서 인간의 몸 안이든 동물의 몸 안이든 들어가서 쉴 곳으로 삼으면서 자신의 욕망을 그 몸을 통해서 만족시키려고 한다.

[43]더러운 귀신이 사람에게서 나갔을 때에 물 없는 곳으로 다니며 쉬기를 구하되 쉴 곳을 얻지 못하고 [44]이에 이르되 내가 나온 내 집으로 돌아가리라 하고 와 보니 그 집이 비고 청소되고 수리되었거늘 [45]이에 가서 저보다 더 악한 귀신 일곱을 데리고 들어가서 거하니 그 사람의 나중 형편이 전보다 더욱 심하게 되느니라 이 악한 세대도 그렇게 될 것이다(마 12:43-45)

귀신들이 예수께 간구하여 이르되 만일 우리를 쫓아 내시려면 돼지 떼에 들여보내 주소서(마 8:31)

그러한 방법으로 땅에 속한 악한 영들은 사람에게 영향을 미치며 몸에 들어와서 타락하게 하고 탈선하게 하고 방황하게 하고 폭력적이게 하고 인생을 황폐하게 한다. 그리고 땅에서 나서 땅을 거처로 삼는 이

악한 영들은 사람을 치고 뒤흔들고 땅에 내던지며 질병이 생기게 한다
(마 17:15; 막 9:22).

²²귀신이 그를 죽이려고 불과 물에 자주 던졌나이다

²⁵예수께서 무리가 달려와 모이는 것을 보시고 그 더러운 귀신을

꾸짖어 이르시되 말 못하고 못 듣는 귀신아 내가 네게 명하노니 그 아이에게서

나오고 다시 들어가지 말라 하시매 ²⁶귀신이 소리 지르며 아이로 심히

경련을 일으키게 하고 나가니 그 아이가 죽은 것 같이 되어 많은 사람이

말하기를 죽었다 하나 ²⁷예수께서 그 손을 잡아 일으키시니 이에

일어서니라(막 9:22,25-27)

그리고 이 악한 영들은 인간들을, 특별히 여자들을 더 공격하며(15:12)
한 개인을 대상으로 할 뿐만 아니라 하늘에 속한 악한 영들과 협력하여
인류 역사안에 대학살과 파괴의 전쟁을 일으켜 왔었고 또 아마겟돈 전
쟁을 일으키려 할 것이다.

…이 악한 세대도 그렇게 될 것이다(마 12:45b)

¹³또 내가 보매 개구리 같은 세 더러운 영이 용의 입과 짐승의 입과 거짓

선지자의 입에서 나오니 ¹⁴그들은 귀신의 영이라 이적을 행하여

온 천하 왕들에게 가서 하나님 곧 전능하신 이의 큰 날에 있을 전쟁을 위하여

그들을 모으더라 (계 16:13-14)

거인들의 영들이 악한 영들이 되어 인간들과 여자들을 괴롭힐 것이다

11 그 거인들의 영들은 타락으로 이끌며 폭력을 행하고 황폐하게 하며 뒤흔들어 넘어뜨리고 땅에 내던지며 질병들을 일으킨다. 그리고 그들은 음식을 먹지 않지만 굶주림과 갈증에 시달리며 환각들을 일으키고 치명적인 타격을 준다.

12 이 영들은 인간의 자녀들과 여자들을 대항해서 일어날 것이다. 이는 그들이 살육과 파괴의 날들 동안 그 거인들로부터 나왔기 때문이다.

거인들이 죽을 때 그들의 몸에서 나온 영들이 악한 영들이 되어 땅에 활동하다가 종말의 큰 심판에 이르러 감찰자들과 불경건한 자들과 함께 멸망할 것이다

16 그 거인들의 살육과 파멸과 사망의 날에 그 영들은 그들의 몸에서 나올 것이다. 감찰자들과 불경건한 자들의 종말의 날, 시대가 끝나는 큰 심판의 날에 그들도 완전한 종말에 이르게 될 것이다.

귀신들이 허락받은 활동의 시기와 그들이 받게 될 정해진 때의 심판

홍수 이전에 땅과 인류를 부패하게 이끌었던 하늘에서 내려온 감찰자들은 대홍수의 심판 때 유대 광야와 사해 아래 있는 무저갱에 갇히게 되었으며 그들은 큰 심판의 날까지 갇혀 있다가 끌려 나와서 최종 심판을 받게 될 것이다.

그러나 땅에 속한 악한 영들인 귀신들은 홍수 이후 지금까지도 땅에서 계속 활동하면서 큰 심판의 날이 이르기 전까지는 처벌을 받지 않고 활동하도록 하나님의 섭리에 의해서 내버려두게 된다.

> 이에 그들이 소리 질러 이르되 하나님의 아들이여 우리가 당신과 무슨 상관이 있
> 나이까 때가 이르기 전에 우리를 괴롭게 하려고 여기 오셨나이까(마 8:29)

    마8:29에서 귀신 들린 자안에 있던 귀신들이 예수님과 마주치게 되었을 때 귀신들은 예수님을 알아보고 소리치며 '하나님의 아들이여, 우리와 당신과 무슨 상관이 있나이까 때가 이르기 전에 우리를 괴롭게 하려고 여기 오셨나이까'라고 하소연하는 장면이 나오는데 귀신들이 지금은 활동하도록 허락받은 시기이지만 그들에 대한 심판의 때가 미래에 있게 될 것이라는 것을 귀신도 인식하고 있다라는 이러한 개념은 에녹1서 16:1의 설명을 통해서 잘 이해할 수 있다.

2   이제 자신들을 위한 중재를 위해 너를 보낸, 전에 하늘에 있던 그 감찰자들에게 전하여라.

**감찰자들이 인간에게 알린 하늘의 비밀 때문에 땅에 악이 창궐하게 되었으니
타락한 감찰자들을 위해서는 샬롬(평화)이 없을 것이다.**

3   너희는 하늘에 있었지만 하늘의 모든 비밀들이 너희에게 계시되지는 않았다. 그리고 너희는 너희 마음의 완악함으로 너희가 알고 있던 무가치한 신비를 그 여자들에게 알게 했다. 그리고 이 신비를 통해 그 여자들과 그 남자들은 땅 위에 온갖 악들을 창궐하게 하고 있다.

4   그러므로 그들에게 전하여라. "너희에게 샬롬(평화)이 없을 것이다."

17장

하늘의 하늘과 땅의 여러 장소들을 방문하다(17-23)

사람처럼 변신하는 타오르는 불, 정상이 하늘에 닿은 산, 생명의 물과 불의 강

17 그리고 그들은 나를 데리고 어떤 장소로 갔는데 그곳에 있는 그들은 타오르는 불과 같았다. 그들은 그들이 원할 때 그들을 사람처럼 보이게 했다.

2 그들이 나를 어두운 폭풍의 장소[83]로 인도했고 다시 그 정상이 하늘에 닿은 어떤 산으로 나를 인도했다.

3 나는 광명체들의 장소들과 별들과 천둥들의 창고들을 보았고 가장 깊은 곳들에 있는 불의 활과 화살들과 화살통과 불의 검과 모든 번갯불들을 보았다.

4 그들은 나를 생명의 물들로 데리고 갔으며 매일 지는 태양을 받아주고 있는 서쪽의 불로 나를 데리고 갔다.

5 그리고 나는 불이 물처럼 흐르는 불의 강에 이르렀다. 불의 강은 서쪽을 향해 있는 큰 바다로 쏟아부어지고 있었다.

6 그리고 나는 모든 큰 강들을 보았으며 그 큰 강과 큰 흑암에 이르렀다. 그리고 나는 어떤 육체도 걸어보지 못한 장소에 도착했다.

7 나는 흑암의 겨울 바람들을 보았고 모든 깊음의 물이 솟구쳐 나오는 것을 보았다.

8 그리고 나는 땅의 모든 강들의 입구와 깊음의 입구를 보았다.

---

83 어두운 장소

**모든 만물의 질서를 잡는 힘이며 하늘과 땅 사이에 세워진 기둥들,
천체를 운행하게 하는 바람들의 창고들**

18

그리고 나는 모든 바람들의 창고들을 보았고 또 나는 그분이 어떻게 바람들로 모든 창조물의 질서를 잡는지를 보았다.

2 나는 땅의 기초와 땅의 모퉁이 돌을 보았으며 나는 땅을 받치고 있는 네 바람들과 하늘의 궁창을 보았다.

3 나는 어떻게 바람들이 하늘의 높은 곳까지 뻗어 있는지 보았다. 바람들은 땅과 하늘 사이에 세워져 있다. 바람들은 하늘의 기둥들이다.[84]

4 또 나는 하늘을 돌리며 태양과 모든 별들의 궤도를 움직이는 바람들을 보았다.

5 그리고 나는 구름들을 받치고 있는 땅 위의 바람들을 보았고 천사들의 통로들도 보았다. 나는 땅의 끝에서 하늘 위의 궁창을 보았다.

일곱 보석 산들과 그 중간에 있는 여호와의 보좌처럼 하늘까지 닿아 있는 산

6 나는 남쪽으로 향해 갔고 타는 듯한 낮과 밤이었다. 그곳에 귀중한 보석으로 만들어진 일곱 개의 산들이 있었고 세 개의 산은 동쪽으로 세 개의 산은 남쪽을 향해 있었다.

7 동쪽을 향해 있는 산들의 하나는 여러가지 색깔이 있는 보석, 하나는 진주, 하나는 치료하는 보석으로 되어있었다. 남쪽을 향해 있는 산들은 붉은 보

---

84 히브리어 루아흐ㄱㄱㄱ는 바람으로도 영으로도 해석이 가능하다. 바람이 땅과 하늘을 유지하는 기둥이다. 바람/영은 보이지 않는 힘으로서 하늘과 땅에 있는 모든 것들을 받쳐주며 지탱하게 해주는 기둥이며 운행하게 하는 힘이다.

석으로 되어있었다.

8   그리고 중간에 있는 산은 여호와의 보좌처럼 하늘까지 닿아 있었고 그 보좌는 안티몬[85]으로 되어 있었고 보좌의 정상은 사파이어였다.

9   그리고 나는 그 산들 너머에 있는 타오르는 불을 보았다.

타락한 별들과 하늘의 군대들의 죄가 만료되는 정해진 시간까지 묶어 놓는 감옥

10   거기서 나는 큰 땅의 건너편에 있는 한 장소를 보았는데 그곳에는 물들이 모여 있었다.

11   나는 하늘의 불의 기둥들이 있는 땅의 깊게 갈라진 무저갱을 보았고 나는 또 그들 중에서 하늘의 불타는 듯한 기둥들을 보았다. 그것들의 높이와 깊이는 잴 수 없을 정도였다.

12   또 나는 이 깊이 갈라진 무저갱 너머에 있는 한 곳을 보았는데 그 위에 하늘의 궁창도 그 아래 땅의 기초도 없었다. 그 곳에는 물도 없고 새들도 없는 오직 버림받은 끔찍한 장소였다.

13   거기서 나는 무서운 것을 보았는데 그것은 큰 불타는 산들 같은 일곱 별이었다.[86]

14   내가 물었을 때 천사가 말했다. 이 장소는 하늘들과 땅의 끝이다. 이 곳은 하늘의 별들과 하늘의 군대의 감옥이 되었다.

---

85   밝은 은백색의 금속 Antimony
86   (계 8:8) 둘째 천사가 나팔을 부니 불붙는 큰 산과 같은 것이 바다에 던지우매 바다의 삼분의 일이 피가 되고.

19장

15 그리고 그 불 위를 구르는 그 별들은 그들의 떠오르는 시작부터 주의 명령을 어겼던 자들이다. 그들은 그들의 정해진 시간에 나오지 않았다.

16 그분은 그들에게 노하셨고 그들의 죄가 만료되는 정해진 시간까지 비밀의 연수 동안 그들을 묶어 놓았다.[87]

죽은 거인들의 영들은 변장하고 나타나 인간들이 정도를 벗어나게 하고 마귀를 숭배하게 하지만 그들은 결국 큰 심판대에 서게 될 것이다. 그들의 아내들도 악한 영들이 될 것이다.

19

우리엘[88]이 나에게 말했다. 여자들과 난잡하게 섞였던 천사들은 여기 이 장소에 설 것이다. 그들의 영들[89]은 다른 모습으로 가장하여 나타나서 인간에게 멸망을 가져오고 사람들이 바른 길을 잃고 벗어나게 하여 사람들이 귀신들을 신들로 여기고 희생제사를 바치게 한다. 큰 심판의 날에 그들은 이곳에 서게 될 것이며 그날 거기에서 그들은 재판을 받게 되어 그들의 종말에 이르게 될 것이다.

---

87 (유 1:13b) 영원히 예비된 캄캄한 흑암으로 돌아갈 유리하는 별들이라. 에녹1서 21:1-6 참조.

88 우리엘לאיריאう은 '하나님은 나의 빛'을 의미한다(오르רואう는 빛을 의미함).

89 '그들의 영들'에 대한 두가지 해석이 있다. 1) 천사들의 영이라면 감찰자들의 영체는 갇혀있어도 그들의 영은 영체를 벗어나서 변장하여 활동할 수 도 있다라는 것이다. 2) 천사들의 영이 아니라 감찰자 천사들과 여자들 사이에서 태어난 거인들인 네필림이 죽을 때 그 몸에서 나온 악한 영들을 의미한다면, 귀신들이 여러 다른 모습으로 나타나서 사람들을 망가지게 하고 우상숭배하게 하는 일을 하게 된다는 것이다. 타락한 감찰자들은 이미 무저갱에 갇혀서 심판의 집행을 그곳에서 기다리고 있지만 땅에서 태어난 그들의 자식들의 몸으로부터 나오게 된 악한 영들은 땅에서 계속 활동을 하다가 종말에 이르러 결국 큰 심판의 날에 심판을 받게 될 것이다. 그들이 심판을 받게 될 그 장소로 우리엘이 에녹을 데리고 가서 미리 보게 하였다.

2 하늘의 천사들을 길 잃고 벗어나게 했던 그 천사들의 아내들은 세이렌[90]이
될 것이다.

3 나 하녹(에녹)은 홀로 그 광경들과 모든 일들의 끝들을 보았고 어느 누구도
내가 보았던 것을 본 자는 없었다.

계속 파수하고 있는 거룩한 일곱 천사 명단과 그들의 임무

20 그리고 이들은 계속 지켜보며 파수하고 있는 거룩한 천사들의 명
단이다.

2 거룩한 천사들 중 하나인 우리엘, 우주과 타르타로스[91]를 담당하는 자.

3 거룩한 천사들 중 하나인 라파엘, 인간의 영들을 담당하는 자.

4 거룩한 천사들 중 하나인 라구엘[92], 광명체들의 세상에 징벌을 담당하는 자.

---

90 칠십인 역에서는 히브리어 바트 야아나יענה בת가 세이렌σειρηνας으로 번역되었다. 바트 야아
나יענה בת는 사 13:21-22; 렘 50:39; 렘 27:39; 미 1:8에서 '우는 타조', '올빼미'로 번역되
어 있다. 시리아어 성경 Peshitta와 아람어 성경 주석Targum에서 바트 야아나יענה בת는 브나
트 나아마נעמא בנת와 브나트 나아민נעמיין בנבת로 번역되었고 이는 '나아마의 딸들daughters
of Naamah'을 의미한다. 나아마는 '사랑스러움'이란 뜻으로 유대교 까발라의 주요 작품인 조
하르에서는 나아마가 쉐미하자와 감찰자들을 유혹하여 자손을 낳고 그 자손의 영이 악령이
되었다고 전해주고 있다. 그리스 신화에서는 세이렌이 반은 여자이고 반은 새인 요정으로서 아
름다운 노랫소리로 지나가는 뱃사공을 꾀어들여 죽였던 존재로 나타난다.

91 그리스어 번역본에서 '타르타로스'로 나온다. 넓은 의미로는 지옥(하데스)으로 분류될 수 있지
만 좁은 의미로는 땅 아래 가장 깊은 무저갱을 의미한다. 21:5, 9에서 우리엘이 에녹을 무섭고
끔찍한 감옥으로 안내하는 장면이 나온다.

92 라구엘רעואל은 ע의 목구멍 안쪽 소리 때문에 라우엘과 라구엘의 중간 발음 정도이다. 라구엘
(라우엘)은 라아רעה는 '목양하다'라는 의미에서 나온 것으로 보인다. 참고로, 르우רעו는 '연합
한 자'라는 뜻에서 '친구, 동료, 사랑하는 자'라는 의미이다.에녹1서 23:1-4 참조.

5 거룩한 천사들 중 하나인 미카엘, 인류의 최고 부분과 그 나라[93]를 책임 맡은 자.

6 거룩한 천사들 중 하나인 싸리엘[94], 영들로 하여금 죄를 짓게 만드는 인간의 영들을 담당하는 자.

7 거룩한 천사들 중 하나인 가브리엘, 에덴과 쎄라핌[95]과 케루빔을 담당하는 자.

8 거룩한 천사들 중 하나인 루미엘, 하나님이 그에게 일어나는 자들을 담당하게 한 자.[96] 이는 일곱 천사장들의 이름들이다.

---

93 여기서 '인류의 최고 부분'은 아브라함과 이삭과 야곱의 혈통으로 이어져 내려온 택한 백성인 이스라엘 백성을, '그 나라'는 이스라엘 나라를 의미한다. 미카엘은 유대 백성과 그 나라를 담당하는 천사이다. (단 12:1) 그 때에 네 민족을 호위하는 대군 미가엘이 일어날 것이요.

94 שריאל싸리엘의 שר싸르는 왕자, 군주라는 의미이다.

95 다른 사본에는 쎄라핌이 뱀들이라고 번역되어 있는데 이는 히브리어 쎄라핌(שרפים 스랍들)을 오역한 것으로 보인다. 쎄라핌의 어근 싸라프שרף는 '불타오르다'라는 뜻으로 여섯 날개를 가진 쎄라핌(שרפים 스랍들)이 불타오르는 모습을 가졌기 때문인 것으로 보인다. 민수기 21:6에서 '불뱀'은 히브리어로 하네하쉼 하쎄라핌 הנחשים השרפים인데 '불타오르는 뱀들' 또는 '쎄라핌 뱀들'이라고 이해할 수 있다. 창세기 3:24의 두루 도는 화염검도 쎄라핌과 관계되었을 것으로 본다. 쎄라핌(스랍)과 케루빔(그룹)은 생명나무로 접근하는 길을 지키도록 에덴-동산에 주님께서 배치시키신 천사들이다. 가브리엘은 에덴과 쎄라핌과 케루빔을 담당하는 천사장이다.

96 8절은 에티오피아 사본들에는 빠져있지만 몇몇 그리스 사본들에 있다. 8절의 루미엘이 있을 때 천사장 명단이 일곱으로 갖춰지게 된다. 루미엘רומיאל은 '하나님은 나의 일어남'이란 의미로 그는 부활을 담당하는 천사이다. 요 6:38-54에서 4번 반복된 '내가 마지막 날에 다시 일으키리라'는 예수님의 말씀은 믿는 자들을 부활하게 함을 의미하며 위 본문에서도 '일어나는 자들'이란 '부활할 자들'을 의미한다.

범죄한 일곱 별들(불타는 큰 산들)이 묶여 있는 유한한 감옥

21 그리고 나는 혼돈과 무질서의 한 장소로 나아가서 둘러보았다.

2 그리고 나는 거기서 끔찍한 장소를 보았는데 높은 하늘도 아니며 견고하게 세워진 땅도 아닌 버림받은 장소로 예비되어진 무시무시한 곳이었다.

3 그리고 거기에서 나는 큰 산들처럼 서로 묶여 있으며 불처럼 타오르고 있는 하늘의 일곱 별들을 보았다.[97]

4 그때 나는 말했다. "무슨 죄 때문에 그들은 묶여졌고 왜 그들은 여기에 던져진 것입니까?"

5 나와 함께 있어 나를 인도해 준 거룩한 천사들 중 하나인 우리엘이 나에게 말했다. "하녹(에녹)아 누구에 대해 네가 묻고 있느냐? 누구에 대해 너는 궁금해하고, 질문하고, 관심을 두고 있느냐?

6 이 별들은 지극히 높으신 분이신 주님의 명령을 어긴 별들의 일부이며, 이 별들은 그들의 죄의 날수인 일만 시기가 차기까지 묶여져 있다."[98]

---

97 일곱 별은 불붙은 큰 산처럼 보였다. 에녹서에서는 천사와 별이 같은 존재의 다른 표현으로 사용되기도 한다. 여기서는 불붙은 큰 산이라고도 표현된다. 계 8:8-11의 둘째 나팔과 셋째 나팔의 내용 참조. 불붙는 큰 산과 같은 것이 바다에 던지우매…

98 (유 1:13b) 영원히 예비된 캄캄한 흑암으로 돌아갈 유리하는 별들이라. 에녹1서 18:10-16 참조.

범죄한 천사들을 위해 예비되어 있는 영원한(무한한) 감옥

7 그리고 거기로부터 나는 이곳보다 더 끔찍한 다른 곳[99]으로 갔다. 그리고 나는 끔찍하고 무서운 것을 보았다. 거기에는 활활 불타오르는 거대한 불이 있었다. 그리고 그 장소에는 거대한 불기둥들로 가득한 깊은 무저갱으로 도달하는 갈라진 틈이 있었고 그곳은 떨어지기 위해 만들어진 곳이었다. 나는 그 깊이도 크기도 볼 수 없었고 그것의 근원을 볼 수도 없었다.

8 그때 나는 말했다. "이 장소는 너무 끔찍하고 무시무시하며 보는 것만으로도 너무 고통스럽구나!"

9 그때 나와 함께 있던 거룩한 천사들 중 하나인 우리엘이 나에게 대답하여 말했다. "하녹(에녹), 어째서 이 끔찍한 장소 때문에 그리고 이 고통 앞에서 너는 그러한 두려움과 공포감을 가지고 있느냐?"

10 그리고 그는 나에게 말했다. "이 장소는 천사들의 감옥이다. 그리고 거기에서 그 천사들은 영원히 붙잡혀 있게 될 것이다."

---

99 21:1-6에서 불타는 큰 산들과 같은 '일곱 하늘의 별들'이자 범죄한 일곱 천사들이 던져져서 이미 들어가 있는 무시무시한 버림받은 장소가 소개된다. 주님의 명령을 어긴 그들은 던져졌고 서로 묶여 있는 채로 그들의 죄의 날 수를 채우기 위해서 일만 시기를 보내게 될 것이다.

이 장소는 21:7-10에서 소개되는 더 끔찍하고 무시무시한 불타는 무저갱과는 구분되는 다른 장소인데 1-6절에서 소개된 장소는 유한한 시간동안 머물면서 최후 최종 심판이 집행되기까지 고통 가운데 기다리는 구치소와 같은 임시 감옥이라면 7-10절에서 소개되는 장소는 최후 최종 심판이 집행된 후에 영원히 갇히게 될 불타는 무저갱으로서 영원한 감옥과 같은 곳이다.

두 가지는 서로 구분되는 다른 장소로 앞의 장소는 시간의 정해진 한계가 있으며 아직 최종 형이 집행되지 않아 최소한의 기회가 있는 장소이지만 두 번째 장소는 시간적으로도 무한한 영원이며 공간적으로도 무한한 무저갱으로서 그 형량이 정해지고 불변하는 시공간이다.

부활과 큰 심판의 날이 이르기까지 죽은 자들이 머무는 네 장소(네 가지 음부)

22 거기서부터 나는 다른 장소로 갔고 그는 나에게 서쪽에 있는 단단한 반석으로 된 크고 높은 산을 보여주었다.

2 그 산 안에는 깊고 아주 매끄러운 텅 빈 장소 네 곳이 있었다. 그들 중 셋은 어두웠고 하나는 밝게 빛이 났는데 그 가운데 물의 샘 근원 하나가 있었다. 나는 말했다, "이 텅 빈 공간은 얼마나 매끄러운가! 보기에 정말 깊고 어둡구나!"

3 그리고 나서 나와 함께 있던 거룩한 천사들의 하나인 라파엘이 나에게 대답하여 말했다. "이 매끄러운 장소들은 죽은 자들의 혼들의 영들이 그 속에 모이게 하기 위하여 존재한다. 바로 이 목적을 위해 이 장소들이 창조되었다. 여기에 사람의 아들들의 혼들이 모여 질 것이다.

4 이 장소들은 그들이 심판을 받게 될 날까지, 그리고 그들에게 큰 심판이 집행되기까지 그들에게 정해진 시간 동안 그들을 받아 놓게 하기 위해 만들어졌다."

5 그리고 나는 죽은 사람의 영이 호소하는 것을 보았는데 그의 목소리가 하늘에 닿았으며 멈추지 않고 부르짖으며 호소하고 있었다.

6 그때 나는 나와 함께 있었던 감찰자이며 거룩한 자인 라파엘에게 물으며 말했다. "이 영은 누구의 영이며 누구의 목소리가 이렇게 하늘에 닿도록 호소하고 있습니까?"

7 그가 내게 대답하여 말했다. "이 영은 그의 형 카인(가인)이 죽인 헤벨(아벨)로부터 나온 영이다. 헤벨(아벨)은 카인(가인)의 후손이 지면으로부터 멸망될 때까지, 그의 후손이 인간의 자손 중에서 사라질 때까지 카인(가인)을 대항

해서 호소하고 있다."[100]

8   그후 나는 모든 텅 빈 장소들에 대하여 물으며 말했다. "왜 한 장소는 다른 장소들과 나뉘어져 있습니까?"

9   그가 내게 대답하여 말하기를 "이 세 장소[101]는 죽은 자의 영들을 분류하기 위해 만들어졌으며 빛나는 물의 샘이 있는 이 장소는 의로운 자들의 영들을 위해서 따로 구분되어져 있다.

10   이 장소는 죄인들이 죽고 땅에 묻혀질 때를 위해 죄인들을 위한 장소로 창조되었다. 그들이 살아있는 동안에는 심판이 그들에게 임하지 않았다.

11   여기서 그들의 영들은 영원히 저주받은 자들을 위한 심판과 징계와 고문이 있을 그 큰 날까지 이 큰 고문을 위해 따로 분류되어질 것이다. 그 큰 날에 그들의 영들에 대한 되갚음이 있게 될 것이며 그분은 그들을 영원히 묶어 놓을 것이다.

12   이 장소는 호소하는 자의 영들을 위해 분류되어져 있다. 그들이 살해당한 죄인들의 날들에 그들이 어떻게 멸망했는지를 드러내며 그들은 호소한다.

13   이 장소는 경건하지 않은 죄인들과 불법을 행하며 무법한 자들과 한 패가

---

100   아벨의 피는 복수를 부르짖고 예수의 피는 용서를 호소한다.
(마 23:35) 그러므로 의인 아벨의 피로부터 성전과 제단 사이에서 너희가 죽인 바라갸의 아들 사가랴의 피까지 땅 위에서 흘린 의로운 피가 다 너희에게 돌아가리라.
(히 12:24) 새 언약의 중보자이신 예수와 및 아벨의 피보다 더 나은 것을 말하는 뿌린 피니라.

101 죽은 자들의 혼들은 셋째 하늘의 아랫 부분에 있는 네 가지 음부(스올ʁʍʍ)로 각각 분류되어 들어간다. 그들 중에서도 의로운 자의 혼은 빛나는 물샘이 있는 음부에서 각자의 정한 시간 동안 씻겨지는 정화와 연단의 과정을 거친 후 셋째 하늘에 있는 낙원(樂園, 에덴동산, 하늘 예루살렘)으로 이동되어 그곳에서 생명의 부활을 기다리게 된다.

23장

된 자들의 영들을 위해 창조되었다. 그들의 영들은 심판의 날에 멸망되지도 않을 것이며 이곳에서부터 일으켜지지도[102] 않을 것이다."

14 그리고 나서 나는 영광의 주님을 송축하며 말했다. "나의 주님이시며 모든 것을 영원히 통치하시는 영광과 의의 주님, 송축 받으십시오"

서쪽의 땅의 끝들에서 쉬지 않고 궤도를 달리며 하늘의 모든 광명체들을 궤도에 따라 돌게하는 불

23 그리고 나는 거기에서부터 서쪽을 향하여 땅의 끝들까지 이르러 다른 한 장소로 갔다.

2 나는 낮이든 밤이든 쉬거나 멈추지 않고 달리지만 정확하게 같은 길을 유지하는 불타면서 달리는 불을 보았다.

3 나는 물어보았다. "쉬지 않고 달리고 있는 이것은 무엇입니까?"

4 그때 나와 동행하던 거룩한 천사들 중에 하나인 라구엘이 나에게 대답하여 말했다. "서쪽을 향하고 있는 네가 본 이 타오르는 불은 하늘의 모든 광명체들을 따라가며 돕는 불이다."

---

102 여기서 '일으켜지다'는 부활을 의미한다. 모든 사람들은 각각 여러 영광의 단계인 생명의 부활로, 또한 각각 여러 형벌의 단계인 심판의 부활로 부활할 것이다. 그러나 이 구절을 통해, 부활의 몸으로도 되지 못하고 영으로 남아 영원히 죽지 않으면서 그곳에 존재하는 자들도 있을 것인가라는 의문을 갖게 된다.

24장

> 셋째 하늘의 에덴(낙원/하늘 시온/하늘에 있는 예루살렘)과 생명나무(24-25)

셋째 하늘에 있는 일곱 웅장한 산

24
그가 나에게 낮과 밤으로 타오르고 있는 불의 산들을 보여주었다.

2 나는 그 산들로 나아갔고 일곱 개의 웅장한 산을 보았다. 그들 모두는 서로 달랐고 값지고 아름다운 보석들이었고 모두 사랑스러웠으며 그들의 모습은 영광스럽고 그들의 형체는 아름다웠다. 동쪽에 셋은 서로 단단히 고정되어 있고 남쪽에 셋도 서로 단단히 고정되어 있었으며 깊고 거친 골짜기들은 서로 가깝지 않았다.

일곱 번째 산 위에 있는 보좌를 둘러싼 향목들 중의 한 나무(생명나무)

3 거기 그들 중에 일곱 번째 산이 있었다. 그 산은 그들보다 높았고 보좌의 자리 같았으며 향기 나는 나무들이 그 보좌를 둘러 있었다.

4 그 중에 내가 한 번도 맡아 본 적이 없는 향기나는 나무가 있었다. 그 중 다른 어떤 것도 그것과 같지 않았다. 그 나무는 어느 향기보다도 더 향기를 내고 있었으며 잎사귀들과 꽃들과 나무 줄기는 결코 시들지 않았고 그 열매는 아름답고 대추 야자 열매 다발[103] 같았다.

---

103 여기서 생명나무의 열매 모양이 대추 야자(종려나무 palm tree 타마르תמר) 열매 다발 같다고 묘사하고 있다. 솔로몬 성전과 천년왕국 때 세워질 에스겔 성전에도 지성소와 성소의 벽과 문에 대추 야자 나무를 케루빔(그룹 천사들)과 핀 꽃과 함께 새겨 장식한 모습을 보게 된다. 에덴-동산의 회복과 재현을 보여주는 성전 안에 '타마르의 형상'으로 가득 채워지게 장식한 것은 에덴-동산 중앙에 있던 생명나무를 그려주고 있는 것이다. 타마르תמר는 '종려 나무'를 의

5 그때 내가 말하길 "보라 얼마나 아름다운 나무인가! 이 나무는 보기에 아름답고 그 잎사귀들은 마음을 유쾌하게 하고 그것의 열매는 매우 맛있어 보인다."

6 그 산과 그 나무를 담당하고 있으며 그때 나와 동행하던 거룩하고 영예로운 천사들 중의 하나인 미카엘이 나에게 대답하였다.

큰 심판 때에 땅으로 내려와 예루살렘에 놓일 보좌가 될 하늘에 있는 보좌의 산과 그 보좌를 둘러 있는 생명의 나무

25
미카엘이 나에게 말했다. "하녹(에녹) 너는 왜 이 나무의 향기에 대해서 놀라워하며 궁금해하느냐? 너는 왜 진리를 배우기 원하느냐?"

2 그 때에 나 하녹(에녹)은 그에게 대답하여 말했다. "나는 모든 것에 대해서 배우기 원하지만 특별히 이 나무에 대해서 배우기 원합니다."

3 그가 내게 대답하여 말했다. "그 꼭대기가 여호와의 보좌 같은, 네가 본 이 높은 산은 위대하고 거룩하신 분, 영광의 주, 영원한 왕께서 그분의 선하심으로 땅에 머무시기 위해 내려가실 때 앉으실 보좌이다.

미하지만 왕상 6:29, 32, 35; 7:36; 대하 3:5; 겔 40-42장에서 '종려 나무'라고 번역된 팀모 라הרממה는 '종려 나무의 모양이나 장식'을 의미한다.

'하늘 보좌'와 짝을 이루는 '땅의 보좌'에 대한 개념

에녹1서25:3에서 에녹이 하늘의 예루살렘에 있는 보좌의 산과 그 보좌를 둘러 있는 생명나무를 보았을 때 미가엘 천사는 그 하늘의 보좌는 메시아가 영원한 왕으로 땅에 내려오실 때 예루살렘에서 앉으실 '땅에 놓일 보좌'라고 설명한다.

'하늘 보좌'와 짝을 이루는 '땅의 보좌'에 대한 이러한 개념이 다음 구절에서도 나타난다. 에녹1서 18:6-8, 18:8; 45:3; 51:3; 렘 3:17; 겔 43:1-7; 마 25:31-32.

> 그 때에 예루살렘이 그들에게 여호와의 보좌라 일컬음이 되며 모든 백성이
> 그리로 모이리니 곧 여호와의 이름으로 말미암아 예루살렘에 모이고(렘 3:17a)

> 인자가 자기 영광으로 모든 천사와 함께 올 때에
> 자기 영광의 보좌에 앉으리니(마 25:31)

하늘에 있는 보좌가 그리스도의 재림 때 하늘에서 땅의 예루살렘의 성전 산으로 내려오게 되면 그곳은 하늘과 땅이 공존하는 곳이 된다. 실제 땅에서 물질 세계로 이루어진 건물 성전이 있으면서도 동시에 열린 하늘의 영적인 세계가 공존의 장소이다. 천년왕국 동안 이러한 상태의 예루살렘 성전은 지구와 온 우주 만물을 통치하는 보좌의 중심이 된다.

²이스라엘 하나님의 영광이 동쪽에서부터 오는데 하나님의 음성이 많은 물 소리

같고 땅은 그 영광으로 말미암아 빛나니 ³...내가 곧 얼굴을 땅에 대고 엎드렸더니 ⁴여호와의 영광이 동문을 통하여 성전으로 들어가고 ⁵...여호와의 영광이 성전에 가득하더라... ⁷그가 내게 이르시되 인자야 이는 내 보좌의 처소, 내 발을 두는 처소, 내가 이스라엘 족속 가운데에 영원히 있을 곳이라(겔 43:2-7a)

그리고 천년왕국이 끝나고 7천 년의 역사가 마무리되면 더 크고 확장된 최종적인 단계의 영원한 성전인 새 예루살렘이 영적인 원리와 물리적인 원리가 어우러지며 영적인 세계와 물질적인 세계가 완전하게 공존하는 신비스러운 새 하늘과 새 땅의 지성소로써 하늘에서 땅 예루살렘으로 내려오게 된다.

큰 심판 이후 의롭고 거룩한 자들에게 양식으로 주어지게 될 생명나무 열매

4 몸을 가진 어떤 창조물도 큰 심판이 이르기 전에 이 아름답고 향기나는 나무를 만질 수 있는 권한이 없다. 그분께서 모든 것에 대해서 원수 갚고 모든 것을 영원히 성취하게 될 그 큰 심판의 때에 이 권한은 의로운 자들과 거룩한 자들에게 주어질 것이다.[104]

5 그 나무의 열매는 택함 받은 자들을 위한 양식이 될 것이다. 그것은 거룩한 곳에, 영원한 왕이신 주의 집 곁에 옮겨 심겨질 것이다.

104 인류가 생명나무에게로 접근할 수 있는 권한은, 원수를 갚으시고 완전한 구속을 이루심으로 희년을 선포하고 큰 심판이 집행된 이후에 가능하도록 정해 놓으셨다. 셋째 하늘에 감춰져 있던 생명나무가 그 심판 이후에 땅의 보좌가 놓인 그 거룩한 주의 집 곁에 다시 그곳에 있게 될 것이다.

6   그 때에 그들은 크게 즐거워하며 그 거룩한 곳에 들어가서 기뻐할 것이다.
     그들은 그 나무의 향을 그들의 뼈들 안으로 흡수할 것이고 네 조상들이 땅
     에서 장수한 것처럼[105] 그들도 장수할 것이다. 그들이 사는 날 동안 슬픔과
     고통과 수고와 재난이 그들을 건드리지도 못할 것이다."[106]

7   그 때에 나는 영광의 주님 영원한 왕을 찬양했다. 그분은 의로운 자들을 위
     해서 그러한 것을 준비하셨고 그러한 것을 창조하셨으며 또한 그들을 창조
     하셨고 그들에게 주기로 약속하셨다.

하늘 예루살렘에서 땅 예루살렘으로 통하는 영광의 통로

에녹1서 24-25장에서는 셋째 하늘에 있는 에덴의 일곱 웅장한 산들 중에서 생명나무로 둘러 있으며 메시아가 좌정하실 때 땅 중앙에 놓일 보좌가 될 일곱 번째 산을 묘사하는데 이것은 하늘에 있는 시온(예루살렘)의 묘사이며 영적인 면을 나타내 보여준다. 반면 26장에서는 하늘의 에덴을 방문하던 에녹이 땅으로 공간 이동하여 내려온 후 땅의 중앙에 있는 거룩한 산의 주변을 묘사하면서 땅 예루살렘의 지형을 그려주고 있다.

이사야 6장에서 이사야가 땅 성전에서 기도하다가 하늘 성전의 영

---

105 홍수가 있기 전 사람들은 평균 900년을 살며 나무의 수한과도 같았다. 천년왕국 기간동안 땅
     에 살아가며 다시 생육하고 번성하게 될 사람들의 수명은 홍수 전과 같이 회복될 것이다. (사
     65:22) …이는 내 백성의 수한이 나무의 수한과 같겠고…

106 (사 65:18-20) [18]너희는 내가 창조하는 것으로 말미암아 영원히 기뻐하며 즐거워할지니라 보
     라 내가 예루살렘을 즐거운 성으로 창조하며 그 백성을 기쁨으로 삼고 [19]내가 예루살렘을 즐거
     워하며 나의 백성을 기뻐하리니 우는 소리와 부르짖는 소리가 그 가운데에서 다시는 들리지 아
     니할 것이며 [20]거기는 날 수가 많지 못하여 죽는 어린이와 수한이 차지 못한 노인이 다시는 없
     을 것이라 곧 백 세에 죽는 자를 젊은이라 하겠고 백 세가 못되어 죽는 자는 저주받은 자이리라.

광스러운 장면을 보게 된 경우를 생각해보라. 이사야는 땅 성전에서 하늘 성전을 보았다. 반면 에녹은 하늘 방문 중에 하늘 성전을 먼저 보고 (24-25) 그 후 하늘에서 땅으로 공간 이동하여(26:1a) 땅 성전이 세워지게 될 것이며 여호와의 보좌가 놓이게 될 거룩한 성전 산의 지형 곧, 예루살렘의 지형을 보았다.

에녹이 예루살렘을 방문하였던 이 때는 아직 에덴-동산의 중앙이었던 예루살렘에 쉐키나שכינה(거주하시는 하나님의 성령)께서 아직 완전히 떠나시지는 않았던 시기였고 에녹은 하늘의 일곱 웅장한 산들과 땅의 중앙이 연결되어 있는 영광의 통로를 통하여 하늘에서 땅으로, 땅에서 하늘로 이동하였다.

땅 중앙에 있는 동산(땅의 시온/땅의 예루살렘)을 방문함(26-27)

에덴-동산의 중앙 자리였으며 땅의 중앙인 예루살렘의 지형 묘사

26
거기에서 나는 땅의 중앙[107]으로 옮겨졌다. 그리고 나는 축복받고 옥한 한 장소를 보았는데 그곳에는 전에 잘려 나간 적이 있었던 한

---

[107] '땅의 중앙'은 예루살렘을 지칭하는 다른 이름이다. 에스겔 5:5의 "내가 예루살렘을 이방 민족들 가운데 두고 땅들로 둘러 있게 하였거늘"과 에스겔 38:12의 '세상 중앙에 거하는 백성'에서도 예루살렘이 '땅 한 가운데' 또는 '땅의 배꼽(טבור)'이라는 개념으로 인식되어지고 있다. 에녹1서 26장에서 '땅의 중앙'을 예루살렘의 주변 지형으로 묘사하고 성전 산을 '거룩한 산'으

나무[108]로부터 살아남고 싹이 난 가지들을 가진 나무들이 있었다.

2 거기서 나는 거룩한 산을 보았고 그 산의 동쪽 아래에서 물이 나오고 있었고 그 물은 남쪽으로 흐르고 있었다.[109]

3 나는 동쪽에 그보다 높은 다른 산 하나를 보았다. 두 산 사이에 깊고 좁은 골짜기가 있었고 그 안에 시내가 그 산 밑으로 흐르고 있었다.[110]

4 그 산 서쪽에 그보다 낮고 경사가 높지 않은 산 하나가 있었고 그 두 산 사이 아래에 골짜기[111]가 있었고 또 다른 깊고 마른 골짜기가 그 세 산들의 끝

로 묘사한 경우 외에도 에녹1서에서는 예루살렘에 대한 대체 표현들이 아래와 같이 나타난다. '땅의 중앙'(26:1; 90:26), '거룩한 산'(26:2), '내 의로운 자들의 성'(56:7).

이것들은 에녹1서에서 예루살렘을 지칭하는 다른 이름들이다. 그리고 '그 동산'(32:6; 60:8) 또는 '택함 받은 자와 의로운 자가 거하는 그 동산'(60:8)은 에덴-동산에 대한 묘사의 표현으로 사용되었으며 60:8에서 '그 동산'은 동쪽에 유대 광야가 있는 예루살렘을 지칭하는 표현이다. 희년서 8:12, 19에서도 이스라엘 땅을 에덴-동산으로 모세 이전의 선조들이 인식하고 있었음이 비춰지고 있다.

108 여기서 '한 나무'는 선악을 알게 하는 나무로 보인다. 32장에서 에녹은 의의 동산을 방문하면서 그곳에 있는 '지혜의 나무' 즉, '선악을 알게 하는 나무'를 자세히 묘사하고 있다. 하늘 에덴에 속한 생명나무로의 접근은 큰 심판 이후 하늘 보좌가 땅에 내려오고 나서야 가능하다. 에녹2서에서는 생명나무는 하늘 에덴에 속하였고 지식 나무는 땅 동산에 속하였다고 묘사해주고 있다.

109 '거룩한 산'은 성전산과 성전산을 이루는 돌산 전체를 말하는 것이며 그 거룩한 돌산의 동쪽에서 기혼샘이 흐르는 것을 묘사하고 있다. 기혼샘의 물은 남쪽으로 흐르다가 다시 동쪽 골짜기를 타고 흘러내려서 Dead Sea Rift Valley인 사해 바다로 내려간다. 바벨론 탈무드 요마 77b:11, 14,15에서는 "미래에 기혼의 물이 지성소로부터 나와 강같이 흐를 것이다"라고 언급하고 있으며 미드라쉬 미돝 2:6에서는 미래에 성전의 문지방 아래에서부터 물이 흘러나오는 것으로 묘사한다. 겔 47:1-12; 시 46:4; 욜 3:18; 슥 13:1; 14:8; 계 22:1, 17 참조.

110 감람(올리브) 산과 기드론 골짜기를 그려주고 있다.

111 성전 시대에 제2구역이라 불렸고 현대에 시온 게이트가 있는 성전산 서쪽의 언덕과 튀로포이온(치즈 제조들)골짜기 즉, 중앙골짜기를 그려주고 있다.

에 있었다.[112]

5   그 모든 골짜기들은 깊고 좁았으며 단단한 바위로 되어 있고 그 골짜기들
    에는 나무들이 심겨져 있지 않았다.

6   나는 그 반석을 보고 경외로워 했고 그 골짜기를 보고 놀라워 했다. 나는 지
    극히 놀라워하며 경외로움을 느꼈다.

대홍수 이전 시대에 묘사된 예루살렘의 지형

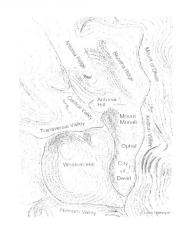

에녹1서26장에서 에녹이 묘사한 지형은 다른 곳이 아닌 바로 예루살렘의 지형이다.

Ritmeyer의 예루살렘 지형도 Topography of Jerusalem을 참고하면서 에녹1서 26:1-6의 지형 설명을 비교해 보면 아래와 같다.

2절의 '거룩한 산'은 모리아 산(성전산)과 오벨과 다윗성을 포함한 좁은 의미의 예루살렘을, '그 산의 동쪽 아래 있는 물이 남쪽으로 흐르는 것'은 다윗 왕궁터 동쪽 밑자락에서 기혼샘의 물이 흐르는 것을, 3절의 '동쪽의 높은 산'은 올리브(감람) 산을, '두 산 사이에 흐르는 시내가 있는 깊고 좁은 골짜기'는 기드론 골짜기와 기드론 시내를, 4절의 '서쪽의 그 보다 낮은 산'은 현재 시온산이라 불리

---

112 힌놈의 아들 골짜기를 의미한다.

는 예루살렘의 제2구역을, '그 두 산 사이 아래의 골짜기'는 Tyropoeon (치즈 또는 중앙) 골짜기를, '그 세 산들의 끝에 있는 깊고 마른 골짜기'는 힌놈 골짜기를 묘사하고 있는 것이다.

에녹1서에는 비록 '예루살렘', '시온', '모리아' 라는 이름 자체는 한 번도 언급되지 않고 있지만 26장의 이 모든 묘사들이 예루살렘을 나타낸다는 것에는 놀랍도록 일치하는 자세한 지형 설명으로 분명해진다.

당시 에녹이 예루살렘을 방문하였을 때에는 아직 에덴-동산의 쉐키나가 그 동산과 분리되어 하늘로 떠나기 전이었기 때문에 에녹은 에덴-동산의 중앙을 방문하였을 때 쉐키나가 머물고 계신 예루살렘의 시온산과 그 돌산의 기초석과 골짜기들을 바라보며 지극히 놀라워하며 경외로움을 느꼈다고 고백하고 있다.

아담과 하와가 에덴-동산의 동편으로 쫓겨났지만 땅으로 내려와 있던 하늘 에덴은 아직 그 동산에 머물러 있었고 A.M.987년 에녹이 승천하던 그 해의 어느 날(에녹2서에 의하면 후대에 오순절이 된 날자)에 쉐키나는 그 동산을 떠나 하늘로 거두어져 올라가셨다(에녹3서 참조).

힌놈의 골짜기(게힌놈)에서 저주받은 자들에 대한 공의의 심판이 집행되는 광경이 의인들이 보는 앞에서 영원히 집행됨

27 그때 나는 말했다. "나무들로 완전히 가득 차 있는 이 복받은 땅과 그 사이에 있는 이 저주받은 골짜기가 존재하는 목적은 무엇입니까?"

2 나와 동행하던 거룩한 천사들 중의 하나인 라파엘이 나에게 대답하여 말했다. "이 저주받은 골짜기는 영원히 저주받은 자들을 위해 존재한다. 그들의

입술로 주의 영광을 대적하며 거칠게 말하고 합당하지 않은 말들로 주님을 대적하여 말한 모든 자들이 여기로 모이게 될 것이다. 그들이 했던 말들이 그들을 모두 여기로 모이게 할 것이며 여기가 그들의 심판의 장소가 될 것이다.

3 마지막 날들에 그들에게 공의의 심판이 집행되는 광경이 의인들 앞에서 영원히 있게 될 것이다.

자비를 베푼 자는 심판대 앞에서 그 베푼 자비로 인해 배당된 보상을 받고 주님을 찬송함

자비를 베푼 자들은 여기서 영광의 주 영원한 왕을 송축할 것이다.

4 그들에 대한 심판이 진행되는 기간에 주님께서 그들을 위해 챙겨 놓아주신 그들이 받을 그 자비 때문에 그들은 주님을 송축할 것이다."

5 그때 나 자신도 영광의 주님을 송축하며 그분의 영광을 알려지게 했고 나는 그분의 위대하심에 합당하게 찬양했다.

> **긍휼히 여김을 받을 긍휼이 넘치는 심판이 예비됨**
>
> 긍휼히 여기는 자는 복이 있나니 그들이 긍휼히 여김을 받을 것임이요(마 5:7)
>
> 공의의 심판이 집행될 때, 그리스도의 심판대 앞에서 모든 것이 벌거벗은 것처럼 다 드러날 그때 어떤 사람들은 부끄러움과 수치와 치러야 할 징계의 무거움 가운데 서게 될 것이다. 그러나 그때 그 사람이 살아가는 동안 타인에게 베풀었던 자비의 모든 내역들이 하나씩 밝히 드러나는 과정이 진행될 것인데 그때 그가 베풀었던 자비의 모든 내역들

이 그가 받을 심판의 결산 앞에서 그가 받을 벌을 감면받을 수 있는 자비를 얻게 할 것이다.

어떤 자들은 그들이 땅에서 베풀었던 긍휼과 자비가 밝히 드러나면서 감면받는 수준을 넘어서서 그 심판을 면제받게 되는 사람도 있을 것이다. 또 어떤 자는, 그가 땅에서 베푼 자비를 받았던 수많은 자들이 줄을 서서 그를 위해 증언 해줌으로써, 그의 고개를 떨구게 했던 부끄러움과 수치에서 도리어 자랑의 면류관을 얻고 칭찬과 명성을 얻게 될 것이다.

> 긍휼을 행하지 아니하는 자에게는 긍휼 없는 심판이 있으리라 긍휼은
> 심판을 이기고 자랑하느니라(약 2:13)

그리고 '주님께서 그들을 위해 챙겨 놓아주신 그들이 받을 그 자비 때문에' 자비롭고 영광스러우신 주님께 드리는 감사와 감격과 찬양이 천국의 그 자리를 가득 채우게 될 것이다.

동방의 땅들에 있는 각종 향기나는 나무들(28-31)

황량한 광야 가운데 초목이 가득한 곳에서 솟구쳐 나오는 풍부한 물 근원

28
거기서부터 나는 동쪽으로 광야의 산맥 가운데로 나아갔는데 나는 황량한 광야에 초목이 가득한 것을 보았다.

2 물이 위로 솟구쳐 나와서

3 풍부한 물줄기처럼 북서쪽으로 흐르면서 모든 주변으로부터 물이 나오고 이슬도 생기게 했다.

아몬드 나무를 닮은 유향과 몰약 향기의 나무

29 그리고 나는 그 광야에서 떠나 다른 곳으로 갔다. 나는 산맥의 동쪽으로 가까이 이르렀다.

2 거기서 나는 유향과 몰약의 향기를 내뿜는 향기로운 나무를 보았는데 그 나무는 아몬드 나무와 비슷하였다.

유향 갈대와 계피 나무

30 그 나무들을 넘어서 동쪽으로 멀리 가서 나는 다른 거대한 장소 곧 물이 가득한 골짜기들을 보았다.

2 그곳에는 유향나무처럼 향기를 내는 아름다운 갈대들이 있었다.

3 이 골짜기들의 언덕들에서 나는 향기로운 계피 나무를 보았다.

여러가지 향기를 내는 나무들

31 그리고 나는 이 골짜기들을 넘어 동쪽으로 더 나아갔다. 나는 다른 산들과 그 산들에 있는 나무들을 보았고 그 나무들로부터는 바닐라 향 수지와 쓴맛 나는 고무 수지와 같은 과즙이 나오고 있었다.

2 그리고 이 산들을 넘어 동쪽 땅의 끝들에 있는 또 다른 산을 나는 보았는데

그 산에는 알로에 나무들이 있었고 그 모든 나무들은 아몬드와 같이 딱딱한 껍질을 가진 소합향이 가득한 나무들이었다.

3 그 껍질을 갈면 어느 향기보다도 더 달콤한 향기가 난다.

선악의 나무가 있는 의의 동산(32)

**에덴-동산에 있는 쥐엄나무 같고 포도송이 같은 열매를 가진 아름답고
향이 멀리까지 스며드는 지혜의 나무들(선악을 알게하는 나무들)**

32 이 향기로움들을 지나서 산들의 동편에서 북쪽에 이르러 내가 그 산들을 살펴볼 때 나는 일곱 산이 최상급 나드로 가득 찬 것과 계피와 후추의 향나무들을 보았다.

2 거기서부터 나는 그 산들의 정상들을 넘어서 동쪽으로 더 멀리 갔고 나는 홍해를 넘어서 홍해로부터 더 멀리 갔으며 나는 그 흑암을 넘어서 더 멀리 갔다.

3 나는 의의 동산에 왔다. 나는 거기에 자라고 있는 이 나무들보다 더 풍부하고 더 크며 매우 아름답고 영화로운 웅장한 나무들과 먹으면 큰 지혜를 알게 되는 그 지혜의 나무를 멀리서부터 보았다.

4 그 나무는 전나무만큼이나 높고 그것의 잎은 쥐엄 나무의 잎과 같으며 그것의 열매는 포도 나무의 포도송이와 같고 매우 아름다우며 그 나무의 향은 멀리까지 스며든다.

5 나는 말했다. "이 나무는 아름답구나! 그 모양이 얼마나 아름답고 만족하게 하는가!"

33장

6   나와 함께 있던 거룩한 천사 라파엘이 나에게 대답하여 말했다. "이것은 네 이전에 있었던 너의 조상 아버지와 조상 어머니가 먹었고 지혜를 얻었던 그 지혜의 나무이며 그들의 눈은 열렸고 그들은 그들이 벗었다는 것을 알게 되었다. 그리고 그들은 그 동산에서부터 쫓겨났다."

땅의 끝들과 하늘의 열린 문들(33-36)

우리엘 천사가 땅의 끝들에 있는 열린 하늘 문들에서 별들에 대한 모든 것을 보여주고 적게 하다

33 그리고 나는 그 곳에서부터 땅의 끝들로 갔다. 거기서 나는 서로 다르게 생긴 큰 짐승들을 보았고 모양과 아름다움과 소리가 각각 다른 새들도 보았다.

2   이 짐승들의 동쪽에서 나는 하늘이 머물러 있는 땅의 끝들을 보았으며 그 곳에서 나는 또 열려 있는 하늘의 문들을 보았다.

3   또 나는 하늘의 별들이 어떻게 나오는지를 보았고 그들이 나오는 문들을 세어보았으며 그들의 수와 이름들, 그들의 별자리들과 위치들 그리고 그들의 시간들과 월들에 따라 나와 함께 있던 천사 우리엘이 나에게 보여준 대로 기록하였다.

4   그는 나에게 모든 것을 보여주었고 나를 위해 모든 것을 적어주었으며 또한 그들의 이름들과 그들의 정해진 시간들과 그들의 역할들을 기록해 주었다.

34장

북쪽의 땅의 끝에 열린 세 하늘 문에서 불어오는 북풍들

34
그 곳에서부터 나는 북쪽으로 향하여 땅의 끝들로 나아갔다. 거기서 나는 온 땅의 끝들에 있는 크고 영광스러운 기이한 현상들을 보았다.

2 거기서 나는 세 개의 하늘의 문들이 하늘에서 열린 것을 보았는데 각 문을 통해서 북풍들이 나아갔다. 그 북풍들이 불면 추위가 생기고 우박, 서리, 눈, 이슬 그리고 비가 내린다.

3 한 문에서부터 불어오는 북풍은 선한 것이지만 다른 두 문들을 통해 북풍들이 불 때는 땅 위에 폭력과 고통과 괴로움을 가져오고 그것들은 거칠게 분다.[113]

---

113 여기서의 북풍은 보이지 않는 영적인 세계의 바람이다. 하지만 물질 세계에 물리적인 영향을 주는 바람이기도 하다. 이러한 바람이 부는 문들도, 그 문들이 있는 땅의 끝도 지리적이고 지형적인 의미에서 땅끝이라기 보다는 영적인 세계와 물질물리적인 세계의 경계점이라는 의미에서의 땅끝이다. 에녹1서33:2에서 '하늘이 머물러 있는 땅의 끝들을 보았으며 그 곳에서 나는 또 열려 있는 하늘의 문들을 보았다'라는 설명을 통해서 땅의 끝은 영적인 하늘과 통하게되는 경계를 표현하는 개념임을 알 수 있다. 땅의 끝은 곧 영적인 하늘의 끝이며 또한 영적인 하늘의 시작이다. 영적인 하늘의 끝은 땅의 끝이며 또한 땅의 시작이다.

에녹1서의 땅끝 개념은 영적인 하늘이 시작되는 하늘 문을 의미하는 것이지만 이러한 개념 이해 없이 땅의 끝을 찾아가서 하늘로 이어지는 곳을 찾을 수 있겠다는 잘못된 이해는 사람들이 지구에 어느 곳에 땅의 끝이 있을 것이고 그 곳에 가면 절벽이 있어 하늘이 이어지는 어떤 곳을 찾을 수 있을 것이라는 상상을 하게 만들어주었다. 하지만 지구에는 그런 땅의 끝은 없다. 오히려 지구의 모든 땅은 어느 곳이든 그 자리에서 바로 대기권과 이어지는 하늘이 연결되어 있다. 그리고 지구의 어느 곳이든 그 곳에 영적인 하늘의 문이 열리게만 할 수 있다면 그곳은 곧 땅의 끝이며 또한 그곳은 하늘의 끝이 며 동시에 하늘의 시작이 되는 곳이 될 수 있는 것이다.

이러한 개념은 물리적인 법칙이 적용되는 물질적인 세계와 영적인 법칙이 적용되는 보이지않는 세계가 겹쳐진 중첩의 상태에서 두 세계의 경계를 이해하는데 도움이 된다. 두 세계의 이러한 경계에서는 물리적이며 물질적인 원리와 보이지 않는 영적인 원리가 함께 적용된다. 중첩된 경계의 지역을 어느 쪽으로든 벗어나면 둘중 그 하나의 원리만 적용된다.

서쪽의 땅의 끝에 열린 세 하늘 문

35 그 곳에서부터 나는 서쪽으로 향하여 땅의 끝들로 나아갔다. 그 곳에서 나는 세 개의 하늘의 문들이 열린 것을 보았는데 동쪽에서 보았던 것과 같은 수의 문들과 출구들이 있었다.

남쪽의 땅의 끝에 열린 하늘 세 개의 문과 하늘 끝 동쪽에 있는 세 개의 문과 더 작은 문들: 별들의 운행

36 그 곳에서부터 나는 남쪽으로 향하여 땅의 끝들로 나아갔다. 거기서 나는 세 개의 하늘의 문들이 열린 것을 보았다. 그리고 거기서부터 남풍과 이슬과 비가 나오는 것도 보았다.

2 거기서부터 나는 하늘의 끝들의 동쪽을 향해 갔다. 그 곳에서 나는 세 개의 하늘의 동문들이 열려 있는 것을 보았고 그 문들 위에 더 작은 문들이 있는 것을 보았다.

3 각각의 작은 문들을 통과하여 하늘의 별들이 그들에게 지시된 궤도를 따라 서쪽으로 운행하고 있다.

맺는 말: 에녹의 송축과 모든 피조물의 송축

4 내가 이것을 보았을 때 나는 그분을 송축했다. 나는 영광의 주님을 계속해서 송축했다. 그분은 그분의 업적의 위대함을 그분의 천사들과 영들과 사람들에게 보여주셔서 그들이 그분이 행하시는 일을 찬송하게 하려고 크고 영광스러운 이적들을 행하셨으며 그분의 모든 피조물들이 그분의 능력으로 하신 일을 보며 그분의 손들로 행하시는 위대한 일을 찬양하며 영원히 그분을 송축하게 하셨다.

마지막 때를 살아가는
모든 성도들이 읽도록 기록된 책

성경과 함께 읽는 **에녹1서**

제2권
비유들의 책
(37~71)

본문 구조

I. 첫 번째 비유(38-44)

II. 두 번째 비유(45-57)

예루살렘을 중심으로 일어나는 종말 전쟁과 하늘 군대의 강림(53-57)

Ⅲ. 세 번째 비유(58-69)

노아의 글(60-70:2)

도를 미리 측량해 놓는 측량 도구

IV. 결론: 하늘로 올려진 에녹(70-71) A.M.987

37장

서론: 세 가지 비유가 포함된 에녹의 두 번째 환상

37 아담의 아들, 쉘(셋)의 아들, 에노쉬(에노스)의 아들, 카이난의 아들, 마할랄렐의 아들, 야레드(야렛)의 아들 하녹(에녹)이 본 두 번째 환상, 지혜의 환상이다.

2 이것은 내가 마른 땅에 사는 자들에게 말하여 알리기 위해서 내 목소리를 높였던 지혜의 말들의 시작이다. "들으라 너희 옛 시대의 사람들아, 보아라 너희 후에 올 사람들아, 영들의 주님 앞에서 내가 외칠 거룩한 분의 말씀을 들으라

3 이러한 것들을 옛 시대의 사람들에게 말해주는 것이 더 좋았겠지만 이후에 올 자들에게 우리는 지혜의 시작을 숨기지 않을 것이다

4 나의 통찰력과 내게 영원한 생명의 몫을 주신 영들의 주님의 기쁘신 뜻에 의해 영들의 주님께서 지금까지 누구에게도 주신 적이 없는 그러한 지혜를 내가 받았다.

5 그리고 세 가지 비유[114]가 나에게 주어졌고 나는 내 목소리를 높여 마른 땅 위에 사는 자들에게 전하였다."

---

114 마샬משל은 영어로 parable이라 하고 한글로는 보통 비유라고 번역되지만, 복잡한 개념을 쉽게 설명하기 위해 사용되는 스토리텔링의 방법이라고 이해하면 좋다. 마샬משל은 교훈과 가르침과 지혜를 스토리텔링으로 전달하는 방법이다. 높은 차원의 내용을 그대로 전달하려면 이해하기도 어렵지만 설명해야 할 내용도 많아서 분량이 너무 길어진다. 이러한 경우에 차원을 낮춰서 이야기하면 전달도 쉽게할 수 있으며 분량도 줄어든다. 예수님의 천국 비유(마샬משל)가 이러한 예이며, 동물묵시도 차원을 한 단계씩 낮춰서 인류역사 7천년을 간결하게 다 설명해내었다. 짧은 문장의 모음집인 잠언도 히브리어로 미쉴레이משלי라고 한다.

38장

첫 번째 비유(38:1-44:1)

부활하여 나타날 의인들의 회중이 빛 가운데 나타날 때, 죄인들이 받을 심판

38

첫 번째 비유. 의로운 자들의 회중이 나타날 때[115] 죄인들이 의 죄들 때문에 심판 받고 마른 땅의 지표면으로부터 추방당할 것이다.[116]

2 의로운 분께서 그들의 행한 업적들이 영들의 주님에 의해 중요하게 여겨지는[117] 택함 받은 의로운 자들의 눈 앞에 나타나실 때, 빛이 마른 땅에 사는 의롭고 택함 받은 자들에게 나타날 때, 죄인들의 거할 곳은 어디가 될 것인가? 영들의 주님을 부인했던 자들의 머물 곳은 어디가 될 것인가? 그들이 태어나지 않았더라면 그들에게 더 좋았을 것이다.

3 의인들의 비밀들이 밝히 드러나게 될 때 죄인들은 심판 받고 불경건한 자들은 의인들과 택함 받은 자들의 면전에서 쫓겨나게 될 것이다.

4 그때 이후로는 땅을 소유한 사람은 강력하거나 높임 받는 자들이 아닐 것이다. 그들은 거룩한 자들의 얼굴도 볼 수 없을 것인데 이는 영들의 주님의 빛이 거룩한 자들, 의로운 자들, 택함 받은 자들의 얼굴에 나타날 것이기 때문이다.

---

115 의인들의 회중이 의로우신 분과 함께 하늘로부터 내려와서 메시아이신 그분과 함께 이 땅을 심판하는 일에 동참하게 될 것이다.

116 (시 1:5-6) [5]그러므로 악인들은 심판을 견디지 못하며 죄인들이 의인들의 모임에 들지 못하리로다 [6]무릇 의인들의 길은 여호와께서 인정하시나 악인들의 길은 망하리로다.

117 원뜻은 '무게가 재어지는, 무게가 측정되어지는'이다.

5 권력 있는 왕들은 그 때에 멸망할 것이고 의로운 자들과 거룩한 자들의 손들에 넘겨 질 것이다.

6 그 이후로는 어느 누구도 그들을 위해서 영들의 주님께 자비를 구하는 자가 없을 것인데 이는 그들의 생명은 이미 끝날 것이기 때문이다.

야렛[118]의 시대에 내려온 감찰자들 중 타락한 자들과 에녹의 하늘 방문

39 그 날들에 택함 받은 거룩한 자들[119]이 높은 하늘들에서부터 내고 있었고 그들의 씨는 인간의 자녀들과 하나가 되고 있었다.

2 그 날들에 하녹(에녹)은 분노의 책과 격동과 혼란의 책들을 받았다. 그리고 그들에게는 자비가 없을 것이라고 영들의 주님께서 말씀하셨다.[120]

3 그리고 그 때에 구름들과 돌풍이 나를 지면에서 끌어올려 하늘의 끝[121]에 내려놓았다.

---

118 야렛(야레드)은 에녹(하녹)의 아버지이다(A.M.460-A.M.1420).

119 다섯째 하늘에 있던 감찰자 천사들은 '하나님의 아들들'로서 원래 택함 받고 거룩한 천사들이었지만 그들의 지위와 그들의 처소를 떠나 땅으로 내려와서 사람의 딸들과 교접했다. 히브리어의 '거룩'인 카도쉬קדוש의 원개념은 '따로 떼어 놓은', '따로 구분해 놓은', '다른 이들과는 구별되는 유일하고 독특한'이라는 의미이다.

120 '분노의 책과 격동과 혼란의 책들'은 제1권(1-36) 감찰자들의 책과 관련된 것으로 보인다.

121 하늘 끝과 땅 끝은 하늘과 땅이 서로 접하는 지점이다. 땅의 끝은 하늘이 시작하는 하늘 끝과 이어지고 하늘 끝은 땅이 시작하는 땅의 끝과 이어진다.

셋째 하늘에 있는 의로운 자들의 처소와 거룩한 자들의 안식처들 [122]

4 그곳에서 나는 다른 장면을 보았는데 의로운 자들의 처소와 거룩한 자들의 안식처들이었다.

5 거기서 내 눈은 천사들이 함께 있는 그들의 처소를 보았고 거룩한 자들이 함께 있는 그들의 안식처들을 보았다. 그들은 인간의 자녀들을 위해 간구하고 요청하며 기도하고 있었다. 그들 앞에는 의가 물처럼 흘렀고 자비는 땅 위에 내리는 이슬[123]과 같았다. 이와 같이 의와 자비는 영원 무궁히 그들 가운데 존재한다.

6 그곳에서 내 두 눈은 의롭고 신실한 택함 받은 분을 보았다. 그분의 날들에 의가 가득 넘쳐 편만할 것이고 의롭고 택함 받은 자들은 셀 수 없이 많을 것이며 그들은 그분 앞에 영원 무궁히 있게 될 것이다.

7 나는 영들의 주님의 날개 아래 있는 그들의 처소를 보았고 모든 의롭고 택함받은 자들이 그분 앞에 불빛처럼 빛나는 것을 보았다. 그들의 입은 축복으로 가득 차 있었고 그들의 입술은 영들의 주님의 이름을 찬양했다. 의로움은 그분 앞에서 끊어지지 않을 것이며 진리는 그분 앞에서 부족하지 않을 것이다.

---

122 39장에서는 하늘을 방문한 후에 다시 땅으로 돌아오는 과정에서 들린 셋째 하늘의 낙원이고, 70:3-4에서는 완전 승천하는 과정에서 셋째 하늘의 낙원을 다시 잠시 들린 후 일곱 번째 하늘까지 올라가는 것을 묘사하고 있다.

123 (에녹1서 42:3) 불의가 그녀(불의)의 방들로부터 나왔고 그녀는 자기가 찾지도 않았던 자들을 발견했고 사막에 내리는 비처럼, 메마른 땅을 덮는 이슬처럼 그들 중에 거하였다.

각 사람을 위해서 태초부터 예정해 놓은 잔치와 그들을 위해서 배정해 놓은 하늘의 상급들

그곳에 나는 거하기 원했고 나의 혼은 그 처소를 갈망했다. 내가 받을 몫이 예전부터 배정되어 있었는데 이는 영들의 주님 앞에서 나에게 관하여 그렇게 결정되어졌기 때문이다(에녹1서 39:8)

에녹이 하늘 방문을 하기 위해서 하늘에 올라갔을 때 에녹은 먼저 하늘에 있는 안식처를 방문했고 그 안식처에 있는 의로우신 인자와 의롭고 택함 받은 자들과 천사들을 보았다. 하늘에서 에녹은 자신을 위해서 예비되어 있는 자신이 거하게 될 하늘의 처소를 보았으며 예전부터 자신을 위해 배정되어 있는 자신이 하늘에서 받게 될 몫을 보았다. 하늘에서 우리가 머물게 될 안식처인 하늘 처소와 각각 유업과 상급으로 받을 몫을 우리가 받아 누리도록 태초부터 배정해 놓으셨고 영들의 주님이 태초부터 그것들을 결정해 놓으셨다.

²내 아버지 집에 거할 곳이 많도다 그렇지 않으면 너희에게 일렀으리라 내가 너희를 위하여 거처를 예비하러 가노니 ³가서 너희를 위하여 거처를 예비하면 내가 다시 와서 너희를 내게로 영접하여 나 있는 곳에 너희도 있게 하리라(요 14:2-3)

세상이 창조되기 영원 전부터 택함 받으신 인자는 의로운 자들을 위하여 예비되어 있는 그들이 하늘에서 받을 몫을 준비해주신 분이시고 그들이 그 몫을 반드시 받을 수 있도록 구원하여 주시는 분이시며 그들이 받아 누릴 때까지 그 몫을 안전하게 지켜주시는 분이시다.

이는 그가 의로운 자들의 받을 몫을 안전하게 지켜오셨기 때문이며 그들은 불의한 이 세대를 미워하고 거절했기 때문이다. 참으로 그들은 영들의 주님의 이름으로 불의한 세대의 모든 업적들과 길들을 미워했다. 이는 그분의 이름으로 그들이 구원받기 때문이며 그들을 기뻐 받아주시는 그분의 선한 뜻에 따라 그 이름으로 받는 구원이 그들의 생명들을 위해 있기 때문이다.(에녹1서 48:7b-8)

에녹은 하늘을 방문하고 내려와서 자녀들에게 자신이 하늘에서 보고 들은 것을 말과 글로 다 전해주었다. 1년 후 그의 나이 365세 때 그는 완전히 하늘로 승천했는데 그 때에도 전에 하늘을 방문했을 때 먼저 들렸던, 택함 받고 의로운 자들을 위해 마련된 장소로 인도되었다. 그곳에서 그는 먼저 그 장소에 와 있었던 아담과 아벨...을 보게 된다. 그 후 에녹은 다시 더 높은 하늘로 이끌려 올라가는데 그 전에 에녹은 천사들이 자신이 받을 하늘 처소를 측량해서 주기 위해 측량줄들을 가지고 있는 모습을 본다.

… 3그 날 이후로 나는 그들 중에 있는 것으로 여겨지지 않았고 그는 나를 두 지역의 경계 사이인 북쪽과 서쪽 사이에 데려다 놓았다. 그곳은 택함 받고 의로운 자들을 위해 마련된 장소이며 천사들이 측량해서 나에게 주려고 측량줄들을 가지고 있었다. 4거기서 나는 오래 전부터 그 곳에 거하고 있는 처음 선조들과 의로운 자들을 보았다. (에녹1서 70:1-4)

시편16편을 보면, 다윗도 이러한 개념들을 가지고 있었기 때문에 하늘의 상급을 잃어버리게 만들려고 하는 유혹에 반응해 주지 않기로 결심하고 하나님께 피한다고 보호를 요청하며 '여호와를 항상 내 앞에 모신 삶'의 즐거움을 노래한다. "땅에 있는 성도들을 존귀하게 여기시며 즐거워하시는 여호와 밖에 나의 복이 없습니다"라고 고백하던 다윗은 순간 하늘을 주목하여 바라보다 하늘에서 자신이 참여하게 될 그 잔치에서 자신이 받을 접시와 자신이 받을 잔이 아름답게 반짝거리며 자신을 위해 예비되어 있음을 보게 된다. 그래서 다윗은 하나님께 내가 받을 몫을 꼭 붙들고 간직하여 달라고 요청드리며 매일 밤마다 조언해 주시는 하나님의 지도를 중심으로 받겠다고 고백한다.

그리고 다윗은 하늘에서 자신이 유업으로 받게 될 하늘의 처소가 아름답게 반짝거리며 빛나는 것을 바라보았고 자신이 받을 구역이 얼마나 넓고 큰지를 재기 위해서 천사들이 측량줄들을 잡고 측량하는 모습도 보게 된다.

> [5]여호와여! 내가 나눠 받을 부분(접시)과 내가 받을 잔! 당신께서 내가 받을 몫을 꼭 붙들고 간직하고 계십니다. [6]측량줄들이 나를 위해 아름답고 즐겁고 사랑스러운 곳에 내려졌고 그 유업이 나를 위해 아름답게 반짝거리고 있습니다(원문 직역).(시편 16:5-6)

하늘 상급과 하늘 잔치의 접시와 잔과 하늘에서 받을 몫과 하늘 처소와 그것을 재기 위한 측량줄에 대한 이러한 개념을 에녹은 자기가 보고 경험한 것을 바탕으로 그의 자녀들에게 전달해 주었다.

'하나님은 자기를 찾는 자들에게 상주시는 분(히 11:6)'이라는 에녹의 믿음은 '믿음을 따르는 의의 상속자'인 노아에게 전달되었고(히 11:7) 또 다시 '동일한 약속을 상속받아 더 나은 하늘의 본향을 사모'하는 아브라함과 이삭과 야곱에게 전해졌으며(히 11:9, 16) 또 다시 '장차 받을 더 큰 상을 믿음으로 내다보았던' 모세에게로 이어졌다(히 11:26).

이러한 믿음의 경주는 '하나님이 우리를 위하여 더 좋은 것을 예비'하셨음(히 11:40)을 믿는 수많은 믿음의 선진들과 우리에게까지 이어졌으며 먼저 믿음의 경주를 끝내고 하늘에 있는 증인들은 하늘의 상급과 더 좋은 부활을 얻고자(히 11:35) 믿음으로 살아가는 우리 모두가 믿음의 경주를 완주하도록 응원하고 있다.

[2]내가 이 신비를 알게 된 것은 내가 하늘 돌판들을 읽었고 앞으로 반드시 있을 일들에 대한 기록을 보았기 때문이며, 나는 하늘 돌판들에 너희에 관해 기록된 것들과 새겨진 것들을 알고 있다. [3]모든 선함과 기쁨과 명예로움이 경건하게 죽은 자들의 혼들을 위해서 예비되었고 기록되어 있으며, 너희의 수고를 위한 보상으로 훨씬 더 좋은 것들이 너희에게 주어질 것이며, 너희가 받을 몫은 살아 있는 자의 받을 몫보다 훨씬 더 뛰어날 것이며(에녹1서 103:2-3)

어떤 이들 중에는 자신이 받아야할 몫을 받지 못할 자들도 있을 것이고 어떤 이들 중에는 자신이 받아야할 몫을 넘치도록 받을 자들도 있을 것이다.

이로 인하여 숨겨져 왔던 모든 것이 영원히 그들 위에 내려올 것이다. 어떤 천사나 어떤 사람은 자신이 받아야할 몫을 받지 못할 것이며 오직 그들이 받아야 할 심판만을 영원토록 받을 것이다.(에녹1서 68:5)

에녹을 위해서 태초부터 배정해 놓은 하늘의 처소

8 그곳에 나는 거하기 원했고 나의 혼은 그 처소를 갈망했다. 내가 받을 몫이
   예전부터 배정되어 있었는데 이는 영들의 주님 앞에서 나에게 관하여 그렇
   게 결정되어졌기 때문이다.

9 또 그 날들에 나는 축복과 찬양으로 영들의 주님의 이름을 높여드렸는데
   이는 영들의 주님이 그분의 뜻에 따라 축복과 찬양을 위해서 나를 예정하
   셨기 때문이다.[124]

10 오랜 시간 동안 내 눈은 그 곳을 응시하였고 나는 그분을 송축하며 찬양하
   였다. "그분은 송축 받으소서! 태초부터 영원까지 그분은 송축 받으소서!"

모든 것을 예정하셨고 인류 역사를 다 알고 계신 끝이 없으신 하나님

11 그분 앞에는 끝이라는 것은 존재하지 않으며 그분은 세상을 창조하시기 전부
   터 앞으로 오게 될 모든 세대들이 살아갈 세상이 어떠할 것인지 알고 계셨다.

하늘의 거룩 삼창과 에녹의 변형

12 잠들지 않는 자들이[125] 당신을 송축하며 그들이 당신의 영광 앞에 서서 송
   축하고 찬양하며 높이며 이르기를: "거룩하다 거룩하다 거룩하시도다 영
   들의 주님! 그분께서는 영들[126]로 땅을 충만하게 하십니다."

---

124 (사 43:21) 이 백성은 내가 나를 위하여 지었나니 나를 찬송하게 하려 함이니라.

125 '잠들지 않는 자들'은 영광의 보좌 주변에 둘러서서 항상 깨어 파수하는 '케루빔', '세라핌',
    '오파님'이다. 에녹1서 71:7 참고.

126 '영들의 주님'이라는 호칭에서 영들은 영을 가진 인간 존재들을 의미하는 것이라고 생각할 때
    "그분께서는 영들로 땅을 충만하게 하신다"는 '하나님의 영을 가진 사람들로 땅을 충만하게
    하신다'라는 의미가 된다.

13 거기서 내 눈은 잠들지 않는 모든 자들이 그분 앞에 서서 송축하며 말하는 것을 보았다. "당신은 송축 받으소서! 주의 이름이 영원 무궁히 송축 받으소서!"

14 그리고 내가 볼 수 없게 될 때까지 내 얼굴은 변화되었다.[127]

수백만 수억의 큰 무리와 주님을 둘러서서 섬기는 네 천사장 미카엘, 라파엘, 가브리엘, 파누엘과 그들의 목소리[128]

40

[129]이 후에 나는 수백만(천천)과 수억(만만)의 무리를 보았다! 영들의 님의 영광 앞에 서 있는 셀 수도 없고 추측할 수도 없는 큰 무리였다.

2 나는 보았다. 영들의 주님의 네 측면에 있는 네 인물을 보았는데 서 있는 자들과는 다른 자들이었다. 그리고 나는 그들의 이름을 듣고 알게 되었는데 나와 동행하던 천사가 나에게 그들의 이름을 알려주었고 모든 비밀한 일들을 보여주었기 때문이다.

---

127 이 구절은 39장에서 40장으로 넘어가는 과정에서 에녹의 얼굴이 영광스러운 천사의 얼굴처럼 변화되는 중에 증가되는 빛으로 인해 시력이 잠시 흐려지게 된 것을 표현하고 있다. 이 표현은 이후 이어지는 40장에서 더 높고 깊고 영광스러운 하늘의 장면을 에녹이 보게 되는 과정에서 영적 체험의 전환 장면을 묘사하고 있는 것이다. 예수님의 변화산 체험을 설명하는 막 9:2에서 "그들 앞에서 변형 되사"로 표현한 것을 눅 9:29에서는 "용모가 변화되고"로 즉, 얼굴의 모습이 바뀌는 것으로 표현하고 있다.

128 하나님의 보좌 가까이에서 하나님을 섬기는 네 천사장들은 인간의 구원에 관여하는 목소리를 내고 있고 인간의 땅에서의 구원에서부터 인간이 하늘의 영화에 이르기까지 그들이 각자 맡고 있는 역할이 있다. (히 1:14) "모든 천사들은 섬기는(부리는) 영으로서 구원받을 상속자들을 위하여 섬기라고 보내심이 아니뇨"

129 에녹은 높은 하늘로 올려져서 셀 수도 없고 추측할 수도 없는 천사들의 큰 무리를 보았다. 사도 요한은 이후에 하늘에 셀 수 없이 많은 구원받은 자들을 보았다. (계 7:9-10) 9이 일 후에 내가 보니 각 나라와 족속과 백성과 방언에서 아무도 능히 셀 수 없는 큰 무리가 나와 흰 옷을 입고 손에 종려 가지를 들고 보좌 앞과 어린양 앞에 서서 10큰 소리로 외쳐 이르되 구원하심이 보좌에 앉으신 우리 하나님과 어린양에게 있도다 하니.

3   나는 그 네 인물이 영광의 주님 앞에서 찬송을 부르는 동안 그들의 목소리를 들었다.

4   첫 번째 목소리는 영들의 주님을 영원 무궁히 송축한다.

5   그리고 두 번째 목소리가 택함 받은 분과 영들의 주님을 의지하는 택함 받은 자들을 축복하는 것을 나는 들었다.

6   그리고 세 번째 목소리가 마른 땅에 사는 자들을 위하여 간구하고 기도하며 영들의 주님의 이름으로 간청하고 있는 것을 나는 들었다.

7   그리고 네 번째 목소리가 사탄들을 몰아 내쫓고 그들이 높은 땅에 사는 자들을 비난하기 위하여 영들의 주님 앞으로 나아오려고 하는 것을 허락하지 않고 있는 것을 나는 들었다.

8   이후에 나는 나와 함께 동행하며 비밀한 모든 것을 나에게 보여준 샬롬(평화)의 천사에게 물었다. "내가 보았고 그들의 말을 듣고 받아 적었던 저 네 인물은 누구입니까?"

9   그는 나에게 말했다. "첫 번째는 자비롭고 오래 참는 자인 거룩한 미카엘이다. 두 번째는 인간의 자녀들의 온갖 질병과 모든 상처를 맡고 있는 라파엘이다. 세 번째는 모든 권력들을 관장하는 거룩한 가브리엘이다. 네 번째는 영원한 생명을 상속받을 자들의 회개와 소망을 담당하고 있는 파누엘이다."

10 이들은 지극히 높으신 주님의 네 천사들이며 그 날들에 내가 들었던 네 목소리들이다.

케루브였던 하사탄과 감찰자들이었던 사탄들

에녹1서40:7과 65:6에서 사탄의 복수형이 사용되었다. 사탄은 '대적자, 반대자, 길을 막아서는 자'라는 뜻으로 그러한 역할을 하는 자를 사탄이라고 한다. 사탄들 중에서도 우리가 일반적으로 사탄이라고 알고 있는 그 사탄(하싸탄השטן)의 이름과 직분은 헬렐היליל이며(사 14:12) 그는 원래 가장 높은 하늘에서 하나님을 가장 가까이에서 하나님의 영광을 보위하며 섬기던 기름부음 받은 케루브כרוב(그룹)였다.

에녹1서에서 또 다른 사탄의 존재들이 소개되고 있는데 그들은 다섯째 하늘에 있던 감찰자들이었지만 타락하여서 하나님의 대적자들이 된 사탄들이다. 일상생활 속에서의 예를 생각해보자. 일반인들에게는 비슷하게 보이기 때문에 같은 것이라고 착각하기 쉽지만 한 분야에 오랜 시간을 보낸 전문가는 작은 차이도 발견하여 비슷한 부분과 다른 부분을 감별해 낸다. 영적인 세계도 마찬가지인데 특히 우리에게 낯선 악한 천사들과 궁창(공중)의 각종 악한 영들과 땅의 악한 영인 각종 귀신들이 비슷하지만 서로 다른 근원과 등급과 역할과 활동 반경이 있다라는 것을 구분하여 생각할 필요가 있다.

그룹(케루브כרוב)은 가장 높은 하늘에 있는 하나님 보좌 가까이에서 하나님을 섬기는 천사이고 감찰자들은 일반적으로 다섯 째 하늘에서 배치되어 하나님을 섬기며 사람을 돕는 천사들이었다. 우리가 일반적으로 사탄이라고 하는 존재와 다섯째 하늘에 있다가 타락한 천사들(쉐미하자, 예쿤, 하쉬비엘, 가드리엘, 프네무에, 하스드야…)은 서로 다른 존재이다.

그룹(케루브כרוב)이었다가 타락하여 사탄(하싸탄השטן)이 된 헬렐은 '찬양하는 자, 빛을 발하는 자'라는 의미이다. 제롬이 로마제국의 언어인 라틴어로 성경을 번역할 때 '헬렐'הֵילֵל의 의미를 살려서 '루시퍼Lucifer'라는 신조어를 만들었는데 이는 lux(빛)와 fere(나르다, 전달하다)의 합성어이다. 그 사탄은 원래 '헬렐'הֵילֵל의 직분을 맡은 케루브כְּרוּב(그룹)로서 하나님을 높이는 자였지만 그 직분을 행하라고 하나님이 주신 영화로운 빛에 스스로 도취되어 결국 바운더리boundary를 넘어서서 하나님의 자리까지 스스로 자신을 높이기 위해서 하나님의 대적자(사탄)가 되었던 자이다.

'사탄'이라는 단어를 한 존재를 나타내는 고유 명사로서 이름을 의미하는 것으로만 현재에는 여겨지고 있지만 원래 사탄은 '막아서는 대적자'라는 역할을 의미하는 단어이다. '사탄'이라는 단어가 고유명사로서 한 존재만을 의미하는 것이었다면 히브리어 성경에서 '하사탄'הַשָּׂטָן이라고 'ה'를 그 앞에 붙이지 않았을 것이다. 이것은 마치 영어에서 아브라함이라는 고유명사에 the Abraham이라고 'the'를 붙이지 않는 것과 같은 이치이다.

사탄이라는 단어가 히브리어 구약성경에서 처음 등장하는 곳은 민 22:22, 32이다. 이 본문에서 이스라엘을 저주해달라는 모압 왕 발락의 요청을 받고 길을 떠나는 발람 선지자를 막으려고 나타난 하나님의 천사의 역할이 발람을 막아서는 '사탄'으로서 표현된다.

그가 길을 나서는 것 때문에 하나님이 크게 노하셨다. 여호와의 천사가 그의 대적자가 되어서(레사탄 로לְשָׂטָן לוֹ 그에게 사탄이 되어) 길에 서서 가로막았다.(민 22:22a)

여호와의 천사가 그에게 이르되 … 보라 내 앞에서 네 길이 사악하므로 내가 너의 대적자가 되려고 (레사탄 לְשָׂטָן 사탄의 역할을 하러) 나왔더니. (민 22:32)

여기서 히브리어 사탄은 이스라엘을 저주하려고 길을 나선 거짓 선지자 발람의 길을 막아서기 위해서 하나님께서 보내신 '대적자, 반대자, 길을 막아서는 자'로서의 역할을 하는 여호와의 사자를 의미하는 것이다.

에녹1서 40:7과 65:6에서 사탄의 복수인 사탄들(쓰타님 שָׂטָנִים)이라는 단어가 사용되는데 65장에서는 타락한 감찰자 천사들 중에서 다섯 명의 지도자들의 이름을 언급하면서 그들을 사탄들이라고 표현하고 있다. 사탄이 고유명사로만 고정된 단어라면 쓰타님 שָׂטָנִים이라는 단어도 어색한 것이 된다. '아브라함'이라는 고유명사를 '아브라함밈'이라고 복수명사로 만들어 사용하지 않는 것과 같은 이치이다(히브리어에서는 남성 복수를 나타낼 때 단어 뒤에 '임 ם'을 붙인다).

우리를 어둠에서 불러내어 그분의 놀라운 빛으로 들어오게 하신 분께 대한 찬양을 선포하게 하려고 하나님은 우리를 택하셨고 왕 같은 제사장과 거룩한 민족으로 그의 특별한 소유로 삼아주셔서 우리가 그 일을 합당하게 잘 하도록 우리를 아름답고 영화롭게 해주신다.

그러나 우리가 받은 이 놀라운 직분을 飮水思源(음수사원: 물을 마실 때 그 물이 어디서 왔는지를 그 근원을 생각한다)하지 않고 스스로에게 영광을 돌리며 자기 중심적이거나 인본주의적으로 생각하기 시작할 때 우리도 어느새 하나님의 하실 일에 길을 막아서며 방해하는 대적자로서 '사탄 שָׂטָן의 역할'을 하게 되는 것이다.

> 예수께서 돌이키시며 베드로에게 이르시되 "사탄아 내 뒤로 물러가라 너는 나를
> 넘어지게 하는 자로다 네가 하나님의 일을 생각지 아니하고 도리어 사람의 일을
> 생각하는도다(마 16:23)

왕국의 여러 단계[130], 행위를 재는 저울, 쫓겨나 형벌 받는 죄인들

41
그 후에 나는 하늘의 모든 비밀들을 보았다. 어떻게 그 왕국이 분류[1] 되는지 또 어떻게 인간의 행위들이 저울[132]로 재어지는지를 보았다.

2 거기서 나는 택함 받은 자들의 처소들과 거룩한 자들의 안식처들[133]을 보았다. 또 거기서 나의 두 눈은 영들의 주님의 이름을 부인하는 모든 죄인들이 그 곳에서 쫓겨나는 것과 그들이 끌려 나가는 것을 보았다. 영들의 주님으로부터 나아가는 징벌 때문에 그들은 그곳에 머물러 있을 수가 없었다.

---

130 왕국은 여러 단계로 나눠져있다. 왕국이 여러 단계로 나눠지는 이유는 사람마다 상급이 다 다르기 때문이다. 각 사람의 행위에 따라 상급과 보상이 각자 다르게 주어진다.

131 (요 14:2-3) [2]내 아버지 집에 거할 곳이 많도다 그렇지 않으면 너희에게 일렀으리라 내가 너희를 위하여 거처를 예비하러 가노니 [3]가서 너희를 위하여 거처를 예비하면 내가 다시 와서 너희를 내게로 영접하여 나 있는 곳에 너희도 있게 하리라. 에녹1서 22:2,9 참조.
택함 받은 자들이 하늘에서 받게 될 상급으로서 아름다운 하늘의 처소가 있다. 그들이 부활의 몸을 입고 땅에서 부활하게 될 때 그들은 아버지와 아들이 성령으로 거하실 영원한 처소가 된다. 그리고 또한 성령으로 거듭난 그리스도인은 이미 성령이 거하시는 처소이다.
(요 14:23) 예수께서 대답하여 이르시되 사람이 나를 사랑하면 내 말을 지키리니 내 아버지께서 그를 사랑하실 것이요 우리가 그에게 가서 거처를 그와 함께 하리라

132 저울: 에녹1서 41:1; 43:2; 61:8 참조.

133 안식처들: 다른 사본에는 처소들, 회중들로도 번역된다.

번개, 천둥, 바람, 구름, 이슬, 우박, 안개[134]

3 그리고 그곳에서 내 눈은 번개와 천둥의 섬광들의 비밀들을 보았다. 또 바람들의 비밀들과 그들이 땅 위로 불기 위해 어떻게 흩어지는지 그리고 구름들과 이슬의 비밀들도 보았다. 거기서 나는 그들이 어디서부터 나가는지 어떻게 그 곳에서부터 땅의 먼지들을 적시는지를 보았다.

4 그리고 나는 바람이 분배되는 닫혀진 창고, 우박의 창고, 안개의 창고, 구름의 창고와 창세 전부터 땅 위에 떠있던 구름을 보았다.

태양과 달

5 또 나는 태양과 달이 나가고 들어오는 큰 방들과 그들의 영광스러운 돌아옴과 어떻게 하나가 다른 것보다 영광스러운지를 보았다. 그리고 그들의 장엄한 운행과 그들이 궤도를 더하거나 감하지 않고 어떻게 그들의 궤도를 벗어나지 않는지, 또 그들이 어떻게 서로 신실함을 지키며 그들의 맹세를 지키는 지를 보았다.

6 영들의 주님의 명령에 태양이 먼저 나가고 그 행로를 완수한다. 그분의 이름은 영원무궁하다.

7 그 후에 나는 달의 보이지 않는 경로와 보이는 경로를 보았고 그곳에서 달은 낮과 밤에 그 경로의 과정을 완수한다. 낮과 밤의 경로는 서로 마주하는 위치를 유지한다. 그리고 그들(태양과 달)은 영들의 주님 앞에서 찬송과 영광을 드리며 쉬지 않는다. 이는 그들의 찬양이 그들을 위한 안식이기 때문이다.

---

134 41:3-8의 태양과 달의 주제는 심판을 다루고 있는 앞뒤 문맥인 1-2절과 9절 사이에 놓여 있다.

빛과 어둠을 나누셨듯이 의인과 죄인을 나누시고 축복과 저주로 심판하심

8 빛과 어둠을 나누셨고 인간의 영들을 나누셨으며 그의 의로운 이름으로 의로운 자들의 영들을 강하게하신 주님의 이름으로 빛을 비추는 태양은 축복이 되기도 하고 저주가 되기도 하는 순환을 만들고 달의 경로에 따른 운행은 의로운 자들에게는 빛이 되지만 죄인들에게는 어둠이 된다.

9 어떤 천사도 훼방하지 않고 어떤 권력도 방해할 수 없는 이유는 심판자가 그들 모두를 지켜보고 있고 그분이 그들 모두를 심판하기 때문이다.

인간들 중에서 거할 곳을 찾다가 헛되이 하늘 처소로 되돌아간 지혜

42 지혜는 그녀(지혜)가 거할 곳을 땅에서 찾지 못했다. 그래서 그녀의 처소는 하늘들에 있게 되었다.

2 지혜는 인간의 자녀들 중에서 거하기 위하여 내려 갔으나 거할 곳을 발견하지 못하여서[135] 그녀의 자리로 돌아왔고 천사들 가운데 그녀의 자리를 찾았다.

---

135 이 구절은 홍수 이전의 시대 상황을 설명해주고 있지만 94:5에서는 메시아의 재림 직전에 비슷한 시대 상황이 있게 될 것을 경고해주고 있다.

(에녹1서 94:5) 내 말들을 네 마음의 생각들 안에 견고하게 붙들어라. 너희 마음으로부터 그 말들이 지워지지 않게 하여라. 내가 아는 것은 죄인들이 사람들을 유혹하여 지혜를 떨어뜨리려 할 것이며 어떤 곳에서도 지혜가 발견되지 못하게 될 것이고 이러한 유혹은 결코 감소되지 않을 것이라는 것이다.

**인간들 중에서 거할 곳을 발견하고 비처럼 땅에 내리고 이슬처럼 땅을 덮는 불의,
지혜가 떠난 자리를 차지하고 들어와 정착한 불의**

3   불의가 그녀(불의)의 방들로부터 나왔고 그녀는 자기가 찾지도 않았던 자들
     을 발견했고 사막에 내리는 비처럼, 메마른 땅을 덮는 이슬처럼 그들 중에
     거하였다.[136]

거절당한 지혜와 환영받은 불의

집회서 24장에서 여성으로 인격화 되어 표현되는 지혜가 거하던 처
소는 하늘에 있었지만 그녀는 땅에 내려와 인간들 중에 거할 처소를 찾
는다. 지혜는 '토라'라는 형체로 구체화되어 예루살렘에서 그녀의 있을
처소를 발견한다. 성전에서 토라가 해석되어질 때 지혜는 생명나무처럼
원기 왕성하게 자라고 아름다운 꽃을 피우고 온 땅 구석까지 향기를 내
고 풍성한 열매를 맺으며 에덴을 두른 생명의 강들처럼 쏟아져 나오며
지혜의 말을 붙드는 자들에게 영원에 속한 것들을 가져다준다.

반면 홍수 심판이 오기 전 시대의 상황을 묘사하는 에녹 1서 42장에
서는 지혜가 인간들 중에 거할 처소를 찾지 못하고 하늘로 돌아갔을 때
불의가 내려와 많은 지지자들을 얻게 되고 불의는 그녀를 붙드는 자들
에게 그녀의 거짓 가르침을 사막에 내리는 비처럼 흡수하게 하고 메마
른 땅을 덮는 이슬처럼 머금게 하였다.

---

136 (에녹1서 39:5) … 그들 앞에 의가 물처럼 흘렀고 자비는 땅 위에 내려 앉은 이슬과 같았다.

43장

토라 안에 내재하는 지혜는 사람이 의의 삶을 살게 해주고 생명을 얻게 하며 땅에 내주하시는 하나님의 쉐키나로 나타난다. 지혜의 반대는 불의, 어리석음, 음녀(잠7)로 표현된다. 히브리어의 불의는 아본עָוֺן과 아블라עַוְלָה가 있다. 둘다 불의나 사악함으로 번역되지만 아본은 꼬이고 비뚫어지고 뒤틀린 상태를 의미하고 아블라는 그러한 행동을 의미한다.

또 사람에게 이르시기를 주를 경외함이 곧 지혜요

악을 떠남이 명철이라 하셨느니라(욥기 28:28)

여호와를 경외하는 것은 악을 미워하는 것이라 나는 교만과 거만과

악한 행실과 패역한 입을 미워하느니라(잠언 8:13)

나를 사랑하는 자들이 나의 사랑을 입으며

나를 간절히 찾는 자가 나를 만날 것이니라.(잠언 8:17)

(에녹1서 42장, 잠언 8-9장, 욥기 28:12-28, 집회서 24장 비교 참조)

하늘에서 별들이 되어 빛나는 의인들의 이름

43 나는 번개의 번쩍임들과 하늘의 별들을 보았고 어떻게 그분이 모든 별들을 그들 각각의 이름대로 불렀는지[137] 또 그들이 그분께 순종

---

137 (시 147:4) 그가 별들의 수효를 세시고 그것들을 다 이름대로 부르시는도다. (사 40:26) 너희는 눈을 높이 들어 누가 이 모든 것을 창조하였나 보라 주께서는 수효대로 만상(천체, 별들, 하

44장

했는지를 보았다.

2 그리고 나는 의로운 저울을 보았고 어떻게 그들의 빛의 강도와 그들의 영역의 넓이가 측량되는지, 또 그들이 등장하는 날과 어떻게 그들의 변화가 번개를 만들어 내는지를 보았다. 나는 천사들의 수에 따라 생기는 별들의 변화들을 보았고 그들이 어떻게 서로 신실함을 지키는지를 보았다.[138]

3 나는 나와 동행하고 내게 비밀스러운 것을 보여준 그 천사에게 물었다. "이것들은 무엇입니까?"

4 그는 내게 말하였다. "그들이 무엇과 같은지 영들의 주님께서 네게 비유로 보여주셨다. 이것들은 마른 땅 위에 살며 영들의 주님의 이름을 영원 무궁히 믿는 의로운 자들의 이름들이다."

어떤 별들은 번개가 되어 떨어지지만 그들의 형태를 그대로 유지한다

44 나는 번개에 관한 다른 현상들을 보았는데 어떻게 별들 중의 일부는 떠오르고 번개가 되지만 그들의 형태를 잃어버리지 않을 수 있는지를 보았다.[139]

―――――――

늘의 군대들)을 이끌어 내시고 그들의 모든 이름을 부르시나니 그의 권세가 크고 그의 능력이 강하므로 하나도 빠짐이 없느니라.

138 천사는 천사이고 별은 별이지만 성경에서는 천사와 별이 서로 긴밀한 관계로서 천사를 별로, 별을 천사로 여기는 개념이 있다. 별의 겉으로 보이는 크기와 빛의 강도는 짝이 되는 그 천사의 보이지 않는 영광의 크기와 권세의 정도를 측량 가능한 방법으로 드러난 표현이다(에녹1서 75:1 참조). 천사의 수가 바뀌면 별의 수도 바뀐다. 의로운 자가 영화롭게 되어 천사와 같이 되면 우주의 천체에도 변화가 생긴다.

139 (눅 10:17-19) [17]칠십 인이 기뻐하며 돌아와 이르되 주여 주의 이름이면 귀신들도 우리에게 항복하더이다 [18]예수께서 이르시되 사탄이 하늘로부터 번개 같이 떨어지는 것을 내가 보았노

> ## 두 번째 비유(45:1-57:3)

죄인들의 운명과 고통과 환난의 날에 그들이 받을 심판

45 이것은 두 번째 비유다. 영들의 주님의 이름과 거룩한 자들의 증거들을 부정하는 자들에 관한 것이다.

2 그들은 하늘로 올라가지도 못할 것이며 땅으로 내려오지도 못할 것이다. 이는 영들의 주님의 이름을 거부한 죄인들의 운명이 고통과 환난의 날을 위해서 보존될 것이기 때문이다.

영광의 보좌에 앉을 '나의 택한 자'와 변화된 하늘들과 땅에 거할 '나의 택한 자들'

3 그 날에 나의 택한 자가 영광의 보좌에 앉을 것이며 그들의 행위를 선별할 것이다.[140] 그들을 위한 안식처는 없을 것이며 그들의 영혼들은 나의 택한 자들[141]과 나의 거룩하고 영광스러운 이름에 호소하는 자들을 볼 때 고통스러울 것이다.

라 ¹⁹내가 너희에게 뱀과 전갈을 밟으며 원수의 모든 능력을 제어할 권능을 주었으니 너희를 해칠 자가 결코 없으리라.

140 (요 5:22) 아버지께서 아무도 심판하지 아니하시고 심판을 다 아들에게 맡기셨으니.

141 에녹1서에서 단수로서 '나의 택한 자'는 메시아 한 분을 의미하지만 복수로서 '나의 택한 자들'은 메시아의 몸으로서 메시아와 연합되어 한 몸이 된 믿는 자들을 언급할 때 사용되어진다. 에녹1서에서는 '나의 택한 자'인 메시아를 인자(人子)라는 단어로 16회 표현하고 있다.
(눅 9:35) 구름 속에서 소리가 나서 이르되 이는 나의 아들 곧 택함을 받은 자니 너희는 그의 말을 들으라 하고.

4   그리고 그 날에 나는 나의 택한 자가 그들 가운데 거하게 할 것이며 또 나
    는 하늘을 변화시켜서 영원한 축복과 빛으로 만들 것이다.

5   나는 메마른 땅을 변화시켜서 축복의 땅으로 만들 것이며 나의 택함 받은
    자들을 그곳에 거하게 할 것이다. 그러나 죄와 악을 행한 자들은 그 땅을 밟
    지 못할 것이다.

6   나는 나의 의로운 자들을 보았고 샬롬(평화)으로 만족하였기에 그들을 내 앞
    에 두었다. 그러나 죄인들을 위해서는, 내가 그들을 지면에서부터 멸망시
    킬 나의 심판이 가까이 다가오고 있다.

날들의 창시자 (聖父)

아람어 로쉬 요민ראש יומין의 '요민'은 '날들(시간)'을 의미하고 '로쉬'
는 '머리, 처음, 시작'을 의미한다. 달의 첫날 초하루는 로쉬 호데쉬ראש חודש
로 해의 첫 달인 나팔절은 로쉬 하샤나ראש השנה로 부른다.

로쉬 요민은 문자적으로는 '날들의 첫날'이라는 뜻이지만 '날들을 처
음 시작하신 분'이라는 의미로서 '시간을 시작하신 분'이라고 이해할 수
도 있다. 로쉬 요민은 에녹1서에서 나타나는 하나님 아버지에 대한 호
칭이다.

다니엘서에서 등장하는 비슷한 아람어 호칭으로 아티크 요민עתיק יומין
이 있다. '아티크'는 '가장 오래되고 가장 앞선'이라는 의미로 아티크 요
민은 '날들을 제일 처음 시작하신 분'이라는 호칭으로 한글 성경에서는
'옛적부터 항상 계신 이'라고 번역되었다.

날들의 창시자(聖父)와 함께 계신 인자(人子)

46 거기서 나는 날들의 머리(첫날)를 창시하신 분을 보았고 그분의 머리는 양털과 같이 희었다.[142] 그리고 사람과 같은 용모를 가진 다른 분[143]이 그분과 함께 있었는데 그분의 얼굴은 거룩한 천사들의 얼굴처럼 은혜로 가득 차 있었다.

2 나는 나와 동행하며 나에게 모든 비밀들을 보여주었던 거룩한 천사들 중 하나에게 그 인자(人子)에 관해서 물어보았다. "그분은 누구이며 어디로부터 왔습니까? 왜 그분은 날들의 창시자와 함께 동행하고 있습니까?"[144]

3 그는 나에게 대답하여 말하였다. "그분은 의를 가지고 계시고 의가 함께 거하는 인자(人子)이시다. 그는 숨겨져 있는 모든 보물들을 드러내 보이실 것이다.[145] 이는 영들의 주님께서 그를 택하셨기 때문이다. 진리로 인하여 영들의 주님 앞에서 그분의 받을 몫은 모든 다른 자들의 것보다 영원히 뛰어날 것이다.

---

142 (단 7:9) 내가 보니 왕좌가 놓이고 옛적부터 항상 계신 이가 좌정하셨는데 그의 옷은 희기가 눈 같고 그의 머리털은 깨끗한 양의 털 같고.

143 단 7:13의 '인자 같은 이'는 아람어 케바르 에나쉬 כְּבַר אֱנָשׁ이다. '사람의 아들과 같은 용모를 가진 분'이라는 의미로 에녹1서46:1에서 '사람과 같은 용모를 가진 다른 분'이라 풀어서 소개된 이후에는 '인자'라는 단어로 사용된다.

144 (요 1:1-2) 1태초에 말씀이 계시니라 이 말씀이 하나님과 함께 계셨으니 이 말씀은 곧 하나님이시니라 2 그가 태초에 하나님과 함께 계셨고 (요일 1:2) 이 생명이 나타내신 바 된지라 이 영원한 생명을 우리가 보았고 증언하여 너희에게 전하노니 이는 아버지와 함께 계시다가 우리에게 나타내신 바 된 이시니라. 잠 8:22-31 참조.

145 (마 13:35) 이는 선지자로 말씀하신 바 내가 입을 열어 비유로 말하고 창세로부터 감추인 것들을 드러내리라 함을 이루려 하심이니라. (시 78:2) 내가 입을 열고 비유를 베풀어서 옛 은밀한 말을 발표하리니.

인자(人子)와 인간 영화론

에녹1서에서 인자(人子, Son of Man, 바르 에나쉬 אֱנָשׁ כַּר)라는 단어는 16회 나타
난다(46:2, 3, 4; 48:2; 60:10[146]; 62:7, 62:9, 62:14; 63:11; 69:26, 27, 29(2); 70:1;
71:14, 17). 16회 모두 비유들의 책 Book of Parables(37-71)에서만 나오며
인자가 누구이며 인자의 기원과 인자의 이름과 인자의 구원과 심판 사역
등 인자에 대한 많은 주제들이 다뤄지고 있다. 이와 같이 인자 사상은 에
녹서의 주요 핵심 주제가 된다.

에녹서에서의 인자 사상에서 특이한 부분은, 14번의 인자 언급에서
는 인자와 에녹이 확연히 구분되는 각자 다른 존재로서 서술되고 있지
만 에녹이 가장 높은 하늘에 있는 보좌의 방까지 안내되어 '날들의 창
시자'이신 하나님 아버지 앞에 경배하며 엎드려 있는 동안 영광스럽게
변형된 후 에녹1서71:15에서 언급되는 인자는 다른 곳과는 달리 에녹
과 인자가 서로 다른 존재가 아닌 합일된 존재로서 '인자와 하나된 인
자', '인자와 한 몸 된 인자'의 개념으로 에녹을 '인자'로 표현하고 있다
는 것이다.

고대 유대교에서는 이러한 에녹-메타트론[147] 전승에 영향으로 사람
이 결국 하나님과 하나됨으로 신들의 세계에 들어가기 위해서 창조되었

---

146 60장 7절의 각주 참고

147 메타트론מטטרון은 에녹이 하늘로 승천되어서 하늘에서 천사와 같이 변형되면서 하늘에서 새
     롭게 받은 이름들 중에 하나이다. 쎄페르 헤칼롯היכלות ספר으로 알려진 히브리어 에녹서인
     에녹3서의 저자 랍비 이쉬마엘 벤 엘리샤(주후 1세기 중반-2세기 중반)은 메타트론 전승과 메
     르카바 전승을 주도적으로 이끌어 안내한 주요 인물이다. 그는 A.D.70년 예루살렘 성전이 파
     괴되기 직전 성전 안에서 기도하다가 그의 영이 하늘 방문을 하여 메타트론(에녹)을 만나 그로

다라고 이야기하고 있다. 그 영광스러운 최후의 자리가 에녹이 메타트론이 됨으로서 먼저 주어졌다.[148]

> [33]유대인들이 대답하되 선한 일로 말미암아 우리가 너를 돌로 치려는 것이 아니라 신성모독으로 인함이니 네가 사람이 되어 자칭 하나님이라 함이로라 [34]예수께서 이르시되 너희 율법에 기록된 바 내가 너희를 신이라 하였노라 하지 아니하였느냐 [35]성경은 폐하지 못하나니 하나님의 말씀을 받은 사람들을 신이라 하셨거든 [36]하물며 아버지께서 거룩하게 하사 세상에 보내신 자가 나는 하나님의 아들이라 하는 것으로 너희가 어찌 신성모독이라 하느냐(요 10:33-36)

성부와 성자와 성령은 서로를 사랑함으로 하나됨을 이루신 하나님이시다. 그 하나됨은 영원하고 완전하고 부족함이 없다. 하지만 그 사랑의 영원한 하나됨은 또 다른 누군가를 그 영원한 하나됨으로 초대하여서 함께 그 영원한 사랑을 나누고 싶으셔서 인간을 창조하셨다. 우리는 삼위 하나님의 하나됨 안으로 초대받았다.

에녹이 삼위일체 안에 초대받아 그 하나됨 안으로 들어간다고 4위일체가 되는 것이 아니다. 에녹은 성자와 하나됨을 이루어 삼위일체 안에

부터 에녹의 승천 이후의 이야기와 인간을 에녹-메타트론과 같이 영화로운 단계에 이르게 하기 위해 인간을 창조하셨다는 인간 영화론에 대한 주제들을 듣고 기록하게 된다.

148 Moshe Idel, "Enoch Is Metatron," *Immanuel 24/25* 22.1953 (1990): 220–240. 220. : It is the intent of this essay to indicate the existence of remnants of a myth which preserves the role of primordial man, the "Supernal Adam" or Adam Qadmon, with his place being taken by Enoch who became Metatron. These remnants are to be found in Heikhalot literature and in the Kabbalah.

초대받아 그 하나됨 안으로 들어가는 것이기 때문에 여전히 삼위일체는 유지된다. 천명이 만명이 아니 천억명이 삼위일체의 하나됨 안으로 들어간다고 해도 메시아의 몸이 확장되는 방법으로 삼위 하나님의 영원하고 완전한 사랑 안에서 하나됨을 이루는 것이기 때문에 여전히 삼위일체이다.

교회는 그리스도의 몸이다(엡 1:22-23; 골 1:18). 이스라엘은 메시아의 몸이며 몸의 눈동자이다(슥 2:8). 태생적으로 서로 다른 교회와 이스라엘이 서로의 고유함을 유지한 채 예슈아를 믿는 믿음과 한 성령 안에서 '한 새 사람'을 이루고 함께 연합된 신부로서 신랑이신 메시아(그리스도)와 한 몸으로 하나됨을 이루어 아버지께 나아가게 될 것이다(엡 2:11-22; 겔 37장).

에녹은 인자와 하나됨으로 삼위 하나님의 하나됨 안으로 가장 먼저 들어간 땅에서 난 사람의 선두주자 모델이다. 이후에 아무라도 능히 셀 수 없는 큰 무리가 인자와 하나됨으로 삼위 하나님의 하나됨 안으로 초대되어 영원하고 완전한 사랑과 복락을 누리게 될 것이다. 이것이 영생이다.

내 아버지의 뜻은 아들을 보고 믿는 자마다 영생을 얻는 이것이니 마지막 날에
내가 이를 다시 살리리라(요 6:40)

세상 지도자들을 심판하실 인자(人子)[149]

4   네가 보았던 이 인자(人子)는 왕들과 권세자들을 그들의 편히 쉬던 자리에서
     권력자들을 그들의 보좌로부터 몰아낼 것이며 힘 있는 자들의 고삐를 풀
     것이고 죄인들의 이를 부서뜨릴 것이다.

5   그는 왕들을 그들의 보좌들과 그들의 왕국으로부터 끌어내려 내던질 것이
     다. 이는 그들이 그분을 높이지 않고 찬양하지 않고 그들에게 주어진 그들
     의 통치권이 어디로부터 왔는지를 겸손히 인정하지 않았기 때문이다.

6   그분은 권력자들의 얼굴을 내던질 것이며 수치와 모욕이 그들을 채울 것이
     다. 흑암이 그들의 거할 곳이 될 것이며 구더기들이 그들이 머물 장소에 있
     을 것이다. 그들은 그들의 머물 장소들에서 일어날 소망을 찾지 못할 것이
     다. 이는 그들이 영들의 주님의 이름을 높이지 않았기 때문이다.

7   이들은 하늘의 별들을 관리하는 자들이며 지극히 높으신 분을 대적하여 그
     들의 손을 들고 마른 땅을 짓밟으며 차지하여 거주하는 자들이다. 그들의
     모든 행위는 사악함을 드러내며 그들의 세력은 그들의 부에 있고 그들의
     믿음은 그들의 손으로 만든 신들에게 있으며 그들은 영들의 주님의 이름을
     거부하고 있다.

8   그들은 영들의 주님의 이름을 의지하는 신실한 자들의 집과 그분의 회중의
     집에서부터 쫓겨나게 될 것이다."

---

149 다니엘서 7장과 비교

순교자들의 피가 채워짐, 의로운 자들의 기도와 거룩한 자들의 중보, 하늘 법정(단 7장)

47 그 날들에 의로운 자들의 기도와 의로운 자들의 피가 땅에서부터 영들의 주님 앞으로 상달될 것이다.

2 그 날들에 하늘 높은 곳에 사는 거룩한 자들이 목소리를 합쳐서 영들의 주님의 이름에 영광 돌려드리며 찬양하고 송축할 것이다. 그들은 의로운 자들이 흘린 피로 인해 '의로운 자들의 기도가 영들의 주님의 존전에 헛되지 않게 하시고 바른 심판이 그들을 위해 집행되게 하시며 그들이 영원히 고통 당하지는 않게 하소서'라고 중보하며 탄원할 것이다.

3 그 날들에 나는 날들의 창시자께서 그분의 영광의 보좌 위에 앉아 계신 것을 보았다. 생명책들이 그분 앞에 펴지고 하늘 높은 곳에 거하는 그분의 모든 군대가 그분 앞에 서 있었고 그분의 법정이 그분 앞에 세워졌다.

4 의로운 자들의 충만한 수가 채워졌고 의인들의 기도가 들려졌으며 그 의로운 자들의 피가 영들의 주님 앞에 받아들여짐으로써 거룩한 자들의 마음이 기쁨으로 넘쳤다.

만물 보다 선재(先在)하신 인자(人子), 태초 전부터 불려진 그 이름

48 그 장소에서 나는 다함이 없는 의의 샘 하나를 보았는데 많은 지혜의 샘들이 그것에 둘러 있었다. 모든 목마른 자들이 그 샘들에서 마셨고 지혜로 채워졌다.[150] 그들은 의로운 자들과 거룩한 자들과 택함 받은

---

150 (요 7:38) 나를 믿는 자는 성경에 이름과 같이 그 배에서 생수의 강이 흘러나오리라 하시니. (요 4:14) 내가 주는 물을 마시는 자는 영원히 목마르지 아니하리니 내가 주는 물은 그 속에서 영생하도록 솟아나는 샘물이 되리라.

자들과 그들의 처소를 함께 하고 있었다.

2   그 때에 그 인자(人子)가 영들의 주님 앞에서 호명(呼名)되었고 그분의 이름이 날들의 창시자 앞에 불려졌다.

3   태양과 별자리들이 창조되기 전, 하늘의 별들이 만들어지기 전[151]에 그의 이름은 영들의 주님 앞에서 불려졌다.[152]

열방의 빛, 애통하는 자들의 소망인 인자(人子)

4   그는 의로운 자들과 거룩한 자들이 그를 의지하며 쓰러지지 않도록 그들에게 지팡이가 될 것이고 그는 열방의 빛일 것이며 그는 마음에 슬퍼하는 자들의 소망일 것이다.

5   마른 땅에 사는 모든 자들이 그분 앞에 엎드려 경배할 것이고 그들은 송축하며 찬양하며 찬송시들로 영들의 주의 이름을 경축할 것이다.

창세전부터 숨겨진 비밀이 된 인자(人子)

6   이를 위하여 세상이 창조되기 영원 전부터 그는 택함 받았고 그분 앞에서 숨겨졌다.

---

151 인자는 만물의 창조 이전에 이미 존재하셨던 분이며 날들의 머리이신 아버지와 함께 계셨다. 만물이 그로 말미암아 지어졌다(요 1:1-3). 그의 이름도 창조 이전에 이미 지어졌으며 아버지 앞에서 불려졌지만 그 이름은 때가 이르기 전까지는 우주에서 감추어졌다.

152 탈무드 페싸킴 54a:8-11에서 세상이 창조되기 이전에 먼저 창조되어 존재하던 일곱 가지를 언급한다: 토라, 하나님께로 돌아감(츄바תְּשׁוּבָה), 에덴-동산, 게힌놈, 영광의 보좌와 성전 그리고 메시아의 이름(시 72:17).

거룩한 자들과 의로운 자들에게는 계시된 인자(人子)와 인자의 이름으로 구원받는 생명들

7   그러나 영들의 주님의 지혜는 그분을 거룩하고 의로운 자들에게 드러내주었다.[153] 이는 그분이 의로운 자들의 받을 몫을 안전하게 지켜오셨기 때문이며[154] 그들은 불의한 이 세대를 미워하고 거절했기 때문이다. 참으로 그들은 영들의 주님의 이름으로 불의한 세대의 모든 업적들과 길들을 미워했다. 이는 그분의 이름으로 그들이 구원받기 때문이며[155] 그들을 기뻐 받아주시는 그분의 선한 뜻에 따라 그 이름으로 받는 구원이 그들의 생명들을 위해 있기 때문이다.

인자(人子)의 종말 심판 사역

8   그 날들에 땅의 왕들과 마른 땅을 소유한 세력있는 자들이 그들이 해 온 일들 때문에 얼굴을 들지 못하고 떨어뜨릴 것이다. 이는 그들이 환란 받고 고난 당하는 그 날에 그들은 그들 스스로를 구원할 수 없을 것이기 때문이다.

9   나는 그들을 내가 택한 자들의 손에 넘겨줄 것이다. 불속에서 타는 지푸라기처럼, 물속에 던져진 납처럼 그렇게 그들은 의로운 자들 앞에서 불타고 거룩

---

153 하나님의 지혜가 감추어진 비밀이셨던 인자(人子)를 택한 자들에게 드러내주신다. 성령을 통하여서 예수를 주라, 그리스도라, 메시아라고 고백하도록 계시하여 주신다.

(고전 12:3) 그러므로 내가 너희에게 알리노니 하나님의 영으로 말하는 자는 누구든지 예수를 저주할 자라 하지 아니하고 또 성령으로 아니하고는 누구든지 예수를 주시라 할 수 없느니라.

154 (시 16:5) 여호와여! 내가 나눠 받을 부분(접시)과 내가 받을 잔! 당신께서 내가 받을 몫을 꼭 붙들고 간직하고 계십니다. 측량줄들이 나를 위해 아름답고 즐겁고 사랑스런 곳에 내려졌고 그 유업이 나를 위해 아름답게 반짝거리고 있습니다.(원문참조번역)

155 이 문장은 에티오피아 사본α의 Tana9를 따랐다. 사본β에서는 '이는 그분의 이름으로 그들이 구원받기 때문이며 그분이 그들의 생명들의 변호자이시기 때문이다'라고 번역되어 있다.

49장

한 자들 앞에서 가라앉아져서 그들의 어떤 흔적도 발견되지 않을 것이다.

10 그들이 고통 받는 그 날에 땅에는 쉼이 있을 것이고 그들은 택함 받은 의로운 자들 앞에서 쓰러질 것이며 일어나지 못할 것이다. 그들의 손을 잡아 일으켜 줄 자가 없을 것이다. 이는 그들이 영들의 주님과 그분의 메시아[156]를 부인하였기 때문이다. 영들의 주님의 이름은 송축받으소서.

모든 은밀한 일들을 심판하실 인자(人子)

49 지혜는 물같이 부어졌고 영광은 영원 무궁히 그분 앞에서 폐하지(멈추지) 않을 것이다.

2 그분은 모든 의의 비밀들에서 강하시고 불의는 그림자처럼 지나가 버리며 계속 존재하지 못할 것이다. 택함 받은 분은 영들의 주님 앞에 서 계시고 그분의 영광은 영원 무궁하며 그분의 능력은 모든 세대들에 이른다.

3 그분 안에 지혜의 영이 거하고 깨달음을 주는 영과 분별과 능력의 영과 의 안에서 잠든 자들의 영[157]이 그분 안에 있다.

4 그분은 은밀한 일들을 심판하실 것이며 어느 누구도 그분 앞에서 거짓말을 내뱉을 수 없다. 영들의 주님 앞에서 그분의 선한 기쁨에 따라서 그분이 택함 받았기 때문이다·

---

156   에녹1서에서 '그분의 메시아' 즉, '그분의 기름부음 받은 분'이라는 단어가 두번 비유들의 책에서 사용된다(48:10; 52:4).

157   (롬 8:11) 예수를 죽은 자 가운데서 살리신 이의 영이 너희 안에 거하시면 그리스도 예수를 죽은 자 가운데서 살리신 이가 너희 안에 거하시는 그의 영으로 말미암아 너희 죽을 몸도 살리시리라. (고전 15:22) 아담 안에서 모든 사람이 죽은 것 같이 그리스도 안에서 모든 사람이 삶을 얻으리라 (살전 4:16) 주께서 호령과 천사장의 소리와 하나님의 나팔 소리로 친히 하늘로부터 강림하시리니 그리스도 안에서 죽은 자들이 먼저 일어나고.

빛과 영광과 영예의 부활, 죄인들에게 닥칠 재앙과 의인들의 승리, 다른 자들(남은 자들)의 회개와 구원

50
그 날들에 거룩한 자들과 택함 받은 자들에게 변화가 일어날 것이며 날들의 빛이 그들 위에 머물고 영광과 영예가 거룩한 자들에게 돌려질 것이다.

2 고난의 날에 죄인들에게는 재앙이 닥칠 것이지만 의인들은 영들의 주님의 이름으로 승리를 얻을 것이다. 그분은 이것을 다른 자들[158]에게 보여주셔서 그들이 회개하게 하시고 그들의 손의 행위를 버리게 하실 것이다.

3 그들에게는 영들의 주님 앞에서 어떤 영예도 없을 것이지만 그분의 이름으로 그들은 구원을 얻을 것이고 영들의 주님은 그들에게 자비를 베푸실 것이다. 이는 그분의 자비는 위대하기 때문이다.

4 그분은 그 심판에 있어서 의로우시며 그분의 영광 앞에서 불의는 그분의 심판을 대항하여 서있을 수 없을 것이다. 회개하지 않는 자는 멸망될 것이다.

5 그때 이후로 나는 더 이상 그들에게 자비를 베풀지 않을 것이다라고 영들의 주님께서 말씀하신다.

죽은 자들의 부활과 천사의 얼굴처럼 빛나는 그들의 얼굴

51
그 날들에 땅은 땅에 맡겨졌던 것을 되돌려줄 것이다. 스올(음부)도 스올에게 맡겨진 것과 스올이 받았던 것을 되돌려줄 것이다.[159] 파

---

158 (슥 14:16) 예루살렘을 치러 왔던 이방 나라들 중에 남은 자가 해마다 올라와서 그 왕 만군의 여호와께 경배하며 초막절을 지킬 것이라.

159 (계 20:11-15) [11]나는 크고 흰 보좌와 거기에 앉으신 분을 보았습니다. 땅과 하늘이 그 앞에서

괴자(아바돈[160])는 빚진 것을 돌려줄 것이다.

2 　그분은 의롭고 거룩한 자들을 그들로부터 택하실 것이다. 그들이 구원받을 그날이 가까웠기 때문이다.

3 　택함 받은 그분이 그 날들에 그분의 보좌에 앉을 것이다. 모든 지혜의 비밀들이 그분의 입에서부터 나올 것이다. 이는 영들의 주님께서 그분을 지명하셨으며 그분을 영화롭게 하셨기 때문이다.

4 　그 날들에 산들은 숫양처럼 뛰어오르고 언덕들은 젖을 먹고 만족한 어린양처럼 뛰어 오를 것이며 그들의 얼굴들은 하늘에 있는 천사들의 얼굴처럼 기쁨으로 빛날 것이다.

5 　땅은 기뻐할 것이고 의인들은 거기서 살며 택함 받은 자들은 그곳을 다닐 것이다.[161]

사라지고 그 자리마저 찾아볼 수 없었습니다. [12]나는 또 죽은 자들이 큰 자나 작은 자나 할 것 없이 다 그 보좌 앞에 서 있는 것을 보았습니다. 그리고 책들을 펴놓고 또 다른 책 하나를 펴놓았는데 그것은 생명의 책이었습니다. 죽은 사람들은 그 책에 기록되어 있는 대로 자기들의 행위대로 심판을 받았습니다. [13]바다가 그 속에 있는 죽은 사람들을 내놓고 사망과 음부(스올, 하데스)도 그 속에 있는 죽은 사람들을 내놓았습니다. 그들은 각각 자기들의 행위대로 심판을 받았습니다. [14]그리고 사망과 음부도 불못에 던져졌습니다. 이 불못이 둘째 사망입니다. [15]이 생명책에 기록되어 있지 않은 사람은 누구나 다 이 불못에 던져졌습니다.

160 아바돈은 '파멸(파괴와 멸망)의 장소'라는 이름의 천사이며 무저갱의 열쇠를 가진 자이다.

(계 9:1-2,11) [1]다섯째 천사가 나팔을 불매 내가 보니 하늘에서 땅에 떨어진 별 하나가 있는데 그가 무저갱의 열쇠를 받았더라 [2]그가 무저갱을 여니… 다섯 달 동안 사람들을 해하는 권세가 있더라 [11]그들에게 왕이 있으니 무저갱의 사자라 히브리어로는 그 이름이 아바돈(אֲבַדּוֹן)이요 헬라어로는 그 이름이 아폴루온(Ἀπολλύων)이더라.

161 (사 35:8-10) [8]거기에 대로가 있어 그 길을 거룩한 길이라 일컫는 바 되리니 깨끗하지 못한 자는 지나가지 못하겠고 오직 구속함을 입은 자들을 위하여 있게 될 것이라 우매한 행인은 그 길로 다니지 못할 것이며 [9]거기에는 사자가 없고 사나운 짐승이 그리로 올라가지 아니하므로 그

주님 앞에서 녹아내리는 여섯 금속으로 된 여섯 산들

52
그 날들 후에 내가 비밀스러운 그 모든 장면들을 보았던 그 장소에서 회오리 바람(영)에 의해 옮겨졌고 그들이 나를 서쪽으로 데려갔다.

2 거기서 나의 눈은 하늘의 비밀들과 땅에서 일어날 모든 것을 보았고 철로 된 산과 구리로 된 산과 은으로 된 산과 금으로 된 산과 연금속으로 된 산과 납으로 된 산을 보았다.

3 나는 나와 동행한 천사에게 물었다. "내가 비밀스럽게 본 이것들은 무엇입니까?"

4 그는 나에게 말했다. "네가 본 이 모든 것들은 그분의 메시아의 주권과 통치를 드러내기 위하여 있는데 이는 그분이 땅에서 강함과 능력을 나타내실 것이기 때문이다."

5 샬롬(평화)의 천사가 나에게 대답했다. "조금 더 기다리면 너는 볼 것이고 영들의 주님께서 세워놓으신 비밀스러운 모든 것이 너에게 드러나게 될 것이다.

6 너의 눈으로 본 이 산들 곧 철로 된 산과 구리로 된 산과 은으로 된 산과 금으로 된 산과 연금속으로 된 산과 납으로 된 산들은 모두 택함 받은 그분 앞에서 불 앞에서 녹아내리는 초 같을 것이며 저 산들 위에서 흘러내리는 물 같을 것이고 그들은 그분의 발 아래서 쇠약해질 것이다.

7 그 날들에 금으로든 은으로든 사람들은 스스로를 구원하지 못할 것이며 그

것을 만나지 못하겠고 오직 구속함을 받은 자만 그리로 행할 것이며 [10]여호와의 속량함을 받은 자들이 돌아오되 노래하며 시온에 이르러 그들의 머리 위에 영영한 희락을 띠고 기쁨과 즐거움을 얻으리니 슬픔과 탄식이 사라지리로다.

들은 스스로를 구원할 수도 없을 것이며 도망갈 수도 없을 것이다.

8   전쟁을 위한 철과 흉배를 위한 재료도 없을 것이고 구리도 쓸모 없을 것이며 주석도 쓸모 없어 돌아보지도 않을 것이고 납도 필요로 하지 않을 것이다.

9   택함 받은 그분이 영들의 주님 앞에 나타날 때 이 모든 것은 쓸려 나갈 것이고 지면으로부터 파멸될 것이다."

여섯 가지 종류의 금속으로 된 여섯 산들

에녹1서52장에서 여섯 가지 종류의 금속으로 된 여섯 산들은 메시아의 오실 길을 방해하며 막고 하나님이 하실 일들에 대적하는 세상 나라들을 의미한다. 메시아가 다시 오실 때 그 산들은 무너지고 녹아내리고 지면으로부터 영원히 파멸될 것이다.

이어지는 53장에서 57장까지는 예루살렘을 중심으로 일어나게 될 종말 전쟁의 시나리오들이 전개되고 있다.

계17장에서 일곱 머리와 열 뿔 가진 짐승(하나님의 백성을 사납게 삼키려는 세상 나라 연합 정부)을 설명하면서 일곱 머리는 여자가 앉은 일곱 산이고 일곱 왕이라고 설명한다.

천년왕국이 시작하기 직전에 일어날 전쟁과 영원세상이 시작하기 직전에 일어나게 될 전쟁을 주도하는 존재인 '곡과 마곡'은 '산과 산의 높은 정상'을 의미한다.

이러한 산들의 이미지는 메시아의 오실 길을 막아서고 하나님의 백성을 사납게 삼키려 하며 하나님의 하실 일들에 대적하며 전쟁을 일으키는 세상 나라 연합 정부를 표현해 주는 비유적이고 묵시적인 언어이다.

53장

예루살렘을 중심으로 일어나는 종말 전쟁과 하늘 군대의 강림(53-57)

땅의 왕들과 권력자들을 위한 고문 도구들을 준비하는 징벌의 천사들

53
거기서 나의 눈은 입구멍들을 벌리고 있는 깊은 골짜기를 보았다. 땅과 바다와 섬에 사는 모든 자들이 그 골짜기에게 선물들과 예물들과 헌물들을 가지고 올 것이지만 깊은 골짜기는 채워지지 않을 것이다.

2 그들의 손들은 불법의 행위들을 저지르고 그 죄인들은 의로운 자들이 수고한 모든 것을 악하게 집어 삼키고 있다. 그러나 죄인들은 영들의 주님 앞에서 멸망할 것이며 그분의 땅의 표면에서부터 쫓김 당하게 될 것이다.

3 나는 징벌의 천사들이 가서 사탄을 고문하는 모든 기구를 준비하는 것을 보았다.

4 나는 나와 동행한 샬롬(평화)의 천사에게 물었다. 나는 그에게 말했다. "그들은 누구를 위하여 고문하는 기구들을 준비하고 있는 것입니까?"

5 그는 나에게 말했다. "그들은 이 땅의 왕들과 권력자들을 위하여 이것들을 준비하고 있다. 이것들에 의해서 그들은 멸망될 것이다.

의로운 택함 받은 분이 회중의 성전을 나타나게 하신다

6 이후에 의로운 택함 받은 분이 그분의 회중의 집(성전)을 나타나게 하실 것이며 그때 이후로는 영들의 주님의 이름으로 인해 그들은 더 이상 훼방 받지 않을 것이다.

7 그분 앞에서 이 산들은 평지가[162] 될 것이고 언덕들은 물이 솟아나는 샘과 같을 것이며[163] 의로운 자들이 죄인들로부터 악한 대우를 받는 일은 없게 될 것이다.

땅의 왕들과 권력자들이 던져지는 깊은 골짜기(무저갱)

54 나는 땅의 다른 부분으로 몸을 돌렸고 그곳에 타오르는 불이 있는 깊은 골짜기를 보았다.

2 그들은 왕들과 권력자들을 데리고 와서 깊은 골짜기에 던져 넣었다.

큰 심판의 날에 붙잡혀 무저갱에 던져진 후 갇히게 될 아자젤의 군대들

3 내 눈은 그들의 고문 도구들과 잴 수도 없는 무게의 쇠사슬들이 만들어지는 것을 보았다.

4 그리고 나는 나와 함께 간 샬롬(평화)의 천사에게 물었다. "이 사슬들이 누구에게 사용되어지기 위해 준비되어지고 있는 것입니까?"

---

162 다른 사본에서는 '초처럼 녹게 될 것이고'라고 읽는다. (슥 4:7) 큰 산아 네가 무엇이냐 네가 스룹바벨 앞에서 평지가 되리라.

스가랴서에서 천사가 말한 큰 산이 평지가 되리라의 큰 산은 그 전후 문맥에서 볼 때 성전 재건하는 일을 방해하고 막고 저지하는 큰 방해거리와 대적자들의 총체적인 집합체를 의미하고 있다. 렘 51:25에서는 바벨론을 '온 세상을 파괴한 멸망의 산'이라고 부르며 그 산이 영원히 황폐하게 될 것을 예언하고 있다. 아람어 성경 타르굼에서는 슥 4:7의 큰 산을 '어리석은 왕국'으로 번역해 주어서 이해를 더해주고 있다.

163 메시아의 재림의 과정을 묘사하고 있다. (미 1:3-4) ³여호와께서 그의 처소에서 나오시고 강림하사 땅의 높은 곳을 밟으실 것이라 ⁴그 아래에서 산들이 녹고 골짜기들이 갈라지기를 불 앞의 밀초 같고 비탈로 쏟아지는 물 같을 것이니.

5   그는 나에게 말했다. "이것들은 아자젤의 군대들을 위해 준비되어지고 있다. 영들의 주님이 명령하신 대로 징벌의 천사들은 그들을 잡아 무저갱의 가장 낮은 곳[164]으로 던질 것이다. 그리고 징벌의 천사들은 거친 돌들로 그 입구를 덮을 것이다.

큰 심판의 날에 불타는 용광로로 던져질 아자젤의 군대들

6   그리고 미카엘과 라파엘, 가브리엘과 파누엘이 그 위대한 날에 그들을 붙잡을 것이며 그 날에 그들을 불타오르는 용광로 안으로 던질 것이다. 이는 그들이 사탄의 종들이 되어 마른 땅에 거하는 자들을 길 잃고 타락하게 인도한 그들의 불의로 인해 영들의 주님께서 그들에게 원수 갚으시려 함이다.

대홍수 심판 때 하늘 위와 땅 밑에 있는 모든 물들로 땅이 파멸됨

7   그 날들에 영들의 주님의 징벌이 임할 것이고 하늘 위와 땅 밑에 있는 모든 물들의 저장소들이 열릴 것이다.

8   그리고 모든 물들이 하늘 위에 있는 물들과 합쳐지게 될 것이다. 하늘 위에 있는 물은 남성이고 땅 밑에 있는 물은 여성이다.

9   마른 땅에 사는 모든 자들과 하늘 끝들 아래 사는 모든 자들은 흔적도 없이 제거될 것이다.

10 이 일로 인해 그들은 그들이 땅 위에서 범한 그들의 사악함을 인정할 것이며 이 일로 인해 그들은 파멸될 것이다."

---

164 대상(천사들, 지도자들, 눈먼 양들)과 감금 기간에 따라 여러 종류의 무저갱들이 있다(계 20:3; 벧후 2:4 참조).

55장

대홍수 후 날들의 창시자의 후회, 하늘에 둔 무지개 증표

55 이후에 날들의 창시자께서 후회하며 말씀하셨다. "헛되게도 내가 마른 땅 위에 사는 모든 자들을 멸망시켜 버렸구나."

2 그리고 그분은 그분의 위대한 이름으로 맹세했다. "이제부터 나는 마른 땅 위에 살던 자들에게 행한 것 같이 하지 않을 것이다. 그리고 하늘에 증표를 둘 것이다. 그것은 하늘이 땅 위에 있을 때까지 나와 그들 사이의 영원한 신실함의 서약이 될 것이다. 이것은 나의 명령에 따른 것이다.

땅의 지도자들이 보게 될 보좌에 앉으신 메시아와 아자젤의 군대들이 받게 될 종말의 큰 심판

3 그 환난과 고통의 날에 내가 천사들의 손들을 통해서 그들을 붙들고자 할 때, 나의 징벌과 진노가 그들 위에 머물게 할 것이다." 영들의 주가 말한다.

4 "마른 땅에 거하는 너희 왕들과 권력자들아, 너희는 '나의 택한 자'가 내 영광의 보좌 위에 앉게 될 것[165]과 그가 영들의 주님의 이름으로 아자젤과 그의 동료들과 그의 모든 군대들을 심판하게 될 것을 목격하게 될 것이다."

---

165 지난 육천 년간의 짐승들의 머리들을 심판하러 기름부음 받은 메시아께서 영광 가운데 내려오셔서 땅의 보좌에 앉으시게 될 것이며 그때 짐승들의 머리들을 심판하시면서 또한 아자젤과 그의 동료들과 아자젤의 모든 군대들을 심판하실 것이다.

징벌의 천사들의 군대가 동방의 왕들을 자극하여 이스라엘 땅을 침공하도록 자극함(아마겟돈 전쟁)

56 나는 거기서 징벌의 천사들의 군대들을 보았고 그들이 나갈 때 그들은 쇠사슬과 놋사슬을 가지고 있었다.

2 나는 나와 함께 동행하고 있는 샬롬(평화)의 천사에게 물었다. "저 사슬을 들고 있는 자들은 누구에게 가고 있습니까?"

3 그가 나에게 말하길 "각자 자기가 선택하고 소중히 여기는 자들에게 가고 있는데 그들은 그 골짜기의 깊은 곳의 갈라진 틈 안으로 던져지게 될 자들이다."

4 그 후 그 골짜기는 그들이 선택하고 소중히 여기는 자들로 가득 채워지게 될 것이다. 그들의 생명의 날은 종말을 맞이할 것이며 더 이상 그들이 탈선하게 이끄는 날들은 없을 것이다.

5 그 날에 그 천사들이 함께 모일 것이고 파르티안과 메디아[166]의 동방으로 그들 자신을 내던질 것이다. 그 천사들은 그 왕들을 휘저어서 선동하게 하는 영을 그들 위에 임하게 할 것이고 그 천사들이 그 왕들을 그들의 보좌로부터 몰아내니 그들이 굴에서 나오는 사자들처럼 무리 중에 있는 배고픈 늑대들처럼 튀어나올 것이다.[167]

---

166 파르티안과 메디아: 바사와 메대 즉, 현재 이란과 이라크 지역의 고대 페르시아와 메디아 지역을 의미한다.

167 (계 16:12-16) 큰 강 유브라데에 쏟아진 여섯째 대접으로 강물이 말라서 동방에서 오는 왕들의 길이 예비된다. (계 16:13-14, 16) 13개구리 같은 세 더러운 영이 용의 입과 짐승의 입과 거짓 선지자의 입에서 나오니 14그들은 귀신의 영이라 이적을 행하여 온 천하 임금들에게 가서 하나님 곧 전능하신 이의 큰 날에 전쟁을 위하여 그들을 모으더라. 16세 영이 히브리어로 아마겟돈이라 하는 곳으로 왕들을 모으더라.

6 그들(동방에서 오는 왕들)이 올라와서 '내가 택한 자들의 땅'[168]을 짓밟을 것이고 '내가 택한 자들의 땅'은 그 군대들 앞에 타작마당 같이 되고 밟혀 다져진 통로가 될 것이다.[169]

예루살렘을 치러 왔던 군대들이 자멸되고 스올(음부)에 삼켜짐[170]

7 그러나 '내 의로운 자들의 성'[171]은 그들의 말들에게 장애거리가 될 것이고 [172] 그들은 자기들끼리 큰 학살을 일으킬 것이다. 그들의 오른손이 그들 스

---

168 '내가 택한 자들의 땅'은 약속의 땅인 이스라엘 땅을 지칭하는 다른 이름이고 이곳에서는 특별히 동방에서 오는 군대들이 이스라엘 중앙 산지를 짓밟고 올라오는 모습을 표현하고 있다.

169 (슥 12:2) 보라 내가 예루살렘으로 그 사면 모든 민족에게 취하게 하는 잔이 되게 할 것이라 유다가 에워싸일 것이며 예루살렘도 에워싸일 것이다.(원문 참조 번역)

(겔 38:8-9, 16-17) 8여러 날 후 곧 말년에 네가 명령을 받고 그 땅 곧 오래 황폐하였던 이스라엘 산에 이르리니 그 땅 백성은 칼을 벗어나서 여러 나라에서 모여 들어오며 이방에서 나와 다 평안히 거주하는 중이라 9네가 올라오되 너와 네 모든 떼와 너와 함께 한 많은 백성이 광풍 같이 이르고 구름 같이 땅을 덮으리라 16구름이 땅을 덮음 같이 내 백성 이스라엘을 치러 오리라 곡아 끝 날에 내가 너를 이끌어다가 내 땅을 치게 하리니 이는 내가 너로 말미암아 이방 사람의 눈 앞에서 내 거룩함을 나타내어 그들이 다 나를 알게 하려 함이라 17주 여호와께서 이같이 말씀하셨느니라 내가 옛적에 내 종 이스라엘 선지자들을 통하여 말한 사람이 네가 아니냐 그들이 그 때에 여러 해 동안 예언하기를 내가 너를 이끌어다가 그들을 치게 하리라

170 (슥 14:1-2) 1여호와의 날이 이르리라 그 날에 네 재물이 약탈되어 너의 중에 나누이리라 2내가 열국을 모아 예루살렘과 싸우게 하리니 성읍이 함락되며 가옥이 약탈되며 부녀가 욕을 당하며 성읍 백성이 절반이나 사로잡혀 가려니와 남은 백성은 (그) 성읍(예루살렘)에서 끊어지지 아니하리라.

171 '내 의로운 자들의 성'은 예루살렘을 지칭하는 다른 이름이다.

172 (슥 12:3-4) 3그 날에는 내가 예루살렘을 모든 민족에게 무거운 돌이 되게 하리니 그것을 드는 모든 자는 크게 상할 것이라 천하 만국이 그것을 치려고 모이리라 4여호와가 말하노라 그 날에 내가 모든 말을 쳐서 놀라게 하며 그 탄 자를 쳐서 미치게 하되 유다 족속은 내가 돌보고 모든 민족의 말을 쳐서 눈이 멀게 하리니.

스로에 대하여 강하여 질 것이며 사람이 그의 이웃도 형제도 아들도 아버지도 어머니도 봐주지 않고 넘치는 시체가 차기까지 크게 학살할 것이다.[173] 그들의 받을 징벌은 헛되이 지나가지 않을 것이다.

8 그 날에 스올(음부)이 그 입을 벌릴 것이고 그들은 그 안으로 빠져 들어가게 될 것이며 그들이 마침내 파멸에 이르게 될 것이다. 택함 받은 자들의 면전에서 스올(음부)이 죄인들을 집어삼킬 것이다.

전차들의 군대가 동서에서 모여서 이스라엘 중앙 산지로 올라옴(아마겟돈 전쟁), 예루살렘 성을 위해 싸우는 하늘 군대가 개입하자 큰 지진이 일어남

57 이 일 후에 나는 전차들을 탄 사람들과 전차들의 군대를 보았고 그들은 바람을 타고 동쪽에서 그리고 서쪽에서 와서 남쪽으로 오고 있었다.[174]

2 그 전차들의 소음이 들렸다. 이 큰 혼란이 일어날 때 하늘에서 거룩한 자들이 주목했고 땅의 기둥들이 그 밑바닥에서부터 흔들렸고 그 소리가 땅의

---

173 (슥 14:13) 그 날에 여호와께서 그들을 크게 요란하게 하시리니 피차 손으로 붙잡으며 피차 손을 들어 칠 것이며. (겔 38:21) 주 여호와의 말씀이니라 내가 내 모든 산 중에서 그를 칠 칼을 부르리니 각 사람이 칼로 그 형제를 칠 것이며. 에녹1서 100:1-3 참조.

174 땅의 세상 연합 군대들이 이스라엘 땅의 동서에서 모여들어 므깃도 평야에 집결하였다가 남쪽 이스라엘 산지로 올라오는 모습이다. (겔 38:15-17) [15]네가 네 고국 땅 북쪽 끝에서 많은 백성 곧 다 말을 탄 큰 무리와 능한 군대와 함께 오되 [16]구름이 땅을 덮음 같이 내 백성 이스라엘을 치러 오리라 곡아 끝 날에 내가 너를 이끌어다가 내 땅을 치게 하리니 이는 내가 너로 말미암아 이방 사람의 눈 앞에서 내 거룩함을 나타내어 그들이 다 나를 알게 하려 함이라. [17]… 예언자들이 여러 해 동안 너에 대하여 예언하기를, '내가 너를 끌어들여서, 이스라엘을 치게 할 것이라'고 예언하였느니라.

이 끝에서 하늘 저 끝까지 하루 동안 내내 들렸다[175].

3 모두 무릎을 꿇고 엎드려 영들의 주님께 경배할 것이다. 이는 두 번째 비유의 끝이다.

하늘에서 예루살렘으로 행군하는 여호와의 용사들

욜3:11에서는 만국에서 예루살렘을 치러 올라오는 세상 군대들의 올라옴과 하늘에서 세상 군대들을 치러 예루살렘으로 내려오는 여호와의 용사들의 내려옴이 대조를 이루어 묘사되고 있다.

[11]사면의 민족들아 너희는 속히 와서 모일지어다 여호와여 주의 용사들로 그리로

---

175 (겔 38:18-20) [18]그 날에 곡이 이스라엘 땅을 치러 오면 내 노여움이 내 얼굴에 나타나리라 주 여호와의 말씀이니라 [19]내가 질투와 맹렬한 노여움으로 말하였거니와 그 날에 큰 지진이 이스라엘 땅에 일어나서 [20]바다의 고기들과 공중의 새들과 들의 짐승들과 땅에 기는 모든 벌레와 지면에 있는 모든 사람이 내 앞에서 떨 것이며 모든 산이 무너지며 절벽이 떨어지며 모든 성벽이 땅에 무너지리라

(슥 14:3-5) [3]그 때에 주께서 나가 그 민족들을 대적하여 싸우시리니 전쟁의 날에 싸우셨을 때처럼 하시리라 [4]그의 발이 그 날에 예루살렘 앞 동편에 있는 올리브 산 위에 서시리니 올리브 산은 그 중간이 동쪽과 서쪽으로 갈라져 매우 큰 골짜기가 생길 것이며 산의 절반은 북쪽으로, 산의 절반은 남쪽으로 옮겨지리라 [5]너희는 산들의 골짜기로 도망하리니 이는 산들의 골짜기가 아셀까지 미칠 것임이라 정녕 너희가 도망하리니 마치 유다의 웃시야 왕의 시대에 너희가 지진 앞에서 도망했던 것과 같으리라 주 나의 하나님께서 오시리니 모든 성도들이 주와 함께하리라.

(계 16:18) 번개와 음성들과 우렛소리가 있고 또 큰 지진이 있어 얼마나 큰지 사람이 땅에 있어 온 이래로 이같이 큰 지진이 없었더라.

내려오게 하옵소서 ¹²민족들은 일어나서 여호사밧 골짜기로 올라올지어다

내가 거기에 앉아서 사면의 민족들을 다 심판하리로다(욜 3:11-12)

요엘 선지자는 하나님께 여호와의 용사들로 하늘에서 예루살렘으로 내려오게 하시라고 요청하고 있다. 그들이 내려와 포도주 틀을 밟듯이 예루살렘을 치러 올라온 그 세상의 연합 군대들을 밟으시라고 여호와께 요청하고 있다. 이 날은 여호와의 날이고 심판의 날이며 원수 갚는 날이고 주의 백성들이 원수에게 빼앗겼던 모든 것을 되찾아 주는 구속의 날이다.

새벽에 여호와께서 불과 구름 기둥 가운데서 애굽 군대를 보시고

그 군대를 어지럽게 하시며(출 14:24)

세 번째 비유(58-69)

의로운 자들과 택함 받은 자들이 받아 누릴 영광스러운 몫과 영원한 빛의 날들

58 나는 의로운 자들과 택함 받은 자들에 관한 세 번째 비유를 말하기 시작했다.

2 의로운 자들과 택함 받은 자들아, 너희에게 복이 있다. 너희들이 받게 될 몫은 영광스러울 것이기 때문이다.

3 의로운 자들은 태양의 빛 안에 있을 것이고 택함 받은 자들은 영생의 빛 안

에 있을 것이며 그들의 생명의 날들에는 끝이 없을 것이고 거룩한 자들의 날들은 셀 수도 없을 것이다.

4 그들은 빛을 찾고 구할 것이며 영들의 주님과 함께 있는 의를 발견할 것이다. 영원하신 주님의 이름으로 의로운 자들에게 샬롬(평화)이 있을 것이다.

5 이후에 거룩한 자들에게 "그들은 의의 비밀들과 신실함의 몫을 그분의 이름으로 찾아내야 할 것이다"라고 들려지게 될 것이다. 태양이 마른 땅 위를 밝게 비추는 것처럼 밝아지게 되니 어둠은 사라져 버릴 것이다.

6 끊임이 없는 빛이 있을 것이며 날들의 한계는 오지 않을 것이다. 어둠이 먼저 파멸될 것이고 빛이 영들의 주님 앞에서 영원히 지속될 것이다. 진리의 빛은 영들의 주님 앞에서 영원 무궁히 지속될 것이다.

축복이 되기도 저주가 되기도 하는 번개와 천둥과 빛들의 비밀

59
그 날들에 나의 눈은 번개의 번쩍임들의 비밀들과 빛들과 그들을 주관하는 법칙들을 보았고 그들은 영들의 주님의 뜻에 따라서 축복이 되기도 하며 저주가 되기도 한다.

2 거기서 나는 천둥의 비밀들을 보았다. 하늘 위에서 그것이 충돌될 때 그것의 소리가 땅의 처소들에서 들렸다. 그리고 그는 나로 땅 위에 심판이 집행되는 것을 보게 하셨다. 천둥의 소리는 영들의 주님의 말씀에 따라서 샬롬(평화)이 되기도 하고 축복이 되기도 하고 저주가 되기도 한다.

3 이 후에 빛들과 번개의 번쩍임들의 모든 비밀들이 나에게 보였다. 그들은 축복과 만족을 가져다주기 위해서 번쩍인다.

> 노아의 글(60-70:2)[176]

하늘들의 격렬한 진동과 하늘 군대들의 소란함과
하늘 영광의 보좌에 앉아 계신 날들의창시자(홍수 전 유월절에 하늘의 장면)

60 노아흐(노아)의 생애 500년 되던 해 일곱 번째 달 그 달의 십사 일[177] 그 비유 중에 나는 하늘들의 하늘이 얼마나 격렬하게 진동하고 지극히 높으신 분의 군대와 수백만 수억의 천사들이 얼마나 심하게 동요되었는지를 보았다.

2 그리고 나서 나는 날들의 창시자께서 그분의 영광의 보좌에 앉아 계신 것과 천사들과 의로운 자들이 그분 주위에 서 있는 것을 보았다.

3 격심한 전율이 나를 덮쳤고 두려움이 나를 사로잡았으며 나의 허리가 무너져 내렸고 나의 전 존재는 녹아내렸으며 나는 앞으로 쓰러졌다.

4 거룩한 미카엘이 거룩한 천사들 중에서 한 천사를 보냈고 그는 나를 일으켜 주었다. 그가 나를 일으켜 주자 나의 영은 돌아왔다. 나는 그 군대의 장면과 그 소란함과 하늘의 진동을 견뎌 낼 수가 없었다.

---

176 60장부터 69장까지는 노아가 적은 부분으로 일인칭 화자가 에녹에서 노아로 바뀌었다. 나의 증조부 에녹"(60:8, 65:9, 67:4, 68:1)은 화자가 노아로 전환되었음이 나타난다. '첫 사람 아담의 칠대손인 나의 증조부가 받아들여진 곳이었다'. 노아의 500세 때 노아는 하늘에서 홍수 심판을 준비하기 위한 천군 천사들의 분요한 장면을 보고 심판에 대한 경고를 받았으며 그의 나이 600세 때 홍수가 일어난다.

177 일곱 번째 달 14일을 티쉬레이 월 14일, 초막절의 전날이라고 생각할 수도 있지만 홍수 이전 시대의 입장에서 볼 때 일곱 번째 달 14일은 아빕월 14일 즉, 유월절과 같은 날이다. 이는 출 12:2에서부터 유월절이 있는 "이 달을 너희에게 달의 시작 곧 해의 첫 달이 되게 하라"고 명시하셨고 그 이전에는 일곱 번째 달인 티쉬레이 월을 해의 첫 달로 여겼기 때문이다.

60장

오래 지속된 자비의 날들의 끝에 있게 될 최종 결산하는 권능과 형벌의 심판

5 거룩한 미카엘이 나에게 말했다. "무슨 장면이 너를 이와 같이 혼란스럽게 했느냐? 오늘까지 그분의 자비의 날이 지속되었다. 그분은 마른 땅 위에 살고 있는 사람들에게 자비로우셨고 오래 참으셨다.

6 영들의 주님께서 예비하신 그 날에 의로우신 재판장을 경배하지 않는 자와 의로우신 재판장을 부인하는 자와 그분의 이름을 함부로 말하는 자에 대한 권능과 형벌의 심판이 있을 것이다. 택함 받은 자들을 위하여서는 언약이, 죄인들을 위하여서는 최종 결산이 그 날에 예비되어 있다."[178]

징벌의 날을 위해 예비된 두 괴물인 염해(사해) 속 물 근원 위에 거하는 리뷔야탄(암컷)과 예루살렘 동쪽 광야를 붙잡고 있는 베헤몰(수컷)

7 그 날에 두 괴물은 서로 떨어지게 되었는데 리뷔야탄[179]이라는 이름의 암컷 괴물은 바다 깊은 곳에 있는 물들이 솟아나는 근원들 위에 거하게 되었으나

8 베헤몰이라는 이름을 가진 수컷은 택함 받은 자들과 의로운 자들이 거하는 그 동산의 동편에 있는 '두데인[180]'이라는 버려진 광야를 그의 가슴으로 차

---

178 (딤후 4:8) 이제 후로는 나를 위하여 의의 면류관이 예비되었으므로 주 곧 의로우신 재판장이 그 날에 내게 주실 것이며 내게만 아니라 주의 나타나심을 사모하는 모든 자에게도니라.

179 한글 성경에서는 '리워야단'으로(사 27:1) 영어 성경에서는 'Leviathan'으로 음역되지만 히브리어로 לִוְיָתָן은 '리뷔야탄'으로 읽는다(욥 3:8; 41:1; 시74:14; 104:26; 사27:1).

180 히브리어를 음역한 것이어서 사본마다 조금씩 다르게 표기되고 있다. '두다인', '둔다인', '두누다인', '두이다인', '덴다인', '둔데인'. 예루살렘과 사해 사이에 있는 유대 광야를 지칭하고 있다는 점에서 에녹1서 10:4에서 아자젤을 가두어 놓은 유대 광야를 '두데이엘'이라고 음역되

지하고 있다. 그 동산은 영들의 주님이 만드신 첫 사람 아담의 칠 대손인 나의 증조부[181]가 받아들여진 곳[182]이었다.

9 나는 그 다른 천사에게 저 괴물들의 힘이 어떠한지와 어떻게 하루 만에 분리되어 하나는 바다의 깊은 곳으로 다른 하나는 광야의 마른 땅으로 던져졌는지를 보여 달라고 요청하였다.

10 그가 내게 말했다. "인자(人子)야[183] 여기서 네가 알고자 하는 것은 감추인 일이다."

바람과 달과 별들과 천둥과 번개, 서리, 우박, 눈, 안개, 비, 바람[184]

11 그리고 다른 천사도 나에게 말했다. 그는 나와 함께 동행하며 나에게 비밀스러운 것과 하늘의 처음과 마지막, 높은 곳들과 마른 땅 아래, 깊은 곳과 하늘의 끝들, 그리고 하늘의 기초들과 바람들의 창고들의 안을 보여준 자였다.

12 또 그는 어떻게 바람들이 흩어지며 그 바람들의 무게가 측량되는지, 어떻게 바람들의 일어남들이 바람의 힘에 따라 계수되는지, 달 빛의 힘은 어떠

어있는데 '두데인'과 '두데이엘'이 비슷한 발음이다. 두데이엘은 דודיאל '하나님의 가마솥들'이란 뜻이며 두데인은 דודין '가마솥들의 장소'라는 뜻이다.

181 60장에서 화자가 노아로 바뀌었음을 알게 해주는 구절이다.

182 에녹이 승천한 장소인 '그 동산'은 에녹2서에는 '아후잔'이라고 부르며 예루살렘과 동일한 장소로 여겨지고 있다. 여기 에녹1서 60:8에서 노아는 그 동산 동편에 유대 광야가 있는 장소로서의 '그 동산'이 예루살렘과 같은 장소임을 기억하고 있다.

183 여기서는 노아가 인자(人子)라 불렸다. 하나님이 에스겔 선지자를 '인자야'라고 부른 경우와 같다.

184 60:11-23에서 바람과 하늘의 기후에 대한 내용은 59:3 이후에 배치되어야 자연스럽다.

한지, 어떻게 별들이 그들의 이름에 의해 분류되어지는지, 그리고 어떻게
이 모든 분류가 이루어지는지,

13 어떻게 천둥이 떨어지는 장소에 따라 분류되며 번개가 번쩍일 수 있도록
나뉘어지는지, 그리고 그의 군대가 얼마나 즉각적으로 순종하는지도 보여
주었다.

14 천둥은 그 소리의 일정한 간격들을 기다리도록 되어 있으며 천둥과 번개는
똑같지 않지만 분리되어 있지도 않다. 그 둘은 그 바람[185]을 통해 밀접하게
연결되어 움직인다.

15 번개가 번쩍이면 천둥은 그의 소리를 내고 그 바람은 정확한 때에 그들을
쉬게 하며 그들이 발생하는 시간을 균등하게 나눈다. 그들을 발생시키는
시간의 창고는 모래와 같기 때문이다. 그리고 정확한 시간에 그들 각각은
고삐에 매여 있다가 그 바람의 힘으로 인해 방향을 바꾸기도 하고 땅의 여
러 구역으로 나아가기도 한다.

16 바다의 바람은 남성적이고 힘이 강해 그 힘의 능력으로, 그 바람은 제어하
는 끈으로, 바다를 뒤로 물러가게도 하고 앞으로 보내기도 하며 땅의 모든
산들 사이로 흩어진다.

---

185 히브리어 루아흐חור는 '영' 또는 '바람'으로 번역되어진다. 영이 움직이고 흐르는 것과 공기의
흐름인 바람이 일어나는 것이 서로 연결되어 있다. 공기의 흐름으로 생기는 모든 바람이 다 영
의 흐름은 아니겠지만 보이지 않는 영이 움직이며 부드럽게 흐를 때, 때론 거칠게 흐르며 불어
올 때 실제 물리적인 세계에서도 공기의 흐름이 형성되어 부드러운 바람이 불어올 때도 있고
거친 바람이 불어올 때도 있으며 회오리 바람이 불어올 때도 있다.
어느 지역이나 어느 모임이나 어느 민족에 어떤 영의 흐름이 강하게 불어오면 그러한 분위기
가 형성되고 그러한 생각에 사람들이 사로잡히게 되고 그러한 단체적인 행동과 움직임과 운
동으로 이어지게 되어 유행과 트랜드가 생긴다. 이러한 것은 기후나 자연현상에서도 동일하
게 적용된다. 그러므로 루아흐는 경우에 따라서 영, 바람, 정신, 흐름, 분위기로 바꿔서 이해
할 수도 있다.

17 흰 서리의 바람은 바람의 천사이며 우박의 바람은 선한 천사이다.

18 눈의 바람은 그의 힘 때문에 그의 방을 떠나버린다. 그 안에는 연기와 같이 올라가는 특별한 영을 가지고 있는데 그 이름은 서리이다.

19 안개의 바람은 창고 안에 있는 다른 바람들과 관련되어 있지 않고 특별한 창고를 가지고 있다. 그 경로는 밝을 때나 어두울 때, 겨울이나 여름에도 영광스럽다. 그리고 그 창고 안에는 한 천사가 있다.

20 이슬의 바람은 하늘의 끝들에 거주하며 비의 창고들과 연결되어 있다. 그 경로는 겨울과 여름에 있고 이슬의 구름과 안개의 구름들은 연결되어 있으며 서로 이슬과 안개를 주고받는다.

21 비의 바람이 자신의 창고에서 움직일 때 그 천사들은 와서 창고를 열고 그를 데리고 나온다. 그가 사방의 마른 땅 위로 흩어지면 마른 땅에 있는 모든 물과 합쳐진다.

22 물들은 마른 땅 위에 사는 자들을 위한 것이며 그것들은 하늘에 계신 지극히 높은 분으로부터 오는 마른 땅을 위한 영양분이 된다. 그렇기 때문에 정해진 비의 양이 있고 천사들은 그것을 담당한다.

23 이 모든 것들을 나는 의인들의 동산을 향하면서 보았다.

큰 심판의 날에 리뷔야탄과 베헤몰의 역할[186]

24 그리고 나와 함께 있던 샬롬의 천사가 나에게 말했다. "주님의 위대하심으

---

186 60:1-10의 내용이 60:24로 이어지고 있다.

로 인하여 준비된 이 두 괴물은 음식을 제공받을 것이다.[187] 영들의 주님의 징벌이 그들 위에 임할 때 영들의 주님의 징벌이 그들에게 헛되이 임하지 않도록 그 징벌은 그때까지 쉬며 그들 위에 머물러 있을 것이다.

25 자식들은 그들의 어미들과 함께, 그리고 아들들은 그들의 아비들과 함께 죽임을 당할 것이다. 그 후에 그분의 자비와 그분의 오래 참으심에 따라 심판이 집행될 것이다."

의인들이 부활하여 다 함께 모임, 그리고 부활 이후의 상급과 영광의 정도를 미리 측량해 놓는 측량도구

61 그 날들에 나는 그 천사들에게 주어진 긴 끈들을 보았다. 그 천사들은 날개들을 얻고 날아서 북쪽으로 갔다.

2 나는 그 중 한 천사에게 물어보았다. "왜 이들은 긴 끈들을 가지고 가고 있습니까?" 그가 나에게 말했다. "그들은 측량하기 위해서 나아갔다."

3 나와 동행하던 그 천사가 나에게 말했다. "이들은 의로운 자들을 위한 저울들과 측량줄들을 가지고 의로운 자들에게 갈 것이다. 이는 그들이 영들의 주님의 이름에서 영원히 머무르게 하려 함이다.[188]

---

187 이 부분은 사본들에 따라 다르게 나타나는데, 두 괴물이 징벌 받을 자들을 음식으로 제공받게 되는 것인지 두 괴물이 택함 받고 의로운 자들을 위해서 음식을 제공해 줄 것인지 불분명하다. 하지만 자비와 인내의 심판이 본격적으로 집행되기 전에 두 괴물은 징벌을 받아야할 자들에 대한 그들의 역할을 하게 될 것이다. 에스라4서 6:49~52, 바룩2서 29:4 그리고 바벨론 탈무드 Baba Bathra 74b-75에서 제공해 주는 정보에 의하면 이 큰 바다 짐승들(창 1:21)은 메시아 시대에 의로운 자들을 위한 음식으로 제공되어지고 리뷔야탄의 가죽은 의인들이 칠 장막의 덮개로 쓰인다고 한다.

188 61:3에서는 노아가 본 저울과 측량줄은 의인들이 부활한 후에 받을 상급과 영광의 정도를 측

4 택함 받은 자들은 택함 받은 자들과 함께 거하기 시작할 것이며 이 측량들은 신실함에 더하여 질 것이며 의를 굳세게 할 것이다.

5 그리고 이 측량들은 땅의 깊음들의 모든 비밀들과 광야에 의해 멸망된 자들과 바다의 그 물고기나 땅의 그 짐승들에게 잡아 먹힌 자들을 드러나게 할 것이다. 이는 그들이 택함 받은 분의 그 날에 돌아와서 머물 수 있도록 하기 위함이다. 아무도 영들의 주님 앞에서 멸망하지 않을 것이며 누구도 멸망될 수 없다."

6 그리고 하늘 위에 있는 모든 자들은 명령과 권능을 받았고 한 음성과 불과 같은 한 빛이 그들에게 임했다.

7 모든 것에 앞서 그들은 그분을 송축하고 격찬하며 지혜롭게 찬미했다. 그들은 생명의 영안에 있었고 말하는 것에 있어서 지혜로웠다.

심판의 집행을 위해 영광의 보좌에 앉혀지신 택함 받은 분이 하늘과 땅의 모든 존재들을 그 보좌 앞으로 소집하시다

8 영들의 주님께서 택함 받은 분을 영광의 보좌에 앉히셨으니 그가 하늘 높은 곳들에 있는 거룩한 자들의 모든 업적들을 심판할 것이며 저울로 그들의 행위들을 잴 것이다.

9 그분이 그들의 감춰진 길들을 영들의 주님의 이름의 말씀에 따라 그리고

량하는 것에 대한 장면이다. 39:4-10에서는 에녹이 하늘 방문하고 내려오는 과정에서 셋째 하늘의 (부활을 대기하는 장소인) 낙원에서 받을 몫을 측량하는 것을 본 장면이다. 70:3-4에서는 에녹이 완전 승천하는 과정에서 셋째 하늘의 낙원에서 (부활을 기다리는 중) 받아 누리게 될 몫을 측량하는 것에 대한 장면이며 에녹은 그곳에서 아담과 아벨을 보았다. 시편 16:5-6에서는 다윗이 셋째 하늘 낙원에서 자신이 받게 될 몫이 측량되는 것을 바라본 장면이다.

그들의 행로들을 지극히 높으신 주님의 의로우신 심판에 따라 판결하려고 그분의 얼굴을 들 때 그들은 모두 한 목소리로 말하며 영들의 주님의 이름을 송축하고 높이며 영화롭게 할 것이다.

10 그분은 하늘들의 모든 군대와 위에 있는 모든 거룩한 자들과 하나님의 군대들인 케루빔, 세라핌, 오파님, 그리고 모든 권능의 천사들과 모든 주권의 천사들과 택함 받으신 분과 또 마른 땅 위와 물 위의 다른 군대도 그 날에 소집하실 것이다.

영원한 경배

11 그 날에 그들은 한 목소리로 높일 것이며 믿음의 영과 지혜의 영과 인내의 영과 긍휼의 영과 정의의 영과 화평의 영과 선함의 영으로 송축하고 찬양하고 찬미하며 경배하리라. 그들은 모두 한 목소리로 말하리라 "그분은 송축 받으소서! 영들의 주님의 이름이 영원 무궁히 송축 받으소서!"

12 하늘 높은 곳에서 잠들지 않는 모든 자들은 그분을 송축하리라. 하늘에 있는 그분의 모든 거룩한 자들은 그분을 송축하리라. 생명의 동산에 거하는 택함 받은 모든 자들과 송축할 수 있는 빛의 모든 영은 당신의 거룩한 이름을 송축하고 영광 돌리며 높이고 거룩하시다 할 것이라. 모든 육체는 힘을 다하여 영원 무궁히 당신의 이름에 영광 돌리며 송축하나이다.

13 이는 영들의 주님의 자비는 크시며 그분은 오래 참으시기 때문이며 그분은 그분이 이루신 모든 업적들과 그분의 모든 힘들을 의로운 자들과 택함 받은 자들에게 영들의 주님의 이름으로 드러내셨기 때문이라.

심판대에 앉으신 인자(人子)가 세상의 악한 지도자들을 심판함

62
이와 같이 주님은 왕들과 권력 있는 자들과 높은 지위에 있는 자들과 땅 위에 거주하는 자들에게 명령하시며 말씀하셨다. "너희의 눈들을 떠라 그리고 너희가 택함 받은 분을 알아볼 수 있다면 너희의 뿔들을 들어라"

2 영들의 주님이 그분의 영광의 보좌에 앉으셨고 의의 영이 그분 위에 부어졌다. 그분의 입의 말은 모든 죄인들과 불법자들을 죽이고 그들은 그분 앞에서 멸망당할 것이다.

3 그 날에 모든 왕들과 권력 있는 자들과 높은 지위에 있는 자들과 땅을 소유한 자들은 일어설 것이며 그들은 그분이 그분의 영광의 보좌에 앉아 계신 것을 보고 알게 될 것이다. 그분 앞에서 의로운 자들은 의로 심판을 받을 것이며 그분 앞에서는 어떤 거짓말도 있을 수 없을 것이다.

4 태아가 태의 입구에 내려왔지만 출산의 어려움에 빠져 진통을 느끼는 출산 중인 여인과 같이 고통이 그들 위에 덮칠 것이다.[189]

5 그들 중에 한쪽 편에 있는 자들은 그분이 영광의 보좌에 앉아 계신 것을 볼 때 고통이 그들을 사로잡을 것이다.

---

189 에녹1서 62:4에서 인자가 오시는 과정과 심판의 보좌에 앉는 과정에서 있게 될 환난을 출산의 진통의 극한 어려움에 걸려있는 여인의 상황으로서 묘사하고 있다. (마 24:8) 이 모든 것이 재난의 시작이니라. 예수님께서 종말장인 마 24장에서 말씀하신 '재난의 시작'에서 헬라어 ὠδίν(오딘)은 '해산의 고통' 즉 '해산을 위한 진통'을 의미하는 것으로 에녹1서 62:4를 반영해 주는 종말에 대한 그림이다.

왕하 19:3; 시 48:6; 사 37:3, 42:14; 렘 4:31; 6:24; 22:23; 49:24; 50:43; 호 13:13; 미 4:9, 5:3; 요 16:21; 살전 5:3 참조.

그들 중에 한쪽 편에 있는 자들(에녹1서62:5)

심판하시러 오시는 인자의 모습을 보면서 고통스러워하는 한 편에 있는 자들은 마25:31-46에서 우편에 양들을, 좌편에 염소들을 분별하여 놓으시고 모든 천사들과 함께 내려오셔서 영광의 보좌 즉, 예루살렘에 놓인 심판의 보좌에 앉으실 인자의 심판 장면에서 좌편에 모이게 될 염소들을 생각나게 한다.

세상 모든 지도자들 중에서도 염소로 분류된 자들은 인자의 심판 앞에서 공포에 떨게 될 것이다. 적그리스도가 마지막 때 세상 모든 나라를 다 장악하지는 못할 것이다. 어떤 소수의 나라들이나 집단들은 세계 연합 정부에 반대하고 짐승과 바벨론 시스템을 따르지 않기 위해서 싸우며 충돌을 일으킬 것이다. 그들 중에는 이스라엘과 함께 서는 참 기독교의 국가들이 있을 것인데 그들은 우편에 분류되어 놓이게 될 양의 무리에 포함될 것이다. 민족이 민족을 대항하여 일어나고 나라가 나라를 대적하여 일어나서 처처에 전쟁이 일어나게 되는 원인 중에 하나는 바로 이러한 나누어짐과 분리됨 때문일 것이다.

중동 이슬람 국가들을 중심으로 일어나는 땅에서 나온 짐승(바다에서 나온 짐승과 짝을 이루는(계 13:1, 11 참조))은 국제 연합 세력의 정치적인 외압을 이용해서 이스라엘 땅을 나누려고 할 것이며 예루살렘을 국제 분쟁 지역이라는 이유로 예루살렘에 대한 권한을 분할하여 나눠 가지게 하려고 할 것이다.

6 그리고 권력 있는 왕들과 땅을 소유한 모든 자들은 감춰진 모든 것을 다스리시는 그분을 찬양하고 송축하며 높일 것이다.

7 태초부터 그 인자(人子)는 감춰졌으며 지극히 높으신 분께서 그분의 능력 앞에서 그를 지키며 보호해 오셨고 그를 오직 택함 받은 자들에게만 계시하여 주셨다.

8 거룩한 자들과 택함 받은 자들의 회중은 단장될 것이며 모든 택함 받은 자들은 그 날에 그분 앞에 서게 될 것이다.

9 모든 능력 있는 왕들과 높은 지위에 있는 자들과 마른 땅을 다스리는 자들이 그분 앞에 무릎 꿇고 엎드려 얼굴을 땅에 대고 경배할 것이며 그들은 그 인자(人子)에게 그들의 소망들을 두며 그분에게 간구하고 그분으로부터 자비를 구하게 될 것이지만

10 영들의 주님은 그들을 짓누를 것이며 그들은 그분 앞에서 서둘러 물러가려고 할 것이다. 그들의 얼굴은 수치로 가득 할 것이며 어두움이 그들의 얼굴에 더 짙어질 것이다.

11 그분께서 그들을 징벌의 천사들에게 넘겨주어서, 그들이 그분의 자녀들과 그분의 택함받은 자들을 핍박한 것에 대한 보복을 실행하게 하실 것이다.

12 그들은 의로운 자들과 그분의 택함 받은 자들에게 구경거리가 될 것이다. 영들의 주님의 진노가 그들 위에 머무는 것과 영들의 주님의 칼이 그들의 피에 적셔지는 것으로 인해 그들은 기뻐할 것이다.

의인들과 택함 받은 자들은 부활하여 생명의 옷을 입고 영생을 누림

13 의로운 자들과 택함 받은 자들은 그 날에 구원을 받을 것이며[190] 그들은 그 날부터 죄인들과 불법자들의 얼굴을 결코 보지 못할 것이다.

---

190 의인들과 택함 받은 자들이 부활할 것을 의미한다.

14 영들의 주님께서 그들 위에 머무실 것이며 그들은 그 인자(人子)와 함께 영원토록 거하며 먹고 눕고 일어날 것이다.

15 의로운 자들과 택함 받은 자들은 땅에서부터 일어날 것이며 그들의 얼굴을 떨어뜨리는 일은 다시 없을 것이고 영광스런 생명의 옷들을 입을 것이다.

16 이것은 영들의 주님으로부터 온 생명의 옷들일 것이며 너희의 옷들은 낡아지지 않을 것이고 너희의 영광도 영들의 주님 앞에서 사라지지 않을 것이다.

권력자, 왕들, 높은 지위에 있는 자들의 호소와 유예를 구함. 그러나 피할 수 없는 심판

63 그 날들에 마른 땅을 소유한 능력 있는 왕들이 영들의 주님 앞에 엎드려 경배하며 그들의 죄들을 그분 앞에 자백할 수 있는 얼마 간의 시간적 유예를 주시도록 그들을 넘겨 받은 주의 징벌의 천사들에게 간청할 것이다.

2 그들은 영들의 주님을 송축하고 찬송하며 말할 것이다. "송축받으소서. 영들의 주님이시며 왕들의 주님이시고 권력자들의 주님이시며 부한 자들의 주님이시고 영광의 주님이시며 지혜의 주님이시여!

3 숨겨져 있는 모든 것은 당신 앞에서 밝히 드러나며 당신의 능력은 모든 세대를 위하여 나타나고 당신의 영광은 영원 무궁합니다. 당신의 모든 비밀들은 깊고 셀 수 없으며 당신의 의로우심은 측량할 수 없습니다.

4 이제 우리는 왕들의 주님이시며 모든 왕들 위에 왕이신 분을 찬송하고 송축해야함을 알게 되었습니다."

5 또한 그들은 말할 것이다. "우리가 그분을 찬양하며 감사하고 송축하며 자백할 수 있도록 우리에게 유예가 주어지면 좋을텐데

6 지금 우리는 잠시의 유예라도 주어지기를 갈망하지만 얻지 못하고 우리는

쫓겨나서 허락받지 못하고 있구나. 빛은 우리 앞에서 사라졌고 어둠은 영원토록 우리의 처소가 될 것이다.

7 이는 우리가 그분 앞에서 그분을 인정하지도 않았고 왕들의 주님의 이름을 높이지도 않았고 그분의 모든 행하심으로 인해 주님을 찬송하지도 않았으며 도리어 우리의 소망들을 우리의 왕국의 홀과 우리의 영광에 두었기 때문이다.

8 우리의 고통과 고난의 날에 그분은 우리를 구해주시지 않으신다. 주님께서 그분의 모든 행함과 모든 재판과 모든 공의에 있어서 신실하시고 그분의 심판에는 사람들을 봐주는 것이 없다는 것을 고백할 어떤 유예 기간도 우리는 얻지 못하고 있다.

9 우리의 모든 행위들과 모든 죄들이 정확하게 결산되었기 때문에 우리는 그분 앞에서부터 사라진다."

10 그때 그들은 그들 자신을 향하여 말할 것이다. "우리의 혼들은 불의를 통해 얻은 소유물들로 배부르지만 그것들이 우리가 스올(음부)의 고통의 맹렬한 불길에 내려가는 것을 막아 주지는 못하는구나."

11 그 후에 그들의 얼굴은 인자(人子) 앞에서 어둠과 수치로 가득 차게 될 것이며 그들은 그분 앞에서 쫓겨나게 될 것이다. 그리고 그 검이 그들 가운데 머무를 것이다.

12 영들의 주님께서 다음과 같이 말씀하신다. "이것이 영들의 주님 앞에서 권력자들과 왕들과 높은 지위에 있는 사람들과 마른 땅을 소유한 자들에 대한 법이며 심판이다."

**허락받지 않은 하늘의 비밀을 풀어 인류를 어긋나게 하여 죄를 짓게 한
감찰자 천사들의 심판**

64 나는 그 장소에 숨겨진 다른 형체들을 보았다.

2 나는 그 천사의 목소리를 들었다. "이들은 하늘에서 땅으로 내려왔으며 인간의 자녀들에게 비밀인 것을 드러내었고 인간의 자녀들이 길을 잃도록 이끌어 그들이 죄를 짓도록 했던 그 천사들이다."

**노아가 땅의 끝들로 가서 에녹을 방문하여 그 세대의 멸망에 대해서 듣고
노아의 씨의 택함 받음과 번성에 대해서 들음**

65 그리고 그 날들에 노아흐(노아)는 땅이 기울어졌고 땅의 멸망이 가까워지는 것을 보았다.

2 그는 그 곳에서 출발하여 땅의 끝들로 가서 그의 증조부 하녹(에녹)에게 외쳤다. 노아흐(노아)는 고통스러운 목소리로 세 번 말했다.

"들어주소서, 들어주소서, 들어주소서!"

3 그는 하녹(에녹)에게 말했다. "내게 말씀해 주소서 땅에 무슨 일이 일어나고 있는지, 땅이 심히 괴로워하며 흔들리는데 내가 땅과 함께 멸망하지 않도록!"

4 바로 그때 땅에서 큰 지진이 일어났으며 하늘로부터 한 목소리가 들렸고 나는 앞으로 쓰러졌다.

5 내 증조부 하녹(에녹)이 와서 내 옆에 서서 내게 말했다. "왜 그토록 고통스럽게 울며 내게 부르짖었느냐?

6 주님으로부터 마른 땅에 사는 자들에 대한 한 명령이 떨어졌는데 그것은 그들의 종말에 대한 것이다. 이는 그들이 천사들의 모든 비밀들과 사탄들

[191]의 모든 악행들과 그들의 모든 비밀스러운 힘과 마술들을 행하는 자들의 모든 능력과 마법들의 힘과 온 땅을 위해 부어 만든 우상들을 만드는 자들의 능력을 배웠기 때문이며

7 또한 그들은 은이 어떻게 땅의 흙으로부터 나오는지 어떻게 유연한 금속이 땅에서 발견되는지 배웠고

8 앞의 두 금속처럼 납과 주석은 땅에서 나오지 않으며 그것들을 내어주는 샘이 있고 그 샘 안에 서있는 한 천사가 있는데 그 천사가 그것들을 정화해서 나눠준다는 것을 알게 되었기 때문이다."

9 이 후, 나의 증조부 하녹(에녹)은 그의 손으로 나를 붙들고 나를 들어 올렸으며 내게 말했다. "가거라, 내가 영들의 주님께 땅 위에 일어나고 있는 이 소란에 대해서 여쭈어 보았다."

10 그분께서는 내게 말씀하셨다. "그들의 비뚤어지고 왜곡된 불의 때문에 그들의 심판은 내 앞에서 완전히 집행될 것이며 더 이상 보류되지 않을 것이다. 왜냐하면 그들은 악령의 힘을 빌려 행하는 마법을 찾아내고 배웠기 때문이다.[192] 땅과 땅 위에 거하는 자들은 멸망될 것이다.

11 그들에게는 회개의 여지가 영원히 없다. 이는 그들이 감추인 것들을 인간들에게 보여줌으로 저주를 받았기 때문이다. 그러나 내 아들인 너는 그렇게 되지 않을 것이다. 영들의 주님께서는 비밀들을 드러낸 것에 대한 이 책망에 있어서 네가 순전하고 결백하다는 것을 알고 계시다.

12 그분께서는 너의 이름을 거룩한 자들 사이에 두시기로 예정하였으며 너를 마

---

191 사탄의 복수 형태 사용에 대해서 40:7의 각주 설명 참조.

192 타락한 감찰자 천사들이 각종 철로 무기를 만들어 전쟁하는 기술과 음란의 온갖 방법과 주술들 즉, 영적인 힘을 악하게 사용하는 방법을 인간들에게 알려주어서 결국 사람과 땅이 멸망하게 되었지만 이 구절에서 에녹은 그 중에서도 '악령의 힘을 빌려 행하는 마법을 찾아내고 배운 것'을 비중 있는 멸망의 원인이라 말하고 있다.

른 땅에 사는 자들로부터 보존하실 것이다. 그분께서는 왕권을 위하여서 또 위대한 영예로움을 위하여서 너의 거룩한 씨를 예정해 놓으셨으며 네 씨로부터 의롭고 거룩한 자들의 샘이 셀 수도 없이 영원히 흘러나올 것이다."

홍수를 일으키는 징벌의 천사들이 나아가서 명령을 대기함

66 그후 그는 마른 땅 위에 머물며 사는 모든 자들을 심판하고 멸망시키기 위해서 땅 아래에 있는 모든 물의 세력들을 풀어줄 준비가 된 징벌의 천사들을 보여주었다.

2 영들의 주님께서는 나아가고 있던 천사들에게 그들의 손들을 들지 말고 주시하고 있을 것을 명령했다. 이는 그 천사들은 물들의 세력들을 맡은 자들이었기 때문이었다.

3 그리고 나는 하녹(에녹)의 면전으로부터 떠났다.

천사들이 방주 만드는 것을 도와줌

67 그 날들에 주님의 말씀이 내게 임했고 그분이 나에게 말씀하셨다. "노아흐(노아)야, 보아라! 네가 받을 몫이 내 앞으로 올라왔는데 흠이 없는 몫, 사랑과 정직의 몫이다.

2 지금 그 천사들이 나무로 된 구조물을 만들고 있다. 그 천사들이 그 임무를 마칠 때 내가 내 손을 그것 위에 얹고 그것을 안전하게 지킬 것이다. 그리고 대격변[193]이 일어날 것이나 마른 땅이 텅비어 있지 않게 되도록 그것으로부터 생명의 씨가 나올 것이다.[194]

---

193 노아의 심판 때 궁창 위의 물과 땅의 물과 땅 아래 물들의 샘들이 터지고 큰 지진이 일어나서 지구의 지형들에 큰 변화가 일어나는 지각 변동들을 의미한다. 에녹1서 67:5 참조.

194 에녹1서 67:2에서는 어떤 천사들이 나무로 방주를 만들었다고 한다. 창세기에서는 노아가 방

방주를 통한 구원과 노아의 자손들이 온 지면에 흩어짐과 번성함

3 나는 네 자손을 내 앞에서 영원 무궁히 세울 것이며 마른 땅 위에서 너와 함께 사는 자들을 지면에서 흩을 것이다. 그러나 그들은 복을 받고 마른 땅 위에서 주님의 이름으로 번성할 것이다.

철과 동이 많은 산과 염해(사해)와 범죄한 감찰자 천사들이 갇히게 될 장소

4 그리고 그분은 불의를 드러낸 저 천사들을, 나의 증조부 하녹(에녹)이 내게 전에 보여주었던 서쪽에 있는 금과 은과 철과 연금속과 주석으로 이루어진 산들 주변 불타는 골짜기 안에 가두어 두실 것이다.

5 나는 큰 지각변동이 있었던 그 골짜기를 보았고 물들의 격변을 보았다.

6 이 모든 일이 일어났을 때 불타오르는 녹은 금속[195]과 지각변동으로 인하여 그곳에서 유황 냄새가 났고 그 냄새는 그 물들과 혼합되었다[196]. 그리고 사람들을 잘못된 길로 이끌었던 천사들의 골짜기는 땅 아래에서 불타고 있었다.[197]

주를 만든 것이라고 한다. 방주는 노아와 천사들의 합작으로 만들어진 것으로 보인다. 땅에서 어떤 큰 변화가 일어나던 과정에서 하나님의 손은 방주를 안전하게 지켜주셨다. 모든 것이 멸망되었지만 방주에서 살아남은 생명들로 인해 다시 땅에 생명들로 채워지게 되었다.

195 지각 아래 맨틀에 뜨거운 액체 상태로 존재하는 마그마 또는 마그마가 지각 밖으로 흘러나오는 용암을 의미하고 있다.

196 지금의 염해(사해)의 물성분과 그 주변 지형에서 나는 유황냄새가 마그마와 물이 혼합되어 생성되는 것으로 설명하고 있다.

197 사해 지역과 유대광야 지역, 유향 냄새가 나는 사해 물과 사해 주변의 온천을 연상시키는 표현들이다. 에녹1서 10:4에서는 아자젤이 두데이엘דוּדָיאֵל (하나님의 뜨거운 물 저장소 또는 하나님의 가마솥) 즉, 유대 광야의 땅 아래 갇혀 있다고 한다.

대홍수 이전의 이스라엘 산지, 요르단 산지, 사해 골짜기 지형의 특징

불의를 드러낸 감찰자들이 가두어질 지하 감옥이 이스라엘 산지와 요르단 산지의 사이에 깊은 골짜기 아래 있을 것인데 그 골짜기 주변 산들의 특징이 '금과 은과 철과 연금속과 주석'으로 이루어진 산들이라고 에녹1서67:4에서 이야기하고 있다.

신명기 8:9에서 약속의 땅인 이스라엘 땅의 특징은 철을 포함한 돌이 많고 산에 동이 많다고 소개하고 있다.

7네 하나님 여호와께서 너를 아름다운 땅에 이르게 하시나니 그곳은 골짜기에든지 산지에든지 시내와 분천과 샘이 흐르고 8밀과 보리의 소산지요 포도와 무화과와 석류와 감람들의 나무와 꿀의 소산지라 9너의 먹는 식물의 결핍함이 없고 네게 아무 부족함이 없는 땅이며 그 땅의 돌은 철이요 산에서는 동을 캘 것이라.(신 8:7-9)

에녹1서67:5에서 땅의 큰 지각변동과 물들의 큰 격변은 홍수 심판 때 있었던 지구의 지각에 큰 변화가 있었음을 생각할 수 있게 해준다. 또한 큰 지각 변동과 물들의 큰 격변은 에덴-동산 지역에 흐르던 피숀 강, 기혼 강, 힛데겔 강, 유프라테스 강에 물줄기들에도 홍수 이전과 이후에 큰 변동이 있었음을 시사해준다.

대홍수의 큰 지각 변동 전에는 이스라엘 산지와 요르단 산지가 지금 보다는 가까웠을 것으로 보인다. 이스라엘 산지와 요르단 산지 사이에 깊이 파여있는 사해 협곡(Dead Sea Rift)은 홍수로 인한 대 지각변동 이전에는 기혼 강이 흐르는 강바닥 정도였지만 대 지각변동으로 깊고(-420m) 넓게 (약50㎞) 갈라져서 헤르몬 산에서부터 동아프리카까지 6,500km에 이르는 동아프리카 대협곡으로 그 흔적이 남아있게 되었다.

시리아-아프리카 대 균열 협곡(The Great Syria-African Rift)은 아프라카 판과 아라비아 판 사이의 경계이며 이 두 판은 현재도 북쪽으로 서서히 서로 다른 속도로 움직이고 있다. 두 대륙판은 남북 방향으로 약 107km 만큼 벌어진 차이가 있다고 보고되고 있다.[198] 이 협곡은 지구상에서 볼 수 있는 가장 큰 균열 계곡이다.

7   마른 땅에 사는 자들을 잘못된 길로 인도한 그 천사들이 벌받게 될 불의 강 줄기들이 그 지역의 골짜기들 아래 흐른다.

8   그 날들에 그 물들은 왕들과 힘있는 자들과 높은 지위에 있는 자들과 마른 땅 위에 거하는 자들의 몸의 치유를 위해서 쓰이게 될 것이나 또한 영들의 형벌을 위해서도 쓰이게 될 것이다.[199] 그들의 영들은 더러운 욕망으로 가득 차 있고 그들은 영들의 주님을 부인했기 때문에 그들의 몸으로 그들은 벌을 받을 것이다. 이는 그들이 그들의 형벌을 매일 보면서도 그분의 이름은 믿지 않았기 때문이다.

---

198 지형학, 지질학과 암석학을 기초로 팀나 계곡와 와디 다나가 한 때 같은 지역이었으나 두 대륙판의 이동으로 현재 남북으로 107km의 거리 간격이 생긴 것으로 연구 발표되었다. Abdallah S. Al-Zoub ., Elias Salameh, "A New Evidence for Lateral Displacement along Wadi Araba Fault/the Dead Sea Transform, Jordan," *J. of Applied Sciences Journal of Applied Sciences* 3.4 (2003): 216–24.

199 유황 온천 물이나 염해(사해) 물이 몸의 치유를 위해서 쓰이겠지만 심판의 날에는 영의 형벌을 위해서도 쓰이게 될 것이라는 의미이다.

9 그들의 육체가 욕정으로 타면 탈수록 그들의 영들 안에서 그들이 지불해야 할 대가는 영원할 것이다. 그 누구도 영들의 주님 앞에서 거짓말을 내뱉을 수 없기 때문이다.

10 그들은 그들의 육체의 음욕을 따랐고 영들의 주님은 거부하였기에 그들에게 심판이 임할 것이다.

감찰자들의 심판 집행 후 염해(사해)의 온천이 차가워짐

11 동일한 그 물들이 그 날들에는 변화를 겪게 될 것인데 이는 그 날들에 그 천사들이 벌을 받을 때 그 물 샘들의 온도가 바뀔 것이기 때문이다. 그 천사들이 올라올 때 그 샘들의 물이 변하여 차가워질 것이다.

심판의 경고가 되는 염해(사해)의 물

12 그리고 나는 거룩한 미카엘이 답하여 말하는 것을 들었다. "천사들이 받는 이 심판은 마른 땅을 차지하고 있는 왕들과 권력자들을 위한 증거가 된다.

13 이 징벌의 물들은 왕들의 몸을 치유하고 그들의 육체의 음욕을 위한 것으로 쓰이고 있기 때문에 그들은 이 물들이 변하여 영원히 불타는 불이 될 것이라는 것을 보려고도 하지 않고 믿으려고도 하지 않을 것이다.[200]

---

200 염해(사해) 물이 몸의 치유를 위해서 쓰이기도 하고 육체의 음욕을 위한 것으로 쓰이기도 하겠지만 결국 영원히 불타는 불이 되어 징벌의 심판의 물로 쓰이게 될 것이다.

노아가 에녹으로부터 전달받은 말과 글

68 이 일 후에 나의 증조부 하녹(에녹)은 나에게 한 책에 있는 모든 비밀들과 그에게 주어졌던 비유들에 대해서 설명해 주었다. 그는 나를 위해서 그것들을 비유들의 책의 글들로 모아주었다.[201]

노아는 그의 증조부 에녹이 기록한 책들을 므두셀라에게서 또한 에녹에게서도 직접 받았다. 노아는 에녹에게서 받은 비유들의 책의 글들을 받아서 후에 자기가 경험한 체험과 계시를 추가하여 비유들의 책을 편집했다. 이 책들은 대홍수 후에 셈의 집안의 가보로 아브람에게까지 전달되었으며, 아브람이 하란에 머물던 제14년에, 바벨탑 사건 때 사라졌던 히브리어가 천사를 통해 아브람에게 회복되면서, 그는 6개월 동안 히브리어로 기록되어 있던 조상들로부터 물려 받은 이 책들을 연구했고 결국 그는 에덴-동산의 중앙으로 가기를 결심하게 된다(희년서 12:25-27). 야곱의 12아들들은 이집트에서 자녀들에게 유언을 남길 때, 에녹과 노아의 책을 읽고 알게된 내용을 바탕으로 자녀들에게 당부하였으며(12족장들의 유언), 에녹의 문헌들은 경건했던 레위와 그의 아들 고핫과 그의 손자이며 아론과 모세의 아버지인 아므람을 통해서 다음 세대로 계속 전달되어졌다.

---

201 노아가 태어나던 해는 A.M.1056년이었고 그 때는 에녹은 이미 승천(A.M.987년)하고 땅에 없을 때였지만 에녹은, 천사가 사람을 만나듯이, 므두셀라를 만나주었고(106-107장) 동일한 방법으로 노아도 에녹을 만나 주었다. 에녹은 그가 받은 인류 역사의 비밀들과 비유들을 노아에게 설명해 준 후 모든 글을 다 모아서 노아에게 전달해 주었다.

쿰란 사본에서 발견된 '아람어 레위의 유언'과 '고핫의 유언'과 '아므람의 유언(비전)'에서 이러한 전승의 과정이 증언되고 있다. 후에 귀중한 문서를 담당하던 레위인 제사장들(신17:18)에 의해 보관되던 이 책은 선지자들의 비밀 교본으로도 사용되었다. 바벨론 포로 귀환 후 제2성전 시대 중 헬라 제국 후기의 극심한 유대교 말살 정책으로 토라가 불태워지던 시기에 종말론적인 신앙과 묵시 문학이 부흥하던 그 때의 분위기에 발맞춰 에녹서는 다른 언어(헬라어)로 번역되는 것과 필사본이 허락되어졌다.

에녹 문헌은 에녹 유대교로 분류되어지는 경건한 유대 종파들에 의해 소장되어 읽혀지며 필사되었으며(주전3세기에서 2세기) 그후 고대 유대교와 초기 기독교의 역사 속에서 한 때 '성서'로서 경건한 자들에게 읽혀졌었지만 점차 소실되었다. 에녹1서는 고대 에티오피아어로 전권이, 그리스어와 라틴어로 일부가 전해져 내려왔고 슬라브어와 콥틱어로 번역된 에녹2서도 현재까지 전해져 내려오고 있다. 에녹 문헌의 내용과 사상들은 히브리 성경과 탈무드와 유대문헌들과 신약성경 안에 직간접적으로 인용되며 반영되어져서 나타난다.

1952년 9월 쿰란 4번 동굴에서 발굴된 사본들 중에서 13개의 부분적인 사본들이 J. T. Milik에 의해서 아람어와 히브리어로 된 에녹1서 사본들이라는 사실이 확인되었고 그 외에도 한권으로 묶여진 에녹1서의 내용과 비슷하지만 또 다른 에녹 문헌들이 쿰란 사본들에서 발견되어졌다. 고대 이스라엘 종교와 고대 유대교에서뿐만 아니라 초기 기독교에서도 에녹 문헌들의 사상과 세계관의 영향력이 지대하였다는 사실을 인식하고 인정하는 사람들이 점점 늘어나고 있다.

큰 심판의 날에 천사들이 받게 될 심판의 혹독함에 대해 미카엘이 라파엘에게 말함

2   그리고 그 날에 거룩한 미카엘이 라파엘에게 답하여 말했다. "성령의 힘이 나를 붙들고 있고 나를 떨게 한다. 이는 천사들이 받을 심판, 그 비밀에 관한 판결의 혹독함 때문이다. 그 누가 이 집행될 심판의 혹독함을 견뎌낼 수 있을까? 누가 그 심판 앞에서 두려움으로 가득 채워지지 않을 수 있을까?

3   다시 거룩한 미카엘이 라파엘에게 답하여 말했다. "심판에 대한 두려움으로 그의 마음이 혼절되지 않을 자가 누구랴? 이 징벌의 말씀으로 인해 그 누구의 생각이 두려움으로 요동하지 않을 수 있을까? 자신들 스스로를 이렇게 되도록 이끌어 왔던 그들에 대한 심판이 이미 시작되었다."

4   영들의 주님 앞에서 거룩한 미카엘이 라파엘에게 말했다. "나는 주님의 목전에서 그들이 하는 부분에 참여하지 않겠다. 그들은 마치 그들이 신인 것처럼 하였기에 영들의 주님께서 그들에게 분노하고 계신다.

5   이로 인하여 숨겨져 왔던 모든 것[202]이 영원히 그들 위에 내려올 것이다. 어떤 천사나 어떤 사람은 자신이 받아야할 몫을 받지 못할 것이며 오직 그들이 받아야 할 심판만을 영원토록 받을 것이다."

성경의 권위 위에 신화를 올려놓는 Epigraphy(비문학碑文學)의 거만한 해석은 곧 '학문과 과학'이라는 이름으로 행하는 우상 숭배이다

그들은 마치 그들이 신인 것처럼 하였기에 영들의 주님께서 그들에게

분노하고 계신다(에녹1서 68:4b)

---

202 숨겨져 왔던 모든 것: 어떤 사본은 '숨겨져 왔던 심판'이라고 번역되어 있다.

대홍수 이전에 전지구적으로 활동하던 타락한 감찰자들은 홍수 이후 큰 심판 때까지 유대 광야와 사해의 지하 무저갱에 갇혀 있지만 우상 숭배하는 자들 중에는 그들을 여전히 신으로서 숭배하고 있고 그들은 여전히 숭배를 받고 있다. 타락한 감찰자들의 이러한 악한 영향력 때문에 그들이 받을 심판은 천사장 미카엘을 떨게 할 만큼 무섭고 혹독하고 영원할 것이다. 이러한 천사 숭배 문화들은 그리스-로마 신화, 바벨론 신화와 이집트 신화 등에서 그 흔적들이 남아 계속 전해 내려오게 된다.

희년서8장에 의하면 셈의 손자이며 아르박삿의 아들인 가이난은 정착할 땅을 찾으러 다니는 중에 홍수 이전 시대에 바위에 새겨졌던 네필림 시대의 타락한 감찰자들에 대한 기록들을 발견하게 되었다. 그 후 그는 그 안에 기록된 가르침과 신화적인 서사시들을 비밀스럽게 연구함으로 해달별들을 숭배하며 어두운 하늘의 힘을 끌어내려 이용하는 지식들을 배우고 익혀 우상숭배에 깊이 빠지게 되었고 악한 영적인 힘들과 깊이 연루되게 되었다. 이러한 이유로 그는 노아와 셈과 아르박삿에 의해 그 가문에서 쫓겨나게 되었다.

창 10:24; 창 11:12; 대상 1:18, 24에서는 아르박삿의 아들이 셀라라고 가계의 족보가 의도적으로 정리되어 소개되고 있지만 눅 3:35-36에서 누가는 아르박삿의 아들이 가이난이고 가이난의 아들이 셀라라고 생물학적 가계의 족보를 밝혀주고 있다. 아르박삿과 셀라 사이에 가이난이 존재하였음이 기록으로 남아 있는 책은 70인역 성경과 희년서이며 희년서에는 가이난이 족보에서 제외된 이유까지 설명해주고 있는 유일한 책이다. 누가는 혈통적인 족보를 조사하여 누가복음을 헬라어로 기록할 때 70인역 성경을 참고하였고 또한 가이난이 족보에서 제

명된 이유를 설명하고 있는 유일한 책인 희년서도 참고한 것으로 보인다.

인류역사에서 가이난은 Epigraphy(비문학碑文學)[203]의 아버지인 셈이다. 19세기 후반부터 발전된 고고학은 고대근동에서 발견된 바벨론 수메르의 창조 신화(에누마 엘리쉬)와 홍수 설화(길가메쉬 서사시) 등의 가치를 대단히 높이 평가하면서 성경을 바벨론 신화의 권위 아래 두는 거만함의 자리에 앉아 있다. 이집트 고왕국과 중왕국과 신왕국 사이에 있는 정리되지 않은 암흑기들의 긴 기간 때문에 잘못 계산된 최소 약 400년에서 200년의 오차가 있는 아직 확정되지도 않은 '이집트 표준 연대기'를 절대 기준으로 삼아서 성경의 출이집트 연대를 무리하게 주전 13세기 신왕국의 제19왕조 람세스2세 시대로 잡아놓고서는 주전 13세기에 이집트 땅과 이스라엘 땅에서 출이집트와 여호수아의 가나안 정복 전쟁의 역사적 고고학적 증거가 발굴되지 않는다는 이유로 출이집트와 가나안 정복의 역사적 고고학적 근거가 없다라는 어리석은 결론이 '과학적'이라는 이름으로 주장되고 있다.

성경은(왕상 6:1) 솔로몬 성전 건축 시작 480년 전인 주전 약 1446년 즉, 주전 15세기 중반에 출이집트의 사건이 있었음을 명시해주고 있다. 이 시기는 이집트의 삼각주 북동쪽의 Tell el-Daba(Avaris)에서 이스라엘의 이집트 정착과 출애굽기의 증거들[204]과 일치하는 발굴들이 나오

---

203 땅에서 발굴된 고고학 발굴물에 기록된 글을 통해서 과거를 연구하는 학문이다. 고대 사회와 문화를 이해하는데 기여한 부분이 있지만 에피그라피의 한계점은 땅에 묻혔던 것 중에서 발견된 것만을 바탕으로 과거에 접근한다는 것이다.

204 이집트의 다른 연대에는 발견되지 않는 셈족 서아시아인들의 매장 방식과 건축 양식, 유아대학살의 증거로 보이는 집들의 방바닥 밑의 나무상자에서 발견되는 3개월 미만의 남자아이 유아 시신들, 그 외에 13왕조의 기록물인 노예들의 이름이 적힌 파피루스의 70%가 히브리인의

고 있는 이집트의 중왕국 12-13왕조 시기에 해당되며 여리고 성과 하솔 성에서 주전 1400년대에 성이 무너지고 불탄 흔적들이 발굴되어 보고된 연대에 해당된다.

타락한 감찰자들의 백부장, 오십부장, 십부장 명단

69 그 후에 그들에게 내려진 처벌은 그들을 무섭게 하며 두려워 떨게 만들 것이다. 이는 그들이 마른 땅 위에 사는 자들에게 이것을 보여주었기 때문이다.

2 보라, 이것이 그 천사들의 이름들이다. 그들의 첫 번째는 쉐미하자, 두 번째 아르테코프, 세 번째 레마쉬엘, 네 번째 코카브엘, 다섯 번째 오르므엘(아르무마헬), 여섯 번째 라므엘, 일곱 번째 다니엘, 여덟 번째 지크엘, 아홉 번째 바라크엘, 열 번째 아싸엘, 열한 번째 헤르마니, 열두 번째 마타르엘, 열세 번째 바싸스엘, 열네 번째 아난엘, 열다섯 번째 쩨타우엘, 열여섯 번째 샴쉬엘, 열일곱 번째 샤흐리엘, 열여덟 번째 툼미엘, 열아홉 번째 투리엘, 스무 번째 야미엘, 스물한 번째 아자젤.[205]

이름, 10가지 재앙과 출이집트한 이스라엘에 대해 이집트인의 입장으로 기록한 중왕조 시대의 이무워 파피루스IPUWER Papyrus. Timothy P. Mahoney, Law, Steven, Schroeder, Gerald L., *Patterns of Evidence: Exodus* (Thinking Man Media, 2015).

205 69장2절에서 노아가 기록한 21명의 천사들의 명단에서는. 처음이 쉐미하자이고 마지막이 아자젤이다. 이 본문의 천사들의 이름은 사본들마다 약간의 차이가 있다. 그리고 6장에서 에녹이 기록한 천사들의 명단과도 약간의 차이가 있다. 6장에서는 하늘에서 헤르몬 산으로 내려온 200명의 천사들 중에서 20명의 대표 명단이 소개된 것이라면 69장에서는 그 20명의 대표자 명단(백부장과 오십부장이 십부장의 역할을 겸한다고 생각할 경우 총20명이 필요하다)에 이

3 이들은 그들의 천사들의 우두머리들이다. 백부장들과 오십부장들과 십부
   장들의 이름들이다.[206]

다섯 사탄들(대적자들)

4 첫 번째의 이름은 예쿤[207]이다. 이 자는 하나님의 아들들을 탈선하게 인도
   했던 자이고 그들을 땅으로 데리고 내려온 자이며 사람의 딸들을 통하여
   그들을 탈선하도록 인도했던 자이다.

5 두 번째의 이름은 하쉬비엘[208]이다. 이 자는 하나님의 아들들에게 악한 계
   획을 나누어 주었고 그들이 길을 벗어 나도록 인도해서 그들이 사람의 딸
   들과 섞여 그들의 몸을 부패하게 했다.

미 땅에 내려와 있던 아자젤이 추가되어 21명의 명단으로 소개되고 있다.

69:2의 명단에는 바싸스엘בססאל(하나님의 기초를 세우는 힘)이 있지만 6:7의 명단에는 없고 6:7의 명단에는 조하리엘יהריאל이 있지만 69:2의 명단에는 없다.

206 200명의 천사들 중에서 백부장은 둘, 오십부장은 넷, 십부장은 스물로 총 26명이다. 69:2의 21명과 69:4절 이후 5명의 사탄들을 합하면 26명이다.

207 '하나님이여, 일어나소서'라는 의미의 야쿰יקום이었을 것으로 보인다. 그 이름의 의미를 비추어 볼 때 다섯 사탄(대적자)의 명단의 처음인 예쿤은 천사들의 반역을 이끌었을 때 스스로 들고 일어서는 자가 되어 선동하고 모으는 역할을 담당했을 것이다. 에녹1서 6장에는 200명의 천사들을 하늘에서 인도하여 내려와 사람의 딸들을 통해서 탈선하게 인도했던 총책임자는 쉐미하자로 나온다. 민 16:2 고라를 중심으로 250명이 모세의 권위를 거스려 일어난 사건의 본문에서 봐야쿠무 리프네이 모쉐ויקמו לפני משׁה 모세 앞에서 사람들이 '반역하고 거역하여 일어났다'라고 할 때 '야쿠무'라는 단어로 쓰였다.

208 하쉬비엘(חשביאל)은 '하나님의 생각들'을 의미하는 것으로 보인다. 히브리어 하샤브חשׁב는 '생각하다, 계획하다'라는 뜻이다. 그는 원래 하나님의 비밀과 생각과 계략을 담당했던 천사였을 것이다.

6   세 번째의 이름은 가드리엘[209]이다. 이 자는 인간의 아들들에게 온갖 죽음 의 바람들을 보여주었던 자이고 그는 하와를 탈선하게 했으며 그는 죽음의 무기들을 인간의 자녀들에게 보여주었다. 그는 방패와 흉배와 살육을 위한 칼과 온갖 죽음의 무기들을 인간의 아들들에게 보여주었다.

7   그 천사로 인해서 그때로부터 영원히 그들은 마른 땅에 거하는 자들을 대 적하게 되었다.

8   네 번째 이름은 프네무에[210]이다. 그는 사람의 아들들에게 쓴 것을 단 것이 라 단 것을 쓴 것이라 가르쳤다.[211] 그는 사람들에게 궤변의 모든 비밀을 가 르쳤다.

9   그는 인류에게 잉크와 종이로 저술하는 기술을 지도했고 이로 인해 많은 자들이 바른 길에서 벗어나 잘못된 길로 빠져들게 되었다. 영원에서부터

---

209 가드리엘: 가데르גדר는 fence, boundary, border, limit, restriction, protective barrier을 의미한 다. 가드리엘은 하나님이 정하신 한계와 경계를 지키는 임무를 받은 천사였다. 인간이 모든 천 상의 존재들의 우두머리가 될 수 없다는 것을 증명하기 위해서 사탄들은 동산의 중앙으로 들어 가 뱀의 입을 통해서 하와를 유혹하여 하나님이 정하신 경계선을 넘어서게 했다.

210 사람들은 자신들의 믿음을 견고하게 하려고 책을 쓴다. 책은 사람에게 믿음의 체계를 심어준 다. 잘못된 믿음을 확고하게 하기 위해서 책을 쓰고 다른 사람들도 그 믿음의 체계를 받아들이 게 하는 것의 결과는 많은 사람들을 학살하게 하고 전쟁을 일으키게 했음을 역사가 증언하고 있다. 잘못된 책의 힘은 많은 사람들이 옳은 길에서 떠나게 만들었다. 프네무에는 프네 에무나 פנה אמונה의 단축형으로 보기도 하고 프님פנים의 어미 변형으로 볼 수도 있다. 전자의 경우라 면 '방향을 바꾸다'와 '신실함'의 합성 단어로 좋은 의미로는 '믿음에 방향을 맞추다'로 나쁜 의 미로는 '믿음으로부터 방향을 돌리다'로 이해될 수 있다. 후자의 경우라면 '그분의 얼굴'이나 ' 그분의 내면'이라는 의미로 이해될 수도 있다.

211 에티오피아 사본 중에는 '쓴 것과 단 것을 가르쳤다'로 번역하기도 한다. (이사야 5:20) 악을 선 하다 하며 선을 악하다 하며 흑암으로 광명을 삼으며 광명으로 흑암을 삼으며 쓴 것으로 단 것 을 삼으며 단 것으로 쓴 것을 삼는 자들은 화 있을진저. 에녹1서 99:2; 104:9 참조.

영원까지 그리고 이 날까지.

10 인간은 그들이 펜과 잉크로 그들의 신념을 이런 식으로 강화하라고 창조되지 않았다.

11 인간의 존재들은 의롭고 순전하게 유지되도록 천사들과 다름이 없이 창조되었다. 그들이 가진 이 지식이 아니었다면 모든 것을 파괴하는 사망이 그들을 접촉하지도 않았을 것이다. 그러나 그들이 가진 이 지식을 통해 그들은 멸망되고 있으며 이 지식의 힘을 통해 사망이 그들을 삼켜버리고 있다.[212] 그들을 지금 멸망에 이르게 하고 있는 그들의 그 지식이 아니었다면 모든 것을 파괴하는 사망이 그들을 건드리지도 못했을 것이다.

12 다섯 번째의 이름은 하스드야[213]이다. 그는 영들과 귀신들의 악한 강타하는

---

212 '이 지식을 통해서', '이 (지식의) 힘을 통해서', '그들의 그 지식': 선악을 알게 하는 나무의 열매를 먹은 이후 인류에게 계속 영향력을 미치고 있는 불온전한 지식의 교만한 경향성은 인류를 바른 길에서 벗어나 잘못된 길로 빠져들게 하고 멸망과 죽음으로 빠져들게 하고 있다. 프네무에는 인간의 이러한 경향성을 '궤변'이라는 이름의 지혜를 통해서 책을 저술하게 하고 그들의 잘못된 신념을 강화시키게 하는 역할을 하는 자이다. 에녹1서 10:7-8 참조.

213 하스드야חסדיה는 헤쎄드חסד에서 파생된 것으로 보이며 헤쎄드는 '여호와의 인자하심'라는 의미이지만 비난과 수치라는 의미로도 사용된다(잠 14:34, 레 20:17). 이는 하싸드חסד의 기본 의미가 '몸을 구부려 바라보다'라는 의미이기 때문인데 부모가 어린 아기를 사랑스럽게 바라볼 때는 '사랑, 자비, 인애, 인자'의 의미로 사용되지만 심판관이 죄인을 바라볼 때와 같은 경우에는 비난의 얼굴과 수치를 주는 분위기로 바라보기 때문에 '수치, 비난, 부끄러움'라는 의미로 쓰이기도 한다.
하스드야는 여호와의 헤쎄드를 실행에 옮기는 천사였을 것으로 보인다. 하지만 그가 타락하였을 때 그 헤쎄드의 힘은 왜곡되고 악용되어서 잘못된 방향으로 사용되었다. 타락한 하스드야는 죄인과 악인에게는 좋은 의미의 헤쎄드인 '사랑과 자비와 긍휼'을 적용하면서 죄인과 악인의 잘못을 오히려 의인과 선인에게 덮어 씌우고 의인과 선인을 비난하는 분위기를 만들어 모욕을 줌으로써 헤쎄드를 왜곡되고 악하게 사용하는 자이다. 이와 같이 하스드야는 사람들로 하여금 왜곡된 헤쎄드를 악하게 사용하도록 조장하며 그러한 시대적인 분위기를 만드는 자이다. 에녹1서 99:5 참조.

흐름들[214]과 태아를 자궁안에서 쳐서 그것이 낙태[215]되게 하는 강타하는 흐름들과 혼을 공격하는 강타하는 흐름들, 곧 뱀에 물림들[216], 정오의 뜨거운 열기에 일어나는 강타하는 흐름들과 그 이름이 '타바엩'인[217] 뱀의 아들을 사람의 아들들에게 보여주었다.

214 강타하는 흐름들: 69:12에만 4번 언급되는 이 단어는 '강한 타격을 주는 흐름들'을 의미한다. 악한 영들이 혼을 세게 치고 지나가는 것은 마치 뱀에게 물린 것과 같아서 악한 영향력이 사람의 생각과 감정에 계속 지속되게 하고 증폭되게 한다. 강타하는 흐름들이 개인의 차원을 넘어서 어느 한 세대 전체에 불어 닥쳐서 시대적인 악한 유행이나 트랜드를 온 땅에 형성하게 하기도 한다.

215 하스드야는 유산과 낙태를 인류에게 가르친 천사이다. 유산과 낙태를 인류에게 가르친 천사는 다른 한편으로는 뱀의 씨(후손)가 태어나게 하고 등장하게 하는 일에도 관여한다. 마지막 때에 하스드야는 거룩한 세대들이 일어나는 것을 모태로부터 막고 차단하려고 하는 반면 뱀의 씨(후손)는 드러나고 나타나도록 하는 역할을 한다.

216 (시 91:5-6, 13) [5]너는 밤에 찾아오는 공포와 낮에 날아드는 화살과 [6]어두울 때 퍼지는 전염병과 밝은 대낮에 황폐케 하는 파멸을 두려워 아니하리로다… [13]네가 부르짖는 사나운 사자와 독사를 밟고 지나가며 젊은 사자와 용을 짓밟으리로다.

217 타바엩: '강력한 자'로 번역되기도 하지만 음역 그대로 '타바엩'로 번역되기도 한다. 본문에서 '뱀의 아들'은 창 3:15의 뱀의 씨(후손)을 연상시킨다.
(창 3:15) 내가 너(뱀)로 여자와 원수가 되게 하고 너(뱀)의 후손(씨)도 여자의 후손(씨)과 원수가 되게 하리니 여자의 후손은 네 머리를 상하게 할 것이요 너는 그의 발꿈치를 상하게 할 것이니라

만물을 창조하였고 또한 만물이 유지되도록 붙들고 있는 그 이름
하나님의 맹세의 비밀과 위력

13 이것은 하쉬피엘[218]의 직무이다. 그는 영광 안에서 높은 곳에 거했을 때 거
   룩한 자들에게 그 이름을 보여주었던 맹세의 우두머리이다. 그 이름은 베
   카[219]이다.

14 이 자는 거룩한 미카엘에게 그 비밀스러운 이름을 보여주어야 한다고 말했
   다. 그래서 그들이 맹세할 때 그 이름으로 말하게 하고 사람의 아들들에게
   비밀스러운 모든 것을 보여주었던 그들이 그 이름과 맹세 앞에 두려워 떨
   도록 해야 한다고 했다.

15 이것이 이 맹세의 위력이다. 이것은 효력이 강력하기 때문에 그는 '아카'[220]
   라는 이름의 이 맹세를 거룩한 미카엘에게 맡겼다.

16 이것들이 이 맹세의 비밀들이며 그들은 그분의 맹세를 통해 견고하게 만들
   어졌으며 이 맹세를 통하여 하늘은, 세상이 창조되기 전부터, 매달려 있었

---

218 하쉬피엘חשפיאל은 69:5의 하쉬비엘חשביאל과 발음이 비슷하여 여러 사본들에서도 번역자들
   의 실수가 나타나기도 하며, 독자들이 구분을 못하기도 한다. 히브리어 하샤프חשף는 'uncover,
   reveal, expose, 덮혀 있던 것을 열어 보여주다, 계시하다, 노출시키다, 폭로하다'의 뜻으로, 하쉬
   피엘חשפיאל은 감추었던 비밀을 드러내 보여주는 일을 담당했던 천사였으며, 하나님의 이름으
   로 맹세하게 하는 역할을 맡은 천사들의 우두머리 중 하나였다.

219 여기서 '맹세'라 함은 '말로 존재를 붙들고 묶는 힘'을 의미한다. 맹세 할 때 사용하는 이름인
   베카בכה는 '당신 안에서In You'라는 의미이다. 또는 '비카ביקה'라고도 볼 수 있는데 비카는 숫
   자값(게마트리아)이 117이 되어 '여호와 하나님יהוה האלהים'과 같은 숫자값을 가지게 된다.

220 아카는 히브리어로 אכע였을 것으로 보인다. אכע는 숫자값이 91로서 '여호와 나의 주님
   יהוה אדני'과 같은 숫자값이 된다. 아멘אמן의 숫자값도 91이다.

으며[221] 영원히 그러하다.

17 이 맹세에 의해 땅이 물들 위에 세워졌으며[222] 세상의 창조 때부터 영원토록 산들의 숨겨진 틈들 사이에서 아름다운 물들이 나온다.

18 이 맹세에 의해 바다와 바다의 밑바닥의 기초가 창조되었으며 분노의 때를 대비하여 그분이 모래를 바다의 경계로 두셨으니 바다는 세상의 창조 때부터 영원까지 모래를 넘어서지 않는다.

19 이 맹세에 의해 깊은 곳들이 견고하게 만들어졌으며 그 심연들은 그들의 자리에 서서 세상 창조 때부터 영원토록 움직이지 않는다.

20 이 맹세에 의해 세상 창조 때부터 영원토록 해와 달이 그들의 운행경로를 완주하며 그들은 그들이 받은 명령을 넘어서지 않는다.

21 이 맹세에 의해 세상 창조 때부터 영원토록 별들이 그들의 운행경로를 완주하며 그분께서는 그들의 이름을 부르고 별들은 그분께 응답한다.

22 물들의 영들, 바람들의 영들, 그리고 모든 미풍들의 영들의 행로들도 다른 모든 영들의 무리들과 마찬가지로 그러하다.

23 천둥의 소리와 번개의 빛의 창고들이 보존되어 있고 우박과 서리의 창고들과 안개의 창고들, 그리고 비와 이슬의 창고들이 보존되어 있다.

24 그리고 이 모든 것들은 그들의 고백을 하며 영들의 주님 앞에 감사를 드리

---

221 (히 1:2b-3a) 그 아들을 통하여 모든 세계를 창조하셨느니라 그분은 하나님의 영광의 광채시요 하나님의 본체대로 나타나신 형상이시라 그분의 능력의 말씀으로 만물을 붙들고 보존하시며 죄를 정결하게 하는 일을 하시고 높은 곳에 계신 존엄하신 분의 우편에 앉으셨느니라.

222 (벧후 3:5) 그들은 이 사실 즉 하나님의 말씀으로 말미암아 하늘들이 옛적부터 있고 또 땅이 물에서 나와 물 가운데 서 있는 것을 일부러 알려 하지 아니하느니라.

고 그들의 온 힘을 다해 찬송들을 부른다. 그들의 양식은 그들이 드리는 모든 감사로 이루어지고 그들은 영원 무궁히 영들의 주님의 이름으로 감사를 드리며 영광을 돌리고 그분을 높여드린다.

25 그들을 덮고 있는 이 맹세가 그들을 강력하게 붙들고 있고 이 맹세에 의해 그들은 보존되며 그들의 행로들이 보존되고 그들의 운행들은 소멸되지 않는다.

26 그리고 그들에게 인자(人子)의 그 이름[223]이 계시되어졌기 때문에 그들은 크게 기뻐하였고 그들은 송축하며 찬양하고 그분을 높여드렸다.

영광의 보좌에 앉아 심판을 집행하실 인자

27 그리고 인자(人子)가 그의 영광의 보좌 위에 앉았고 심판의 최종 권세가 인자(人子)에게 주어졌으니[224] 그가 모든 죄인들을 사라지게 하고 그들을 지면에서 멸절되게 하실 것이다.

죄인들과 타락한 감찰자들의 심판

28 그리고 세상을 엇나가게 이끈 그들은 사슬들에 묶여 그들의 파멸의 집결지에 갇히게 될 것이고 그들이 저지른 모든 악한 행적들은 지면에서 사라지게 될 것이다.

---

223 그 이름으로 우주 만물이 창조되었다. 그분의 능력의 말씀으로 만물이 견고하게 붙들려 있으며 만물의 모든 존재가 유지되고 있다. 그분은 하나님의 아들이시며 또한 그분은 사람의 아들 곧 인자(人子)이시다. 그분의 이름은 '예슈아'이시다. 만물이 그 이름을 크게 기뻐하며 그분을 송축하며 찬양하며 높여드린다.

224 (요 5:22) 아버지께서 아무도 심판하지 아니하시고 심판을 다 아들에게 맡기셨으니.

70장

부패가 사라진 땅과 인자의 천년왕국 통치

29 그 이후에 부패되어지는 일은 없을 것이다. 이는 인자(人子)가 나타나셨고 그분의 영광의 보좌 위에 앉으셨으며 모든 악은 그분의 앞에서 사라지고 떠날 것이기 때문이다. 그리고 인자(人子)의 말씀이 영들의 주님 앞에서 강하게 세력을 펼칠 것이다. 이는 하녹(에녹)의 세 번째 비유이다.[225]

결론: 하늘로 올려진 에녹(70-71) A.M.987 [216]

**셋째 하늘로 들려 올려진 에녹, 하늘에서 그가 받을 몫을 측량하기 위해
천사들이 측량줄들을 내려 재어주다**

70 그 후에 그가 살아있는 동안 그의 이름이 마른 땅에 사는 자들로부터 그 인자(人子) 앞에까지[226], 영들의 주님 앞에까지 들려 올려졌다.

2 그는 루아흐(영, 바람)의 전차들 위에 올려졌고 그의 이름은 그들 중에서 사라졌다.

일인칭 서술 화자가 노아에서 에녹으로 바뀜(셋째 하늘 방문 39:4-10 참조)

3 그 날 이후로 나는 그들 중에 있는 것으로 여겨지지 않았고 그는 나를 두 지

---

225 58장에서 71장까지 비유들의 책의 세 번째 파트에서 60장부터 70장 2절까지는 노아를 일인 칭 서술자로 하는 노아의 책이지만 에녹의 세 번째 비유 안에 포함되어 있다.

226 에녹이 승천하여 하늘 높은 곳에 올라가 성자(聖子)이신 인자(人子)에게까지 안내된다. 이 때 는 에녹과 인자의 뚜렷한 구분이 있지만 후에는 에녹도 인자로 불리며 인자의 정체성과 비슷 하게 비춰진다. 에녹1서71:14 참조.

역의 경계 사이에, 북쪽과 서쪽 사이에 데려다 놓았다. 그곳은 택함 받고 의로운 자들을 위해 마련된 장소이며 천사들이 측량해서 나에게 주려고 측량 줄들을 가지고 있었다.[227]

4   거기서 나는 오래 전부터 그 곳에 거하고 있는 처음 선조들[228]과 의로운 자들을 보았다.

더 높은 하늘로 인도되어 본 우주의 비밀들(일곱째 하늘)

71 이 후에 내 영은 (더 높은) 하늘로 이끌려 올라갔다. 나는 거룩한 하나님의 아들들이 불의 화염들을 밟고 있는 것을 보았다. 그들의 옷은 희고 그들의 얼굴 빛은 눈과 같이 희었다.

2   나는 두 개의 불의 강을 보았다. 그 불빛은 보라색 보석처럼 빛났고 나는 영들의 주님 앞에 내 얼굴을 땅에 대고 엎드려졌다.

3   천사장들 중 하나인 미카엘 천사가 나의 오른손을 붙잡고 나를 들어 올려 자비의 모든 비밀들과 의로움의 비밀들로 나를 이끌었다.

4   그가 나에게 하늘의 끝들의 모든 비밀들과 별들의 모든 창고들과 거룩한 자들 아래에서부터 나오는 빛들을 보여주었다.

---

227 (시 16:5-6) 5여호와는 나의 산업과 나의 잔의 소득이시니 나의 분깃을 지키시나이다 6내게 줄로 재어 준 구역은 아름다운 곳에 있음이여 나의 기업이 실로 아름답도다. 원어의 의미를 다시 반영하면 다음과 같이 번역된다. "여호와여! 내가 나눠 받을 부분(접시)과 내가 받을 잔! 당신께서 내가 받을 몫을 꼭 붙들고 간직하고 계십니다. 측량줄들이 나를 위해 아름답고 즐겁고 사랑스런 곳에 내려졌고 그 유업이 날 위해 아름답게 반짝거리고 있습니다. 에녹1서 61:3 비교.

228 인류 역사 중에서 처음으로 셋째 하늘에 있는 낙원(하늘 에덴)에 도착한 사람은 순교자 아벨이었다. 에녹의 308세 때 아담도 930세로 죽어 먼저 하늘 에덴에서 분배 받은 장소에 살고 있다가 에녹 365세, 아담이 죽은 58년 후에 에녹은 하늘을 방문하여 아벨과 아담을 그곳에서 보았다.

가장 높은 하늘에 있는 보좌의 방

5 그 영이 하녹(에녹)을 가장 높은 하늘로 데리고 갔고 나는 거기 그 빛 가운데서 수정 보석들로 지어진 집을 보았고 그 보석들 사이에 살아 있는 불의 혀들[229]을 보았다.

6 내 영은 불의 원형 고리를 보았는데 그것은 그 집을 둘러싸고 있었고 그 집의 사면에서부터 강들이 흘러나왔으며 살아있는 불로 가득했고 그 불들은 그 집을 둘러싸고 있었다.[230]

7 그리고 주변에 세라핌과 케루빔과 오파님이 둘러 있었고 이들은 '잠들지 않는 자들'이며 그분의 영광의 보좌를 계속 지켜보고 있다.

8 그리고 나는 헤아릴 수 없이 많은 그 천사들, 천에 천을 곱한 수와 만에 만을 곱한 수의 천사들이 그 집을 둘러싸고 있는 것을 보았다. 그리고 미카엘과 라파엘과 가브리엘과 파누엘과 하늘에 있는 거룩한 천사들이 그 집을 드나들었다.

---

229 (행2:3) 마치 불의 혀처럼 갈라지는 것들이 그들에게 보여 각 사람 위에 하나씩 임하여 있더니 (에녹3서15:2a) 나의 오른편에는 맹렬한 불꽃들의 갈라지는 것이 있었고 (에녹3서22b:6) 아라볼에 660,000미리어드의 영광의 천사들이 영광의 보좌와 타오르는 불의 갈라짐들을 마주 대하고 서있다.

사도행전의 성령강림 사건은 셋째 하늘보다도 더 높은 하늘이 제자들 위에 내려와 방문한 순간이며 땅에서 높은 하늘을 체험하던 순간이며 하늘의 권능이 그 사람들을 통해서 나타나던 순간이었다.

230 가장 높은 하늘에 있는 보좌의 방을 불과 물이 함께 어우러진 곳으로 묘사하고 있다. 하늘의 히브리어인 샤마임םימש은 에쉬שא와 마임םימ 즉, 불과 물이 함께 섞인 단어로 이루어져 있다. 히브리적인 개념으로 샤마임은 불과 물이 함께 어우러져 공존하는 곳이다. 에녹1서14:13에서 에녹은 가장 높은 하늘의 보좌의 방 안으로 들어갔을 때 "그 곳은 불처럼 뜨겁고 눈처럼 차가웠다"라고 묘사하면서 뜨거움과 차가움 그리고 불과 얼음(눈, 물)이 공존하는 곳으로 하늘의 보좌의 방 분위기를 설명하였다.

9 미카엘과 라파엘과 가브리엘과 파누엘과 헤아릴 수 없이 많은 거룩한 천사들이 그 집에서 나왔다.

옛적부터 항상 계신 분 앞에서 변형된 에녹

10 그들과 함께 계신 날들의 창시자이신 그분의 머리는 마치 양털같이 희고 순결하며 그분의 옷은 말로 다 형언할 수 없다.

11 나는 내 얼굴을 땅에 대고 엎드렸고 나의 온 몸이 녹았다. 그리고 내 영은 변화되었다. 나는 권능의 영 안에서 큰 소리로 부르짖으며 송축하고 찬양하며 주님을 높여드렸다.

12 나의 입을 통해 나온 이 송축함이 날들의 창시자 앞에 열납되었다.

13 날들의 창시자께서 미카엘과 가브리엘과 라파엘과 파누엘과 헤아릴 수 없는 수천 수만의 천사들과 함께 오셨다.

14 그 천사가 나에게 와서 그의 목소리로 인사하며 나에게 말했다. "너는 의를 위하여 태어난 인자(人子)이다.[231] 의가 네 위에 머물고 날들의 창시자이신 분의 의가 너를 떠나지 않을 것이다."

15 그가 내게 말했다. "그분은 오는 세상의 이름으로 너에게 샬롬을 선포하신다. 세상의 창조에서부터 샬롬은 거기로부터 나왔기 때문이다. 그래서 너는 샬롬을 영원히, 영원 영원히 누리게 될 것이다.

16 의가 결코 너를 떠나지도 않고 버리지도 않기 때문에 모든 자들이 너의 길

---

231 에녹1서 70:1에서 에녹이 땅에서 하늘 높은 곳까지 올려졌을 때 그는 인자(人子)에게까지 안내되었다. 그때까지는 에녹과 인자를 구분되는 서로 다른 존재로서 인식되지만 71:14에서는 에녹도 인자의 정체성을 가진 존재로서 인자와 하나된 인자로서 인식된다.

을 따라서 걸을 것이다. 그들이 거할 처소는 너와 함께 있게 될 것이다. 그들이 받을 유업은 너와 함께 있을 것이다. 그들은 너로부터 영원히, 영원 영원히 따로 떨어져 분리되지 않을 것이다.

17 그래서 그 인자와 함께 오랜 날들을 지내게 될 것이며 의로운 자들은 샬롬을 가지게 될 것이다. 의로운 자들은 영들의 주님의 이름으로 올바른 길을 영원히, 영원 영원히 가지게 될 것이다."

내세(오는 세상)의 능력을 미리 맛보는 믿음의 삶

그분은 오는 세상의 이름으로 너에게 샬롬을 선포하신다. 세상의 창조에서부터 샬롬은 거기로부터 나왔기 때문이다. 그래서 너는 샬롬을 영원히, 영원 영원히 누리게 될 것이다.(에녹1서 71:15)

세상 만물이 창조되면서부터 세상 만물이 누리게 되는 모든 샬롬(평화)의 원형은 마지막에 완성될 샬롬으로부터 공급된다. 앞으로 오게 될 세상인 그곳에 완전한 샬롬이 있다. 그리고 그 완전한 샬롬을 지금 살면서 받아 누리는 자는 영원 영원히 샬롬을 누리게 될 것이다.

하나님의 선한 말씀과 내세(오는 세상)의 능력을 맛보고.(히 6:5)

미래에 있을 것이지만 이미 완성된 모습으로 존재하고 있으며 모든 샬롬의 근원이 되는 그 곳은 바로 새 예루살렘이다. 예루살라임יְרוּשָׁלַיִם은 '샬롬이 하늘에서 땅으로 폭포처럼 쏟아지는 곳'이란 의미이다. 미래에 있는 완성된 최종 모습을 미리 앞당겨서 맛보고 누리며 사는 것이 바로 믿음의 삶이다. 이러한 믿음으로 살다보면 결국 우리는 그곳에 가 있게 될 것이다. 아니, 우리는 그곳에 이미 존재하고 있다. 믿음의 족장들은 이러한 믿음을 가지고 오는 세상으로부터(거기로부터) 오는 샬롬을 멀리서 보며 환영하고 맛보며 살았다.

그들이 이제는 더 나은 본향을 사모하니 곧 하늘에 있는 것이라 이러므로 하나님이 그들의 하나님이라 일컬음 받으심을 부끄러워하지 아니하시고 그들을 위하여 한 성을 예비하셨느니라.(히 11:16)

제3권
천체들의 책
(72~82)

천문학과 역법의 책(A.M.986[232])

---

232 A.M.987에 에녹은 승천했다. 승천 일 년 전에 우리엘의 안내로 하늘 천체의 비밀을 보고 듣고 돌아온 에녹은 천체들에 대한 책들을 그의 아들 므두셀라에게 전달하며 일 년 동안 자녀들과 가족들에게 그 모든 것을 가르친다(에녹1서 81:6).

본문 구조

영원히 존재할 새 피조물이 창조될 때까지 지속하게 될 하늘 광명체들에 대한 지식

72
이것은 하늘의 광명체들의 운행들에 관한 책이다. 그들의 등급들, 그들의 주관하는 기간들과 그들의 계절, 그들의 이름들, 그들의 근원지들, 월들에 따른 그들에 관한 모든 것을 나와 함께 있던 거룩한 천사이며 천체들의 인도자인 우리엘이 내게 보여주었다. 그들의 모든 법칙을 있는 그대로 내게 보여주었고 영원히 지속될 새 피조물이 만들어질 때까지 세상이 매년 어떻게 계속 지속되는지를 보여주었다.

영원히 지속될 새 하늘과 새 땅이 만들어질 때까지 존재하게 될 첫 하늘과 첫 땅(72:1)

인류 역사 7천 년이 다 마무리되고 나서 영원히 지속될 영원 세상이 시작되는 순간, 첫 창조에 속한 모든 것은 그 쓰임이 다하여 사라지게 될 것이다.

> [12]그 하나님의 날이 임하기를 바라보고 간절히 사모하라 그 날에 하늘이 불에 타서 풀어지고 체질이 뜨거운 불에 녹아지려니와 [13]우리는 그의 약속대로 의의 거하는 바 새 하늘과 새 땅을 바라보도다(벧후3:12-13)

하나님의 새 창조의 사역으로 새 하늘과 새 땅이 창조될 것이며 새 피조물들로 구성된 세계가 시작될 것이다. 그 새 피조물의 세계는 첫 창조에 속한 피조물과는 달리 영원 무궁히 존재하게 될 것이다.

그러나 영원히 지속될 새 창조에 속한 새 피조물들이 다 만들어지기 전까지는 첫 창조에 속한 피조물들의 세계가 창조의 법칙 안에서 계속 운행되며 지속될 것이다. 에녹2서 18:5에서 '현존하는 하늘과 땅이 끝날 때까지'라는 개념이 나온다.

나(에녹)는 그 감찰자들에게 말했다. 난 너희 동료들과 그들이 행한 일들과 그들이 받는 큰 고통들을 보았다. 나는 그들을 위해 기도했지만 주님은 그들에게 유죄선고를 하셔서, 현존하는 하늘과 땅이 끝날 때까지 땅 아래 있게 하셨다 (에녹2서 18:5).

첫 광명체인 태양의 행로와 법칙

2   이것은 광명체들의 첫째 법칙인데 태양이라 불리는 그 광명체는 동쪽에 있는 하늘의 문들에서 떠오르고 하늘의 서쪽 문들로 진다.

3   내가 보았는데 태양이 떠오르는 6개의 문이 있고 태양이 지는 6개의 문이 있다. 그리고 그 문들로부터 달이 떠오르고 진다. 별들의 리더들과 그들이 이끄는 별들도 동쪽 6개와 서쪽 6개의 문에서 뜨고 지는데 그 모든 문들은 하나의 문 옆에 다른 하나가 정확하게 놓여 있고 그 문들의 남쪽과 북쪽에는 많은 창문들이 있다.

4   먼저 위대한 광명체가 떠오르는데 그 이름은 태양이다. 그것의 둥근 모양은 하늘의 둥근 모양과 비슷하며 그것은 불로 완전히 가득 차 있어서 빛과 열을 내어준다.

5   그 바람(영)이 태양이 올라탄 그 수레에 불면 태양은 하늘 아래로 내려가고 동쪽에 이르기 위해서 북쪽을 통하여 돌아온다. 그 때에 태양은 해당되는 문에 이르러 하늘에서 빛을 비추기 위해 인도 받는다.

화염을 뿜어내는 12창문

6   이러한 방법으로 태양은 첫째 달에 커다란 문에서 떠오른다. 태양은 동쪽
    에 있는 여섯 문들 중에서 네 번째 문을 통해서 떠오른다.

7   첫째 달에 태양이 떠오르는 그 네 번째 문에는 열리는 12창문들이 있는데
    그 창문들이 그들의 때에 맞춰 열릴 때마다 화염들이 뿜어져 나온다.

네 번째 문에서 첫 30일의 시작(낮10:밤8)

8   30일 동안 아침에 하늘에서 태양이 떠오를 때 태양은 네 번째 문을 통해 나
    간다. 그리고 태양은 정확하게 하늘의 서쪽에 있는 네 번째 문으로 내려간다.

9   그 기간 동안은 30번째 아침이 올 때까지 낮은 매일 점점 길어지며 밤은 점
    점 짧아진다.

10 그리고 그 날에 낮이 밤보다 두 부분이 더 길어져 낮은 정확히 10구간의 길
    이가 되고 밤은 8구간의 길이가 된다.

다섯 번째 문에서 두 번째 30일(낮11:밤7)

11 태양이 네 번째 문에서 떠오르고 네 번째 문으로 진 후 동쪽의 다섯 번째 문
    으로 돌아간다. 30일 동안 아침에 태양은 그곳에서부터 떠오르고 다섯 번
    째 문으로 진다.

12 그 후에 낮이 두 부분 더 길어져 낮은 11구간의 길이가 되고 밤은 짧아져
    7구간의 길이가 된다.

여섯 번째 문에서 세 번째 31일과 그 끝에 하지(낮12:밤6)

13 그리고 태양은 동쪽으로 돌아와 여섯 번째 문에 이르고 30일과 1일 동안의 아침에 여섯 번째 문에서 떠오르고 지는데 이는 그 문의 표시 때문이다.[233]

14 그리고 그 날에 낮이 밤보다 길어져 낮이 밤의 두 배가 된다. 낮은 12구간 이 되고 밤은 짧아져 6구간이 된다.

다시 여섯 번째 문에서 네 번째 30일(낮11:밤7)

15 그리고 태양이 올라가 날이 점점 짧아지게 되고 밤이 길어지게 되며 태양 이 동쪽으로 돌아가 여섯 번째 문으로 이르고 거기서 30일 동안 아침에 떠 오르고 진다.

16 30일 동안 아침이 마쳤을 때 낮이 정확히 1구간 줄어들어 낮은 11구간이 되고 밤은 7구간이 된다.

다섯 번째 문에서 다섯 번째 30일(낮10:밤8)

17 태양이 서쪽에서 여섯 번째 문을 통과해서 나가서 동쪽을 향해 가며 다섯 번째 문에서 30일 동안의 아침에 떠오르고 서쪽의 다섯 번째 문으로 다 시 진다.

---

233 '그 문의 표시 때문이다'라는 표현이 13, 19, 25절에 나온다. 한 달의 길이가 하루 더 긴 31 일을 가진 달에 이 문장이 추가되어 있다. 여기서 '그'라는 대명사는 여성 명사로 남성 명사 인 태양이 아니라 여성 명사인 '문'을 의미한다. 다른 월과는 달리 하루가 더 있는 월이 존재 하는 이유가 그 문에서 다른 문으로 돌아 나오는 과정 때문에 생기는 특징 때문이라고 이해 하는 것 같다.

18 그리고 그 날에 낮이 두 부분 줄어들어 낮은 10구간이 되고 밤이 8구간이 된다.

네 번째 문에서 여섯 번째 31일과 그 끝에 춘분(낮9:밤9)

19 태양이 다섯 번째 문에서 떠올라 서쪽의 다섯 번째 문으로 지고 30일과 1일 동안의 아침에 네 번째 문에서 떠오르며 서쪽에서 지는데 이는 그 문의 표시 때문이다.[234]

20 그리고 그 날에 낮이 밤과 같게 되어 낮과 밤의 길이가 같아지며 밤은 9구간이 되고 낮은 9구간이 된다.

세 번째 문에서 일곱 번째 30일(낮8:밤10)

21 태양이 그 문에서 떠오르고 서쪽으로 진 후 동쪽으로 돌아가 세 번째 문에서 30일 동안 아침에 떠오르며 서쪽의 세 번째 문으로 진다.

22 그리고 그 날에 밤이 낮보다 더 길어져 30번째 아침이 올 때까지 밤은 밤보다 길어지고 낮은 낮보다 짧아진다. 밤은 정확하게 10구간이 되고 낮은 8구간이 된다.

두 번째 문에서 여덟 번째 30일(낮7:밤11)

23 태양이 세 번째 문에서 떠올라 서쪽의 세 번째 문으로 지고 동쪽으로 돌아간다. 태양이 30일 동안 아침에 동쪽의 두 번째 문에서 떠오르고 같은 방법

---

234 낮과 밤의 길이가 같아지는 춘분에 추가된 하루가 더해진 이유는 태양이 그 문에서 다음 문으로 넘어갈 때의 특징 때문이라고 설명하고 있는 것으로 보인다.

으로 하늘의 서쪽의 두 번째 문으로 진다.

24 그리고 그 날에 밤은 11구간이 되며 낮은 7구간이 된다.

첫 번째 문에서 아홉 번째 31일과 그 끝에 동지(낮6:밤12)

25 그리고 그 날에 태양이 두 번째 문에서 떠올라 서쪽의 두 번째 문으로 지고 동쪽으로 돌아와서 30일과 1일 동안의 아침에 첫 번째 문에서 떠오르며 서쪽의 첫 번째 문으로 지는데 이는 그 문의 표시 때문이다.

26 그리고 그 날에 밤이 길어져 낮의 두배가 된다. 밤이 정확히 12구간이 되고 낮이 6구간이 된다.[235]

지나온 행로를 따라 되돌아감
다시 첫 번째 문에서 열 번째 30일(낮7:밤11)

27 이렇게 태양이 그의 행로의 구간들을 완주한 후 다시 그의 행로의 구간들을 따라 돌아가고 30일 동안 아침에 첫 번째 문을 통하여서 들어오며 반대편에 있는 서쪽에서 진다.

28 그리고 그 날에 밤의 길이가 아홉 번째 구간까지 즉 한 구간의 길이만큼 짧아져 11구간이 되고 낮은 7구간이 된다.

두 번째 문에서 열한 번째 30일(낮8:밤10)

29 태양이 돌아와 동쪽의 두 번째 문으로 들어오고 30일 동안 아침에 자신의

---

235 밤이 12부분이고 낮이 6부분이면 24시간을 80분씩 18부분으로나눌 수 있다.

행로의 그 구간들을 따라서 떠오르고 진다.

30 그리고 그 날에 밤의 길이가 짧아져 밤이 10구간 그리고 낮은 8구간이 된다.

세 번째 문에서 열두 번째 31일과 그 끝에 추분(낮9:밤9)

31 그리고 그 날에 태양이 두 번째 문에서부터 떠올라 서쪽으로 지고 다시 동쪽으로 돌아와 30일과 1일 동안 아침에 세 번째 문에서 떠오르고 하늘의 서쪽으로 진다.

32 그리고 그 날에 밤이 줄어들어 9구간이 되고 낮은 9구간이 된다. 밤과 낮이 같아진다. 그리고 해의 일수가 정확하게 364일이 된다.[236]

태양의 60년 주기

33 그리고 낮과 밤의 길이와 낮과 밤의 짧음이 태양의 행로에 따라 변화된다.

34 이로 인하여 태양의 행로는 날마다 길어지고 밤마다 짧아진다.

35 이것이 태양의 법칙과 행로이며 60회를 돌고 다시 뜰 때 다시 돌아간다.[237]

---

236 '그 문의 표시 때문이다'(13, 19, 25)라는 표현이 이곳에 생략된 것 같다. 가을에 낮과 밤의 길이가 9:9로 같아지는 추분점을 한 해의 끝이며 동시에 한 해의 시작으로 표현하고 있다.
　　이집트에서 나올 때 유월절을 기념하게 하시면서 그 달을 달의 시작 곧 해의 첫 달이 되게 하셨다. 춘분이 포함된 아빕월을 한 해의 시작으로 여기게 된 그 이전 시대에는 추분이 포함된 에타님월(티쉬레이월)을 한 해의 첫 달로 여겼었다. (출 12:2) 이 달로 너희에게 달의 시작 곧 해의 첫 달이 되게 하고.

237 태양의 60년 주기: 태양이 60년을 주기로 다시 새로운 주기를 시작하며 계속 반복한다는 정보

이것은 태양이라 불려지는 위대하고 영원한 빛이다.

36 떠오르는 이것은 위대한 광명체이며 그의 출현하는 모습에 따라 이름이 지어졌으니 주께서 명하신대로이다.

37 이와 같이 태양은 떠오르고 진다. 그것은 줄어들지도 쉬지도 않으며 낮과 밤으로 달린다. 그리고 태양의 빛은 달보다 7배나 밝지만 그 둘의 크기는 같다.

달의 변하는 모습 (위상位相 변화)

73
이 법칙을 본 이후에 나는 달이라 불리는 작은 광명체에 관한 다른 법칙을 보게 되었다.

2 그녀[238]의 둥근 모양은 태양의 둥근 모양과 같으며 그 바람(영)은 그녀가 올라탄 수레에 불어주고 정해진 양의 빛이 그녀에게 주어진다.

3 그녀가 떠오르는 것과 지는 것은 매달 변하며 그녀의 날들은 태양의 날들과 같다. 그녀의 빛이 온전히 찼을 때 태양 빛의 7분의 1만큼 된다.

4 그녀는 이와 같이 떠오른다. 그녀의 첫 번째 변화의 모습은 동쪽을 향하여 진행[239]되며 삼십 일째 아침에 떠오른다. 그 날에 그녀는 모습을 드러내며 태양이 떠오르는 그 문에서 태양과 함께 삼십 일째에 너희를 위해 달의 첫

를 에녹1서에서는 알려 주고 있다. 19세기 중반 이후가 되서야 현대 서양 과학에서는 누적된 관측 정보를 바탕으로 한 태양의 흑점 연구를 통해서 태양에 11년의 주기, 60년 주기, 240년 주기가 있다는 것을 알게 되었다. 동양에서 기원전부터 사용해오던 육십갑자(六十甲子) 주기는 태양의 60주기와 관련 있는 것으로 보인다.

238 달이 여성 대명사로 사용되고 있다.

239 초승달의 빛은 동쪽 방향으로 진행하며 매일 밝아진다.

번째 변화의 모습[240]이 된다.

5   그녀의 절반은 태양의 7분의 1배의 밝기까지 밝아지고 태양의 7분의 1배
    의 밝기가 빠지면 그녀의 둥근 모양 전체는 빛이 없이 텅 빈다.[241]

6   그리고 그녀가 그녀의 절반에 태양의 7분의 1의 빛을 받는 그 날에 그녀의
    빛은 7분의 1과 반만큼의 밝기가 된다.

7   그녀가 태양과 함께 지고 태양이 떠오를 때 달이 그와 함께 떠오르며 빛의
    한 부분의 절반만큼 받는다. 그리고 음력이 시작될 때 그녀의 아침이 시작
    하는 그 밤에 달은 태양과 함께 지고 그 밤에는 13과 절반만큼 어둡다.

8   그리고 그 날에 그녀는 정확하게 7분의 1만큼 가지고 떠올라 나아가다가
    태양이 떠오르면 물러난다. 그리고 그녀의 남은 날들 동안 남은 13부분만
    큼 점점 밝아진다.

---

240 달의 변화하는 모습(위상位相)의 처음은 초승달이다.

241 73:5-8은 사본에 따라 여러가지 차이를 나타내고 있고 사본의 필사자들의 오류나 본문에 대
     한 몰이해로 변형들이 있어서 처음 사본이 정확하게 무엇을 의도했었는지와 이 본문을 어떻
     게 번역하고 이해할지에 대한 어려운 부분이 있다. 이 본문은 쿰란에서 아람어로 발견된 사본
     4Q209의 조각7을 참고하여 에티오피아 사본들을 보완해서 번역하였다.

     달의 전체 표면 중에서 지구를 마주보는 표면을 '달의 절반'이라는 단어로 표현하고 있고 그 중
     에서 빛을 내는 부분이 몇 분의 몇인지를 분수로 묘사하고 있다.

     달빛은 온전히 찼을 때 태양의 7분의 1의 밝기이고 지구를 마주보고 있는 달 전체의 표면의 절
     반은 14등분으로 분할되어 있다. 달이 차는 동안 매일 14분의 1만큼 밝아지고 달이 줄어드는
     동안 14분의 1만큼 어두워진다.

달의 변하는 위상과 운행, 태양의 주기와 달의 주기 사이에 생기는 차이

74 나는 그녀를 위한 다른 운행 법칙을 보았는데 그 법칙에 따라 그녀는 매달마다 그녀의 행로를 수행하고 있었다.

2 그들 모두의 지휘자인 거룩한 천사 우리엘이 나에게 이 모든 것들을 보여 주었고 나는 그가 나에게 보여준 대로 그들의 위치들을 받아 적었다. 나는 매월들을 있는 그대로 기록하였고 15일이 차기까지 그들의 빛들의 양상을 기록하였다.

3 7분의 1의 밝기로 그녀는 그녀의 모든 빛을 동쪽과 서쪽에서 가득 채운다.

4 어떤 달에는 그녀는 그녀의 지는 장소를 바꾸고 어떤 달에는 그녀만의 특유한 운행 경로로 따라간다.

5 그녀는 두 달 동안에는 태양과 함께 중간에 있는 두 문인 세 번째 문과 네 번째 문에서 진다.[242]

6 그녀는 7일 동안 나갔다 방향을 바꾸어 태양이 떠오른 그 문을 통해 다시 복귀하고 그 문에서 그녀의 모든 빛이 가득해지면 그녀는 태양으로부터 물러나며 멀어지고 8일 동안 태양이 떠오르는 여섯 번째 문으로 들어간다.[243]

7 태양이 네 번째 문으로 떠오를 때 달은 7일 동안 나가며 다섯 번째 문에서 떠오를 때까지 7일 동안 네 번째 문으로 들어가 그녀의 모든 빛을 채운다.

---

242 태양은 위상의 변화도 없고 그 주기가 일정하지만 달은 위상의 변화도 있고 지는 처소도 바뀐다. 일 년 중에 두 달 동안은 달과 태양은 같이 지지만 나머지 달에는 지는 시간과 처소가 각각 다르다. 지구에서 관찰할 때를 기준으로 달은 평균 29일 12시간 44분 3초이지만 달 공전의 타원 운동과 그에 따른 속도의 차이가 그때마다 달라서 고정된 시간으로 공전하고 있지 않다.

243 달의 변화들은 여성의 월경주기에 따른 생명을 잉태할 수 있는 자궁안의 조건 변화들과 관련이 있다.

그리고 서서히 물러서며 8일 후에 첫 번째 문으로 들어간다.

8   그녀는 다시 7일 동안 태양이 떠오르는 네 번째 문으로 돌아온다.

9   이렇게 나는 그들의 자리들을 보았고 그 날들 동안 달이 어떻게 뜨고 태양 이 어떻게 지는지 보았다.

10   만약 5년을 다 합쳐서 더하면 태양력은 초과된 30일이 생긴다. 그 5년의 각 해는 364일이 된다.

11   그리고 태양과 별들의 초과된 날은 6일이 된다. 5년 동안 매년 6일이 더해 지면 그들은 30일의 초과된 날을 가지며 달은 태양과 별들보다 30일이 모 자라게 된다.

12   그들은 그들의 영원한 위치들에 따라서 모든 해를 정교하게 맞춘다. 정해 진 해를 변경하려고 단 하루라도 빠르거나 느리게 하는 일이 없이 각 해를 정확하게 364일로 완성한다.

13   3년은 1,092일이고 5년은 1,820일이며 8년은 2,912일이다.[244]

14   달의 3년의 날수는 1,062일이고 5년의 날수는 50일이 부족하다.

15   5년의 날수는 1,770일이니 달의 8년의 날수는 2,832일이 된다.

16   8년 동안 생기는 차이는 80일이 되어 8년 후에 달이 부족한 날수는 80일이 된다.

17   한 해는 그들의 위치와 30일간 뜨고 지는 태양의 문들에서 떠오르는 태양 의 위치들에 따라서 정확하게 완성된다.

---

244   5년이 끝날 때 일주일을 더해 누적된 오차를 다시 맞출 수 있다. 태양력으로 5년은 1826.25 일이며 에녹의 달력으로 5년은 1820 일이다.

75장

360일에 추가된 4일을 위해서 봉사하는 별들의 우두머리

75 전 피조물과 모든 별들을 담당하고 있는 수천의 우두머리의 지휘관들은 추가된 4일과 관련되어 있다. 그들은 한 해의 전체 날수 계산에 맞춰서 그들의 위치를 벗어나지 않으면서 한 해의 계산 안에 포함되지 않은 4일을 위해서 섬긴다.

2 그들 때문에 사람들은 잘못 계산한다. 이 광명체들은 정말로 세상의 정류소들에서 할 일들을 하고 있다. 하나는 첫 번째 문에, 하나는 세 번째 문에, 하나는 네 번째 문에, 그리고 하나는 여섯 번째 문에 있으며 세상의 정확한 조화는 구별된 364개의 정류소들을 통해서 완전히 이루어진다.

3 하늘에서는 하늘의 표면을 다스리고 땅에서는 세상에 보여지며 낮, 밤, 태양, 달, 별들과 하늘의 모든 병거들을 타고 운행하고 있는 모든 수종드는 생물들의 주관자들인 하늘의 모든 광명체들을 담당하도록 영원한 영광의 주님께서 임명하신 천사 우리엘이 나에게 징표들과 시간들 그리고 해들과 날들을 보여주었다.

하늘의 12문과 태양의 열기 발산(33장과 비교)

4 또한 우리엘은 나에게 하늘에 있는 태양의 병거의 원판에 열려 있는 12문을 보여주었는데 그들을 위한 정해진 시간들이 되어 그 문들이 열리게 될 때 그곳으로부터 태양의 광선들이 발산되었고 그 광선들로부터 열기가 나와서 땅을 덮었다.

5 그리고 바람들과 이슬의 영을 위한 창들이 있는데 그들의 때에 그들이 열리면 하늘에서 땅의 끝들까지 열려져 있게 된다.

6 나는 하늘과 땅의 끝들에 있는 12문을 보았고 태양과 달과 별들과 모든 천체가 동과 서에 있는 그 문들로부터 나가는 것을 보았다.

7   북쪽과 남쪽에 많은 열린 창문들이 있다. 각각의 창문은 그 정한 시간에 각각의 문에 맞춰 열기를 발산한다. 그들에 대한 그분의 명령에 맞춰서, 그들의 수에 따라서, 그 문으로부터 별들이 나가고 진다.

8   그리고 나는 지지 않고 계속 순환하고 있는 별들이 있는 그 문들 위의 지역을 통과해서 달리고 있는 하늘의 병거들을 보았다.

9   그중 하나는 나머지 보다 더 큰 병거이고 그것은 온 세상을 돌아다니는 것이다.

열두 문: 축복을 위한 네 문과 징벌을 위한 여덟 문(34-36장 참조)

76   나는 땅의 끝들[245]에서 사방을 향하여 열려 있는 12문을 보았고 그들에서부터 바람들이 나와서 땅 위에 부는 것을 보았다.

2   그중 3개는 하늘 전면에 열려 있고 3개는 뒤(서)쪽에, 3개는 하늘의 오른쪽에, 그리고 3개는 왼쪽에 열려 있다.

3   처음 3개는 동쪽을 향하고 그 다음 3개는 북쪽을 향하며 이 후의 왼쪽에 있는 3개는 남쪽을 향하고 나머지 3개는 서쪽에 있다.

4   12문 중에서 4문을 통해 축복과 샬롬(평화)과 번영의 바람들이 불지만 나머지 8문을 통해 징벌의 바람들이 부는데 그 바람들이 보내질 때 그 바람들은 온 땅과 땅에 있는 물과 땅에 거하는 모든 자들과 물속과 땅 위에 있는 모든 것들에 폐허를 가져다준다.

5   첫 번째 바람은 '동쪽'이라 불려 지며 동향 한 첫 번째 문을 통해 나와서 남쪽으로 방향을 바꾸는데 그 바람으로부터 황폐함과 가뭄, 뜨거움과 파멸이 나온다.

245 땅의 끝은 곧 하늘의 끝이며 하늘의 끝은 곧 땅의 끝이다. 여기서 '땅의 끝들'은 하늘과 땅의 두 끝들이 만나는 경계를 의미한다.

6 중간에 있는 두 번째 문에서 알맞은 바람이 나오는데 그 바람으로 인해 비와 많은 열매 맺음과 번영과 이슬이 나온다. 북쪽을 향한 세 번째 문을 통해서는 추위와 가뭄이 나온다.

7 이 후에 남향하는 바람들이 세 개의 문에서 나가는데 먼저 그 문들 중 첫 번째 문은 동쪽으로 방향을 바꾸는데 그 문을 통해서 뜨거운 바람이 나온다.

8 그 옆에 있는 중간의 문에서는 유쾌한 향기와 이슬과 비 그리고 번영과 생명이 나온다.

9 서쪽을 향하는 세 번째 문에서는 이슬과 비와 메뚜기들[246]과 황폐함이 나온다.

10 이 후에 남동쪽을 향한 일곱 번째 문으로부터 나오는 '바다'라 불리는 북향한 바람들이 부니 이슬과 비와 메뚜기들과 황폐함이 그곳에서 나온다.

11 정확하게 중간에 있는 그 문을 통해서 비와 이슬과 생명과 번영이 나온다. 서쪽을 향한 세 번째 문은 북쪽으로 방향을 바꾸는데 그 문을 통해서 안개와 서리와 눈과 비와 이슬과 메뚜기들이 나온다.

12 이 후에 서쪽을 향한 네[247] 바람들이 부는데 북쪽으로 방향을 바꾸는 첫 번째 문으로부터 이슬과 우박과 추위와 눈과 서리가 나온다.

13 중간의 문에서부터 이슬과 비와 번영과 축복이 나온다. 남향한 마지막 문

---

246 요엘 1-2장에서는 이방 나라들이 이스라엘 땅을 짓밟고 지나가며 초토화시키는 사건을 메뚜기 떼가 땅의 식물들을 먹어 치우고 지나가는 재앙의 모습으로 그려주고 있다. 76:9, 10, 11에 3회 언급되는 '메뚜기들'은 징벌의 바람이 불어오는 것의 하나의 표현이다.

247 사면의 각 면마다 세 바람들이 나온다. 모든 에티오피아 사본에서는 숫자 4이지만 사본 필사가 잘못되었을 수도 있고 3에 예외적으로 추가된 하나의 바람이 더하여졌음을 표현하는 것일 수도 있다.

을 통해서는 가뭄과 황폐함과 불탐과 파멸이 나온다.

14 하늘의 사방의 12문은 이와 같이 완성되어 있다. 그들의 모든 법칙과 그들의 모든 재앙과 그들의 모든 혜택을 나는 너에게, 나의 아들 메투셸라흐(므두셀라)에게 보여주었다.

땅의 사방과 일곱 산과 일곱 강(34-36장 참조): 홍수 전 시대의 예루살렘을 중심으로 한 지형

77

사방의 첫 번째 부분은 '동쪽[248]'이라 불리는데 그것은 첫 번째이기 때문이다. 두 번째 부분은 '남쪽'이라 불리는데 지극히 높으신 분께서 거기서 내려가실 것이기 때문인데 특별히 거기 그 곳에서 영원토록 송축 받으시는 분이 내려가실 것이다.[249]

2 서쪽 부분의 이름은 '감소됨'이라 불리는데 거기서 하늘의 모든 광명들이 감소하고 내려가기 때문이다.[250]

3 네 번째 부분은 '북쪽'이라 불리는데 세 부분으로 나뉘어져 있고 첫 번째 구

---

248 동쪽은 히브리어로 '케뎀קדם'이었을 것으로 보인다. '케뎀'은 '시간적으로나 공간적으로 처음'이라는 기본 의미에서 '동방'이라고 번역되어진다.

249 히브리어로 남쪽은 다롬דרום인데 '높은 곳에서 내려옴'의 의미인 예레드람ירד רם에서 그 의미가 나왔다. 메시아께서 재림하실 때 하늘에서 공중으로 그리고 특별히 남쪽에서부터 재림의 여정을 시작하시고 감람산에 그분의 두 발이 서시게 될 것이다. 에녹1서 1:4에서는 천군들과 함께 땅을 심판하러 오시는 메시아의 강림의 과정을 '그분의 (하늘) 처소에서부터 내려와 (땅의 남쪽에 있는) 시나이 산'을 밟으시면서 시작하는 것으로 묘사해주고 있다. 이사야 63:1-6과 스가랴 14:4-5 참조.

250 서쪽은 마아라브מערב인데 에레브ערב는 해가 떨어지는 저녁 시간을 의미하며 에레브ערב가 동사로 쓰일 때는 '두 가지가 혼합되어 섞이다'라는 뜻이다. 아랍인(아라비ערבי)도 같은 어근에서 파생되었다.

역은 인간들을 위한 거할 처소이고 두 번째 구역은 바다들과 심연들(깊음)과 숲들과 강들과 어둠들과 어두운 안개들을 위한 곳이며 세 번째 구역은 의의 동산을 위한 곳이다.[251]

4 나는 땅에 있는 그 어떤 산보다 높은 일곱 개의 매우 높은 산들을 보았다. 그 산들로부터 눈이 내려오고 날들과 계절들 그리고 해들이 지나간다.

5 나는 모든 강들보다 거대한, 그 땅에 있는 일곱 강들을 보았다. 그들 중 한 강은 서쪽으로부터 나가서 대해(지중해)로 그 물을 부어주고 있다.

6 두 강은 북쪽으로부터 나와서 바다로 향하는데 동쪽에 있는 에뤼트란[252] 바다(홍해)로 그들의 물을 부어주고 있다.

7 나머지 네 개의 강은 북쪽 면에서 흘러나와 각자의 바다로 흘러 가는데 에뤼트란 바다(홍해)로, 그리고 두 강은 대해(지중해)로 흘러 들어 가고 또 어떤 이들은 강들이 광야로 흘러 들어가 비어진다고 말한다.

8 나는 그 땅 주변의 바다에 일곱 개의 큰 섬들을 보았는데 다섯은 대해에, 둘은 에뤼트란 바다(홍해)에 있었다.

---

251 북쪽은 짜폰צפון인데 '알 수 없도록 비밀스럽게 감춰진'이란 의미에서 나중에 드러나게 될 것이지만 지금은 감춰진 곳이란 뜻으로 이해된다. 마쯔푼מצפון은 '숨은 선한 마음'의 의미에서 '양심'을 뜻한다.

252 칠십인역에서 홍해(얌 쑵 ים־סוף 갈대 바다)를 'ἐρυθρὰν θάλασσαν 에뤼트란 탈랏싼'으로 번역하였다. '에뤼트란'은 '붉은 색의'란 뜻이다. 현대의 사해와 사해가 형성된 골짜기인 아라바 광야는 고대 시대에는 에일랏의 홍해 바닷물이 들어와 연결되어 있던 바다의 바닥(seabed)이었기 때문에 홍해라고도 불려진 적이 있었다. 희년서8장 참조.

태양의 두 이름과 달의 네 이름, 달의 위상 변화

78 태양의 이름들은 이러하다. 첫 번째는 오르하레스이고 두 번째는 토마이다.[253]

2 달은 네 개의 이름이 있다. 첫 번째는 이름은 아소냐, 두 번째는 에블라, 세 번째는 베나세, 그리고 네 번째는 예라아[254]이다.

3 이들은 두 큰 광명체들이다. 그들의 둥근 모양은 천상의 둥근 모양과 같으며 크기에 있어서 그 둘은 같다.

4 태양의 구체에는 달보다 일곱 부분의 빛이 더 더해져 있다. 일정한 양으로 빛은 태양의 7분의 1만큼 전달되어진다.

5 태양과 달은 지면서 서쪽의 문들로 들어가서 북쪽 곁으로 돌아가고 동쪽의 문들로부터 하늘의 표면에 떠오른다.

6 달이 떠오르면 달은 빛의 7분의 1의 절반을 가지고 하늘에 나타나고 14일째 되는 날에 달은 자신의 모든 빛을 가득 채운다.

7 달 빛의 15번째 부분은 15일째 날에 달 빛이 그 해의 특성에 따라서 가득 차게 될 때까지 전달된다. 그리고 달이 14번째 부분에 있는 동안 15번째 부분을 만들어준다.

8 달의 빛이 줄어드는 첫째 날에는 빛의 14부분까지 줄어든다. 둘째 날에는

---

253 '오르하레스'는 '오르 ㅋ헤레스סרה רוא'로 '토마세스'는 '㉠함마㉠㉠㉠'와 관련된 것으로 보인다. רוא=빛, סרה=태양, ㉠㉠㉠=뜨거운 태양. 태양의 두 가지 이름은 이스라엘의 두 계절인 우기와 건기와 관련되어 있는 듯하다. 달의 네 가지 이름은 한 달 동안 변하는 달의 위상을 네 가지로 구분한 명칭인 것 같다.

254 네 번째 이름 '예라아'는 달을 의미하는 예라아흐 חריי에서 번역된 발음인 것 같다.

13부분, 셋째 날에는 12부분, 넷째 날에는 11부분, 다섯째 날에는 10부분, 여섯째 날에는 9부분, 일곱째 날에는 8부분, 여덟째 날에는 7부분, 아홉째 날에는 6부분, 열 번째 날에는 5부분, 열한 번째 날에는 4부분, 열두 번째 날에는 3부분, 열세 번째 날에는 빛의 2부분, 열네 번째 날에는 7부분의 반까지 줄어든다. 그리고 그녀의 남은 모든 빛이 열다섯 번째 날에 사라진다.

9 어떤 특정한 달들(月)에는 달은 29일 동안 보이고 때로는 28일 동안 보인다.

10 우리엘이 내게 또 다른 법칙을 보여주었는데 어떻게 빛이 달에게로 전달되는지 태양에서 달의 어느 면에 빛이 전달되는지를 보여주었다.

11 달빛이 가득차게 되는 14일째 날까지, 하늘에서 달의 빛이 그 모든 기간 동안에 증가하면서 달은 그 빛을 태양의 맞은편에 전달한다. 달이 완전히 빛나 오를 때 달 빛은 하늘에 가득해진다.

12 첫 날에 그녀는 초승달이라고 불리는데 그날에 달 위에 빛이 나타나기 때문이다.

13 태양이 서쪽에서 지며 달이 밤에 동쪽에서 떠오르는 바로 그 날에 달은 만월(보름달)이 되어 태양이 달의 반대편 위로 떠오르고 달이 태양의 반대편 위에 보일 때까지 달은 밤새도록 빛을 비춘다.

14 달빛이 나타나는 그 면에서 모든 달빛이 완전히 사라지며 달의 날 수가 마치고 달의 구체가 빛이 없어 비어 있게 될 때까지 달은 다시 줄어든다.

15 세 달 동안 달은 30일을 이루고 세 달 동안 달은 각각 29일을 이루는데 달이 주기의 처음에 첫 번째 문에서 달의 줄어듦을 마치는 동안 127일을 이룬다.

16 달이 차오르는 때에 달은 세 달 동안 매달 30일을 이루고 세 달 동안은 29일을 이룬다.

17 20일 동안 매번 밤이 되면 사람처럼 나타나고 낮에는 하늘처럼 나타나는데 이는 빛을 받지 않으면 달은 보이지 않기 때문이다.

우리엘이 보여준 하늘의 별들의 모든 법칙과 모습

79
이제 나의 아들 메투셀라흐(므두셀라)야, 나는 너에게 모든 것을 보여주었으며 하늘의 별들의 모든 법칙에 대한 이야기를 마쳤다.

2 우리엘은 모든 날과 모든 절기와 모든 해에 따른 이 모든 것들의 법칙을 나에게 보여주었고 매달과 매주에 그것의 나아감과 그것에 지정된 질서를 보여주었다.

3 그리고 여섯 번째 문에서 달이 줄어드는 것을 보여주었는데 달은 여섯 번째 문에서 그 빛을 완전히 이루고 그 이후에 줄어들기 시작한다.

4 그 후 그 계절에 첫 번째 문에서 일어나는 달의 줄어듦이 시작되어 완료될 때까지 177일이 소요된다. 이는 7일 주기로 계산하면 25주와 2일이다.

5 그리고 네가 본 그 경로가 완성되었을 때 별들의 법칙에 따라 한 기간에 정확히 5일만큼 달이 어떻게 태양 뒤로 뒤쳐지는지도 보여주었다.

6 별들의 우두머리인 천사장 우리엘이 나에게 보여준 모든 광명체의 모습과 외관은 이러하다.

마지막 때에 있을 해, 달, 별들의 이상 징후들

에녹1서 80:2에서 '죄인들의 날들에 해가 점점 짧아질 것이며'는 일년의 날수가 짧아짐을 의미하는 것 같다.

에녹 문헌의 달력은 태양을 기준으로 하는 태음태양력으로 360일을 1년으로 한다. 이는 하늘의 시간의 기초단위를 60으로 생각하기 때문이다. 60초가 1분이며 60분은 1시간이고 60일이 6번이면 360일로 1년이 된다. 360도는 원의 한바퀴를 이룬다. 이러한 60진법은 수메르 문명에서도 발견되어진다.

천체들의 주기에 이상 변화들이 생김으로 땅에서 관측되는 시간이 뒤틀려 오차가 생겨서 하늘의 1년인 360일과 달라지게 되었다라고 에녹 그룹은 생각했다. 이것을 맞추기 위해서 4분기에 하루를 더하든지 연말에 5일을 더하는 인위적인 방법으로 오차를 맞추는 시도가 필요하게 되었다. 에녹 그룹의 달력은 월력 354일과 양력 364일의 오차를 맞춰야 할 필요를 위해서 3년마다 음력에 30일을 추가하는 방법을 고안해 내었다.

마지막 때에 해와 달과 별들의 궤도와 공전과 자전의 주기에 이상 변화가 생기게 되어 땅의 자연환경들에 큰 변화가 생길 것이다. 지구의 자전과 공전, 달의 공전과 하늘의 천체들의 이상 변화와 땅의 이상 기후 때문에 사람들은 두려움에 사로잡혀 일월성신을 숭배하거나 천사 숭배를 하는 우상숭배에 더 빠지게 된다. 계 6:12-14; 8:12; 눅 21:25-27; 마 24:29-30 참조.

80장

> 태양이 갑자기 밤에 빛나고 달이 낮에 빛날 것이며…
>
> 별들이 떨어질 것이다(에스라4서).

죄인들의 죄들로 인하여 땅에 비가 내리지 않고 태양과 달의 주기가 변하고 달이 크게 보일 것이며 별들의 궤도가 바뀔 것임

80 그 때에 천사 우리엘이 나에게 답하여 말했다. "보아라, 오 하녹(에녹), 나는 너에게 모든 것을 보여주었다. 네가 태양과 달과 하늘의 별들을 이끄는 자들과 별들의 임무들과 시간들과 출입을 관리하는 자들을 보도록 나는 너에게 모든 것을 계시하여 주었다.

2 그러나 죄인들의 날들에 해(years)가 점점 짧아질 것이며 그들의 씨가 그들의 땅과 들판들에서 늦게 돋아날 것이고 땅의 모든 것들이 변하여 제 때에 나타나지 않을 것이다. 비가 내리는 것이 보류될 것이며 하늘이 비를 붙잡고 있을 것이다.

3 그 때에 땅의 열매들이 늦어질 것이며 제때에 자라지 못하고 나무의 열매들이 제철이 되어도 맺히지 않을 것이다.

4 달이 자신의 지켜오던 질서를 바꾸어 정한 때가 되어도 나타나지 않을 것이다.

5 달이 서쪽에 있는 큰 수레의 꼭대기로 와서 하늘에 나타날 그 날들에는 달이 평소 보다 더 밝게 빛날 것이다.

6 별들의 많은 우두머리들이 명령을 어기고 길에서 벗어날 것이고 이들은 그들의 궤도들과 임무들을 바꿀 것이며 그들에게 지정된 제 시간에 나타나지 않을 것이다.

7   천체의 모든 질서가 죄인들에게는 가리워질 것이며 땅에 거하는 자들의 천체에 대한 생각들이 잘못될 것이다. 그들은 그들의 모든 길들에서 돌이켜 그릇된 길로 가고 천체들을 신들로 여길 것이다.[255]

8   많은 악함들이 그들 가운데 차고 넘칠 것이며 그들을 모두 멸하기 위해 그들 위에 징벌이 내려올 것이다."

시작부터 인류의 모든 것이 이미 기록된 하늘 돌판들과 살아가며 기록될 책들

81
그가 내게 말했다. "오 하녹(에녹), 이 하늘의 돌판들을 보아라. 그리고 그 위에 기록된 것을 읽고 각각의 모든 사실을 깨닫고 기억해 두어라."

2   나는 그 하늘의 돌판들에서 모든 것을 보았으며 기록된 모든 것을 읽고 모든 것을 기록해 두었다. 나는 그 책 안에 기록된 모든 것과 사람들의 모든 행위들과 영원한 세대들까지 땅에 육신으로 태어나게 될 자들에 대한 모든 것을 읽었다.

3   그후 즉시 나는 그분께서 세상의 모든 피조물들을 만드셨음으로 인하여 영원하신 영광의 왕이신 주님을 송축했고 나는 그분의 오래 참으심으로 인하여 주님을 찬양했으며 나는 아담의 모든 자손들 때문에 눈물을 흘렸다.

4   그리고 그때 나는 말했다. "의롭고 선하게 죽는 사람은 복이 있구나! 그에 관한 불의의 책이 기록된 적이 없으며 그를 불리하게 하는 어떤 죄도 심판의 날에 발견되지 않는 사람은 복이 있구나!"

---

255 (계 9:20-21) [20]이 재앙에 죽지 않고 남은 사람들은 손으로 행한 일을 회개하지 아니하고 오히려 여러 귀신과 또는 보거나 듣거나 다니거나 하지 못하는 금, 은, 동과 목석의 우상에게 절하고 [21]또 그 살인과 복술과 음행과 도둑질을 회개하지 아니하더라.

에녹이 땅의 집으로 돌아와 마지막 일 년 동안 가족들에게
모든 것을 말해주고 기록해서 전달함

5 그 일곱 명[256]의 거룩한 자들은 땅에 있는 나의 집 문 앞으로 나를 데려다 놓고 나에게 말했다. "너의 아들 메투셀라흐(므두셀라)에게 모든 것을 말해주어라. 그리고 너의 모든 자녀들에게 그분께서 그들을 창조하셨으며 어떠한 육체도 주님 보시기에 의로운 자가 없음을 보여주어라.

6 일 년 동안 우리는 네가 너의 힘을 다시 얻어서[257] 너의 자녀들에게 가르치고 그들을 위해서 이것들을 기록하여서 너의 모든 자녀들에게 증거하도록 너를 너의 자녀들과 함께 있도록 남겨 둘 것이다. 그리고 두 번째 해에 우리는 그들 중에서 너를 데려 갈 것이다.

7 너의 마음을 강하게 하여라. 선한 자들은 선한 자들에게 의를 알게 할 것이고 의로운 자들은 의로운 자들과 함께 기뻐할 것이며 그들은 서로를 신뢰하며 서로 잘되기를 축복할 것이다.

8 그러나 죄인들은 죄인들과 함께 죽을 것이며 배교자들은 배교자들과 함께 아래로 내려갈 것이다.[258]

---

256 에티오피아 사본β에는 '세 명'으로 기록되어 있다. 일곱 명이 다 일곱 천사장들이었는지, 천사장은 우리엘 하나이고 나머지 여섯은 천사장은 아니었지만 거룩한 자들로서 우리엘과 함께 내려왔는지 알 수 없다. 에녹이 하늘 방문 체험을 하는 동안 보다 하늘 방문 일정이 끝나고 집으로 돌아오는 때에 더 많은 천사들이 동행해 준 것 같다.

257 '힘을 다시 얻어서'가 다른 사본들에서는 '두 번 너의 계명들을 전달할 때까지'라고 기록되어 있다. 이는 하늘의 체험을 깊이 하고 돌아온 후 몸의 기능이 약해져서 한동안 회복의 시간이 필요한 경우였을 것으로 보인다.

258 (계 22:11) 불의를 행하는 자는 그대로 불의를 행하고 더러운 자는 그대로 더럽고 의로운 자는 그대로 의를 행하고 거룩한 자는 그대로 거룩하게 하라.

9 의를 행하는 자들이 인간들의 행위들로 인하여 죽을 것이고 그들은 사악한 자들의 행위들로 인하여 세상을 떠나 열조들에게로 모여지게 될 것이다."

10 그리고 그 날들에 그들이 나에게 말하는 것을 마쳤고 나는 영원하신 주님을 송축하며 나의 가족에게 돌아갔다.

에녹이 므두셀라에게 책들을 전달하여서 마지막 세대까지 전달되도록 부탁하다

82 이제 나의 아들 메투셀라흐(므두셀라)야, 내가 이 모든 것들을 너에게 자세히 말하고 너를 위해서 기록한다. 나는 너에게 모든 것을 계시하였고 이 모든 일들에 관한 책들을 너에게 적어 주었다. 내 아들 메투셀라흐(므두셀라)야, 네 아버지의 손으로부터 받은 그 책들을 잘 간직하여서 네가 그 책들을 영원한 세대들에게까지 전달할 수 있게 하여라.[259]

2 내가 너와 네 자녀들과 너의 자녀들이 될 자들에게 지혜를 주었다. 그래서 그들은 영원히 모든 세대들을 위해 그들의 자녀들에게 지혜를 전해줄 것인데 이 지혜는 그들의 생각들을 뛰어 넘는 것이다.

3 그리고 이 지혜를 깨닫는 자들은 잠자는 것도 잊어버리고 이 지혜를 배우기 위해 그들의 귀들을 기울일 것이며 그렇게 하는 것은 좋은 음식을 먹는 자들보다도 더 만족을 누리게 될 것이다.

---

259 교부 터툴리안은 '에녹의 예언서의 진정성에 관하여' 라는 글에서 에녹이 적은 책과 에녹이 전한 메시지가 므두셀라와 노아에게 전달되었고 그러한 지식의 전달이 홍수 이후에 계속되었음에 대해서 논하고 있다. Tertullian, "On the Apparel of Women" (2004). *III. Concerning the genuineness of "The Prophecy of Enoch.* "Since Enoch had given no other charge to Methuselah than that he should hand on the knowledge of them to his posterity."

4a 모든 의로운 자들은 복되다. 의의 길로 행하며 죄인들과 같이 죄를 짓지 아니하는 자들은 다 복되다.

360일(90일*4)에 4일이 더하여져 364일로 일 년이 완성된다

4b 30일 동안 하늘의 문들을 통해 들어오고 나가는 태양이 하늘에서 운행하는 그 모든 날들을 계수하여라. 별들의 이러한 질서 속에서 한 해의 4계절들 사이에 나뉘어져서 추가된 그 네 명의 장들이 수천명의 우두머리들을 인도하고 4일 동안 그들과 함께 나타난다.

5 그들로 인해 사람들이 실수하게 되어 그들이 한 해를 계산할 때 그들을 계산에 넣지 못할 것이다. 사람들은 실수할 것이며 이것들을 정확하게 인식하지 못할 것이다.

6 그들은 한 해의 계산에 속하며 진실로 영원히 기록되기 때문이다. 하나는 첫 번째 문에, 하나는 세 번째 문에, 하나는 네 번째 문에, 하나는 여섯 번째 문에 있으며 1년은 364로 완성된다.

7 그것에 대한 기록은 사실이며 그것에 대해 기록된 계산은 정확하다. 광명체들과 월들과 절기들과 연도들과 날들에 대해서 우리엘은 나에게 보여주었으며 나에게 영감을 주었다. 그는 모든 창조된 세상의 주님께서 하늘의 군대들을 맡기신 자이다.

8 우리엘은 광명체인 태양과 달과 별들이 하늘에서 밤낮으로 사람들에게 빛을 주도록 하는 권세와 그들의 궤도들로 회전하게 하는 하늘의 모든 권세들을 가지고 있다.

별들의 법칙과 별들의 우두머리들

9 이것이 그들의 장소들과 그들의 시간들과 그들의 절기들과 월들에 따라 주
   어진 별들의 법칙이다.

10 그리고 그들을 인도하고 있는 자들의 이름은 이러하다. 그들은 발광체들이
   그들의 시간들에 그들의 순서대로 그들의 정한 절기들과 그들의 달들과 그
   들의 관할구역에 따라 그들의 위치에서 나타나도록 하기위해 발광체들을
   계속 지켜보는 자들이다.

일 년을 4등분으로 나누는 네 명의 우두머리들

11 한 해를 4등분으로 나누는 네 명의 우두머리들이 먼저 나타난다. 그들 다음
   달들을 나누는 12우두머리들이 나타나고 날들을 나누는 수천이 넘는 우두
   머리들이 연도들을 360일로 나눈다. 그리고 그 날 수에 더해진 4일을 위해
   서 그 해를 네 부분으로 나누는 우두머리들이 있다.

12 이 수천 개의 별들을 관리하는 우두머리들은 그 우두머리와 다른 우두머리
   사이에 끼어 추가되지만 그들의 우두머리들은 구분된다.

13 그리고 이들은 한 해의 지정된 네 부분을 나누는 우두머리들의 이름들이
   다: 멜키엘, 헬렘멜렉, 멜레얄, 나르엘.[260]

14 그리고 그들을 인도하는 자들의 이름들은 아드나렐, 이야수사엘, 일루미엘
   이다. 이 세 명은 질서의 우두머리들을 뒤따른다. 그리고 다른 모든 자들은

---

260 멜키엘은 מלכיאל로 '하나님은 왕이시다'라는 뜻이다. 빛나는 태양이라 불리는 헬렘멜렉이
    הלממלך이라면 '왕이 강타하다'라는 뜻이 된다. 멜레얄은 מלאיאל의 조합으로 볼 수 있다. '하
    나님이 충만케하신다'는 뜻이다. 나르엘은 נראל로 보이며 '하나님의 등불'이란 뜻이다.

한 해를 네 부분으로 구분하며 위치들의 우두머리들을 뒤따르는 세 명의 질서의 우두머리들을 뒤따른다.

15 한 해의 시작에 멜키엘이 먼저 일어나 남쪽 태양이라 불리는 자를 다스리며 그가 다스리는 기간의 모든 날은 91일이다.

16 또한 이것들은 그가 다스리는 기간에 땅에서 보여질 그 날들의 징조이다: 땀, 더위, 고요함. 그리고 모든 나무가 열매를 맺고 모든 나무에 잎사귀가 나며 밀을 추수하고 장미꽃이 피며 들판에 모든 꽃들은 다 피지만 겨울 나무들은 시들어 버린다.

17 그리고 그들 아래 있는 우두머리들의 이름은 이러하다: 베르카엘בברכאל과 젤렙사엘זה לב ש אל과 추가된 한 명은 1000명을 담당하는 우두머리인 헬루야셸הלויסק이다. 그리하여 이 다스리는 기간의 날들은 완료된다.

18 그 우두머리 다음의 두 번째 우두머리는 그들이 빛나는 태양이라 부르는 헬렘멜렉이다. 그의 빛의 모든 날들은 91일이다.

19 이것들은 땅의 날들의 징조들이다. 더위와 가뭄에 나무들은 그들의 열매를 익게 하고 성숙하게 하며 그들의 열매를 마르게 한다. 그리고 양들은 짝짓기를 하여 임신하고 사람들은 땅의 모든 열매와 들판들에 있는 모든 것과 포도주의 통들을 모은다. 이러한 일들은 그의 다스리는 기간의 날들 동안 일어난다.

20 이것들은 수천을 담당하는 우두머리들의 대장들의 이름들과 순서들이다. 게달리알과 키엘과 히엘이다. 그리고 그들에게 더해진 1000명의 우두머리의 이름은 아스파엘이다. 그리하여 그의 다스리는 기간의 날들은 완료된다.

제4권

꿈 환상들의 책

(83~90)

본문 구조

Ⅰ. 에녹의 두 번의 꿈 환상(83-84)

83:1-11 에녹이 글쓰기를 배우고 있을 때 본 첫 번째 꿈 환상(A.M. 635) 하늘이 무너져 내리고 땅이 무저갱으로 잠겨 모든 것이 파괴됨(홍수 심판)

84:1-6 에녹이 주님을 찬양하며 멸망 중에라도 후세를 남겨 주시도록 자비를 구함

Ⅱ. 동물 묵시(85-90)

85:1-10 에녹이 결혼 직전에 본 두 번째 꿈 환상(A.M.686)

흰 수소(아담), 암소(하와), 검은 소(가인), 붉은 소(아벨), 생육 번성

86:1-2 하늘에서 떨어진 한 별(아자젤)과 가인의 후손들

86:3 그 후 떨어진 다른 별들(쉐미하자와 그의 무리들)

86:4 감찰자 천사들의 음란과 혈통이 혼잡하게 된 인류

86:5-6 네필림의 잔인함과 포악함

87:1-4 네 천사장들을 뒤따라 나온 세 천사장의 안내로 하늘 성전으로 들려 올려진 에녹에게 땅의 짐승들에게 일어나게 될 일들을 다 지켜 보라고 그곳에 머물게 하심

88:1-3   한 천사장이 타락한 처음 별(아자젤)을 결박해서 무저갱으로 던져 넣음. 땅의 짐승들에게 검을 주어 서로 치게 함. 타락한 다른 별들도 결박하여 땅의 갈라진 틈에 던져 넣음

홍수 심판과 노아의 방주에서부터 시작하여 바벨론에 의한 이스라엘 멸망(89:1-58)

89:1-8   노아의 홍수

89:9   홍수 이후 노아와 셈, 함, 야벳

89:10   노아의 후손들과 아브라함의 탄생

89:11   아브라함이 이스마엘과 이삭을 낳음

89:12   이삭은 에서와 야곱을 낳고 야곱은 열 둘을 낳음

89:13   요셉이 미디안 상인(이스마엘 후손)에게 팔려 이집트의 노예가 되다

89:14   이집트로 이주하여 살아가는 야곱의 가족들

89:15   이집트에서의 고난

89:16-20 모세와 열 가지 재앙

89:21-28 출이집트와 홍해 그리고 광야

89:29-36 시나이산과 성막

89:37   아론의 죽음과 세대 교체

89:38-39 모세의 죽음과 요단강 건넘

89:40   약속의 땅과 실로 성막 성전

89:41   사사시대

70목자들에게 맡겨진 70 시기(12+23+23+12)
바벨론 포로에서 현대 이스라엘까지(89:59-90:17)

1) 성전을 세우고 높은 탑을 다시 쌓아 올림, 오염되고 온전하지 않은 성전 제사(73)

2) 헬라제국과 로마제국에 의해 짓밟히는 이스라엘(74)

89:75-77 이스라엘 국가의 멸망, 이방 세계에서 이방 목자들의 손에 맡겨져 고난 받는 이스라엘 백성과 침묵으로 지켜보시는 주님(주전70-주후1948)

90:1 이전 37 목자들의 손에 차례대로 맡겨져 이방 땅에서 방목되던 이스라엘

90:2-5 세 번째 긴 기간(23시기 동안 맡겨진 이스라엘 땅 밖에서의 고난의 역사)

로마제국 시대부터 2차 세계 대전 중에 발생한 홀로코스트까지 삼켜지고 쪼이고 먹혀서 마른 뼈들만 남게 되고 땅에 버려진 '마른 뼈들의 시대' (주후70-주후1948)

90:5 23명의 목자들이 방목하던 기간의 마감, 목자들이 총 58기간까지를 마무리함(58=12+23+23)

네 번째 마지막 기간(90:6-17)
12목자에게 맡겨진 이스라엘 역사

1948년 재건된 현대 이스라엘 국가에서 메시아의 지상 강림과 종말 심판 전까지

90:6-7 눈을 뜨기 시작한 소수의 어린양들과 보지 못하고 듣지 못하는 대다수의 양들

90:8 큰 까마귀들에 의해 잡아 먹히는 어린 양들의 우두머리: 외부에서 날

아 들어온 세력들에 의해 공격받는 리더들

90:9-10   믿는 유대인들 중 일부가 영향력들을 가지게 되니 외부에서 날아 들어온 세력들이 그들의 뿔들을 공격한다. 핍박 중에 더 큰 뿔이 나게 된 눈 뜬 한 유대인이 다른 유대인들의 눈들을 뜨게 하니 정치 지도자들까지도 합세하게 된다.

90:11   새들의 계속적인 공격들에 양들은 뜯김 당하지만 그들은 잠잠했고 숫양들은 부르짖음

90:12   큰 까마귀들이 큰 뿔난 양의 뿔을 없애려고 하지만 이기지 못함

90:13-14   새들이 총동원되어 큰 뿔 숫양을 죽이려고 전쟁을 일으키지만 서기관 천사가 내려와서 이스라엘을 돕고 숫양에게 모든 것을 계시해줌(중동 중심으로 일어나는 제3차 세계 대전)

90:15-16   이스라엘을 대적하는 세상 나라의 연합군을 향한 메시아의 진노와 재림의 과정, 적그리스도 세력에 합세하여 이스라엘을 대적하는 어리석은 야생 양들

90:17   그 이전 목자들에 비해 훨씬 잔혹하게 행했던 마지막 12목자들의 기록이 주님 앞에 보고됨

메시아의 지상 강림과 심판(90:18-27)

90:18-19   메시아의 지상 강림, 그분의 진노의 막대기와 대지진

90:20   시온 산에 놓인 심판의 보좌와 그 위에 좌정하신 주님, 봉인된 책들이 그 앞에 펼쳐짐

90:21   일곱 천사장에 의해 심판대 앞으로 끌려 나오는 하늘에서 떨어졌던

처음 별과 다른 모든 별들

천년왕국의 시작과 천년왕국의 성전과 상급을 위한 심판 개최(90:28-32)

유대인과 이방인이 한 새 사람으로 새로운 인류가 되어 성전에서 섬김(90:33-39)

맺는 말: 꿈 환상에서 인류 역사 7천 년을 다 본 후 눈물을 흘리며 크게 우는 에녹

90:40-42 "모든 것은 오고 있으며 지나갈 것이며 성취될 것이다. 인류의 모든
행위들이 그 순서대로 나에게 보여졌다"

Ⅰ. 에녹의 두 번의 꿈 환상(83-84)

에녹이 글쓰기를 배우고 있을 때 본 첫 번째 꿈 환상(A.M.635)
하늘이 무너져 내려 땅이 무저갱으로 잠기고 모든 것이 파괴됨(홍수 심판)

83 내 아들 메투셀라흐(므두셀라)야, 내가 본 모든 이상들을 네 앞에서 자세히 말하며 너에게 보여주겠다.

2 　내가 아내를 맞이하기 전에 본 두 개의 환상은 서로 다른 것이었다. 처음 본 이상은 내가 글을 쓰는 기술을 배우고 있을 때였고 두 번째 본 이상은 네 엄마를 맞이하기 전이었다. 나는 무서운 장면을 보았고 그것에 관해서 주님께 간구했다.

창조의 언어인 히브리어

　에녹이 본 첫 번째 꿈 환상은 에녹이 글을 쓰는 기술을 배웠을 때라고 하면서 에녹이 살던 홍수 이전 시대에 이미 글 쓰는 법이 기술로서 전수되고 있었음을 알려주고 있다.

　창 11:1에는 바벨탑 언어 혼잡 사건 전에는 온 땅의 구음이 하나(שָׂפָה אֶחָת 싸파 에하트: one speaking language) 였으며 언어가 하나(דְּבָרִים אֲחָדִים 드바림 아하딤: 하나의 문자시스템)였다라고 한다. 한글 성경에서는 전자를 '구음, 언어'라고 후자를 '언어, 말, 낱말'이라고 번역하고 영어성경에서는 common speech, one speech, the same words로 번역해주고 있지만 전자와 후자의 구분이 되지 않고 있다. 여기서 전자인 'שָׂפָה אֶחָת 싸파 에핱'는 개역성경에서 구음(口音)이라고 그 의미가 잘 반영이 되었다.

하지만 후자인 '□□□ □□□□ 드바림 아하딤'[261]은 하나의 문자 체계 시스템이 있었음을 말해주고 있는 것이다.

홍수 이후 노아의 가족으로부터 새롭게 시작한 두 번째 세상에서는 바벨탑 사건까지 약 340년 동안 한 언어와 한 문자 시스템만 사용되었지만 홍수 이전의 전(前)시대에 걸쳐서도 한 언어와 한 문자 시스템만 있었던 것 같지는 않고 히브리어 외에도 다른 언어와 다른 문자가 홍수 이전의 어느 시대에도 있었을 가능성도 있어 보인다.

83:2에서 에녹은 자신이 어릴 때, 윗 세대로부터 글 쓰는 기술을 배웠다고 전해주고 있다. 희년서 11:16에서는 "아브라함이 그의 아버지(조상)로부터 쓰는 것을 14세에 가르침 받았다"고 한다. 희년서 8:2-5에서는 아르박삿이 그의 아들 카이난에게 글을 가르쳤는데 카이난이 자란 후 바위에 새겨진 홍수 전 시대의 일월성신 숭배와 점성술에 대한 글을 발견하고 탐독하다가 죄와 어둠의 길로 빠지게 되어 결국 족보에서 제명되는 사건이 소개되어 있다.

---

261 다바르□□□는 기록된 문자나 글자라는 의미도 가지며 복수 형태 드바림□□□□□이 글을 모아 놓은 책을 지칭하는 용례는 다음과 같다.

대상 29:29 "다윗 왕의 행적은 처음부터 끝까지 선견자 사무엘의 글(책, 기록)과 선지자 나단의 글(책, 기록)과 선견자 갓의 글(책, 기록)에 다 기록되고"

여기서 사무엘, 나단, 갓의 글(책, 기록)에서 드바림□□□□□이 명사연계형으로 사용되어 기록된 문자(글자)를 모아 놓은 글, 책, 기록의 의미로 사용되었다.

그 외에도 예후의 글(대하 20:34), 나단의 글(대하 9:29), 스마야와 잇도의 족보책(대하 12:15), 옛 기록(대상 4:22 □□□□□□ □□□□□)에서도 드바림□□□□□은 말을 글로 적은 문자나 기록이나 책이라는 의미로 사용되었다.

희년서 4:17-19에 의하면 에녹은 글 쓰는 것을 배운 자 중에서 해와 달의 주기, 절기, 안식년과 희년, 과거사와 미래사, 7천년 인류역사, 심판 등의 광범위한 주제를 책에 기록한 첫 사람이었다.

언어와 문자가 시간의 흐름에 따라서 변화의 과정을 거치는 인류 역사의 자연스러운 과정들을 생각해 볼 때 문자로 무언가를 기록하고자하는 인간의 열망은 홍수 이전 시대에도 사람들로 하여금 히브리어 외에도 몇몇 다른 문자 체계들을 만들어 사용하게 했을 가능성도 생각해 볼 수 있다. 바벨탑 사건 이후의 인류 역사에도 계속해서 새로운 문자 체계가 만들어지기도 하고 변화와 발전을 거듭하기도하고 소멸되기도 하였다면 홍수 이전에도 그랬을 것이라고 생각되어진다.

²⁵여호와 하나님께서 말씀하셨다. "그(아브람)의 입과 그의 두 귀를 열어 주어라. 그래서 계시되었던 그 언어를 그가 듣고 입으로 말할 수 있게 하여라. 이는 (바벨탑이) 뒤엎어진 그 날로부터 인간의 모든 자녀들의 입에서 그 언어가 멈춰졌었기 때문이다. ²⁶ 나(천사)는 그의 입과 그의 귀와 그의 입술을 열어주었고 나는 창조의 언어인 히브리어로 그와 말하기 시작했다. ²⁷ 그는 히브리어로 기록된 그의 조상들의 책들을 꺼내여 그 책들을 필사하였으며 그때부터 그는 그 책들을 연구하기 시작했다. 나는 그가 이해할 수 없었던 것을 그에게 알게 하였으며 그는 우기 6개월 동안 그 책들을 연구하였다(희년서 12:25-27).

바벨탑이 무너질 때 언어가 혼잡하게 되었고 그 결과 70족장들[262]이 각자 다른 언어를 사용하게 되어 민족이 분산되게 된 사건을 '뒤엎어진 그 날'이라고 표현하고 있다. 노아의 홍수 이후부터 바벨탑 사건까지 히브리어가 유일한 언어였지만 바벨탑 사건 때 히브리어는 사라지고 잊혀지고 70개의 언어들로 분산되어서 언어별로 종족별로 민족들이 분산되게 되었다. 아브람이 갈대아 우르를 떠나기 12년 전에 바벨탑이 뒤엎어진 사건이 있었고 갈대아 우르를 떠나 하란에 도착한 후 14년이 지난 후에 하나님의 명령으로 천사가 아브람에게 히브리어를 듣고 말하게 하는 능력을 다시 회복시켜 주었다. 26년 만에 히브리어가 듣고 말하는 언어로 다시 부활한 것이다. 26년동안 아람어를 익숙하게 사용해 오던 아브람은 천사의 도움으로 히브리어를 읽고 쓸 수 있게 되어서 홍수 이전 시대부터 그들 혈통에 가보로 전해 내려오던 히브리어로 기록된 조상들의 책들(에녹의 책들과 노아의 책들)을 아람어로 필사하며 연구하게 되었다.

히브리어와 히브리어 문자는 아브라함, 이삭, 야곱과 야곱의 아들들까지는 소수만 사용하는 언어와 문자였지만 이집트에서 이스라엘이 크게 번성하게 되면서 히브리어와 히브리어 문자를 사용하는 인구도 그만큼 늘어나게 되었다.

[263]주전 1,800년대에서부터 1,500년대까지 이집트의 일부 지역에서 사용되었던 언어로서 시나이 반도Serabit el-Khadim에서 발견된 Proto-Sinaitic script는 이집트 땅에서 번성하며 살던 이스라엘 백성들이 남겨놓은 고대 히브리어이다. 그리고 동일한 형태의 글자체인

---

262 창세기10장의 노아의 70 후손들

263 책 뒤에 있는 부록 '히브리어의 발전 과정'표 참조

Proto-Canaanite script가 주전 1,400년대에서 주전 1,000년대에 발견되는 이유는 출이집트한 이스라엘 백성이 가나안 땅에 들어왔기 때문이다.

이후 사사기에서 왕국시대로 시대가 전환되면서 히브리어도 Paleo-Hebrew로서 변화와 발전을 겪게 되었고 주전 6세기 이후 바벨론에서 아람어체의 영향을 받아 지금의 정방형체의 형태로 정리되게 되었다.

안타깝게도 현재 주류 학계에서는 히브리어 문자 사용이 주전 10세기 다윗 왕조 때부터 시작되었을 것이라고 주장하며 가르치고 있어서 성경의 역사성을 많이 훼손시키고 신앙이 어린 자들에게 성경과 신앙에 대한 회의를 주고 있다. 그렇게 주장하는 자들은 모세가 받은 십계명 자체는 부인하지 않지만 돌판에 새겨진 십계명이 어떤 글자였을까라는 질문에는 이렇다 할 대답을 하지 못하고 회피하고 있다.

에녹1서 69:9에 의하면 네 번째 사탄 프네무에는 인류에게 잉크와 종이로 악한 영향을 주는 책을 적는 기술을 가르쳤다. 사람들은 자신들의 믿음을 견고하게 하려고 글을 적고 선언문을 작성하고 책을 쓴다. 글은 믿음의 체계를 만들어 낸다. 잘못된 믿음을 확고하게 하기위해서 책을 쓰고 그 글을 읽는 다른 사람들도 그 사상의 체계를 받아들이게 하는 것이 많은 사람들을 믿음에서 떠나게 하고 잘못된 이데올로기에 사로잡혀 학살하게 하고 전쟁을 일으키게 했음을 역사가 증언하고 있다. 이러한 잘못된 사상을 담은 글과 책의 힘은 많은 사람들이 옳은 길에서 떠나게 만들었다.

3 나는 내 할아버지 마할랄렐의 집에 누워 있었을 때 환상을 보았고 어떻게 하늘이 무너져 내리며 땅에 떨어졌는지를 보았다.

4 하늘이 땅에 떨어졌을 때 나는 어떻게 그 땅이 거대한 무저갱 안으로 삼켜

지는지를 보았고 산들은 산들 위에 매달려 있었고 언덕들은 언덕들 아래로 함몰되었고 높이 솟은 나무들은 뿌리까지 찢겨져 내던져지며 무저갱으로 빠져들어 가는 것을 보았다.

5 그때 내 입에 한 말이 떨어졌고 나는 목소리를 높여서 크게 외쳤다. "땅이 파멸되고 있다!"

6 내 할아버지 마할랄렐이 내가 그의 곁에 있었기에 나를 깨웠고 내게 말하였다. "왜 그렇게 소리쳤느냐? 내 아들아! 왜 그렇게 신음하느냐?"

7 나는 내가 봤던 그 모든 장면을 그에게 자세히 설명하였다. 그리고 그는 나에게 말했다. "네가 끔찍한 것을 보았구나, 내 아들아! 네가 꿈에 본 장면은 땅의 모든 죄의 비밀들에 관한 것이다. 땅이 무저갱으로 가라 앉기 직전이며 완전히 파멸될 것이다.

8 이제 내 아들아, 너는 신실하니 일어나 영광의 주님께 간구하여라. 남은 자가 땅에 남겨질 수 있도록, 주께서 온 땅을 쓸어버리지 않도록 간구하여라.

9 내 아들아, 이 모든 것이 하늘로부터 땅에 임할 것이다. 땅 위에 엄청난 파멸이 있게 될 것이다."

10 그래서 나는 일어나 기도했고 간구했다. 나는 내 기도를 영원의 세대들을 위하여 기록했다. 나는 모든 것을 너에게 곧 내 아들 메투쉘라흐(므두셀라)에게 보여주겠다.

11 내가 아래로 내려 갔을 때 나는 궁창을 보았다. 동쪽에서 뜨는 태양과 서쪽으로 지는 달, 별들과 지구 전체, 그리고 모든 것을 그분이 창세부터 아셨던 대로 나는 보았다. 그리고 나는 심판의 주님을 송축했고 그에게 영광을 돌려 드렸다. 그분은 동쪽의 창들에서 나오는 태양을 만드셔서 하늘의 표면에 떠오르게 하시고 그 태양에게 가르켜 보이신 그 길을 따라가게 하신다.

84장

에녹이 주님을 찬양하며 멸망 중에라도 후세를 남겨 주시도록 자비를 구함

84 그리고 나서 나는 의로움 안에 두 손을 들고 거룩하고 위대하신 분을 송축하였다. 나는 내 입의 호흡과 육신으로 태어난 사람들을 위해 말을 할 수 있도록 하나님께서 만들어 주신 육체의 혀로 말하였다. 그분은 사람들이 말을 할 수 있도록 그들에게 호흡과 혀와 입을 주셨다.

2 "송축 받으소서. 오, 왕이신 주여! 당신의 위엄은 위대하고 강력하나이다. 하늘의 모든 창조의 주, 만왕의 왕, 온 세상의 하나님이시여! 당신의 왕적 권위와 주권과 위엄은 영원 무궁할 것이며 당신의 권능은 모든 세대에게 임할 것이니이다. 모든 하늘은 영원히 당신의 보좌이며 온 땅은 영원 무궁히 당신의 발등상이니이다.[264]

3 당신이 모든 것을 만드셨고 당신이 모든 것을 다스리시니 당신께는 능치 못하심이 없고 당신의 보좌나 당신의 임재로부터 어떠한 지혜도 당신을 피하지 않고 떠나지 않나이다. 당신은 모든 것을 아시고, 보시며, 듣나이다. 모든 것을 보시므로 어떤 것도 당신에겐 숨겨져 있지 않나이다.

4 지금 당신의 하늘의 천사들이 잘못을 행하고 있으니 당신의 분노가 큰 심판의 날까지 사람들의 육체 위에 머무나이다.

5 이제 오, 주 하나님 위대하신 왕이시여! 당신께서 이 땅 위에 후세를 남겨 주시기를 구하는 제 기도를 이루어 주실 것을 내가 간청하며 구하나이다. 사람들의 모든 육체를 전멸시키지 마시고 땅을 공허하게 만들어서 영원토록 멸망되지 않게 하옵소서.

---

264 (이사야 66:1) 여호와께서 이와 같이 말씀하시되 하늘은 나의 보좌요 땅은 나의 발판이니 너희가 나를 위하여 무슨 집을 지으랴 내가 안식할 처소가 어디랴.

6 　그리고 이제 나의 주님, 당신의 분노를 일으킨 저 육체들을 전멸시키소서.
　　그러나 의로움과 올바름의 육체들은 영원한 씨의 한 나무로서 세워주소서.
　　당신의 종의 기도로부터 당신의 얼굴을 숨기지 마옵소서. 오 주님!"

Ⅱ. 동물 묵시(85-90)

에녹이 결혼 직전에 본 두 번째 꿈환상(A.M.686)
흰 수소(아담), 암소(하와), 검은 소(가인), 붉은 소(아벨), 생육 번성

85 이 후에 나는 다른 꿈을 보았다. 나는 그 모든 것을 너에게 보여줄
　　 것이다 나의 아들아.

2 　하녹(에녹)은 목소리를 높여 그의 아들 메투셸라흐(므두셀라)에게 말했다. "너
　　에게 나는 말한다 나의 아들아, 내 말을 들어라 너의 귀를 네 아버지가 꿈
　　에서 본 환상에 기울여라.

3 　내가 너의 엄마 에드나[265]와 결혼하기 전에 나는 침상에서 한 환상을 보았
　　다. 주목하여 보니 한 수소(아담)가 땅으로부터 나왔다. 그 수소는 흰색이었
　　다. 그리고 그 뒤를 이어 암소(하와)가 나왔다. 그 암소를 통해서 두 수송아
　　지가 나왔다. 하나는 검었고(가인) 다른 하나는 붉었다(아벨).

---

265 에녹의 아내 이름인 에드나עדנה는 에덴עדן의 여성형이다. 이 단어는 창 18:12에서는 '즐거
　　움'이라고 번역된다.
　　(창 18:12) 사라가 속으로 웃고 이르되 내가 노쇠하였고 내 주인도 늙었으니 내게 무슨 즐거
　　움이 있으리요.

4 그리고 그 검은 수송아지(가인)는 붉은[266] 수송아지(아벨)를 공격하며 땅을 돌 아다니며 뒤쫓았다. 그 이후로 나는 그 붉은 수송아지(아벨)를 볼 수 없었다.

5 한편 그 검은 수송아지(가인)는 자랐고 한 암소[267]가 그와 함께 갔다. 그리고 나는 그와 비슷한 많은 가축들(가인의 후손들)이 그 수소로부터 나오는 것과 그의 뒤를 따르는 것을 보았다.

6 그 처음 암소(하와)는 처음 수소(아담)로부터 떠나서 그 붉은 송아지(아벨)를 찾았지만 찾지 못했다. 그 암소는 몹시 신음하며 계속 그 송아지를 찾아 다 녔다.

7 나는 그 처음 수소가 와서 암소를 진정시키는 것을 보았고 그때 이후로 그 암소는 울지 않았다.

8 이 일 후에 암소(하와)는 다른 흰 수소(셋)를 낳고 이어서 많은 검은 수소와 검 은 암소를 낳았다.

9 나는 잠자고 있는 중에 그 흰 수소(셋)가 자라서 큰 흰 수소가 된 것을 보았 다. 그로부터 많은 흰 가축들(셋의 후손들)이 나왔고 그들은 그를 닮았다.

10 그들은 그들과 같은 많은 흰 가축들을 계속 잇따라 낳기 시작했다.

---

266 붉은 빛은 아벨을 살해한 가인의 행위를 나타내준다.

267 희년서 4:9에 의하면 가인은 아웬(אוון)과 결혼했다. 아웬은 아담과 하와가 가인과 아벨에 이 어서 세 번째로 낳은 딸이다. 아벨이 죽은 후 아담과 하와는 셋을 낳고 또한 딸 아쭈라(עזורה) 를 낳았다. 후에 셋과 아쭈라가 에노스를 낳는다.

하늘에서 떨어진 한 별(아자젤)과 가인의 후손들

86 그리고 내가 자고 있을 때 나는 다시 눈으로 보았다. 나는 하늘 위를 주목하여 바라보았다. 한 별이 하늘에서 떨어졌고 그 별은 일어나서 그 가축들 사이에서 풀을 뜯어먹었다.[268]

2 그 후에 나는 크고 검은 가축들[269]을 보았다. 내가 보니 그들 모두는 그들의 울타리들과 목초지들과 암컷들을 바꾸었다. 그리고 그들은 서로의 머리로 들이받기 시작했고 고통으로 신음했다.

그 후 떨어진 다른 별들(쉐미하자와 그의 무리들)

3 다시 그 환상 속에서 나는 하늘을 올려다보았다. 나는 많은 별들을 보았고 어떻게 그 별들이 내려왔는지, 어떻게 그 별들이 하늘에서 그 첫 번째 별에 게로 떨어졌는지,[270] 그리고 어떻게 그 암소들과 수소들 사이로 떨어졌는지 보았다.[271] 그 별들은 그 소들 사이에서 풀을 뜯어먹으며 그 소들과 함께 있었다.

---

268 가인의 자손들이 가인이 쌓고 세운 에녹 성에서 번성하는 과정에서 타락한 천사 아자젤이 그들에게 내려와 그들 가운데 거하면서 가인의 자손들이 타락하도록 주도하였고 가인의 자손들은 타락한 인류 문명을 형성하게 되었다.(88:1)

269 크고 검은 가축들: 가인의 자손들

270 먼저 첫 번째 별 하나(아자젤)가 떨어지는 사건이 있었고 아자젤은 가인의 자손들이 음란과 불법과 폭력으로 고통 당하게 이끌었다. 후에 많은 별들이 이미 내려와 있던 그 첫 번째 별에게로 떨어지는 사건이 있었다. 그 많은 별들을 이끌고 내려왔던 대표가 쉐미하자이다. 그는 하늘에서 200명의 천사들을 이끌고 헤르몬 정상으로 내려와 저주의 맹세로 서로 결의하였으며 이미 먼저 내려와 있던 아자젤과 합세하게 된다.

271 (유다서 1:6) 또 자기 지위를 지키지 아니하고 자기 처소를 떠난 천사들을 큰 날의 심판까지 영원한 결박으로 흑암에 가두셨으며

감찰자 천사들의 음란과 혈통이 혼잡하게 된 인류

4   그리고 나는 그 별들을 살펴보았다. 그들은 모두 말들처럼 그들의 성기를 드러내고 있었고 수소들의 암소들 위에 올라타기 시작했다. 그들은 모두 임신했고 코끼리들, 낙타들, 나귀들[272]을 낳았다.

네필림의 잔인함과 포악함

5   모든 수소들은 그들[273]을 무서워했고 그들 앞에서 두려워 떨었다. 그들은 그들의 이빨로 물어 뜯고 집어 삼키고 그들의 뿔로 찌르기 시작했다.

6   그들은 그 수소들을 잡아먹기 시작했고 또 내가 보니 모든 땅의 자식들은 그들 앞에서 무서워 떨며 도망치기 시작했다.

---

272 희년서 7:22에서 네필림의 세 가지 종류가 언급된다. "그들이 아들들을 즉, 네필림을 낳았는데 그들은 서로 같지 않았고 그들은 서로를 잡아먹었고 그 거인(아나크)은 그 나필(네필림의 단수)을 죽였고 그 나필은 그 엘료(엘료드)를, 그 엘료는 인간들을, 인간들은 서로 서로를 죽였다."

창세기 6:4의 네필림(נפלים), 용사들(그바림גברים), 자식들(옐라딤ילדים)이 쿰란에서 발견된 아람어 에녹1서 사본 7:2에서는 아람어로 나필린נפיליא, 그바린גבריא, 옐루딘ילודין으로 표현되어 있다. 에녹1서 86:4에서는 이 이름들의 비슷한 발음을 언어 유희를 사용하여 코끼리(필린פילין), 낙타(그말린גמלין), 당나귀(아르딘ערדין)로 우화적으로 표현한 것으로 보인다. 에녹서의 동물묵시에서는 코끼리들은 네필림, 낙타들은 거인들 또는 용사들, 나귀들은 잡종들, 별들은 감찰자 천사들, 수소들은 남자들, 암소들은 여자들로서 우화적이며 상징적으로 표현하고 있다(Milik, *"The Books of Enoch Aramaic Fragments of Qumran Cave 4"* 240쪽).

273 코끼리들, 낙타들, 나귀들

네 천사장들을 뒤따라 나온 세 천사장의 안내로 하늘 성전으로 들려 올려진 에녹에게 땅의 짐승들에게 일어나게 될 일들을 다 지켜 보라고 그곳에 머물게 하심

87

나는 다시 그들을 보았고 그들이 어떻게 서로 물어뜯기 시작하는지, 또 서로를 잡아먹는지를 보았다. 땅은 울부짖기 시작했다.

2 나는 다시 하늘을 향하여 두 눈을 들고 한 장면을 보았다. 주목하여 보니 하늘로부터 온 흰 사람들[274]과 같은 존재들이 있었다. 네 명이 하늘로부터 왔고 다른 세 명도 함께 있었다.

3 늦게 나온 그 세 명은 내 손을 붙잡아 땅의 세대들로부터 나를 들어 올렸고 높은 곳 위에 나를 일으켜 세워서 땅 위로 높이 솟아 있는 탑과 그보다 낮은 모든 언덕들을 내게 보여주었다.[275]

4 그 중 하나가 나에게 말했다. "저 코끼리들, 낙타들, 나귀들과 저 별들과 모든 가축들에게 일어날 모든 일을 볼 때까지 여기 머물러 있어라"

---

274 동물 묵시에서 사람은 동물로 표현되고 거룩한 천사장들은 사람으로 표현된다. 동물로 태어났지만 사람이 된 장면들도 두 번 나온다.

노아의 경우(89:1a 그는 수소로 태어났지만 사람이 되었고, 89:9a 사람이 된 흰 수소는 그 방주에서 나왔고),

모세의 경우(89:36 나는 거기서 그 양이 사람이 되고 양들의 주님을 위한 집을 짓고 모든 양들이 그 집에 서게 하는 장면까지 보았다, 89:38a 사람이 되었던 그들을 인도한 그 양은...).

275 하늘에서 땅을 바라 볼 때, 에녹에게 두가지가 보여졌다. 1) 땅 위로 높이 솟아 있는 탑(단수)은 땅에서 거룩한 하늘과 연결되어 있는 상태를 가지고 있는 성전과 같은 장소를 의미한다. 반면 2) 그보다 낮은 모든 언덕들(복수)은 어두운 하늘과 연결되어 있는 우상 숭배의 제단들을 의미한다. 바벨탑이 그러한 한 예이다. 부정적인 탑(87:3; 91:9), 긍정적인 탑(9:50, 54, 66, 67, 73).

한 천사장이 타락한 처음 별(아자젤)을 결박해서 무저갱으로 던져 넣음, 땅의 짐승들에게 검을 주어 서로 치게 함, 타락한 다른 별들도 결박하여 땅의 갈라진 틈에 던져 넣음

88

나는 먼저 나온 그 넷 중 하나를 보았고 그가 하늘에서 떨어졌던 그 처음 별(아자젤)을 붙잡아 그의 손과 발을 결박하여 무저갱으로 던져 넣는 것을 보았다. 그 무저갱은 좁고 깊고 무시무시하고 어두웠다.

2 그들 중에 하나[276]가 그의 검을 뽑아서 그 코끼리들과 낙타들과 나귀들[277]에게 주었다. 그들은 서로를 치기 시작했다. 온 땅이 그들로 인해 두려워 떨었다.

3 내가 그 장면을 주목하여 보니 먼저 나왔던 넷 중에 하나가 하늘에서부터 줄 하나를 던졌고 말의 성기와 같은 성기를 가진 모든 큰 별들을 끌어 모아서 그들의 손과 발을 묶고 그들을 땅의 깊게 갈라진 틈 안으로 던져 넣었다.

> 홍수 심판과 노아의 방주에서부터 시작하여 예루살렘 멸망으로 제2성전 시대가 끝나고 열방에 흩어져 긴 디아스포라의 삶을 살게 되는 이스라엘의 역사(89:1-58)

노아의 홍수

89

그 넷 중에 하나가 흰 수소[278]에게 가서 그에게 한 비밀을 쳤고 그 수소는 두려워했다. 그는 수소로 태어났지만 사람이 되었고 자신을 위해 큰 배를 지었고 그 곳에 머물렀다. 다른 수소 셋[279]은 그와 함께 그 배에 들어갔고 배는 닫혔고 그들을 덮었다.

---

276 먼저 나온 네 천사 중에 하나.

277 코끼리들과 낙타들과 나귀들: 에녹1서 86:4과 7:2 참조.

278 노아흐(노아)

279 쉠(셈), 함, 예펱(야벳)

2 다시 나는 하늘을 향해 눈을 들었고 일곱 개의 수로가 있는 높은 지붕을 보았다. 그 수로들은 울타리로 많은 물을 쏟아부었다.

3 내가 다시 보는데 보라, 샘들이 넓은 울타리의 지면에 열렸고 물이 터져 올라오고 지면 위로 솟구쳐 오르기 시작했다. 나는 그 모든 지면이 물로 덮일 때까지 울타리를 바라보았다.

4 거기에 물과 어둠과 안개가 더해졌고 나는 물의 높이를 보았다. 물은 그 울타리의 높이 보다 높이 올라와 있었고 그 울타리 위로 쏟아지고 있었다. 그리고 물은 땅 위에 여전히 남아 있었다.

5 그 울타리의 모든 가축들이 모여 있었는데 나는 그들이 어떻게 물에 잠기고 삼켜지며 멸망되는지를 보았다.

6 그 배는 물 위로 떠올랐지만 모든 수소, 코끼리, 낙타, 나귀는 모든 동물들과 함께 바닥까지 가라 앉았기 때문에 나는 그들을 볼 수가 없었다. 그들은 빠져나올 수 없었고 멸망되었으며 아주 깊은 곳으로 침몰되어 버렸다.

7 다시 나는 그 장면에서 그 수로들이 높은 지붕에서 제거되고 그 땅의 갈라진 틈들이 평평하게 매워지고 다른 무저갱들이 열리는 것까지 보았다.

8 물이 그 무저갱들 안으로 흘러 들어가기 시작했고 마침내 땅이 보이게 되었다. 그 배는 그 땅에 정착했고 어둠은 물러가고 빛이 나타났다.

울타리로 둘러싼 에덴-동산

89:2-5에서 여섯 번 등장하는 '울타리'는 '울타리로 둘러싼 땅' 또는 '울타리의 땅'으로 번역되어 이해되어질 수도 있다. 동물 묵시에서 홍수를 설명하면서 이곳에서 여섯 번 등장하는 이 단어는 에덴-동산의 그 동산이 땅 중에서도 울타리로 두른 땅으로서 다른 땅과 구분되어 있는

영역이었음을 드러내 주는 표현이다. 에녹1서 89:4에서 '그 울타리의 높이'라는 표현을 통해서 그 동산의 땅이 다른 지역 보다 높았던 땅이었음을 표현해주고 있다.

홍수 심판이 시작하면서 하늘에서 쏟아진 물이 땅에 부어졌을 때 물이 울타리의 땅 위로 흘러 넘쳐 잠기게 될 때까지 물이 쏟아졌고 그 울타리의 넓은 땅에서 터진 물샘도 땅위로 솟구쳐 올라 모든 지면이 물에 덮일 때까지 계속되었다. '울타리로 둘러싼 그 땅'은 땅의 다른 지역 보다 높았던 '에덴–동산'의 땅이며 이스라엘 중앙 산지를 연상시켜준다. '울타리로 둘러싼 넓은 땅'이라는 표현은 약속의 땅의 넓은 범위에 속한 땅인 '이집트 강에서부터 큰 강 유브라데까지' 즉, 메소포타미아 전 지역을 의미하는 것으로 보인다. 약속의 땅의 좁은 범위는 '단에서부터 브엘세바까지' 또는 이스라엘 중앙 산지를 말한다.

홍수 이후 노아와 셈, 함, 야벳

9   사람이 된 흰 수소는 그 배에서 나왔고 그 세 수소도 그와 함께 있었다. 세 수소 중 하나는 그 수소와 같이 희고, 하나는 피처럼 붉었고, 나머지 하나는 검었다.[280] 그 흰 수소[281]는 그들을 떠났다.

---

280 흰 수소는 셈, 붉은 수소는 야벳, 검은 수소는 함이다.

281 홍수 이전 시대에도 98년을 살아 보았던 셈은 홍수 이후 어느 시점에 다른 형제들을 떠나 먼저 에덴–동산의 중앙의 자리인 예루살렘을 향하여 떠났다.

살렘 왕 멜기세덱은 셈

방주가 아라랏 산에 정착한 후 세월이 흘러 노아의 자손들은 점차 흩어져 살게 되었지만, 아라랏 산을 떠나지 않으려던 노아 곁에 함께 있으며 아버지를 섬기던 장자 셈은 바벨탑 사건 10년 후 노아가 열조에게로 돌아가자마자, 그는 에덴-동산의 과거와 미래와 하늘 에덴-동산을 갈망하며 예루살렘으로 찾아와서 시온에 거주하며 제사장으로써 모리아 산에서 하나님께 희생제사를 드리기 시작했다.

바벨탑 사건 12년 후에 모리아 땅을 향하여 길을 떠난 아브라함은 하란에서 14년 동안 머물게 되었다. 그해 로쉬 하샤나에 회개와 결단의 기도를 올려드리던 아브라함에게 하나님은 바벨탑 사건 이후 약 26년 동안 인류사에서 사라졌던 창조의 언어 히브리어를 회복시켜주라고 그 천사에게 명했다. 히브리어를 다시 듣고 말할 수 있게 되자마자 아브라함은 조상들로부터 가보로 내려오던 히브리어 책들을 꺼집어 내어 아람어로 필사하면서 6개월동안 연구를 하게 된다. 에녹의 책과 노아의 책을 독파한 후 아브라함은 에덴의 회복을 바라보며 결단하고 에덴-동산의 중앙 산지에 와서 살게 된다. 후에 아브라함은 왕의 골짜기, 샤웨 골짜기 즉 기드론 골짜기에서 셈 제사장을 만난다(창 14:17-20).

야곱도 셈의 장막에 찾아가서 에덴-동산의 이야기와 홍수 이전 시대에 대한 이야기와 에녹과 노아가 전해준 전승들에 대해서 듣고 배워 믿음을 키워나간다. 셈은 아브라함보다 35년을 더 살고 야곱의 50세 때 셈은 600세로 세상을 떠난다.(희년서 참고)

노아의 후손들과 아브라함의 탄생

10 그들은 야생 짐승들과 새들을 낳기 시작했고, 그들로부터 모든 다른 종(種)들이 생겨났다: 사자들, 표범들, 늑대들, 개들, 하이에나들, 야생 멧돼지들, 여우들, 오소리들, 돼지들, 매들, 대머리 독수리들, 솔개들, 독수리들과 큰 까마귀들.[282] 그러나 그들 중에서 흰 수소 하나가 태어났다.

아브라함이 이스마엘과 이삭을 낳음

11 또 그들은 서로 물어뜯기 시작했다. 그러나 그들 중에서 태어났던 흰 수소는 야생 나귀[283]와 그 흰 수소와 함께 하는 한 흰 수소를 낳았으며 야생 나귀들은 번성했다.

---

282 노아의 후손 목록의 마지막은 큰 까마귀들 곧, 가나안 사람이다(창 10:15-20에서 함의 후손 목록의 마지막은 가나안 자손이다). 가나안은 셈의 땅이었던 에덴동산 중앙 산지에서 셈의 자손을 횡포로 몰아내고 그 땅을 차지하여 가나안 땅으로 불려지게 했었다. 특이한 점은 가나안 땅 정복 스토리에서 블레셋 사람은 등장하지만 가나안 사람은 언급되지 않고 지나간다는 것이다. 오랜 후 90장에서 큰 까마귀들은 이스라엘 안팎으로 테러와 전쟁을 일으키는 존재들로 연속 7회 등장한다. 가나안의 spirit은 셈의 자손을 몰아내고 이스라엘 땅을 차지하려는 영이다. 짐승들과 새들은 후에 이스라엘의 입장에서 이방인들을 나타낸다. 사도행전 10장에서 하나님이 이방인들을 향한 선교의 시대를 본격적으로 시작하시겠다는 뜻을 베드로에게 '동물 묵시'의 언어로 알리셨다.

(행 10:12, 15, 28, 35) [12]땅에 있는 각종 네 발 가진 짐승들과 들짐승들과 기어다니는 것들과 공중의 새들이 있더라 [15]하나님께서 깨끗하게 하신 것을 네가 속되다 하지 말라 [28]이르되 유대인으로서 이방인과 교제하며 가까이하는 것이 위법인 줄은 너희도 알거니와 하나님께서 내게 지시하사 아무도 속되다 하거나 깨끗하지 않다 하지 말라 하시기로 [35]각 나라 중 하나님을 경외하며 의를 행하는 사람은 다 받으시는 줄 깨달았도다

283 이스마엘: (창 16:12) 그가 *사람 중에 들나귀(야생나귀) 같이 되리니* 그 손이 모든 사람을 치겠고 모든 사람의 손이 그를 칠지며 그가 모든 형제의 동방에서 살리라 하니라 הוּא יִהְיֶה פֶּרֶא אָדָם 를 직역하면 '그가 들나귀 사람이 될 것이다'이다.

이삭은 에서와 야곱을 낳고 야곱은 열둘을 낳음

12 그렇지만 그 흰 수소에게서 태어난 그 수소는 검은 야생 멧돼지 하나와 그 양 무리의 흰 숫양 하나[284]를 낳았으며 그 야생 멧돼지는 많은 멧돼지들[285]을 낳았고 그 숫양은 열두 양[286]을 낳았다.

요셉이 미디안 상인(이스마엘 후손)에게 팔려 이집트의 노예가 되다

13 그 열두 양이 자랐을 때 그들은 그들 중 하나를 야생 나귀들에게로 넘겨주었고 야생 나귀들은 그 양을 늑대들에게로 넘겨줬으며 그 양은 늑대들 사이에서 자랐다.[287]

이집트로 이주하여 살아가는 야곱의 가족들

14 주께서는 그 양과 함께 살게 하시려고 열한 양을 데리고 오셨고 그 늑대들

---

284 야생 멧돼지는 에서(에돔), 흰 숫양은 야곱, 열두 양은 야곱의 열두 아들들. 다른 사본에서는 야곱을 흰 수소로서 표현하기도 한다.

285 많은 멧돼지들: 에돔 후손들. 후에 아말렉 사람들을 나타내며(89:12, 42-49), 제2차 성전 시대에서는 사마리아 사람들을 나타낸다(89:72).

286 홍수 전 시대의 아담부터 노아, 그리고 홍수 후 시대의 셈에서부터 아브라함, 이삭까지는 그들을 흰 수소로 표현하였다. 하지만 숫양으로 표현된 야곱으로부터 나온 열두 아들부터 시작되는 이스라엘 열두 지파들은 양들로 표현되기 시작하며 양들 중에 대표 지도자는 숫양으로 표현된다.

287 야생 나귀들은 이스마엘 사람들, 늑대들은 이집트 사람들이다. 아브라함과 하갈에게서 태어난 이스마엘 사람들은 후에 아브라함과 그두라 사이에 태어난 네 번째 아들로부터 시작한 미디안 사람들과는 서로 다른 사람들이지만 후대에 두 족속들은 아브라함의 서자들이라는 공통점으로 서로 섞여서 거의 같은 사람들로 혼용된다. 삿 8:22, 24에서는 미디안 군대가 이스마엘 사람들로 구성되어 있는 것으로 인식하고 있다.

가운데서 그 양과 함께 풀을 먹게 했다. 그들은 많아졌고 많은 양 무리가 되었다.

이집트에서의 고난

15 늑대들이 양들을 두려워하기 시작하였고 양들을 압박하여 그들의 새끼들을 죽이고 물이 깊은 강에 그들의 새끼들을 던졌다. 그 양들은 그들의 새끼들로 인해 울부짖었고 그들의 주님께 호소하였다.

모세와 열 가지 재앙

16 하지만 그 늑대들 가운데서 구조되었던 한 양은 도망쳐 야생 나귀들에게로 피했다. 나는 그 양들이 신음하고 울부짖는 것을 보았고 그들이 온 힘을 다하여 주께 호소하는 것을 보았다. 마침내 양들의 주님께서 양들의 요청에 응답하여 높은 방에서 내려와 그들에게로 와서 그들을 보았다.

17 그는 늑대들로부터 도망쳤던 그 양을 불러서 그 양에게 늑대들에 대해서 말하면서 그 양이 늑대들에게 그 양들을 건들지 말아야 할 것을 경고해야 한다고 일렀다.

18 그 양은 주의 말씀에 따라 늑대들에게 갔다. 또 다른 양 하나가 그 양을 만났고 함께 갔다. 그 둘은 함께 늑대들의 총회에 들어가서 그들에게 말하며 경고하기를 지금부터 그 양들을 건드리지 말라고 했다.

19 이 일 후에 나는 늑대들이 어떻게 그들의 온 힘을 다하여 그 양들을 더 거칠게 대했는지와 어떻게 그 양들이 부르짖는지를 보았다.

20 그들의 주께서는 그 양들에게 오셨고 늑대들을 치기 시작하셨다. 늑대들은 신음하기 시작했으나 그 양들은 잠잠해졌고 그때로부터 그들은 울부짖지 않았다.

출이집트와 홍해 그리고 광야

21 나는 그 양들을 보았는데 그들이 늑대들로부터 도망치기까지 바라보았다. 그러나 늑대들의 눈들은 가리워졌으며 그 늑대들은 양들을 뒤쫓아 그들의 온 힘을 다해 추격하였다.

22 그리고 양들의 주님께서 그들과 함께 가시고 그분이 그들을 인도하시므로 그분의 모든 양들이 그를 따랐으며 그분의 얼굴은 영광스럽고 그분의 모습은 경외롭고 장엄하셨다.

23 늑대들이 그 양들을 쫓기 시작해서 물이 양들을 가로막는 데까지 왔다.

24 그 물은 갈라졌고 그들 앞에 물은 이쪽 저쪽으로 섰다. 그들을 인도하시는 주께서 그들과 늑대들 사이에 서 계셨다.

25 늑대들이 그 양들을 보지 못하는 동안 그 양들은 그 물 사이로 들어갔다. 그리고 늑대들도 양들을 쫓아서 그 물 사이로 따라 들어갔다.

26 그들이 양들의 주님을 봤을 때 그분 앞에서 뒤돌아 도망치려 했으나 그 물이 다시 흘러서 갑자기 원래 형태로 돌아갔고 늑대들을 덮쳐 버리기까지 그 물이 솟아올랐다.

27 나는 양들을 쫓아오던 늑대 떼가 멸망되고 익사하는 것을 지켜보았다.

28 그러나 그 양들은 물에서 벗어났고 물도 없고 풀도 없는 사막으로 들어갔다. 그때 그들의 눈들이 열려 보기 시작했고 나는 양들의 주님께서 그들을 먹이시며 물과 풀을 주시는 것과 그 양이 가면서 그들을 인도하는 것을 보았다.

시나이 산과 성막

29 그리고 그 양은 높은 바위의 정상으로 올라갔고 양들의 주님께서 그 양을 양들에게 보내셨다.

30 이 후에 나는 양들의 주님께서 그들 앞에 서 계신 것을 보았다. 그분의 모습은 두려웠고 위엄이 있었으며 모든 양들은 그분을 보았고 그분을 두려워했다.

31 그들 모두는 그분 앞에서 두려워했고 벌벌 떨었으며 그들 중에 그들과 함께 있었던 그 양에게 "우리는 우리 주 앞에서 설 수도 없고 그를 볼 수도 없습니다"라고 부르짖었다.

32 양들을 이끄는 그 양은 다시 높은 바위의 정상에 올라갔고 양들의 눈들이 가려지기 시작했으며 그들에게 보여졌던 그 길을 잃고 헤매었지만 그 양들은 깨닫지 못하였다.

33 양들의 주님께서 그들에 대해 심히 분노하였으며 그 양이 알고 그 바위의 정상으로부터 내려와 양들에게 갔으며 그들 대부분이 눈이 가려진 채 길을 잃고 어긋나고 있음을 발견했다.

34 그들이 그 양을 보자 그 앞에 두려워 벌벌 떨었고 양들의 우리들로 돌아가기를 바랬다.

35 그 양은 그와 함께한 다른 몇몇 양들을 데리고 길을 벗어난 양들에게 가서 그들을 죽이기 시작했다. 양들은 그 양을 두려워했고 그 양은 길을 벗어난 그 양들을 데리고 돌아왔고 그 양들은 다시 양들의 우리들로 돌아왔다.

36 나는 거기서 그 양이 사람이 되고 그 양들의 주님을 위한 집[288]을 짓고 모든 양들을 그 집 안에 서게 하는 장면까지 보았다.

아론의 죽음과 세대 교체

37 나는 양들을 인도한 양을 만났던 그 양이 잠드는 것까지 보았다. 나는 모든 큰 양들이 멸망되고 그들의 자리에 작은 양들이 일어서게 되는 것을 보았고 그들이 한 목초지로 와서 물이 흐르는 곳으로 가까이 인도되는 것을 보았다.

모세의 죽음과 요단강 건넘

38 사람이 되었던 그들을 인도한 그 양은 그들과 헤어져서 잠들게 되었고 모든 양들이 그 양을 찾으려 했고 그의 죽음으로 인해 매우 통곡했다.

39 나는 그들이 그 양을 위해 우는 것을 멈추고 물이 흐르는 곳을 건너는 것을 보았다. 그들을 이끌다 잠든 자들의 자리에 두 양들이 인도자들로 일어났다.

약속의 땅과 실로 성막 성전

40 나는 그 양들이 좋은 장소와 즐겁고 영광스러운 땅에 올 때까지 바라보았고 양들이 흡족해하는 것까지 바라보았다. 그리고 그 집[289]은 푸르고 즐거운 땅에 그들 가운데 있었다.

---

288 모세의 성막

289 실로의 성막 성전

사사 시대

41 또 다른 양이 일어나 그들 모두를 이끌어 데리고 돌아올 때까지 그들의 눈이 때때로 열렸지만 때로는 가려졌다. 다른 양이 일어나 그들을 이끌어 데리고 돌아올 때는 그들의 눈이 열렸다.

사울

42 양들의 주님께서 그들 중의 한 숫양을 일으켜 그들을 인도하게 하기까지는 개들, 여우들, 야생 멧돼지들[290]이 양들을 삼키기 시작했다.

43 그 숫양은 그의 뿔들로 그 개들, 여우들, 야생 멧돼지들을 이쪽 저쪽으로 들이박기 시작했고 그들이 다 멸절되기까지 들이박았다.

44 양들의 눈들이 열렸고[291] 그 양들은 양들 한 가운데 있던 그 숫양이 어떻게 자신의 영광을 저버리며 양들을 괴롭히고 짓밟으며 품위 없이 사라지는 것을 보았다.

사무엘과 다윗, 다윗을 쫓는 사울

45 그러자 양들의 주님은 그 양을 다른 양에게 보내어 한 숫양이 되도록 들어올리셨고 자신의 길을 저버리고 자신의 영광을 포기했던 그 숫양을 대신하여 양들을 인도하도록 하셨다.

---

290 개는 블레셋(플레쉘) 사람을, 여우는 암몬 사람을, 야생 멧돼지는 이 시점에서는 에돔 사람들과 에돔과 가까운 아말렉 사람들을 나타내며(89:12, 42-49) 제2차 성전 시대에서는 사마리아 사람들(89:72)을 나타낸다.

291 사무엘 선지자의 활동으로 사울 왕과 다윗 왕 기간에 양들의 눈들이 잠시 열리게 된다.

46 그는 그에게 가서 그 양하고만 은밀히 대화했고 그 숫양을 들어 올려 세움으로 양들의 주권자이자 지도자로 임명했다. 이러한 일들이 일어나는 동안 그 개들은 그 양들을 압제했다.

47 첫 번째 숫양이 두 번째 숫양을 추적했고 그 두 번째 숫양은 일어나서 도망갔다. 나는 개들이 그 첫 번째 숫양을 쓰러지게 하는 것까지 바라보았다.

다윗과 솔로몬

48 그 두 번째 숫양이 일어나 양들을 인도하였고 그 숫양은 많은 양을 낳고 잠들었다. 그리고 한 작은 양이 그를 대신해서 숫양이 되었고 양들의 왕자이자 지도자가 되었다.

49 양들은 성장하고 그들의 수가 증가했고 모든 개들, 여우들, 야생 멧돼지들이 두려워 도망쳤다. 그러자 숫양이 모든 짐승들을 들이박아 죽였고 그 짐승들은 다시는 양들을 이기지 못하고 아무것도 강탈하지 못했다.

솔로몬 성전과 높은 탑

50 그리고 그 집은 커지고 확장되었으며 양들의 주님의 집인 그 곳에 양들을 위하여 높은 탑이 세워졌다. 그 집은 낮았으나 탑은 높이 들려 올려졌다. 양들의 주님께서 그 탑 위에 섰고[292] 그들은 그분 앞에 풍족한 식탁을 차려 드렸다.[293]

---

292 (창 28: 12-13) [12]꿈에 본즉 사닥다리가 땅 위에 서 있는데 그 꼭대기가 하늘에 닿았고 또 본즉 하나님의 사자들이 그 위에서 오르락내리락 하고 [13]또 본즉 여호와께서 그 위에 서서 이르시되...

293 (레 3:11) 제사장은 그것을 제단 위에서 불사르니 이는 화제로 여호와께 드리는 음식이니라.

> ### 집과 탑(1)
>
> 쉐키나שכינה께서 땅에서 머무실 처소인 그 집은 처음에는 광야에서 이
> 동식 텐트인 모세의 성막의 모습이었고 그 후에는 실로에 정착된 성막 성
> 전의 모습이었고 그 후에는 에덴-동산의 중앙이었던 택한 장소인 예루
> 살렘에 세워진 솔로몬 성전의 모습으로 여호와의 집은 커지고 확장되었
> 다. 땅에 성전(집)이 있고 그 성전(집) 위에 세워져서 하늘 높은 곳까지 연
> 결시켜주는 높은 탑이 있다. 땅 성전을 집으로 표현하고 있고 하늘 성전
> 과 땅 성전을 서로 이어주는 연결된 상태를 높은 탑이라 표현하고 있다.

타락하고 제 갈 길로 가며 집을 떠난 양들에게 보냄 받은 선지자들의 순교

51 나는 다시 어떻게 그 양들이 길을 벗어나 여러 길들로 걸어 갔으며 어떻게
그들의 그 집을 떠났는지 보았다.[294] 양들의 주님께서 몇 명의 양을 불렀고
그들을 양들에게로 보내셨으나 그 양들은 그들을 죽이기 시작했다.[295]

엘리야가 승천되어 하늘에서 에녹과 함께 머묾

52 그러나 그 중 하나가 목숨을 보전하게 되어 죽임당하지 않고 뛰쳐나가 양들을 맞

---

294 북이스라엘의 열 지파들이 다윗의 집과 예루살렘을 떠나면서 여로보암은 금송아지 우상과 수
염소 우상을 여러 산당에 세우고 우상숭배를 장려하며 예루살렘 성전으로 가지 못하게 했으
며 레위 사람들의 직분을 폐하고 자기가 세운 보통 사람을 제사장을 임명하였으며 정한 절기
의 날짜를 자기 마음대로 다른 날짜로 바꾸어 공포함으로써 북이스라엘 백성들이 하나님과 그
분의 집을 떠나게 만들었다.

295 (왕상 18:13) 이세벨이 여호와의 선지자들을 죽일 때에... (왕상 19:10, 14) ...이스라엘 자손
이 주의 언약을 버리고 주의 제단을 헐며 칼로 주의 선지자들을 죽였음이오며 오직 나만 남았
거늘 그들이 내 생명을 찾아 빼앗으려 하나이다.

서서 크게 외쳤다. 그들은 그를 죽이고 싶었으나 양들의 주님께서 양들의 손에서 그 양의 목숨을 구해 내었고 그 양을 나에게로[296] 데리고 올라와서 머물게 하셨다

그 후 다른 많은 선지자들의 증거와 애통

53 그분은 다른 많은 양들을 그 양들에게 보내셔서 그들에게 증거하게 하고 그들에 대해 애통하게 하셨다.

바벨론에 의한 남유다의 멸망과 흩어짐, 집과 탑의 버려짐

54 이 일 후에 나는 언제 어떻게 그들이 양들의 주님의 집과 그분의 탑을 떠났는지 보았고 그들이 모든 것에 있어서 길을 벗어나 타락하고 눈이 멀어버린 것을 보았다. 그리고 나는 그 양들이 학살을 불러들이고 그분의 성소를 저버리기 때문에 양들의 주님께서 그들의 목장들에 있는 그들 가운데 많은 학살을 일으키시는 것을 보았다.

55 그가 사자들, 표범들, 늑대들, 하이에나들, 여우들과 모든 동물들의 손에 그들을 내어주었다.[297] 그 야생 동물들은 그 양들을 산산조각 나도록 찢기 시작했다.

56 나는 그가 그들의 집과 그들의 탑을 어떻게 떠났는지 보았고 그들 모두를 사자의 손에 넘겨주어서 그 사자들이 그들을 갈기 갈기 찢어서 삼켜버리는 것을 보았고 모든 동물들의 손에 넘겨지는 것도 보았다.[298]

---

296 여기서 일인칭 화자는 이미 높은 하늘에 와 있던 에녹이다. 에녹은 홍수 전 시대에 살던 사람으로서 죽음을 경험하지 않고 산 채로 하늘로 들려 올려진 첫 사람이고 엘리야는 홍수 후 시대에 그러한 두 번째 사람이다. 10주간묵시에서 여섯째 주간에 한 사람의 승천(그리스도의 부활 승천)과 비교(93:8).

297 여기서 사자는 바벨론, 표범은 그리스, 늑대는 이집트를 나타낸다. 하이에나는 아람 사람을, 여우는 암몬 사람을 나타낸다.

298 (사 47:5-6) [5]딸 갈대아여 잠잠히 앉으라 흑암으로 들어가라 네가 다시는 여러 왕국의 여주

집과 탑(2)

집은 성전을 의미하며 탑은 땅 성전과 하늘 성전이 서로 이어진 상태를 보여주는 상징적인 그림 언어이다. 수직적으로 연결된 탑은 구름기둥과 불기둥과 같은 그림 언어이며 야곱이 꿈에 본 사닥다리와도 같은 개념이다. 하늘 성전이 땅 성전과 수직적 연결을 이루면 땅 성전의 영적 영향력은 수평적으로 확장되어 권세의 확장을 이루고 번영과 축복을 가져다준다.

하나님이 그들에게 복을 주시며 하나님이 그들에게 이르시되 생육하고 번성하여
땅에 충만하라, 땅을 정복하라, ... 모든 생물을 다스리라(창 1:28).
여호와 하나님이 그 사람을 이끌어 에덴 동산에 두어 그것을 경작하며
지키게(예배하며 말씀을 지키고 순종하게) 하시고(창 2:15)

에녹1서 89장에서 노아 홍수에서부터 이스라엘의 재건(1948년) 직전까지의 역사를 이스라엘과 주변 나라들을 중심으로 보여주면서 이스라엘은 양으로, 주변 적국들은 악한 짐승들로 표현하고 있다. 특히 성막이나 성전을 의미하는 집과 그 집 위에 세워져 하늘에 닿아 있는 탑이 중요한 상징과 그림 언어로 다뤄지고 있다.

에녹의 울부짖는 중보와 잠잠히 계시는 주님

57 나는 양들의 주님을 부르기 위해서 모든 야생 동물들이 양들을 삼켜버리고 있다라고 양들에 대해서 그분께 알려드리기 위해서 나의 온 힘을 다하여 부

인이라 일컬음을 받지 못하리라 ⁶전에 내가 내 백성에게 노하여 내 기업을 욕되게 하여 그들을 네 손에 넘겨 주었거늘 네가 그들을 긍휼히 여기지 아니하고 늙은이에게 네 멍에를 심히 무겁게 메우며

르짖기 시작했다.

58 그분은 보셨지만 잠잠히 계셨다. 오히려 그분은 그들이 먹혀지고 삼켜지며 쫓겨나가는 것을 기뻐하셨다.[299] 그분은 모든 동물들의 손에 그들을 내어주고 음식으로 삼도록 하셨다.

70목자들

일반적으로 성경적인 용어 사용에서는 목자는 양들의 지도자인 사람을 의미한다. 겔 34:1-8에서는 자기만 먹이는, 살진 양을 잡아먹는 이스라엘의 목자들이 그러한 경우이다. 그러나 동물 묵시의 비유법에서는 동물은 사람으로(소는 족장들을, 양은 이스라엘 백성을, 야생 짐승들과 새들은 이방 나라나 이방민족들), 사람은 천사로 나타난다. 그러므로 여기서 70목자들은 사람이 아니라 천사들을 나타낸다.

양들의 주님은 70목자들을 부르셨고 그들에게 양들을 방목하도록 맡겨주셨다. 이스라엘 백성이 여러 나라의 여러 민족으로 흩어져서 들어가 살아가게 되는 디아스포라의 시대 동안 그들은 70목자들의 손에 각각 정한 기간동안 맡겨진다. 양들의 주님이 70목자들에게 주신 특별한 명령은 주님이 양들 중에서 어떤 양들이 멸망되어야 할지를 알려주면 그들을 죽이는 것이었다. 그리고 양들의 주님은 다른 자(천사)를 불러서 서기관 역할을 맡기고 목자들이 얼마만큼 양들을 죽이는지, 양들을 얼마나 더 죽이는지를 기록하여 보고하도록 사명을 맡기셨다.

---

299 (신 28:63-64) [63]여호와께서 너희에게 선을 행하시고 너희를 번성하게 하시기를 기뻐하시던 것 같이 이제는 여호와께서 너희를 망하게 하시며 멸하시기를 기뻐하시리니 너희가 들어가 차지할 땅에서 뽑힐 것이요 [64]여호와께서 너를 땅 이 끝에서 저 끝까지 만민 중에 흩으시리니 네가 그 곳에서 너와 네 조상들이 알지 못하던 목석 우상을 섬길 것이라.

> 70목자들에게 맡겨진 70 시기(12+23+23+12)
> 바벨론 포로에서 현대 이스라엘까지(89:59-90:17)

이스라엘이 70목자들의 손에 맡겨져 방목되는 긴 시기

59 그분은 70목자들을 부르셨고 그 양들을 그들에게 내던져서 그들이 양들을 방목하도록 했다. 그분이 그 목자들과 그들의 동료들에게 말했다. "너희 각자는 이제부터 양들을 먹이고 내가 너희에게 명령하는 것이 무엇이든 행하라.

60 내가 알맞은 수만큼 너희 손에 그들을 넘겨주리라. 그 중 어떤 것이 멸망되어야 할지 알려줄 것이니 그들을 멸절시켜라."[300] 그리고 그분은 양들을 그들에게 넘겨주셨다.

서기관 천사가 비밀스럽게 기록한 목자들의 행위들을 영들의 주님께 보고하도록 함

61 그분이 다른 자를 불러서 그에게 말하였다. "이 목자들이 양들을 대적하여 행하는 모든 것을 주시하고 보아라. 그들은 내가 그들에게 명령한 것보다 더 많이 멸망시킬 것이기 때문이다.

62 그리고 목자들에 의해 되어진 모든 지나친 행위와 파멸에 대해 기록하되 그들이 나의 명령으로 얼마나 많이 멸망시키는지와 그들의 의지대로 얼마

---

300 (겔 20:37-38) [37]내가 너희를 막대기 아래로 지나가게 하며 언약의 줄로 매려니와
[38]너희 가운데에서 반역하는 자와 내게 범죄하는 자를 모두 제하여 버릴지라 그들을 그 머물러 살던 땅에서는 나오게 하여도 이스라엘 땅에는 들어가지 못하게 하리니 너희가 나는 여호와인 줄을 알리라

나 많이 멸망시키는지를 계수하라. 각 목자들에 대해 그들이 멸망시킨 모든 것을 각각 적어라.

63 얼마나 많이 그들의 의지로 멸망시켰고, 얼마나 많이 멸망을 위해 넘겨주었는지 내 앞에서 정확하게 읽어라. 그래서 이것이 내가 그들을 대적하는 증언이 되게 하라. 목자들을 심판으로 넘길 때를 위해 나로 그들의 행위들을 모두 알게 하여라. 또한 나는 그들이 무엇을 하는지, 그들이 내가 명령한대로 나의 명령을 준행하였는지 아닌지를 볼 것이다.

64 하지만 그들이 이것을 알지 못하게 해야 하고 그들에게 이것을 보여주어서는 안 된다. 각 목자들이 그의 시기에 멸망시킨 모든 자들을 기록하기만 하여라. 그리고 그 모든 것을 나에게 가지고 올라오너라."

첫 번째 기간
(12 시기 동안 맡겨진 이스라엘)

바벨론 포로시대, 바벨론과 에돔에 의한 성전과 탑의 훼파

65 나는 목자들이 각자의 정한 기간 동안 방목하는 것까지 보았으며 그들은 명령받은 것 이상으로 죽이고 멸망시키기 시작했고[301] 그들은 그 양들을 사자들의 손에 넘겨주었다.

66 사자들과 표범들은 그 양들의 대부분을 갈가리 찢어 집어 삼켜 버렸다. 야

---

301 (슥 1:14b-16) ¹⁴내가 예루살렘을 위하며 시온을 위하여 크게 질투하며 ¹⁵안일한 여러 나라들 때문에 심히 진노하나니 나는 조금 노하였거늘 그들은 힘을 내어 고난을 더하였음이라 ¹⁶그러므로 여호와가 이처럼 말하노라 내가 불쌍히 여기므로 예루살렘에 돌아왔은즉 내 집이 그 가운데에 건축되리니 예루살렘 위에 먹줄이 쳐지리라.

생 멧돼지들도 그들과 함께 삼켰고 그들은 그 탑을 불태워버렸고 그 집을 부숴뜨렸다.

야생 멧돼지(에돔 사람, 사마리아 사람)

에녹1서 89:66에서 야생 멧돼지들은 이스라엘을 가장 증오하던 에돔 사람들을 의미한다. 에스더 시대에 유대인을 멸절시키려고 했던 아각 사람 함므다다의 아들 하만은 아말렉 후손이고 아말렉은 에서의 장자인 엘리바스의 아들이다.

제2차 성전 시대에는 사마리아 사람들도 야생 멧돼지로 표현된다(89:72). 그들의 공통점은 이스라엘에 가장 가까운 친족들이었지만 이스라엘에 가장 적대적인 원수들이 되었다는 것이다.

바벨론에 의해서 남유다가 멸망되고 예루살렘과 성전이 무너졌지만 바벨론은 에돔 사람들을 앞세워서 성전을 불태우고 파괴하는데 앞장섰다. 사마리아 사람들도 북이스라엘의 후예로서 남유다의 가까운 혈통이었지만 남유다 중심으로 포로 귀환 이후 재건된 이스라엘에 적대적이었으며 이스라엘이 성전을 재건하는 일을 훼방하고 시기하였다.

당신은 또한 유대가 갈대아인들에게 멸망당할 때 에돔 사람들이 불살랐던 성전을 건축하기로 서약했습니다(에스드라1서 4:45).

여호와여 예루살렘이 멸망하던 날을 기억하시고 에돔 자손을 치소서 그들의 말이 헐어 버리라 헐어 버리라 그 기초까지 헐어 버리라 하였나이다(시 137: 7).

> ¹¹네가 멀리 섰던 날 곧 이방인이 그의 재물을 빼앗아 가며 외국인이 그의 성문에 들어가서 예루살렘을 얻기 위하여 제비 뽑던 날에 너도 그들 중 한 사람 같았느니라 ¹²네가 형제의 날 곧 그 재앙의 날에 방관할 것이 아니며 유다 자손이 패망하는 날에 기뻐할 것이 아니며 그 고난의 날에 네가 입을 크게 벌릴 것이 아니며 ¹³내 백성이 환난을 당하는 날에 네가 그 성문에 들어가지 않을 것이며 환난을 당하는 날에 네가 그 고난을 방관하지 않을 것이며 환난을 당하는 날에 네가 그 재물에 손을 대지 않을 것이며 ¹⁴네 거리에 서서 그 도망하는 자를 막지 않을 것이며 고난의 날에 그 남은 자를 원수에게 넘기지 않을 것이니라(옵 1:11-14).
>
> 사 34:5; 겔 25:12; 겔 35; 겔 36:1-5; 애 4:21 참조

67 나는 양들의 그 집이 파괴되었기 때문에 그 탑이 사라진 것에 대해서 극심하게 슬퍼했다. 그 이후 나는 그 양들이 그 집에 들어갔는지 볼 수 없었다.

68 그 목자들과 그들의 부하들은 양들을 온갖 야생 짐승들의 손에 넘겨주어서 그들을 삼켜버리게 했다. 그들 각각은 그들에게 정해진 기간동안 일정한 수를 넘겨 받았고 그들 각각은 그의 동료에게 일정한 수를 넘겨주었다. 그들 중에서 얼마나 많이 멸망되었는지는 책에 기록되었다.

69 각자는 예정된 수 보다 더 많이 죽이고 멸망시켰으며 나는 그 양들로 인해 흐느끼며 극렬히 신음하기 시작했다.

70 이처럼 그 환상에서 나는 기록하는 자가 목자들에 의해서 멸망된 각각을 어떻게 매일 적고 있는지를 보았다. 그는 책 전체를 가지고 올라와서 펼쳐 놓고 목자들이 행한 모든 짓들과 그들 각자가 없애 버렸던 모든 양들과 그들이 멸망으로 넘겨줬던 모든 양들을 양들의 주님 앞에 다 보여드렸다.

71 그 책은 양들의 주님 앞에서 읽혀졌다. 그분은 그의 손에서 그 책을 취하여

읽으셨으며 그 책을 봉인하신 후 그 책을 내려놓아 두셨다.

72a 나는 목자들이 12기간 동안 양들을 어떻게 방목하는지를 보았다.

두 번째 기간
(23 시기 동안 맡겨진 이스라엘 역사)

페르시아 시대의 포로 귀환(스룹바벨, 에스라, 느헤미야)

72b 보라, 그들 중 세 마리 양이 귀환해서 도착했고 와서 그 집의 모든 무너진 것들을 세우기 시작하였다. 그러나 야생 멧돼지[302]가 그들을 방해해서 그들은 할 수 없었다.

제2차 성전 시대: 1) 성전을 세우고 높은 탑을 다시 쌓아 올림, 오염되고 온전하지 않은 성전 제사

73 [303] 그들이 전과 같이 다시 그 집을 짓기 시작했고 그들은 그 탑을 세워 올렸으며 그것은 높은 탑이라 불렸다. 그들이 다시 그 탑 앞에 상을 차리기 시작했으나 그 위의 모든 빵은 오염되어 깨끗하지 않았으며 순전하지 않았다.[304]

---

302 야생 멧돼지는 제1차 성전 시대에는 에돔 사람들과 아말렉 사람들(89:42-43, 49), 제2차 성전 시대에는 사마리아 사람들(89:72)을 나타낸다.

303 포로 귀환 이후 스룹바벨 성전과 당시의 불온전한 제사와 눈먼 양떼를 잡아먹는 목자들. 슥 11:16-17; 말 1:6-14; 말 2:1-9 참조

304 (학개 2:13-14) 13학개가 이르되 시체를 만져서 부정하여진 자가 만일 그것들 가운데 하나를 만지면 그것이 부정하겠느냐 하니 제사장들이 대답하여 이르되 부정하리라 하더라 14이에 학개가 대답하여 이르되 여호와의 말씀에 내 앞에서 이 백성이 그러하고 이 나라가 그러하고 그들의 손의 모든 일도 그러하고 그들이 거기에서 드리는 것도 부정하니라.

제2차 성전 시대: 2) 헬라제국과 로마제국에 의해 짓밟히는 이스라엘

74 게다가 양들의 눈들은 가려져서 그들은 보지 못했고 그들의 목자들도 마찬가지였다. 그들은 여전히 더 큰 멸망을 위해 양들을 야생 짐승들에게 넘겨주었고 그들은[305] 양들을 그들의 발로 짓밟았으며 양들을 삼켰다.

로마제국에 의한 이스라엘의 멸망과 유대인들의 이방 세계로 흩어짐, 이방 세계에서 목자들의 손에 맡겨져 고난 받는 이스라엘 백성과 침묵으로 지켜보시는 주님(주후 70)

75 모든 양들이 들판으로 흩어져서[306] 그들과 섞이게 될 때까지[307] 목자들이 짐승들의 손으로부터 양들을 구해주지 않고 있는데도 양들의 주님은 잠잠히 침묵하고 계셨다.

76 그 책을 기록하는 자는 그것을 가지고 올라와서 보여드리고 양들의 주님의 처소에서 소리 내어 읽어드렸다. 그리고 그는 목자들이 한 모든 행위들을 그분께 보여드리며 그분 앞에서 모든 목자들을 대적하여 증언함으로 양들을 대신하여 그분께 탄원하였고 그분에게 간청하였다

77 그는 그 두루마리를 가지고 그분 옆에 내려놓고 나갔다.

---

305 헬라 제국의 통치를 받던 이스라엘 땅은 북방 왕인 시리아의 셀류쿠스 왕국과 남방 왕인 이집트의 프톨레미 왕국 사이에서 일어나는 세력 다툼과 전쟁으로 짓밟힘을 당하는 전쟁터가 된다. 마카비 혁명을 통해서 세워진 하스모니안 독립 왕조가 잠시 있었지만 이스라엘 땅은 로마 제국에 의해서 다시 짓밟힌다.

306 89:73에서 다시 세워졌으나 불온전했던 제2차 성전이 언제 파괴되고 없어졌는지에 대해서 명시되어 있지 않지만 89:75에서 "모든 양들이 들판(해외)으로 흩어졌다"라는 표현 안에 이스라엘 국가가 멸망하고 성전이 파괴되고 모든 백성이 더 이상 자기 땅에 살지 못하고 열방으로 흩어져서 섞이게 되었음을 묘사해주고 있다.

307 이스라엘이 열방으로 흩어져서 짐승들과 즉, 이방 나라와 이방 민족들과 섞여 사는 모습을 그려주고 있다.

이방인의 충만을 채우기 위한 이스라엘의 멸망과 흩어짐

주전 65년부터 이스라엘을 통치하던 로마가 주후 70년에 성전을 파괴하고 이스라엘 국가를 멸망시켰다. 주후 132-135년에 시몬 바르 코크바가 봉기를 일으켜 예루살렘의 독립상태를 잠깐 유지하긴 했지만 로마는 결국 더 많은 유대인들을 학살하고 그들을 완전히 흩어버렸으며 이스라엘 땅을 블레셋의 땅(팔레스티나)으로 부르도록 하여 이스라엘을 역사 속에서 지워버리려고 했다.

이것은 미가서 5장과 다니엘서 11장 예언의 성취이다. 그후 이스라엘이 재건된 주후 1948년까지 약 1800년의 디아스포라의 긴 기간[308]이 지나왔으며, 다른 한편으로는 구원받아 하나님 나라의 유업을 받게 될 이방인들의 충만한 수를 채우기 위한 교회의 시대가 지나왔다.

이전 37목자들의 손에 차례대로 맡겨져 이방 땅에서 방목되던 이스라엘 역사

90

나는 37 목자들이[309] 이와 같은 방법으로 양들을 방목했던 시지 보았고 그들 모두는 처음 목자들이 한 것과 같이 각자의 시간을 마감했다. 다른 목자들도 양들을 그들의 손들로 받아 그들의 정한 시간까지 방목했고 각 목자는 그 자신의 기간동안 그렇게 했다.

---

308 바벨론 포로 기간부터 유대인의 디아스포라가 이미 시작된 것으로 보기도 한다(약2600년).

309 모든 사본에서는 37로 되어있지만 주류 학자들은 35(12+23)가 37로 잘못 번역되었을 것이라는 주장을 받아들이고 있다. 하지만 70시기만 12+23+23+12로 나눠지고 70목자는 그렇게 항상 그렇게 나눠지지는 않는 것 일 수도 있다.

땅의 맹수들(첫 두 기간)과 하늘의 맹금류들(마지막 두 기간)

바벨론에 의해서 남유다가 멸망하는 시대부터 70목자들의 첫 번째, 두 번째 기간에는 이스라엘을 공격하는 짐승들은 땅의 맹수들로 나타난다 (사자들, 표범들, 늑대들, 하이에나들, 여우들(89:55), 야생 멧돼지들(89:66)). 땅의 맹수들은 이스라엘 땅 주변의 중동 메소포타미아 지역의 나라들이 주를 이루며 그리스와 이집트까지 포함된다.

그러나 70목자들의 세 번째, 네 번째 기간에서는 이스라엘을 공격하는 짐승들이 주로 하늘의 맹금류들로 나타난다(독수리들, 대머리 독수리들, 솔개들, 큰 까마귀들(90:2)). 하늘의 사나운 새들은 이스라엘을 기준으로 지중해 바다 먼 곳에서 온 로마제국에 포함된 나라들이며 예외적으로 개들도 맹금류들과 함께 양들을 공격한다.

마지막 네 번째 기간에서 새들 중에서도 큰 까마귀가 다른 모든 맹금류들의 지시와 지원을 받아가면서 이스라엘 땅 주변과 이스라엘 땅 안에서 양들을 공격하는데 이 큰 까마귀는 이스라엘을 둘러싼 중동 국가들 중에서 이슬람 극단주의의 테러와 전쟁의 모습을 비춰주고 있다.

세 번째 긴 기간
(23 시기 동안 맡겨진 이스라엘 땅 밖에서의 고난의 역사)

로마제국 시대부터 2차 세계 대전 중 발생한 홀로코스트까지 삼켜지고 쪼이고 먹혀서 결국 마른 뼈들만 남게 되고 땅에 버려진 '마른 뼈들의 시대' (주후 70–주후 1948)

2 이후 나는 환상에서 모든 하늘의 새들 즉 독수리들, 대머리 독수리들, 솔개

들, 큰 까마귀들이 오는 것을 보았으며 독수리들[310]은 모든 새들을 이끌고 있었다. 그들은 그 양들을 삼키고 양들의 눈들을 쪼아내고 양들의 살을 먹기 시작했다.

3   양들은 그들의 살이 새들에 의해 먹히고 있었기 때문에 울부짖었고 나도 양들을 방목하고 있던 그 목자들 때문에 잠든 중에 울부짖고 탄식했다[311].

4   나는 그 양들이 개들[312], 독수리들, 솔개들에 의해 삼켜지는 것까지 보았다.

---

310 모든 하늘의 새들(독수리, 대머리 독수리, 솔개, 큰 까마귀들)을 이끄는 독수리들은 로마제국을 의미한다. 유대교의 종말론적인 관점에서는 종말에 이스라엘의 두 큰 대적이 있는데 하나는 깃딤이고 다른 하나는 에돔이다.

깃딤은 이스라엘 땅을 기준으로 지중해 바다 건너편에서 와서 이스라엘을 공격하는 대적이며 그리스 제국이나 로마제국으로 대표되어진다. 에돔은 이스라엘 땅을 둘러싸고 있는 대적이다. 에돔은 계 6:8; 13:11에서 '땅에서 나온 짐승'으로 구분될 수 있고 동물 묵시에서 사자, 표범, 늑대, 야생 멧돼지, 하이에나, 여우로 나타나고 있다. 깃딤은 계 13:1에서 '바다에서 나온 짐승'으로 동물 묵시에서는 주로 사나운 새들(독수리, 대머리 독수리, 솔개)로 나타나고 있다.

311 세 번째 기간은 이스라엘과 예루살렘이 로마에 의해서 멸망되고 유대인들이 이스라엘 땅에서 쫓겨나가 이방 땅에 흩어져서 살게 되는 긴 기간이다. 양들을 맡은 목자들이 주님이 명령한 것 이상으로 더 많이 양들을 죽이며 지나치게 파멸을 행하도록 양들을 야생 짐승들에게 넘겨주어 양들이 예정된 수 보다 더 많이 죽고 짓밟히며 삼켜져서 뼈들만 앙상하게 남게 되었다. 에녹은 이 세 번째 기간의 모든 장면들을 바라보며 울부짖고 탄식한다.

(사 40:1-2) ¹너희의 하나님이 이르시되 너희는 위로하라 내 백성을 위로하라 ²너희는 예루살렘의 마음에 닿도록 말하며 그것에게 외치라 그 노역의 때가 끝났고 그 죄악이 사함을 받았느니라 그의 모든 죄로 말미암아 여호와의 손에서 벌을 배나 받았느니라 할지니라 하시니라.

이사야 선지자는 40장의 시작에서 길고 오랜 노역의 때가 끝났고 그 죄악이 사함을 받았음을 예루살렘의 중심에 선포하는 이러한 위로와 함께 이스라엘 땅에서의 '내 백성'의 회복과 함께 메시아의 재림을 예언하였다. 에녹1서 89:61; 89:62; 89:65; 89:69; 89:74; 90:22 참조

312 양들이 독수리들, 솔개들에 의해서 뿐만 아니라 개들에 의해서도 삼켜지는 장면이 나온다. 89:42-43, 46, 47, 49에서 사울 왕이 등극하는 과정에서 활동하는 개들은 이스라엘 땅에 살면서 이스라엘을 압제하던 블레셋 사람들을 의미하고 있다. 90:4에서 개들은 팔레스타인 땅에 남아 살아가고 있던 소수의 유대인들을 압제하던 블레셋의 영을 이어받은 사람들을 의미한다.

그들은 양들의 뼈들만 남게 될 때까지 양들의 살과 가죽과 힘줄도 남겨두지 않았다. 양들의 뼈들은 땅에 떨어졌고 양들은 그 수가 적어졌다.

예언된 홀로코스트(유대인 대학살)와 이스라엘의 건국

[11]또 내게 이르시되 인자야 이 뼈들은 이스라엘 온 족속이라 그들이 이르기를 우리의 뼈들이 말랐고 우리의 소망이 없어졌으니 우리는 다 멸절되었다 하느니라 [12]그러므로 너는 대언하여 그들에게 이르기를 주 여호와께서 이같이 말씀하시기를 내 백성들아, 내가 너희 무덤을 열고 너희로 거기에서 나오게 하고 이스라엘 땅으로 들어가게 하리라 [13]내 백성들아, 내가 너희 무덤을 열고 너희로 거기에서 나오게 한즉 너희는 내가 여호와인 줄을 알리라 [14]내가 또 내 영을 너희 속에 두어 너희가 살아나게 하고 내가 또 너희를 너희 고국 땅에 두리니 나 여호와가 이 일을 말하고 이룬 줄을 너희가 알리라 여호와의 말씀이니라.(겔 37:11-14)

이스라엘이 A.D. 70년 이후 전 열방에 흩어져서 지내는 동안 그들은 마른 뼈들만 남게 되어 소망 없이 다 멸절 된 것과 같았다. 그러나 첫 번째 뼈들에 대한 대언의 때가 이르매 뼈들이 모이고 힘줄이 생기고 살이 오르며 피부가 덮이게 되었다. 두 번째 생기에 대한 대언의 때가 되니 사방에서 생기가 불어와 그들이 일어서니 하나님 곧, 전능하신 이의 큰 날의 전쟁(계 16:14)을 치를 수 있는 극히 큰 군대가 되었다. 이와 같이 그들은 고토로, 조상들의 땅인 이스라엘 땅으로 돌아오게 되었고 회복된 이스라엘 땅에서 점점 강해지고 있다.

90:4에서 마른 뼈들만 남게 되어 땅에 떨어져서 인구가 줄어든 사건의 절정은 히틀러 나찌당이 일으킨 제2차 세계 대전 중에 독일 개신교 신학의 이름으로 자행된 유대인 600만명의 대학살 사건인 홀로코스트로 나타났다. 그 후에 이스라엘이 1948년 5월 18일 약 1900년 만에 나라로서 재건되었고 그들은 고토로 돌아오기 시작했다.

90:4-6에 명시되어 있지는 않았지만 마른 뼈 사건 후에 그들은 이방 땅에서 고토로 돌아와 그 고토에서 이스라엘 나라를 재건한다. 그리하여 70목자의 네 번째 기간의 남은 역사가 다시 이스라엘 땅을 중심 무대로 하여 진행되게 된다.

23명의 목자들이 방목하던 기간의 마감,
목자들이 총 58기간까지를 마무리함(58=12+23+23)

5   나는 23 목자들[313] 시기까지 양들이 방목되는 것을지 보았는데 그들은 각각 그들의 정한 때에 따라 58기간을 채웠다.

---

313 에티오피아 B, A, C 사본에는 '목자들'이라는 단어가 없다.

이제 우리가 지켜보아야 할 앞으로 이스라엘 땅 중심으로 일어나게 될 일들

70목자들 중에서 58목자들까지 그들의 정한 기간을 채우는 동안 그 기간의 마지막 부분에 이스라엘은 이방 땅에서 땅에 떨어진 마른 뼈들처럼 되었고 그들의 인구는 줄어들게 되었다. 이러한 표현들은 유대인들이 오랜 디아스포라의 삶 중에서 겪었던 안티세미티즘(반유대주의)의 여러가지 모습들을 묘사해주고 있는 것이며 특별히 제2차 세계대전 중 독일의 국가사회주의 노동자당인 나찌당을 통해서 자행된 대량학살 중 약 600만명의 유대인 홀로코스트 사건을 묘사해주고 있는 것이다. 이러한 홀로코스트의 사건 얼마 후에 유대인들은 이스라엘 땅으로 본격적으로 돌아오기 시작하면서 1948년 이스라엘 나라가 재건되었다. 그러므로 90:6절부터 시작되는 네 번째 마지막 기간인 12목자들의 기간은 이스라엘이 고토로 돌아와서 그 땅(하아레쯔 הארץ)에서 이스라엘 나라를 재건하는 것에서부터 이야기가 시작됨을 알 수 있다.

그러나 그동안 대부분의 학자들은 네 번째 마지막 기간을 이스라엘이 그리스 제국의 압제와 통치를 받던 헬라 시대와 그 시대 중에 약 100년간 (B.C. 166-B.C.63) 있었던 마키비 혁명과 하스모니안 독립 왕조와 연결시켜서 이해해옴으로써 네 번째 기간의 마지막 때 일어나는 메시아의 지상 강림과 종말 심판과 천년왕국의 묘사들에 대해서 시대착오적인 여러가지 해석들에 대한 가능성들을 열어놓았었다. 홀로코스트라는 사건과 이스라엘의 재건이라는 역사적인 큰 사건이 발생한 1940년대 이전 시대의 사람들은 90:4의 내용을 제대로 이해할 수 없었을 것이다. 그래서 대다수의 에녹서 해설서들은 이 부분에서 시대착오적인 해석의 오류를 범하고 있다.

하지만 아주 말랐던 마른 뼈들이 살아나서 극히 큰 군대가 되는 환상 즉, 유대인들이 이스라엘 땅에 돌아와서 이스라엘 나라가 회복되는 에스겔 37장의 환상의 성취를 현대사에서 바라보고 있는 지금 우리는 90:4과 90:6부터 시작하는 네 번째 기간이 바로 우리가 살아가고 있는 지금 이 시대를 말하고 있음을 명확하게 이해할 수 있게 되었다. 그러므로 90:6 이후부터는 이스라엘 땅에서 다시 진행되는 마지막 때의 역사를 메시아의 강림과 심판과 천년왕국에서 완전한 한 새 사람을 이루는 것까지를 보여주고 있는 것이다. 이스라엘의 재건부터 메시아의 재림까지 이 12목자들의 기간 동안 이스라엘 땅에서 유대인들은 자국 내에 증가하는 테러와 극심한 정치적인 혼란과 외부 세력들의 내정 간섭과 조정을 경험하게 된다. 이스라엘을 끌어내리려고 하는 내부와 외부 세력들과 이스라엘을 바로 세우려는 올바른 한 사람의 정치 지도자와의 치열한 정치적 공방과 내전을 겪게 된다.

이란을 중심으로 한 중동 이슬람 국가들이 주도하여 예루살렘을 중심으로 큰 중동전쟁을 일으킬 때 이스라엘의 그 지도자가 천사들의 초자연적인 도움을 얻으니 중동 연합국들은 패배하게 되고 이스라엘은 승리하게 된다.

이 중동 전쟁의 패배 이후에 짐승 연합 정부들은 다시 한번 중동과 전 세계의 세력들을 모으기 위해 귀신의 영과 온갖 이적으로 전 세계 지도자들을 다시 미혹하여 국제 연합군을 므깃도 평야에 총집결하게하고 예루살렘을 치러 올라오는 마지막 전쟁(아마겟돈 전쟁)을 일으키게 된다(계16:13-16).

예루살렘의 전멸의 위기 직전에 메시아께서 그분의 군대들과 함께 하늘에서 감람산으로 강림하셔서 땅을 치시니 큰 지진이 일어나고 적들은 혼란 중에 자중지란이 일어나며 많은 시체가 기혼 샘에서 터져 나온 강물에 사해와 지중해로 쓸려 내려가고 하늘과 땅의 거룩한 군대들이 전쟁을 종료시키고 악한 자들은 여호사밧 골짜기에서 심판 받아 무저갱에 처넣어진다. 심판 집행이 끝난 후 하늘에 대기하고 있던 천년왕국의 성전이 하늘에서 예루살렘으로 내려오게 하시고 주님은 선한 양들에게 상급을 주시기 위한 심판을 여신다.

> ### 네 번째 마지막 기간(90:6-17)

12목자에게 맡겨진 이스라엘 역사
1948년 재건된 현대 이스라엘 국가에서 메시아의 지상 강림과 종말 심판 전까지

눈을 뜨기 시작한 소수의 어린양들과 보지 못하고 듣지 못하는 대다수의 양들

6 보라![314] 그 흰 양들로부터 소수의 어린양들이 태어났고 그들은 그들의 눈들을 뜨기 시작했고 보기 시작했으며 양들에게 외치기 시작했다.

7 그러나 양들은 그들에게 소리지르며 그들을 괴롭혔고 그들의 말들에 주의를 기울이지 않았다. 그들은 극도로 귀가 멀었고 그들의 눈들은 극심하고 과도하게 가려져 있었다.[315]

---

314 A.D.70년부터 1,878년동안 세 번째 긴 기간을 이방 땅에서 보내던 양들은 네 번째 기간을 시작하면서 A.D.1948년 이스라엘의 재건과 함께 유대인들이 이스라엘 땅으로 돌아온 장면에서부터 시작한다. '보라'라는 말과 함께 다시 이스라엘 땅으로 그 중심 무대가 옮겨졌고 마지막 12목자들의 기간이 그 땅(하아레쯔הארץ 90:20)에서, 에덴-동산의 중앙 무대에서 계속 진행된다.

315 드디어 고토로 돌아온 양의 무리들 가운데 이스라엘 땅에서 눈을 뜨기 시작한 소수의 어린양들은 메시아닉 유대인을 의미하고 있다. 극심하게 눈과 귀가 먼 대다수의 양들은 예슈아를 메시아로 받아들이지 않고 있는 정통 유대인들과 종교적인 유대인들과 세속적인 유대인들을 의미하고 있다. 눈을 뜬 소수의 어린양들이 큰 소리로 외치지만 아직 때가 이르지 않았기에 양들은 오히려 그 어린양들을 핍박하면서 눈과 귀와 마음을 더 닫게 된다.

(사 6:9-13) ⁹여호와께서 이르시되 가서 이 백성에게 이르기를 너희가 듣기는 들어도 깨닫지 못할 것이요 보기는 보아도 알지 못하리라 하여 ¹⁰이 백성의 마음을 둔하게 하며 그들의 귀가 막히고 그들의 눈이 감기게 하라 염려하건대 그들이 눈으로 보고 귀로 듣고 마음으로 깨닫고 다시 돌아와 고침을 받을까 하노라 하시기로 ¹¹내가 이르되 주여 어느 때까지니이까 하였더니 주께서 대답하시되 성읍들은 황폐하여 주민이 없으며 가옥들에는 사람이 없고 이 토지는 황폐하게 되며 ¹²여호와께서 사람들을 멀리 옮기셔서 이 땅 가운데에 황폐한 곳이 많을 때까지니라 ¹³그 중에 십분의 일이 아직 남아 있을지라도 이것도 황폐하게 될 것이나 밤나무와 상수리나무가 베

큰 까마귀들에 의해 잡혀 먹히는 어린양들의 우두머리:
외부에서 날아 들어온 세력들에 의해 공격받는 리더들

8 그리고 나는 그 환상에서 큰 까마귀들이 그 어린양들 위로 날아와서 그 어
   린양들 중 하나를 잡아갔으며 그 양을 조각 내어 그 조각들을 집어삼켜 버
   리는 것을 보았다.[316]

믿는 유대인들 중 일부가 영향력들을 가지게 되니 외부에서 날아들어온 세력들이
그들의 뿔들을 공격한다. 핍박 중에 더 큰 뿔이 나게 된 눈 뜬 한 유대인이
유대인들의 눈들을 뜨게 하니 정치 지도자들까지도 합세하게 된다

9 그리고 나는 그 어린양들에게 뿔들이 나는 것을 보았고 큰 까마귀들이 그
   들의 뿔들을 내던지고 있는 것을 보았다. 그리고 나는 그 양들 중 하나에게
   서 크나큰 뿔 하나가 솟아나는 것과 양들의 눈들이 열려지는 것을 보았다.[317]

임을 당하여도 그 그루터기는 남아 있는 것 같이 거룩한 씨가 이 땅의 그루터기니라 하시더라.

316 눈을 뜨고 보기 시작한 소수의 어린양들 중에서 한 우두머리가 큰 까마귀들의 세력들에 의해
서 희생당한다. 마지막 네 번째 기간에서 새들 중에서도 큰 까마귀가 다른 모든 맹금류들의 지
시와 지원을 받아가면서 이스라엘 땅 주변과 이스라엘 땅 안에서 양들을 공격하는데 이 큰 까
마귀는 이스라엘을 둘러싼 중동 국가들 중에서 이슬람 극단주의의 테러와 전쟁을 일으키는 모
습을 보여주고 있는 것이다.

317 눈을 뜬 우두머리 하나를 잃는 큰 핍박을 경험하는 중에 그 소수의 양들은 이스라엘에서 더 큰
영향력을 가지게 된다. 그리고 다시 외부의 세력들은 그 영향력을 꺾어 버리려고 노력한다. 그
와중에 양들 중에 하나에게 크나큰 뿔이 솟아나게 되는데 그는 그가 가진 큰 영향력으로 양들
에게 외치며 그들을 많이 일깨우게 된다. 그리고 그 때에 숫양들(정치 지도자들)의 눈들도 뜨
이게 된다. 90:8-9에서 외부 세력들로부터 극심한 공격과 박해 때문에 극도로 귀가 멀고 눈이
멀었던 상황에 드디어 반전이 생긴다. 눈이 뜨인 크나큰 뿔 난 그 양이 핍박 중에 오히려 더 강
력해지면서 더 강한 영향력을 백성들에게 미치게 된다. 그러한 분위기를 바라보며 정치 지도
자들의 눈들도 결국 뜨이게 될 것이다.

10 큰 뿔난 양이 양들을 바라보자 양들의 눈이 열렸고 큰 뿔난 양은 양들에게
　외쳤다. 숫양들도 큰 뿔난 양을 보았으며 일제히 큰 뿔난 양에게로 달려갔
　다.[318]

새들의 계속적인 공격들에 양들은 뜯김 당하지만 그들은 잠잠했고 숫양들은 울부짖음

11 그럼에도 불구하고 그 모든 독수리들, 대머리 독수리들, 큰 까마귀들, 솔개
　들이 여전히 양들을 조각조각 찢고 있었고 양들 위로 날아 다니며 양들을
　삼키고 있었다. 양들은 아무 소리도 내지 않았지만[319] 숫양들은 애통해하며
　부르짖었다.[320]

---

318 크나큰 뿔 난 그 양이 다른 양들을 바라보니 양들의 눈들이 열리는 사건은 유대인들이 예슈
　아께서 그들이 그렇게도 기다리던 메시아라는 것을 인정하고 받아들이게 되는 사건을 표현하
　는 것이다. 크나큰 뿔난 양이 양들을 바라보며 크게 외칠 때 양들의 눈이 열리게 되는 장면들
　을 보던 이스라엘 정치 지도자들도 크나큰 뿔 난 양에게 일제히 달려와서 마음과 뜻을 합하며
　세력을 모으게 된다.

　이쯤 되면 행 2:41에서 베드로와 제자들의 선포로 3천 명이 세례를 받고 예슈아께 돌아왔던
　것처럼, 행 4:4에서 베드로의 설교를 듣고 5천 명이 예슈아를 믿었던 것처럼, 행 6:7에서 예루
　살렘에 있는 제자의 수가 더 심히 많아지고 허다한 제사장의 무리도 예슈아께 돌아왔던 것처
　럼 유대인들이 수백 수천명의 단위로 눈을 뜨게 되고 '예슈아 하마쉬아흐(예수님이 그 메시아
　이십니다)'를 고백하게 될 것이다. 그리고 이스라엘 땅과 예루살렘에 큰 부흥과 대각성이 일어
　나서 오순절 사건 보다 더 위대한 성령의 강림 사건이 있게 될 것이다.

319 일반 양들이 외부에서의 공격과 내부에서의 공격으로 산산조각 찢겨지고 있어도 잠잠하게 당
　하고 있는 모습은 유대인들이 이스라엘 땅 밖에서도 이스라엘 땅 안에서도 여러가지 모양의 테
　러로 희생 당하는 모습을 보여주는 것이다. 이스라엘 땅 밖에서 일어나는 유대인들에 대한 핍
　박과 테러와 전쟁은 그들이 고토로 돌아가는 알리야 운동을 더 촉진시킬 것이다.

320 외부 세력들에 의한 이스라엘 양들에 대한 공격은 계속되었고 양들은 큰 피해를 입으며 희생되
　지만 자신들의 목소리를 제대로 내지 못하고 있고 숫양들(지도자들)은 애통하며 부르짖는다.
　안티세미티즘으로 인한 유대인의 피해와 국제 사회의 압박이 이스라엘의 정치에 영향을 미치
　면서 이스라엘이 정체성을 잃어버리도록 세속화를 진행시키며 바른 지도자를 죽이려고 하고
　그 바른 지도자의 영향력을 없애버리려고 할 것이다.

큰 까마귀들이 큰 뿔난 양의 뿔을 없애려고 하지만 이기지 못함

12 그 큰 까마귀들은 큰 뿔난 숫양과 다투고 싸워서 그의 뿔을 없애버리기를
원했지만 그들은 이기지 못했다.[321]

새들이 총동원되어 큰 뿔난 숫양을 죽이려고 전쟁을 일으키지만 서기관 천사가
내려와서 이스라엘을 돕고 숫양에게 모든 것을 계시해줌
(중동 중심으로 일어나는 제3차 세계 대전)

13 나는 목자들과 독수리들과 대머리 독수리들과 솔개들이 다 함께 와서 그들
이 큰 까마귀들에게 그 숫양의 뿔에 돌격해서 산산조각 내야 한다고 외치
는 것을 보았다. 큰 까마귀들은 그 숫양과 싸웠고 전쟁[322]을 일으켰다. 그리

---

321 외부의 세력들은 특별히 그 큰 뿔 난 양의 뿔을 없애 버리려고 하지만 쉽게 그렇게 하지는 못하
게 된다. 13절부터 큰 뿔 난 양이 '숫양'으로 즉, 정치적인 대표 지도자로 정체성이 바뀌게 되
는 것인지, 아니면 '숫양'은 큰 뿔 난 양과는 다른 정치 지도자일지 분명하지 않다. 아무튼 그
숫양은 이스라엘 정부를 책임지는 마지막 총리일 것이다.

322 외부 모든 세력들(독수리들, 대머리 독수리들, 솔개들)은 큰 까마귀들에게 와서 그들을 지시
하고 지원하면서 그들을 부추겨 이스라엘의 마지막 총리인 그 숫양의 지도력과 영향력에 맞서
서 총동원하여 공격하고 그를 끌어내려 없애버리라고 한다. 또한 이스라엘 땅 사방에서 이스
라엘을 공격하고 이스라엘에 내정 간섭을 하여 이스라엘의 바른 지도자를 없애버리려고 하지
만 이스라엘의 마지막 총리(숫양)는 하늘의 도움이 내려오기를 간절하게 기도하게 된다. 이 전
쟁은 중동을 중심으로 일어나는 전쟁으로 90:16에서 맹금류들이 다 합세하여 일으키는 마지
막 전쟁 즉, 아마겟돈 전쟁과는 구분되는 다른 전쟁이다. 이 중동 전쟁은 앞으로 핵무기를 가
진 이란을 중심으로 연합된 중동 국가들과 이스라엘과의 전쟁이 될 것이며 3차 세계 대전이 될
것이다. 이 시점에서부터는 목자들(천상의 존재들)도 전쟁에 적극적으로 함세하기 시작한다..
(계 9:14-15, 18) ¹⁴나팔 가진 여섯째 천사에게 말하기를 큰 강 유브라데에 결박한 네 천사를
놓아주라 하매 ¹⁵네 천사가 놓였으니 그들은 그 년 월 일 시에 이르러 사람 삼분의 일을 죽이기
로 준비된 자들이더라... ¹⁸이 세 재앙 곧 자기들의 입에서 나오는 불과 연기와 유황으로 말미
암아 사람 삼분의 일이 죽임을 당하니라

고 그 숫양은 그들과 싸우면서 그를 돕는 도움이 오기를 바라며 부르짖었다.

14 나는 목자들의 이름들을 써서 양들의 주님 앞으로 가지고 올라온 그 사람이 와서 그 숫양을 돕는 것[323]과 그 숫양에게 모든 것을 보여주는 것을 보았다.[324] 그의 도움이 그 숫양에게 내려왔다.

이스라엘의 재건 후에 이스라엘을 향해 계속 증가되는 테러와 외부의 정치적 압박과 공격이 전방위적으로 계속 이어지고 있다. 이스라엘의 마지막 총리는 주변의 모든 이방 나라들로부터 지지와 후원을 받는 큰 까마귀들로부터 총공격을 받게 되는데 서기관 천사의 초자연적인 도움으로 그들을 물리치게 된다. 이에 세상 나라들은 더 큰 연합군을 다시 이루어서 이스라엘로 다 모여들어 총공격을 가세하게 되는데 이 때가 아마겟돈 전쟁의 정점이 될 것이다. 아마겟돈 전쟁의 절정에 메시아의 지상 강림이 진행(14-19)된다.

323 90:16-19에서 묘사되고 있는 예루살렘을 중심으로 일어나는 마지막 아마겟돈 전쟁이 일어나기 전에 예루살렘을 중심으로 일어나는 중동 전쟁이 한 차례 먼저 있게 될 것이다. 이 중동 전쟁 때 그 어느 시기보다도 활발한 천사들의 적극적인 개입이 서기관 천사를 중심으로 있게 될 것이다. 이 중동 전쟁에서 천사들의 개입으로 얻게 되는 이스라엘의 승리로 인하여 전 세계는 더 자극을 받아서(계 9:20-21) 그 다음 더 큰 전쟁 즉, 천년왕국 시작 직전에 있게 될 마지막 전쟁인 아마겟돈 전쟁을 준비하게 될 것이다.

324 메시아의 재림 전에 세상 나라 군대들이 이스라엘을 총공격할 때 이스라엘을 대표하게 될 큰 뿔난 숫양인 이 지도자는 많은 공격과 오해와 핍박을 받겠지만 그가 백성의 지도자로서 하나님의 도움을 구할 때 서기관 천사가 그에게 나타나 도움을 주며 모든 것을 계시하여 주어 그가 예슈아가 그들이 기다리는 그 메시아라는 사실을 백성들에게 공식적으로 공개적으로 알리게 된다.

절체절명의 위기에 빠진 백성들은 그들이 찔렀던 그 예슈아가 그들이 그토록 기다리던 메시아라고 민족적인 단위로 고백하게 되고 그들에게 은총과 간구의 영이 부어지며 죄와 더러움을 씻는 샘이 드디어 예루살렘 주민에게 열리게 된다(슥 12-14장). 예슈아께서 그들을 구원해 줄 메시아라는 사실과 이스라엘에게 왕국을 회복시켜주셔서 메시아 왕국을 지구에 시작케 하실 분이라는 사실을 그들이 민족 단위로 받아들이면서 "바룩 하바 베쉠 아도나이"와 "호쉬아나"를 외치며 다시 오시는 예슈아를 만왕의 왕, 만주의 주로 예루살렘에서 맞이할 준비를 다 갖추게 된다.

이스라엘을 대적하는 세상 나라의 연합군을 향한 메시아의 진노와 재림의 과정, 아마겟돈 전쟁(91:15-19) 적그리스도 세력에 합세하여 이스라엘을 대적하는 어리석은 야생 양들

15 나는 양들의 주님께서 진노하시며 그들에게 오시는 것을 보았다.[325] 그분을 본 모든 자들은 달아났으며 그들 모두는 그분 앞에서 어둠으로 내려갔다.

16 모든 독수리들, 대머리 독수리들, 큰 까마귀들, 솔개들은 모여서 모든 야생 양들[326]을 불러 모으고 그들이 모두 함께 와서 서로 도우면서 그 숫양의 뿔을 산산조각으로 부수려고 했다.[327]

---

[325] 인자의 재림 징조가 하늘에서 보이기 시작하는 15절부터 재림의 과정이 본격적으로 시작되어 18절은 감람산과 예루살렘에 도착하는 장면이다. (마 24:30a) 그 때에 인자의 징조가 하늘에서 보이겠고...(눅 21:11b) ...하늘로부터 큰 징조들이 있으리라. (계 1:7a) 볼지어다 구름을 타고 오시리라 각인의 눈이 그를 보겠고 그를 찌른 자들도 볼 터이요...

[326] 야생 양들: 여기에서만 한번 등장하는 이 단어에 대해서 학자들은 앞에서 3차례 등장한 '야생 짐승'에 대한 필사 오류라고 생각하기도 한다. 하지만 '야생 양들'은 야생 짐승들을 도와서 함께 이스라엘을 공격하는 이방인 그리스도인들 중에서(또한 자칭 유대인들 중에서) 반유대주의와 안티세미티즘이나 대체신학의 그릇된 틀에서 끝내 벗어나지 못하는 자들을 의미하고 있다. 이들은 세상 나라가 제공하는 반유대주의와 반이스라엘 정서에 사로잡혀 세상 나라 연합군들과 합세하여 이스라엘을 미워하고 유대인을 멸절시키려는 전쟁에 앞장서는 어리석고 눈먼 '야생 양들'이다. 세상 연합 정치 세력들은 온갖 미디어를 통해서 언론을 조작하고 여론을 형성해서 세상 연합 군대들을 모을 뿐만 아니라 이방인 믿는 자들(야생 양들)까지도 자신들의 세력에 합세하도록 하여서 이스라엘과 이스라엘의 지도자를 없애려고 할 것이다.

90:22-26에서 먼저 천사들과 지도자들에 대한 심판이 집행된 후 그들이 무저갱에 던져지게 되고 그 후에 '눈먼 양들'에 대한 심판이 집행되어 그들도 힌놈의 골짜기에 있는 또 다른 무저갱에 던져져서 그들의 뼈들이 계속 타는 심판을 받게 된다.

[327] (계 16:13-14, 16) [13]개구리 같은 세 더러운 영이 용의 입과 짐승의 입과 거짓 선지자의 입에서 나오니 [14]그들은 귀신의 영이라 이적을 행하여 온 천하 왕들에게 가서 하나님 곧 전능하신 이의 큰 날에 있을 전쟁을 위하여 그들을 모으더라 [16]세 영이 히브리어로 아마겟돈이라 하는 곳으로 왕들을 모으더라. (계 17:14) 그들이 어린양으로 더불어 싸우려니와. (계 19:19) 또 내가 보매 그 짐승과 땅의 임금들과 그들의 군대들이 모여 그 말 탄 자와 그의 군대와 더불어 전쟁을 일으키다가

그 이전 목자들에 비해 훨씬 잔혹하게 행했던 마지막 12 목자들의 기록이 주님 앞에 보고됨

17 나는 주님의 명령을 받들어 책을 쓴 그 사람을 보았는데 그는 12 목자들이 저질렀던 파괴를 기록한 그 책을 펼쳤으며 그들이 이전 목자들이 했던 것 보다 훨씬 더 많이 멸망시켰다고 양들의 주님 앞에 보여드렸다.[328]

메시아의 지상 강림과 심판(90:18-27)

메시아의 지상 강림, 그분의 진노의 막대기와 대지진

18 나는 양들의 주님께서 그들에게 왔으며 그분의 손에 그분의 진노의 막대기 를 가지고 땅을 치시는 것을 보았다. 땅이 갈라졌고[329] 모든 짐승들과 하늘

---

328 70 목자 시기 중에서 메시아의 재림 전 마지막 12 시기에 자행되는 반유대주의와 반이스라엘 정서로 인한 파괴들은 그 이전 목자 시기의 절정인 홀로코스트 보다 더 잔인하고 가혹하게 전 세계적으로 일어나게 될 것을 보여주고 있다.

329 (계 16:18-20) ¹⁸번개와 음성들과 우렛소리가 있고 또 큰 지진이 있어 얼마나 큰지 사람이 땅 에 있어 온 이래로 이같이 큰 지진이 없었더라 ¹⁹큰 성이 세 갈래로 갈라지고 만국의 성들도 무 너지니 큰 성 바벨론이 하나님 앞에 기억하신 바 되어 그의 맹렬한 진노의 포도주 잔을 받으매 ²⁰각 섬도 없어지고 산악도 간 데 없더라.

(슥 14:3-5) ³그 때에 여호와께서 나가사 그 이방 나라들을 치시되 이왕의 전쟁 날에 싸운 것 같이 하시리라 ⁴그 날에 그의 발이 예루살렘 앞 곧 동쪽 감람 산에 서실 것이요 감람 산은 그 한 가운데가 동서로 갈라져 매우 큰 골짜기가 되어서 산 절반은 북으로, 절반은 남으로 옮기고 ⁵그 산 골짜기는 아셀까지 이를지라 너희가 그 산 골짜기로 도망하되 유다 왕 웃시야 때에 지 진을 피하여 도망하던 것 같이 하리라 나의 하나님 여호와께서 임하실 것이요 모든 거룩한 자 들이 주와 함께 하리라.

의 새들은 그 양들로부터 떨어져 나가 땅으로 빠져 들어갔으며 땅은 그들 위에 덮였다.[330]

19 나는 큰 칼이 그 양들에게 주어진 것과 양들이 모든 야생 짐승들을 멸하기 위해 나간 것과 모든 짐승들과 하늘의 새들이 그들 앞에서 도망치는 것을 보았다.[331]

시온 산에 놓인 심판의 보좌와 그 위에 좌정하신 주님, 봉인된 책들이 그 앞에 펼쳐짐[332]

20 나는 한 보좌가 그 아름답고 즐거운 땅[333]에 세워지는 것을 보았는데 양들의 주님이 그 보좌 위에 앉아 계셨으며 다른 자가 모든 봉인된 책들을 가지고 와서 양들의 주님 앞에서 그 책들을 펼쳤다.

---

330 90:15에서부터 하늘에서 보이는 인자의 재림의 징조들을 통해서 본격적으로 '그 날', '여호와의 날', '여호와의 크고 두려운 날'이 시작됐고 세상 군대들은 악을 쓰고 총동원해서 예루살렘을 치려고 몰려든다.
   90:18에서 드디어 예슈아는 하늘에서 내려와 그 두 발을 감람산에 디디고 진노의 막대기로 땅을 치시니 땅에 큰 지진이 일어나고 악한 군대들은 땅 아래로 쓸려 내려가 삼켜지고 땅이 덮인다.

331 "그 중에 약한 자가 그 날에는 다윗 같겠고 다윗의 족속은 하나님 같고 무리 앞에 있는 여호와의 사자 같을 것이라(슥 12:8)" 예루살렘의 거민들은 예루살렘을 치러온 군대들을 쫓아내게 된다.

332 (단 7:9-10) ⁹내가 보았는데 왕좌가 놓이고 옛적부터 항상 계신 이가 좌정하셨는데 그 옷은 희기가 눈 같고 그 머리털은 깨끗한 양의 털 같고 그 보좌는 불꽃이요 그 바퀴는 붙는 불이며 ¹⁰ 불이 강처럼 흘러 그 앞에서 나오며 그에게 수종하는 자는 천천이요 그 앞에 시위한 자는 만만이며 심판을 베푸는데 책들이 펴 놓였더라.

333 아름답고 즐거운 땅: 에레쯔 헴므다 הַאֶרֶץ הֶמְדָּה 과거 에덴-동산의 땅이었으며 또한 약속의 땅이었으며 그리스도께서 오셔서 좌정하실 보좌의 땅 이스라엘을 지칭하는 표현이다. 여기서는 이스라엘 땅의 중심인 예루살렘에 심판의 보좌가 세워지는 장면을 묘사하고 있다.

일곱 천사장에 의해 심판대 앞으로 끌려 나오는 하늘에서 떨어졌던 처음 별과 다른 모든 별들

21 주께서 처음 그 일곱 하얀 사람들을 부르셨으며 그들에게 명령하여 성기들이 말의 성기들 같았던 그 별들 앞에 앞장서서 갔던 그 처음 별[334]부터 시작하여 모두 주님 앞에 데리고 오라고 하셨다. 그들(처음 일곱 하얀 자들)은 먼저 그 처음 별을 데리고 왔고 그후 다른 모든 별들도 그분 앞으로 데리고 왔다.[335]

심판대 앞으로 소환되는 70 목자들(12+23+23+12)

22 일곱 하얀 사람들 중 하나이자 그분 앞에서 기록하고 있던 그 사람에게 그분이 말했다 "내가 그들에게 양들을 넘겨주어서 그들이 양들을 맡았으나 내가 그들에게 명령한 것보다 더 많이 잡아 죽인 저 70 목자들을 내게로 데리고 오너라."

23 보라, 나는 그들이 모두 묶여서 그분 앞에 서 있는 것을 보았다.

유죄 판결 받은 타락한 감찰자들이 불이 가득한 한 무저갱으로 던져짐

24 그리고 심판이 먼저 그 별들에게 집행되었다. 그들은 재판을 받았고 그들이 범한 죄가 판명되었다. 그들은 유죄 판결의 장소로 갔으며 그들은 타오르는 불과 불기둥들이 가득한 한 무저갱으로 던져졌다.

---

334 처음 별: 아자젤은 가인의 자손들과 함께 살면서 그들이 서로 빼앗고 싸우고 음란하게 했다. 아자젤은 이후 쉐미하자의 인도로 내려온 다른 별들(감찰자들)과 함께 땅의 부패와 인간의 타락을 앞장서서 일으켰으며 별들이 말의 성기처럼 자신들의 성기를 드러놓고 땅에서 사람의 딸들과 음란하게 행하도록 주도하였다.

335 21절에서 먼저 타락한 아자젤과 그 후 타락한 감찰자들이 각각 심판대 앞으로 소환된 후 24절에서는 그들에 대한 심판이 집행되고 그들이 불타오르는 무저갱으로 던져지는 장면이 나온다. 이 장면은 대속죄일에 행하는 아자젤에 보내는 염소 의식과 관련된 장면이다.

유죄 판결 받은 70명의 목자들도 불타는 그 무저갱으로 던져짐

25 그리고 그 70 목자들이 재판을 받고 범한 죄가 판명되었으며 그들도 그 불
타는 무저갱으로 던져졌다.[336]

눈먼 양들에 대한 심판 집행 후 그들이 예루살렘 남쪽에 있는 다른 무저갱으로 던져짐

26 나는 그때 땅의 중앙[337]에 열려 있는 불로 가득한 무저갱이 다른 무저갱과
얼마나 비슷한지를 보았다.[338] 그들이 그 눈먼 양들을 데리고 왔고 그들 모
두는 재판을 받고 유죄 판명되어 그 불타는 무저갱으로 던져져서 태워졌

---

336 눈먼 양들에 대한 심판 전에 집행될 70 목자들의 심판에 세상의 악한 지도자들에 대한 심판이
포함되어 있는 듯하다(그 목자들과 그들의 동료들(에녹1서 89:59). 에녹1서 62:1-2; 63:1-
12에서 왕들과 권력 있는 자들, 높은 지위에 있는 자들과 땅을 소유한 자들을 심판하시는 인
자의 심판이 묘사되고 있다.

70 목자는, (세상 이방 모든 민족의 수인) 70 민족을 각각 담당하는 70 천사를 나타낸다. 신
32:8에서 지극히 높으신 자가 ... 인종을 나누실 때 이스라엘 자손의 수효대로(칠십역에서는
하나님의 천사들의 수효대로) 민족들의 경계를 정하셨다고 할 때 모든 하나님의 천사들의 수
가 아니라 일곱 번째 하늘의 초입에 있는 70왕국을 담당하는 70천사의 수효대로라고 이해할
수 있다. 왕국들의 72군주에 대해서는 에녹3서 18:2-3 참조.

337 땅의 중앙은 예루살렘을 지칭하는 다른 이름이다. 에녹1서 26:1 참조

338 눈먼 양들: 양들이 던져진 무저갱은 천사들과 70 목자들이 던져진 무저갱과 비슷하지만 또
다른 무저갱으로 힌놈의 골짜기에 열려있다. 에녹은 앞에 보았던 무저갱과 비슷하지만 또 다
른 불타는 무저갱의 입구가 '땅의 중앙'인 예루살렘의 남쪽 게힌놈에 열려있는 것을 보았다.

(사 66:22-24) ²²나 여호와가 말하노라 나의 지을 새 하늘과 새 땅이 내 앞에 항상 있을 것 같
이 너희 자손과 너희 이름이 항상 있으리라 ²³여호와가 말하노라 매 월삭과 매 안식일에 모든
혈육이 이르러 내 앞에 경배하리라 ²⁴그들이 나가서 내게 패역한 자들의 시체들을 볼 것이라 그
벌레가 죽지 아니하며 그 불이 꺼지지 아니하여 모든 혈육에게 가증함이 되리라.

이사야서 마지막 장 마지막 절에서 새 하늘과 새 땅을 묘사하는 중에도 경배자들이 예루살렘에
모여 경배한 후에 돌아가면서 그 게힌놈(게헨나) 즉, 그 또 다른 무저갱에서 눈먼 양들이 불
타는 형벌을 받는 것을 항상 볼 수 있게 해놓으셨다라는 설명이 있다.

다. 그 무저갱은 그 집의 남쪽³³⁹에 있었다.

27 나는 그 양들이 불에 타며 그들의 뼈들이 타는 것을 보았다.³⁴⁰

---

339 그 집의 남쪽은 문자적으로 오른쪽, 지리적으로 남쪽을 의미하는 것으로 에녹이 서 있는 자리
는 성전 안쪽에 서서 동쪽을 바라보는 위치이다. 여기서는 무저갱이 예루살렘의 남남서쪽에
있는 힌놈의 골짜기(게힌놈 גי הנם)에 위치한 것으로 묘사하고 있다. 이곳에서 아하스 왕은 바
알의 우상을 만들어 놓고 분향했으며 또한 암몬 족속의 신 '몰렉'을 위해 '도벳' 산당을 지어
놓고 어린 자녀들을 산 채로 불살라 제물로 바치는 악을 행하기도 했다. 요시아 왕의 종교개
혁 때 산당들을 무너뜨리고 그 후 무덤과 쓰레기 소각장으로 각종 오물들을 불태워버리는 장
소로 쓰이게 된다.

게힌놈은 이 골짜기의 이름이면서도 히브리어 '게힌놈'은 지옥의 다른 이름으로 사용된다. 신
약성경에서는 히브리어 '게힌놈'에서 음역되어 넘어온 헬라어 '게헨나 γέεννα'가 꺼지지 않고
불타오르는 불에서 죽지 않으면서 계속 고통 당하는 지옥의 이미지를 나타내는 단어로 사용된
다. 에덴-동산의 중앙인 예루살렘과 지옥을 상징하는 힌놈의 골짜기는 지형적으로 볼 때 1km
정도의 거리로 아주 가까이에 있다. 천국과 지옥은 그 상태의 어떠함으로 볼 때는 가장 양극단
의 상태이지만 그 거리는 생각보다 가까이에 존재한다.

340 (마 3:10b) 좋은 열매를 맺지 아니하는 나무마다 찍혀 불에 던져지리라. (마 3:12b) 쭉정이는
꺼지지 않는 불에 태우시리라. (마5:22b) 미련한 놈이라 하는 자는 지옥 불에 들어가게 되리
라. (마 7:19) 아름다운 열매를 맺지 아니하는 나무마다 찍혀 불에 던져지느니라. (마 13:40)
그런즉 가라지를 거두어 불에 사르는 것 같이 세상 끝에도 그러하리라. (마 13:42) 풀무 불에
던져 넣으리니 거기서 울며 이를 갈게 되리라. (마 13:50) 풀무 불에 던져 넣으리니 거기서 울
며 이를 갈리라. (마 18:8) 다리 저는 자로 영생에 들어가는 것이 두 손과 두 발을 가지고 영원
한 불에 던져지는 것보다 나으니라. (마 18:9) 한 눈으로 영생에 들어가는 것이 두 눈을 가지고
지옥 불에 던져지는 것보다 나으니라. (마 25:41) 또 왼편에 있는 자들에게 이르시되 저주를
받은 자들아 나를 떠나 마귀와 그 사자들을 위하여 예비된 영원한 불에 들어가라.

그리스도의 재림으로 천년왕국이 시작된다

무천년설(현천년설)이나 후천년설은 히브리적인 세계관의 일부를 잃어 버렸던 기독교 신학이 만들어낸 종말론이다. 한국의 개신교는 선교 초기에는 대부분 전천년설(천년왕국 전에 그리스도의 재림이 있다)에 근거한 종말론의 이해를 가졌었으나 유학파 교수들이 돌아와서 신학교에서 가르치면서 무천년설, 현천년설, 후천년설로 다양하게 나뉘게 되었다.

히브리적 시간관을 바탕으로 한 모든 선지서들은 전천년설(그리스도의 재림으로 천년왕국이 시작함)을 바탕으로 한다. 예수님과 제자들과 모든 신약성경의 저자들도 다 인자가 다시 오시는 날에 땅에 천년왕국이 시작된다라는 전천년적인 입장에서 종말을 이야기했다.

그러나 중세 유럽 기독교 사회에서 카톨릭의 교황의 권위가 국왕의 권위를 뛰어넘는 시대를 보내면서 그들은 '교회의 권위가 유럽 전역을 다스리는 이런 시대야 말로 천년왕국의 시대이다'라고 시대착오적인 생각을 하게 되었다. 즉, 그들은 천년왕국 시대인 교회의 시대가 다 지나고 나면 그리스도께서 재림하신다(후천년설)라고 믿게 되었던 것이다.

그래서 새로운 천년이 시작되는 11세기 초에 기독교가 지배하던 중세 유럽 사회의 기독교 성직자들은 교회 시대의 천년이 마감되고 있으니 이제 곧 그리스도께서 예루살렘으로 재림하실 것이라는 기대로 영주들과 기사들과 서민들을 선동하여 십자군 원정을 일으켰다. 그래서 이슬람이 차지하고 있는 예루살렘을 탈환하자는 구호와 함께 '성지 탈환'의 열정이 순식간에 서유럽을 뒤덮어 십자군 원정이 시작된 것이다(십자군 전쟁: 1095년부터 1291년 약 200간).

그 이후 유럽의 종교개혁자들도 카톨릭의 후천년설의 틀은 크게 벗어나지 못하여 그리스도의 영적 통치가 실행되고 있는 지금의 교회 시대가 곧 천년왕국 시대이나 중세 유럽 카톨릭이 주장했던 것처럼 천년은 문자적 의미의 천년이 아니라 상징적 숫자이며 천년왕국은 그리스도의 초림에서부터 재림까지의 기간이다(이러한 주장은 오리겐이 최초로 주장했고 어거스틴도 복음 시대 전기간이 곧 천년왕국이라고 보았다)라고 후천년설의 수정 보완한 무천년설 또는 현천년설을 받아들이게 되었다. 개혁자들의전통을 따르려고 하는 대부분의 개혁교회들은 무(현)천년설을 수정 보완하여 받아들이고 있다.

그러나 후천년설이나 무천년설(현천년설)의 패러다임을 가지고는 선지서들의 대부분의 주제인 여호와의 날과 메시아 왕국을 온전히 이해할 수 없으니 다르게 해석하게 될 수 밖에 없으며 예수님의 종말론과 사도들의 종말론과 요한계시록의 종말론을 그들의 틀에서 이해하기 위해서 무리한 적용과 억지 해석을 할 수 밖에 없게 된다.

고대 유대교와 예수님과 사도들과 신약성경의 저자들과 교부들이 다 메시아의 재림으로 천년왕국이 시작된다고 알고 있었듯이 에녹서에서는 히브리적인 인류 역사의 시간관에 따라서 재림하시는 메시아가 예루살렘에 오셔서 전쟁을 끝내시고 악한 자를 심판하시며 땅을 회복시키셔서 세상을 의와 평강으로 천 년 동안 통치하신다는 세계관으로 가득 차 있다.

천년왕국의 시작과 천년왕국의 성전과 상급을 위한
심판 개최(90:28-32)

이전 성전의 철거와 그 자리에 세워진 크고 높은 새 성전(에스겔 성전)

28 나는 그 앞서 있던 집이 다 철거되는 것을 서서 보았는데 그들이 모든 기둥과 들보를 제거했고 그 집의 장식들은 그 집과 함께 다 거두어졌다. 그들이 그 집을 철거하여서 그것을 그 땅의 남쪽에 있는 한 장소에 옮겨 두었다.[341]

29 나는 양들의 주님께서 처음 집보다 크고 높은 새로운 집을 가지고 오셔서 철거되었던 처음 집의 그 장소에 새 집을 두시는 것을 보았다. 그 모든 기둥들과 들보들은 새로운 것이었고 그 집의 장식들은 새로운 것이었으며 처음 집 즉, 그분이 철거하신 옛 집 보다 더 컸다.[342] 양들의 주님은 그 집 가운데 계셨다.[343]

---

341 이 장면에서 메시아의 지상 강림 전 한 이레(7년)의 시작에 예루살렘에 세워지게 될 제3성전이 언급되고 있다. 메시아의 지상 강림 후 주님은 먼저 감찰자 천사들에 대한 심판과 70목자들에 대한 심판과 눈먼 양들에 대한 심판을 집행하신 후에 제3성전이 철거되게 하신다. 그후 그 자리에 새 성전 즉, 천년왕국의 성전이 에스겔이 보았던 것처럼 크고 그 높이를 측량할 수 없을 만큼 서게 하시고 그 성전에서 칭찬과 명성과 상급을 위한 재판을 개최하신다.

342 (학 2:9a) 이 성전(집)의 나중 영광이 이전 영광보다 크리라. 학개 선지자는 스룹바벨 성전이 건축되는 과정 중에 솔로몬 성전의 영광보다 천년왕국의 성전의 영광이 더 클 것이라고 먼 종말을 내다본다. (학 2:21-22) 21내가 하늘과 땅을 진동시킬 것이요 22열국의 보좌들을 엎을 것이요 열방의 세력을 멸할 것이요 그 병거들과 그 탄 자들을 엎드러뜨리리니 말들과 그 탄 자들이 각각 그 동무의 칼에 엎드러지리라. (학 2: 6-7) 6만군의 여호와가 이같이 말하노라 조금 있으면 내가 하늘과 땅과 바다와 육지를 진동시킬 것이요 7또한 모든 나라를 진동시킬 것이며 모든 나라의 보배가 이르리니 내가 이 성전에 영광이 충만하게 하리라 만군의 여호와의 말이니라.

343 (합 2:20) 오직 여호와는 그 성전에 계시니 온 천하는 그 앞에서 잠잠할지니라.

땅의 동물들과 하늘의 새들이 남겨진 양들 아래 엎드려 절하고 자비를 구하며 명령에 순종함, 상급을 위한 심판이 새 성전에서 개최됨

30 나는 남겨진 모든 양들을 보았고 땅의 모든 짐승들과 하늘의 모든 새들이 엎드려 그 양들에게 경의를 표하고 그들에게 자비를 구하며 그들의 모든 명령에 순종하고 있는 것을 보았다.

31 그 후에 전에 나를 데리고 올라왔던 흰 옷을 입고 있던 자들 셋[344]이 내 손을 붙잡았고 또 그 숫양의 손도[345] 나를 붙들어 나를 데리고 그 심판이 개최되기 전[346]에 나를 그 양들 가운데 내려 두었다.

32 그 양들은 모두 희고 그들의 털은 풍성하고 청결했다.

344 에녹1서 87:2-3 일곱 천사장(먼저 나온 네 천사장과 뒤따라 나온 세 천사장)

345 이스라엘의 마지막 총리의 역할이 막중하다. 메시아를 맞이하기 위해 3차 세계대전을 치루고 바로 이어서 아마겟돈 전쟁을 치를 뿐 아니라 천년왕국 성전에서 칭찬과 상급 수여식을 개최하는 일까지도 마지막 총리가 감당해야할 일이다.

346 메시아의 예루살렘으로의 재림 후에 두 가지 종류의 심판이 진행된다. 먼저는 옛 성전이 철거되기 전에 감찰자 천사들과 70목자들과 그들의 동료들, 눈먼 양들에게 유죄를 선고하고 그들을 무저갱으로 던져 넣는 심판이 진행된다. 그후 옛 성전이 철거되고 그 자리에 새 성전이 세워진 후에 심판이 진행되는데 이 심판은 상급을 위한 심판 곧, 그리스도의 베마 심판대(롬 14:10-13; 고후 5:10; 히 4:13; 고전 3:11-15; 약 2:13)이다.

이 그리스도의 베마 심판석 앞에서는 양들이 땅에서 말씀에 순종하며 믿음으로 행한 것들을 기초하여 얼마만큼 상급을 받을지, 손해 당할 일을 해서 상급이 감해질지, 손해 당할 일에 상응하는 보상받을 일을 통해서 감면될지, 땅에서는 드러나지 않았던 긍휼과 선행이 드러나 자랑스럽고 영광스럽게 될지가 최종 결산되어져서 그 결과에 따라 메시아께서 구속함을 받은 모든 자들에게 각각 칭찬과 명성과 상급을 얻게 하신다.

> 유대인과 이방인이 한 새 사람으로 새로운 인류가 되어
> 성전에서 섬김(90:33-39)

**의로운 유대인과 의로운 이방인이 모두 크고 넓은 그의 성전에 모임,
성전으로 돌아온 그들을 기뻐하시는 주님**

33 멸망당하고 흩어졌었던 모든 자들과 모든 야생 짐승들과 하늘의 모든 새들이 그 집에 모였는데 그들 모두는 선했으며 그분의 집에 돌아왔음으로 인해[347] 양들의 주님께서 굉장히 기뻐하셨다.

전쟁의 검이 성전에 반납됨

34 그리고 나는 양들에게 주어졌던 그 검을 그들이 내려놓는 것과 그들이 그 검을 그분의 집으로 다시 가져온 것과 주님 앞에서 그것이 봉인되는 것까지 바라보았다.[348] 모든 양들이 그 집에 초대받았지만 그 집은 그들 전부를 들이진 않았다.

---

347 동물 묵시에서는 타락한 감찰자 천사들에 의해 부패되었던 수소들(족장들의 시대)과 70 목자들에 의해 방목되며 사나운 짐승들에 의해 고난당하는 양들(이스라엘)을 중심으로 한 인류 역사의 큰 흐름이 묘사되고 있다. 그러나 새 시대에는 거룩하게 변화 받은 이방인들도 그분의 집에 함께 모여서 모두 흰 가축들이 되는 모습(90:38)으로 결론을 짓는다.

348 (사 2:4; 미 4:3) 그가 열방 사이에 판단하시며 많은 백성을 판결하시리니 무리가 그들의 칼을 쳐서 보습을 만들고 그들의 창을 쳐서 낫을 만들 것이며 이 나라와 저 나라가 다시는 칼을 들고 서로 치지 아니하며 다시는 전쟁을 연습하지 아니하리라.

예루살렘 성전 중심으로 모인 모두는 다 눈이 밝게 열린 자들이 되며 성전은 영광으로 충만함

35 그들 모두의 눈들은 열려졌고 그들은 선한 것들을 보았으며[349] 그들 중에 보지 못하는 자는 하나도 없었다.[350]

36 나는 그 집이 얼마나 크고 넓고 매우 충만한 지를 보았다.

큰 뿔들을 가진 둘째 아담의 탄생과 그를 경외하며 그에게 간구하는 많은 이방인들

37 나는 어떻게 흰 수소 하나[351]가 태어났는지 그리고 그의 뿔들이 얼마나 컸

---

349 창 3장에서 뱀은 하와에게 선악을 알게 하는 나무를 먹으면 눈이 열려 하나님과 같이 되어 선 악을 알게 될 것이라고 말하며 먹으라고 유혹했다. 그것을 먹은 후 하와와 아담은 눈이 열렸지 만 그들의 이전 영광을 잃어 버렸고 그들은 수치를 보기 시작했고 악한 면들이 크게 보이기 시 작했고 악하게 보는 눈이 열렸다. 뱀은 자신이 제시한 방법으로 하나님처럼 되는 길로 안내하 겠다고 속였다. 그 이후 인류는 6천 년의 세월을 보내며 불완전하게 선과 악을 보는 열린 눈으 로 수치와 어둠과 악함을 논하며 그것들을 풀어놓았다.

인류 역사의 제7천 년에 메시아께서 오셔서 회복되고 개정된 세상(티쿤 하올람)으로서 메시 아 왕국을 땅에 시작하실 때 새로 시작하는 새 사람들의 눈들은 다 열릴 것이고 선한 것을 향 하여 열려서 선한 것들을 보게 될 것이고 하나님이 보시는 것처럼 선함으로 보게 될 것이다.

350 (사 25:7) 또 이 산에서 모든 민족의 얼굴을 가린 가리개와 열방 위에 덮인 덮개를 제하시며

351 이 장면에서 '흰 수소 하나'는 첫째 아담인 '흰 수소'와 구별되는 둘째 아담인 예슈아의 탄생을 의미한다. 85:3에서는 첫째 아담이 흰 수소로 태어나면서 인류가 시작되었다. 크고 많은 뿔을 가진 흰 수소 하나는 메시아 즉, 둘째 아담을 의미한다. 초림 메시아 탄생의 가장 큰 의의는 이 방인들도 구원으로 초대하여 이방인들도 왕국의 유업을 이어받게 하는 것이었다. 예슈아는 이 방을 비추는 빛이요. 주의 백성 이스라엘의 영광이다(눅 2:25-32).

(사 42:1-4) [1]내가 붙드는 나의 종, 내 마음에 기뻐하는 자 곧 내가 택한 사람을 보라 내가 나 의 영을 그에게 주었은즉 그가 이방에 정의를 베풀리라 [2]그는 외치지 아니하며 목소리를 높이 지 아니하며 그 소리를 거리에 들리게 하지 아니하며 [3]상한 갈대를 꺾지 아니하며 꺼져가는 등 불을 끄지 아니하고 진실로 정의를 시행할 것이며 [4]그는 쇠하지 아니하며 낙담하지 아니하고

는지 보았고 모든 야생 짐승들과 하늘의 모든 새들이 그를 경외하는 것과 그에게 계속해서 간구하는 것을 보았다.[352]

변화되어 흰 수소들이 된 이방인들과 유대인들, 그들을 기뻐하시는 양들의 주님

38 또 나는 그들의 모든 종(種)들이 변화되어서 그들이 모두 흰 가축들이 된 것을

세상에 정의를 세우기에 이르리니 섬들이 그 교훈을 앙망하리라.

352 90:33에서 선하게 변화된 이방인들(야생 짐승들과 하늘의 모든 새들)이 남은 자들과 함께 예루살렘 성전에 모인 사건과 90:38에서 이방인들이 변화되어 모두 흰 수소들이 된 사건 사이에 90:37에서는 어떻게 이방인들도 변화 받아 왕국의 유업을 이어받고 천년왕국의 성전에 함께 모이게 되었는가를 설명하고 있다. 그리스도의 십자가와 부활과 승천 이후 그분의 큰 권세 아래 많은 이방인들(야생 짐승들과 하늘의 새들)이 그분을 경외하며 간구하는 일이 계속해서 이어져 왔던 지난 2천 년 동안의 이방인 구원의 역사가 간결한 장면으로 묘사되고 있다. 이방인들이 크고 많은 뿔을 가진 흰 수소를 중심으로 그 분을 경외하며 계속해서 그분께 의지함으로 간구하는 모습에서 그 흰 수소는 비유의 책(37-71)에서 나타나는 인자(人子)의 이미지와 연결된다.

동물 묵시의 타임라인에서는 '엘리야의 승천'이 다루어지지만(89:52) 그리스도의 초림과 승천에 대해서는 다루지 않고 이스라엘 국가가 망하고 백성들이 여러 나라들로 흩어지는 것에 대해서 다룬다. 하지만 동물 묵시의 마지막 장면에서는 천년왕국에 변화되어 살아가게 될 이방인들이 있을 것인데 그들은 둘째 아담을 경외하며 둘째 아담에게 간구하는 자들이라고 특징지어지면서 이방인들로부터 경배를 받는 둘째 아담이 어떻게 탄생하였는지와 그 둘째 아담의 권세가 얼마나 컸는지를 에녹이 보았다라고 그리스도의 초림과 은혜의 해를 언급하고 있다.

참고로 10주간 묵시(열 이레 묵시)에서는 그리스도의 승천과 제2차 성전의 파괴와 이스라엘 국가의 멸망과 유대인들이 모든 나라들로 흩어지게 될 것을 다루고 있다(93:8).

보았다.[353] 그들 중의 첫 번째 것은 들소[354]가 되었다. 그것은 큰 동물이었고 크고 검은 뿔들이 그 머리 위에 있었다.[355] 양들의 주님께서 그로 인하여, 그리고 모든 가축들로 인하여 기뻐하셨다.

39 나는 그들 가운데 잠들었다. 그리고 나는 깨어났다.[356] 나는 모든 것을 보았다.

---

353 이 장면은 예수님의 구속으로 예수님께 속하게 된 구원받은 모든 이방인들과 유대인들이 세 번째 시대인 새 시대의 시작에 다같이 모여서 흰 가축들로 변화되어 새로운 인류 즉, 완성된 '한 새 사람'을 이루는 장면이다. 구원받은 자들이 그분의 구속을 감사 찬양하며 기념하는 장면이 계7장에 나온다. 그들은 "우리를 구원하셔서 이 자리까지 오게 하심은 우리 하나님과 어린양의 공로 때문입니다"라고 많은 물 소리와 같은 합창을 부를 것이다. 38절의 이 장면을 설명하기 위해서 37절에서 둘째 아담이신 예슈아의 탄생과 지난 2천년의 역사 속에서 그분을 경외함으로 그분께 간구하는 또한 그분께 속하게 된 많은 이방인들이 있음을 간결하게 보여주고 있는 것이다. 참조 이사야 11:6-9.

354 들소: 쿰란 동굴에서 나온 아람어 사본에 '들소'로 되어 있어서 아람어 사본을 따랐다. 에티오피아 사본들에는 주로 '말씀'으로 나타나고 있지만 טלה탈레(어린 양)를 מלה밀라(말씀)로 번역하는 착오가 있었을 것으로 보기도 하고 혹은 왕(멜렉מלך)으로 번역될 가능성도 제기되고 있다. 한 단어로 확정지을 수 있는 만족스러운 결론을 내리고 있지 못한 상황에서 '들소, 어린양, 말씀, 왕, 지도자'로의 번역 가능성을 열어 놓고자 한다.

355 검은 뿔들이 그 머리에 있는 큰 동물은 누구를 말하고 있는 것인가? 천년의 메시아 왕국 시대에서 변화된 흰 수소들 중에서도 가장 뛰어난 권세를 가진 우두머리가 될 자가 에스겔서에서는 다윗이라고 알려주고 있다.

(겔 34:24) 나 여호와는 그들의 하나님이 되고 내 종 다윗은 그들 중에 왕이 되리라 나 여호와의 말이니라.

356 에녹은 꿈 환상 중에서 이 모든 장면들을 보았고 참석했었다. 꿈 환상의 마지막 장면에서 에녹은 그 꿈 환상 안에서 다시 잠들면서 현실로 돌아왔다.

맺는 말: 꿈 환상에서 인류 역사 7천 년을 다 본 후 눈물을 흘리며 크게 우는 에녹

40 이것이 내가 자는 동안에 보았던 환상이다. 나는 깨어나서 의의 주님을 송축하였고 그분께 영광을 돌려드렸다.

41 그 후에 나는 크게 울었다. 나의 눈물들이 내가 보았던 것들 때문에 내가 더 이상 견딜 수 없을 때까지 멈추지 않고 흘러내렸으며 흘러내리고 있었다. 모든 것은 오고 있으며 지나갈 것이며 성취될 것이다. 인류의 모든 행위들이 그 순서대로 나에게 보여졌다.[357]

42 그날 밤 나는 나의 첫 번째 꿈[358]을 기억했다. 그 꿈 때문에 나는 울었고 내가 그 환상을 보았기 때문에 나는 어지러웠다.

---

357 에녹에게 아담부터 시작한 인류 역사 7천 년 동안 있게 될 인류의 모든 행위들이 그 순서대로 보여졌다. 이 동물 묵시에서는 7천 년이 다 마감되고 그 이후에 있게 될 영원에 대해서는 다루지 않고 있다. 영원에 대한 부분은 91-93장의 10주간 묵시(열 이레 묵시)에서 다루어진다.

358 에녹은 홍수 심판으로 모든 것이 파괴되는 첫 번째 꿈 환상을 꾼 후에 멸망 중에라도 자비를 베풀어 달라고 간구했었다(83-84). 에녹은 두 번째 꿈 환상에서 인류 역사 7천 년을 다 본 후 크게 울고 또 울었다. 에녹은 가까운 미래에 있을 홍수 심판에 관한 첫 번째 꿈 환상을 다시 떠올리며 멸망 중에라도 후세를 남겨주시도록 눈물로 자비를 구했다.

마지막 때를 살아가는
모든 성도들이 읽도록 기록된 책

성경과 함께 읽는 **에녹1서**

제5권

에녹의 서신 및 부록

(91~108)

본문 구조

10주간 묵시 또는 열 이레 묵시(91:12-93:10)

93:3	1st주간 A.M.1-700, 3925-3225 B.C.
	7th 날에 태어난 에녹
93:4	2nd주간 A.M.701-1400, 3225-2525 B.C.
	극심한 불의와 속임, 물심판과 노아, 무지개 언약과 노아의 자손들의 일곱 계명
93:5	3rd주간 A.M.1401-2100, 2525-1825 B.C.
	의로운 심판의 나무의 묘목이 된 아브라함
93:6	4th주간: A.M.2101-2800, 1825-1125 B.C.
	이스라엘 백성과 시내산 언약과 약속의 땅
93:7	5th주간 A.M.2801-3500, 1125-425 B.C.
	영광과 통치의 집인 성전이 세워짐
93:8	6th주간 A.M.3501-4200, 425 B.C. - A.D. 275
	모든 자들이 눈멀고 지혜가 떨어져 우상숭배로 떨어짐, 그리스도의 승천과 성전 파괴와 디아스포라
93:9-10	7th주간 A.M.4201-4900, A.D. 275-975
	총체적인 배교의 세대 VS 창조에 대한 일곱 배의 계시가 주어지게 될 택함 받은 자들
93:11-14	그 누가 있겠는가?

의로운 자들의 부활과 상급, 죄인들이 맞이할 심판과 재앙(94-99)

여호와의 크고 두려운 날(100:1-104:9)

광명체들처럼 빛나며 하늘의 군대가 된다

104:7-9   죄인들의 모든 죄들은 날마다 기록되고 있음을 알아라

마지막 때에 풀어질 두 가지 종류의 신비(104:10-105:2)

104:10 1   ① 변개되고 왜곡 손상된 성경들과 주석들이 생겨날 것이며 악하고 거
           짓말로 꾸며낸 책들도 크게 유행하게 될 것이다

104:11-13 2 ② 마지막 때에 에녹의 책들이 여러 민족의 언어로 정확히 번역되어 의
           인들과 지혜로운 자들에게 읽히게 되는 때가 올 것이다

105:1   에녹의 책들 안에서 기쁨과 진리와 넘치는 지혜의 원천을 맛본 자들이
           땅의 아들들에게 증거하는 증인들이 될 것이다

105:2   나와 내 아들이 하나인 것처럼 그들도 '우리'와 영원히 하나되게 하리라

노아의 탄생(106장-107장) A.M.1056

106:1-7   노아의 신비한 출생을 본 라멕이 므두셀라에게 찾아감

106:8-12   므두셀라가 땅 끝에 있는 에녹을 찾아가 노아와 그 시대에 대해서 묻고
           들음(에녹 승천 후 약 69년)

106:13-19 에녹이 므두셀라에게 대홍수의 원인과 노아의 구원 그리고 홍수 후에
           다시 오게 될 더 사악한 마지막 시대에 대해 다시 가르치다

107:1   홍수 심판 후 세대가 지나갈수록 세상이 다시 더 극악해지겠지만 그 종
           말에는 '의로운 한 세대'가 일어나게 될 것임, 최후에 악은 땅에서 멸절
           되고 선함의 시대(천년왕국)가 땅에 오게 됨

마지막 때를 살아갈 자들을 위한 에녹의 마지막 말들(108)

역사적 결정론(Historical Determinism)

닫혀진 미래(Closed Future)와 열려진 미래(Opened Future)

동물 묵시와 10주간 묵시에서 역사를 바라보는 세계관은 인류 역사는 7천 년으로 정해져 있으며 인류 역사의 7천 년은 큰 틀에서 그 진행과정과 중요 인물들과 주요 사건들이 각 시기마다 이미 정해져 있다라는 세계관이다. 하나님께서 이미 정해 놓으신 시간표에 따라서 종말을 향하여 인류 역사 7천 년은 진행되어가고 있다.

이렇게 미리 결정된 미래는 '닫혀진 미래'로써 역사의 큰 틀은 이미 정해진 대로 흘러가며 정해진 기간 안에 예정된 인물이 등장하고 예정된 사건이 일어난다고 하는 역사관이다. 하지만 그 기간 안에서 일어나는 다른 많은 요소들은 인간이 어떻게 반응 하느냐에 따라 그 정도와 때가 어느 정도 달라질 수 있는데 이것은 '열려진 미래'로써 얼마든지 더 좋아질 수도 있고 좀 더 나빠질 수도 있는 수정 가능한 미래이며 인간의 선택과 의지가 중요한 역할을 하게 된다.

그러나 열려진 미래이든 닫혀진 미래이든 7천 년 인류 역사에서 6천 년의 모든 시간은 6천년의 끝에 있을 종말 심판과 부활에 그 초점이 맞춰져 있다. 그후 제7천 년 째의 1천 년 동안에는 사람과 땅의 모든 것이 회복된 세상에서 지구적인 샤밭(שבת안식)을 누리게 될 것이며 그 후 영원 세상이 펼쳐지게 될 것은 닫혀진 미래로서 결정되어 있는 것이다.

81장의 "하늘의 돌판들과 책들" 참조

에녹이 그의 아들들을 모아서 10주간 묵시로 인류 역사 7천 년을 가르치다

91

내 아들 메투셀라흐(므두셀라)야, 너의 모든 형제들과 네 어미의 모든 자녀들을 불러 나에게 모이게 하여라. 한 음성이 나를 부르고 있으며 한 영이 내게 부어지고 있으니 이는 내가 너희에게 일어날 모든 일을 영원히 보여주기 위함이다.

2   메투셀라흐(므두셀라)는 가서 그의 형제들을 불렀고 그의 친척들을 불러 모았다.

3   하녹(에녹)은 그의 모든 자녀들에게 의에 관하여 말하였다. 그가 말했다. "들으라, 오 하녹(에녹)의 자녀들아, 너희 아비의 모든 말을 듣고 내 입에서 나오는 목소리를 똑바로 경청하여라. 내 사랑하는 자들아, 내가 너희에게 증언하고 너희에게 말하리라.

4   진리를 사랑하고 그 안에서 행하라. 두 마음을 품은 채로 진리에 가까이 다가오지 말며 두 마음을 품은 자들과 교제하지 말아라. 나의 자녀들아, 오직 의로움 안에서 걸으라. 그리하면 그것이 너희를 좋은 길들로 인도할 것이고 의가 너희의 동반자가 될 것이다."

첫 번째 심판인 홍수 심판으로 불의의 체계들이 땅에서 뽑혀 사라질 것이다

5   사나운 폭력의 상태가 땅에서 점점 거세게 일어날 것이나 거대한 징벌이 땅에 집행될 것이고 모든 불의가 끝나게 될 것을 나는 알고 있다. 불의가 그 뿌리들로부터 잘려 나갈 것이며 불의의 전(全)체계가 사라져 버릴 것이다.

두 번째 심판인 불 심판이 있을 것이며[359] 그때 의인들의 부활이 있을 것이다

6 그러나 불의가 땅에 다시 극점에 달하게 될 것이며 불의와 사나운 폭력과 죄의 모든 행위들이 다시 압도하게 될 것이다.

7 죄, 불의, 신성모독과 사나운 폭력이 모든 종류의 행위 안에서 증가하고 삐뚤어진 사악함, 선을 넘는 것과 불결함이 증가할 때 하늘에서 거대한 징벌이 이 모든 것들 위에 내려질 것이다. 거룩하신 주께서 노여워하시며 징벌의 재앙을 가지고 오셔서 땅에서 심판을 집행하실 것이다.

8 그 날들에 사나운 폭력이 그 뿌리들로부터 잘려 나갈 것이며 불의의 뿌리들도 거짓 속임과 함께 하늘 아래에서 멸절될 것이다.

9 나라들의 모든 우상들은 버려지고 그들의 탑들[360]은 불에 타버릴 것이며 그

---

359 에녹은 그의 자녀들에게 두 종류의 심판 즉, 가까운 심판과 먼 훗날의 심판을 나누어서 설명한다. 그는 가까운 미래에 있을 심판으로서는 홍수 심판이 있겠지만 다시 인류 역사는 예정된 대로 7천 년을 향하여 가게 될 것을 이미 이해하고 있었고 자녀들에게 이러한 역사관을 가르쳐 주었다. 에녹이 승천했던 A.M.987년을 기준으로 약 670년 후인 A.M.1656년에 홍수 심판으로 불의가 땅에서부터 한번 제거되었지만 홍수 후 다시 불의와 사나운 폭력과 죄악이 땅을 압도하게 될 것이다(93:4).

그리고 아담 이후 6천 년이 흐르고 제7천 년이 시작되기 직전에 그 모든 죄악이 다시 극점에 달하게 될 것인데 그 마지막 때에 하늘에서 내리는 거대한 징벌과 함께 큰 심판이 집행될 것이며 그 날에 사나운 폭력의 뿌리와 불의의 뿌리가 뽑혀 땅에서 제거되고 거짓 속임이 땅에서 제거될 것이라는 역사의 큰 흐름을 에녹은 자녀들에게 가르치고 있다.

에녹은 자녀들이 앞으로 남은 6천 년 인류 역사의 큰 흐름을 숙지하도록 '동물 묵시'와 '10주간 묵시'를 통해서 이러한 세계관을 가르쳐 주었다.

360 그리스도의 재림의 과정에서 일곱 진노의 대접이 땅에 부어지면서 지구 곳곳에 각종 우상숭배의 행위를 통해서 어두운 하늘과 연결되었던 '우상의 제단들'과 '어두운 하늘과 그 제단들을 연결해주고 있던 탑들'이 불에 타버리며 어두운 하늘과의 모든 연결고리들이 끊어질 것이다.

그 탑들의 어미 역할을 하는 탑이 큰 성 바벨론에 세워지게 될 것이다. "무너졌도다 무너졌도다 큰 성 바벨론이여 귀신의 처소와 각종 더러운 영이 모이는 곳과 각종 더럽고 가증한 새들이 모이는 곳이 되었도다"(계 18:2; 사 21:9; 계 14:8, 19 참조)

것들은 온 땅에서 제거될 것이다. 그들은 불의 심판으로 던져질 것이며 맹렬하게 불타오르는 영원한 심판안에서 멸망될 것이다.

10 의로운 자들은 그들의 잠에서 깨어 일어날 것이고 지혜가 일어나서 그들에게 주어질 것이다.

11 그들은 사나운 폭력의 기초들과 그 안에 있는 거짓과 미혹의 구조(체제)를 뿌리째 뽑아 심판을 집행할 것이다.[361]

동물 묵시와 10주간 묵시

동물 묵시(85-90)가 아담부터 시작한 인류 역사 7천 년에 대한 시작과 과정과 끝을 다루고 있다면 10주간 묵시(열 이레 묵시)는 7천 년 뿐만 아니라 7천 년 이후에 있게 될 영원까지 다루고 있다. 10주간 묵시에서 한 주간은 700년을 의미하며 각 주간 마다 일어나게 될 중요한 사건이나 핵심 인물을 간략하게 다루고 있다. 10주간 묵시는 이처럼 700년을 단위로 매 700년 중 어느 시기에 일어날지는 정확하게 알 수 없도록 불확실성을 두었지만 그 700년 기간 중에 반드시 그 사건이 일어날 것이라는 확실성도 함께 제시해 주고 있다.

'우상의 제단들과 그들의 탑들'은 '땅 성전과 높은 탑' 그리고 '사람'성전과 그 사람 위에 연결되어 거룩한 하늘과 닿는 탑'과 대조를 이룬다. '탑'이라는 그림 언어는 다음 구절과 각주를 참조하라. 에녹1서 87:3; 89:50; 89:54; 89:66; 89:67; 89:73; 91:9 참조

361 의인들의 부활 사건 이후에 땅에 불법의 뿌리들이 제거되어 멸절되는 일이 있을 것인데 이 일은 아자젤 의식과 관련된 것이다. 에티오피아 사본에는 다음의 문장이 추가되어 있다. "이 일 후에 불의의 뿌리들이 잘려 나갈 것이고 죄인들이 그 검에 의해 멸망될 것이다. 하나님을 모독하는 자들은 모든 곳에서 그 뿌리들이 잘려 나갈 것이고 그 검에 의해서 모든 곳에서 신성모독이 멸절될 것이다."

91:11이 93:10의 다음에 놓여서 7th주간에 속한 문장으로 포함시킨 사본들도 있다.

10주간 묵시(열 이레 묵시)(91:12-93:10)[362]

8[th]주간(의의 주간): A.M.4901-5600, A.D.약 975-1675[362]

종교개혁으로 회복된 교회들이 성전으로서 함께 지어져 감

12 이 후에 의의 주간인 여덟 번째 주간이 있을 것이다. 한 검이 그 주간에 모든 의로운 자들에게 주어질 것이며 악한 자들에 대한 의로운 심판이 집행될 것이고 악인들이 의로운 자들의 손들에 넘겨질 것이다.[363]

13 그 주간의 끝에 그들이 그들의 의로 말미암아 소유물들[364]을 얻을 것이고[365]

---

362 현재 사용되고 있는 유대력은 그레고리안력 2022년 9월에 A.M.5783년이 시작하는 것으로 계산되는데 이는 주후 2세기 작품인 쎄데르 올람에 의거한 연대로 A.M.3761년을 A.D.1년으로 맞추고 있다. 그러나 이 책에서는 A.M.와 B.C., A.D.를 비교해서 보기 위해서 쎄데르 올람에서 놓친 것으로 보이는 165년의 오차(Missing years)를 보정한 후 A.M.3926년을 A.D.1년으로 맞추어서 제시하려고 한다. 이와 같이 약 165년의 오차를 현재 유대력에서 보정하면 2022년 9월26일에 A.M.5948년이 시작하게 되는 것이며 아담 창조 이후 일곱 번째 천년이 시작하는 A.M.6001년까지 53년이 남은 것이 된다. Missing years의 오차를 200년까지 잡아야한다는 의견도 있는데 그럴 경우 A.M.6001년이 되기까지 18년이 남은 것이 된다. 이러한 사실들을 반영하여 이해할 경우 A.D.2022을 기준으로 천년왕국이 시작되기까지 18년에서 53년 정도 남은 것으로 볼 수 있으며 Missing years가 없다고 가정할 경우에는 218년 후에 천년왕국이 시작되는 것으로 계산된다.

363 3rd주간(93:5)에 심겨진 '의로운 심판의 나무'가 자라서 그 영향력을 발휘하는 8th주간은 '의의 주간'이라는 특별 명칭으로 불린다. '의의 주간' 동안에 의로운 자들이 그들에게 주어진 검으로 의로운 심판을 집행함으로 악인들이 차지하고 있던 기득권들로부터 받던 압제의 사회 구조에 어느 정도 상황의 반전이 있게 될 것을 이야기하고 있다. 이 기간의 약 7백 년 동안 있었던 여러 종교개혁들을 통해서 하나님의 말씀이 번역되어 성도들의 손에 들려지게 되었고 말씀의 회복을 통하여 성도들에게 진리가 회복되어지며 영적 권세가 회복되어지기 시작했다.

364 아람어는 '소유물들'이지만 에티오피아 사본에는 '집들'로 번역되어 있다.

365 이 기간에 일어난 말씀을 회복한 자들은 그들에게 주어진 검으로 중세의 기득권자들을 심판하고 그들의 일부분을 차지하게 된다. 그들은 이전 시대의 우상들을 파괴하고 하나님의 처소들

위대하신 분의 왕국의 성전이 그 영광의 위대함 안에서 모든 세대들을 위하여 영원히 지어져 갈 것이다.[366]

9th주간: A.M.5601-6300, A.D.약 1675-2375
심판과 천년왕국

14 이후에 아홉 번째 주간에 의로운 심판이 온 땅의 자녀들에게 드러날 것이다. 모든 사악한 행악자들이 온 땅에서 사라져 없어질 것이며 영원한 구덩이로 던져질 것이다. 세상은 멸망되었다고 기록될 것이고 모든 자들은 영원한 의의 길을 바라보게 될 것이다.[367]

10th주간: A.M.6301-7000, A.D.약 2375-3075
크고 흰 보좌 심판

15 이후에 열 번째 주간의 그 일곱 번째 부분[368]에 큰 영원한 심판이 있을 것이

로서 회복되어 하나님이 지으실 성전의 한 부분으로서 성령의 전으로 함께 지어져 가게 된다.

366 이 기간에 진리를 회복한 교회들이 성전으로서 서로 연결되어져 한 큰 성전으로, 하나님이 거하실 처소로서 함께 지어져 가기 시작한다. (엡 2:21-22) 21그의 안에서 건물마다 서로 연결하여 주 안에서 성전이 되어 가고 22너희도 성령 안에서 하나님이 거하실 처소가 되기 위하여 그리스도 예수 안에서 함께 지어져 가느니라.

367 천년왕국의 시작 직전에 그리스도께서 오셔서 의의 심판을 집행하신 후 불의와 죄악이 땅에서 제거되게 하신다. 이 과정은 멸망의 과정이지만 이 멸망의 과정 후에 천년왕국에서 새롭게 시작하는 인류는 올바른 길을 바라보며 걷게 된다.

368 열 번째 주간의 일곱 번째 부분인 마지막 100년은 대략 A.D.2975-3075이 된다. A.D.3075년에 천년왕국이 끝나고 크고 흰 보좌 심판 후에 영원이 시작된다고 할 경우 그때를 기준으로 일천년 전은 A.D.2075년이다. 천년왕국의 시작이 A.D.2075년에 있을 수도 있지만 하루를 100년으로 계산하는 10주간 묵시의 특성상 천년왕국의 시작이 A.D.2075년을 포함하는 그 주간의 어느 지점에 있을 것이라고 생각한다면 A.D.1975-2075년 사이에 천년왕국이 시작될 것으로 계산된다. A.D.1975-2075년 사이의 어느 지점에 성도들의 부활 휴거와 예슈아의 재림과 천년왕국의 시작이 있을 것이다. 그 주간의 중후반은 A.D.2025년부터 A.D.2075년 사이이다.

다. 감찰자들에 대한 영원한 심판이 집행될 것이며 그 큰 심판의 정한 시간 동안 그분께서 천사들 사이에서 보복을 시행하실 것이다.[369]

첫 하늘과 첫 땅이 사라지고 새 하늘과 새 땅이 나타남

16 그 때에 처음 하늘은 사라져 없어질 것이고 새 하늘이 나타날 것이다.[370] 하늘들의 모든 권능들은 일곱 배의 빛을 내며 영원히 빛날 것이다.

영원 Eternity(무죄의 상태로 무한히 반복되는 영원한 주간)

17 이후에 셀 수 없이 많고 끝이 없는 주간이 선함과 의로움 안에서 영원히 있을 것이다. 그때 이후로 죄는 더 이상 언급조차 되지 않을 것이다.

---

369 천년왕국의 일천 년이 끝나면 무저갱에 갇혀 있던 사탄은 잠시 풀려나 마지막으로 땅의 백성을 미혹하는 일을 하지만 결국 불과 유황 못으로 영원히 떨어진다. 그 후 남은 모든 자들이 부활하여 크고 흰 보좌 심판대 앞에서 그들의 행위에 따라 재판을 받고 지옥의 여러 단계로 떨어진다. 그 후 더 이상 쓸모가 없어진 사망과 음부도 불과 유황 못에 던져진다(계 20:7-9). 감찰자들에 대한 심판과 그 외에 나머지 모든 천사들, 별들에 대한 심판이 집행되어 그들이 모두 징벌을 받게 될 것이다.

370 7천 년의 인류 역사가 다 마치면 첫 창조에 속한 처음 하늘과 처음 땅은 사라지고 새 하늘과 새 땅이 "보라 내가 만물을 새롭게 하노라"(계 21:5)라는 선포와 함께 시작된다. 인류 역사가 7천 년으로 예정되었고 그 후에는 새 창조와 함께 영원이 시작된다라고 생각하는 이러한 세계관은 요한계시록에서도 나타나고 에녹1서의 10주간 묵시에서와 천체들의 책(에녹1서 72:1)에서도, 그리고 희년서에도 잘 나타나고 있다.

(계 21:1a) 또 내가 새 하늘과 새 땅을 보니 처음 하늘과 처음 땅이 없어졌고

(에녹1서 72:1c) 그들의 모든 법칙을 있는 그대로 내게 보여주었고 영원히 지속될 새 피조물이 만들어질 때까지 세상의 매해가 어떻게 계속 지속되는지를 보여주었다.

(희년서 1:28b) 하늘들과 땅과 하늘의 권세들에 속한 모든 피조물과 땅에 속한 모든 피조물이 새롭게 될 (새) 창조의 날로부터.

천년왕국의 중첩상태와 영원한 무죄상태인 영원한 주간

영원한 세상이 천년왕국과 다른 가장 뚜렷한 차이는 영원 세계는 완전한 무죄의 상태가 영원히 지속된다는 것이다. 천년왕국은 여전히 처음 하늘과 처음 땅, 즉 첫 창조에 속한 만물이 바르게 고쳐져서(올람 하티쿤 עולם התיקון) 천년 동안 진행되어지는 회복된 에덴–동산이다. 그러나 영원 한세상은 첫 하늘과 첫 땅과 첫 창조에 속한 것들이 사라져 없어진 후 새로운 하늘과 새로운 땅에서 새 예루살렘을 중심으로 새로운 피조물들과 함께 영원히 지속되는 완전하고 죄가 없는 세상이다.

천년왕국은 첫 창조에 속한 것들로 진행되는 1천년이고 영원한 세상은 새 창조에 속한 것들로 진행되는 영원이지만 천년왕국에는 이미 새 창조에 속한 존재들도 함께 존재하는 중첩된 세상이라고 이해할 수 있다. 우리는 부활하여 부활의 자녀로서 하나님의 자녀가 되어 천년왕국을 지나게 될 것인데 이미 부활하여 새 창조에 속한 피조물이 된 우리는 천년왕국 동안에도 이미 새창조에 속한 존재로서 살아가게 될 것이다.

그러므로 천년왕국은 첫 하늘, 첫 땅, 첫 피조물과 함께 이미 새 창조에 속한 새 피조물들(고후 5:17)인 우리 즉, 부활의 자녀로서의 하나님의 자녀들인 우리와 함께 존재하는 중첩된 세상이라고 이해할 수 있다.

에녹이 자녀들에게 의로운 길들로 걷도록 권면함

18 나의 자녀들아, 내가 이제 너희에게 말하며 너희에게 의로운 길들과 난폭
함의 길들을 보여준다. 내가 다시 너희에게 그것들을 보여주는 것은 너희
에게 무엇이 다가오는지 알게 하기 위함이다.

19 자, 나의 자녀들아, 이제 귀 기울여 듣거라. 의로운 길들로 걸어가고 난폭
함의 길들로 걸어가지 말아라. 불의의 길들을 걷는 모든 자는 영원히 멸망
할 것이기 때문이다.

부활: 지혜의 가르침, 의로운 자들은 빛 가운데 걷고 죄는 어둠 안에서 멸망하여 영원히 사라짐

92 온 땅의 모든 사람들과 한 재판장에게 칭송받는 서기관 하녹(에녹)에
의해 쓰여진 이 완전한 지혜의 가르침[371]은 땅 위에 살아가게 될 나의
모든 자녀들과 의와 샬롬(평화)을 지킬 마지막 세대들을 위한 것이다.

2 너희의 영이 그 때에 우울해지지 않도록 하여라. 거룩하시고 위대하신 분
께서 모든 것을 위해서 그 날들을 정해 놓으셨기 때문이다.

3 의로운 자들은 잠에서 깨어날 것이고 일어날 것이며 의의 길들을 걸을 것이
며 그의 모든 길들과 그의 여정들은 영원한 선함과 자비 안에 있을 것이다.

4 그분은 의로운 자들에게 자비로울 것이고 영원한 올바름을 줄 것이다. 그

---

371 에녹이 여기서 가르치고 있는 완전한 지혜는 인류 역사 7천 년 전체를 전망하는 것과 악인들
과 죄인들에게는 심판이 집행될 것이라는 것, 그리고 의인들이 부활하여 살아가게 될 선함과
의로움과 빛의 시대가 올 것이라는 것과 7천 년이 마치면 새 하늘과 새 땅과 새 피조물과 함께
영원 세상이 펼쳐질 것이라는 사실을 아는 것이다.

분이 그들에게 능력을 주셔서 그들이 선함과 의로움 가운데 살게 할 것이며 영원한 빛 안에서 걷게 하실 것이다.

5   죄는 어둠 안에서 영원히 멸망될 것이고 그 날로부터 다시는 보여지지 않을 것이다.

천년왕국이 시작되기 전 마지막 시대를 살아갈 마지막 세대를 위한 에녹의 메시지

에녹1서의 첫 장에서도 에녹은 자신의 말과 글이 '이 세대를 위한 것이 아니요, 앞으로 오게 될 멀리 있는 세대를 위한 것이다(1:2)'라 하며 마지막 세대를 위해서 이 책을 기록한다고 강조한다.

92:1에서 이야기하는 '의와 샬롬을 실천할 마지막 세대들을 위한 '이 완전한 지혜와 가르침'은 10주간 묵시를 통하여서 인류 역사 7천 년과 그후 영원 세상이 있을 것을 내다보며 땅에서 의롭게 살아가고 더 좋은 부활을 잘 준비하며 영원을 아름답게 준비하는 삶을 살아가야 할 지혜에 대한 것이다.

에녹1서 마지막 장(107:1, 108:1)에서도 마지막 때에 에녹의 뒤를 따르며 에녹의 가르침을 지킬 의로운 한 세대가 마지막 세대로서 일어날 것을 예언하며 책이 마무리된다.

마지막 시대에 악하고 불경건한 모든 자들을 제거하기 위해 예정된 환난의 때를 살아가는 성도들이 말씀으로 종말에 대해서 잘 배우지 못하고 잘 이해하지 못해서 하나님이 알려주시는 결말들을 알지 못한다면 의인이라도 우울함에 빠질 수밖에 없을 것이다. 말씀에 바탕한 종말과 부활 신앙은 우리가 '이기는 자'가 되게 해준다. 이기는 자로서 가장 좋은 모델은 종말론적인 신앙으로 살았던 에녹의 삶이다.

10 주간 묵시(열 이레 묵시)[363]

하늘의 돌판들에 기록된 인류 역사의 사건들을 10이레 묵시로 풀어준 에녹

93 이후에 하녹(에녹)은 그 책들로부터 그의 강연을 말하기 시작했다.

2 하녹(에녹)이 말했다. "의로운 자녀들에 관하여, 세상에서 택함 받은 자들에 관하여, 의와 올바름의 나무[373]에 관하여 내가 너희에게 이것들을 말할 것이며 너희에게 알게 할 것이다. 나의 자녀들아, 이것은 나 하녹(에녹)이 하늘의 장면에서 내게 보여진 것과 거룩한 천사들의 말들로 알게 된 것과 하늘의 돌판들로부터 이해하게 된 것에 따른 것이다."

1st주간: A.M. 1-700[374], 약 3925-3225 B.C.
7th날에 태어난 에녹

3 하녹(에녹)은 그 책들로부터 그의 강연을 말하기 시작했다. "나는 바른 판단과 의[375]

---

372 10주간 묵시에서 하루는 100년, 일주일은 700년으로 계산한다. 영원 세계가 시작되기 전에 10번의 700년 곧 7,000년의 인류 역사가 진행된다.

373 이스라엘과 교회로 이루어지는 하나님의 나라(왕국)

374 A.M.은 라틴어 "Anno Mundi"의 약자로 아담 창조부터 몇 년이 지났는지를 계수하는 연호이다.

375 바른 판단과 의: 에티오피아어와 그리스어와 콥틱어 본문에서는 '바른 판단과 의'로, 아람어 사본에서는 קשׁטא(쿠쉬타: 옳은 진리를 말함)으로 쓰여 있다. 미쉬파트משׁפּט(바르게 판단하는 공의 또는 정의 Justice)와 쩨델צדק(의: 하나님과의 바른 관계, 올바른 상태 Righteousness)은 하나님 나라의 모든 창조 질서의 기초이다.

에녹이 태어나던 때 약 A.M.622까지는 사람들이 바르게 판단하고 사람들의 의로운 상태가 아직까지는 유지되던 때였으며 올바른 진리를 그나마 말할 수 있는 분위기였다. 하지만 그 이후 점점 사람들은 바른 판단을 하지 못하게 되었으며 사람들은 의의 상태를 잃어버리고 꼬이고

가 아직 지속되던 첫째 주간의 일곱째 날에 태어났다.”[376]

2nd주간: A.M.701-1400, 약 3225-2525 B.C.
극심한 불의와 속임, 물심판과 노아, 무지개 언약과 노아의 자손들의 일곱 계명

4 나 이후에 둘째 주간에[377] 거대한 불법(포악함)이 일어날 것이고, 거짓(속임)이 싹트며 급속히 일어날 것이다. 그리고 그때 첫 번째 끝[378]이 있을 것이고 한 사람이 구원받을 것이다.[379] 그것이 끝난 후 불의가 다시 증가할 것이지만[380]

비뚤어지고 뒤틀리게 된 불의(아본עון)의 상태로 악화되었다. 사람들은 거짓과 속임과 어둠은 쉽게 환영하며 받아들였지만 진실과 사실과 빛은 의심하며 배척하는 분위기로 치닫게 되었으며 올바른 진리를 말하게 되었을 때 사람들은 사납고 포악하게 반응을 하게 될 만큼 세상은 심각하게 잘못되어 갔다.

에녹1서 42:1-3에서는 홍수 이전의 이러한 시대적인 묘사를 지혜와 불의에 대한 인류의 반응으로 잘 표현해 주고 있다. 지혜가 인간들 중에서 있을 곳을 두루 찾다가 결국 거할 곳을 발견하지 못하여 하늘 처소로 되돌아갔지만 그 후 지혜가 떠난 자리를 불의가 차지하고 들어왔을 때는 사람들이 불의를 열렬히 환영하며 불의가 비처럼 쏟아지고 이슬처럼 땅을 덮게 하였다.

376 첫 번째 주의 일곱 번째 날은 A.M.601-700이다. 에녹은 A.M.622(대략 B.C.3303)

377 ‘나 이후’는 에녹의 승천 이후를 의미한다. A.M.987년에 에녹이 승천할 때, 그때까지는 아직 에덴-동산에 머물러 있던 쉐키나가 에녹과 함께 하늘로 거두어져 올라갔다. 그 이후에 땅에 사람들은 불의를 환영하며 더 꼬이고 비뚤어지고 뒤틀리게 된 불의(아본עון)의 상태로 악화되어 땅이 거대한 포악함에 잠식당하게 된다. 땅에서 거짓과 속임수는 참과 진리를 능가해버렸고 결국은 첫 번째 끝인 홍수 심판으로 모두 멸망하게 되었다.

378 첫 번째 끝은 물심판(노아의 대홍수)을 의미한다.

379 극심한 악함이 2nd주간에 시작한다. 이 악함의 결과는 홍수 심판이다. 노아의 600세 때 있었던 홍수는 A.M.1656 or 대략 B.C.2269 이었고 이 때는 2nd 주간이 아니고 3rd 주간의 두 번째 날이다. 예정된 때보다 약256년 지연되었다.

380 (에녹1서 91:6) 그러나 불의가 땅에 다시 극점에 달하게 될 것이며 불의와 사나운 폭력과 죄의 모든 행위들이 다시 압도하게 될 것이다.

한 법이 죄인들을 위하여 제정될 것이다.[381]

3ʳᵈ주간: A.M.1401-2100, 약 2525-1825 B.C.
의로운 판단(미쉬파트)의 나무의 묘목이 된 아브라함

5   이후에 세 번째 주 그 주간의 끝에 한 사람이 의로운 판단의 나무로서 택함
     받을 것이다. 그의 뒤를 따르는 그의 후손은 영원히 의의 나무가 될 것이다.

아브라함으로부터 시작한 하나님 나라(의의 나무)

A.M.1948년(대략 B.C.1907)에 태어난 아브라함은 모든 믿는 자들의 조상(갈 3:6-10, 14)으로서 의의 나무 즉, 하나님 나라의 묘목으로서 심겨진다. 이 나무의 이름은 '의로운 판단(미쉬파트)의 나무'이다. 미쉬파트는 '바르게 분별하고 바르게 판단하여 바르게 결정하고 바르게 심판을 집행하는'이라는 의미이며 하나님 왕국 통치의 중심인 보좌의 기초는 바로 미쉬파트משפט와 쩨덱צדק이다.

의와 공의가 주의 보좌의 기초라(시 89:14a)
의와 공평이 그의 보좌의 기초로다(시 97:2b)

하나님은 아브라함을 크고 강대한 나라, 영원한 하나님의 나라를 이루게 하기 위해서 택하셨고 '의의 나무'로 부르셨다.

---

381 무지개 언약과 함께 주어진 '노아의 일곱 언약'을 의미한다. 창 9:9-17 참조.

¹⁸아브라함은 강대한 나라가 되고 천하 만민은 그로 말미암아 복을 받게 될 것이 아니냐 ¹⁹내가 그로 그 자식과 권속에게 명하여 여호와의 도를 지켜 의와 공도를 행하게 하려고 그를 택하였나니 이는 나 여호와가 아브라함에게 대하여 말한 일을 이루려 함이니라(창 18:18-19)

아브라함과 아브라함의 혈통적 자손들(그 자식)과 믿음으로 아브라함의 자손이 될 비혈통적 식구들(권속: 그의 집에 속한 사람들)이 다 의와 공도(쩨다카 우미쉬파트 צדקה ומשפט)를 행하는 자들이 되어 영원한 하나님의 나라를 이루게 하시려고 아브라함을 먼저 '의로운 판단의 나무'의 묘목으로 심으셨다. 그리고 그 묘목이 크게 자라게 하셨고 이후 많은 이방인들이 예수 그리스도를 믿음으로 말미암아 그 나무에 접붙임 되게 하시고 아브라함의 자손이 되게 하셔서 그 나무를 크고 강대한 나라가 되게 하고 계신다.

많은 이방인들이 그리스도를 믿음으로 아브라함의 자손이 되고 아브라함의 복을 함께 받게 된다. 돌감람나무의 가지가 참감람나무의 가지가 꺾여져 나간 자리에 접붙임 되어서 참감람나무에 접붙여진다.

¹⁷또한 가지 얼마가 꺾이었는데 돌감람나무인 네가 그들 중에 접붙임이 되어 참감람나무 뿌리의 진액을 함께 받는 자가 되었은즉 ¹⁸그 가지들을 향하여 자랑하지 말라 자랑할지라도 네가 뿌리를 보전하는 것이 아니요 뿌리가 너를 보전하는 것이니라 ¹⁹그러면 네 말이 가지들이 꺾인 것은 나로 접붙임을 받게 하려 함이라 하리니 ²⁰옳도다 그들은 믿지 아니하므로 꺾이고 너는 믿으므로 섰느니라 높은

마음을 품지 말고 도리어 두려워하라 ²¹하나님이 원 가지들도 아끼지 아니하셨은즉 너도 아끼지 아니하시리라 ²²그러므로 하나님의 인자하심과 준엄하심을 보라 넘어지는 자들에게는 준엄하심이 있으니 너희가 만일 하나님의 인자하심에 머물러 있으면 그 인자가 너희에게 있으리라 그렇지 않으면 너도 찍히는 바 되리라 ²³그들도 믿지 아니하는 데 머무르지 아니하면 접붙임을 받으리니 이는 그들을 접붙이실 능력이 하나님께 있음이라 ²⁴네가 원 돌감람나무에서 찍힘을 받고 본성을 거슬러 좋은 감람나무에 접붙임을 받았으니 원 가지인 이 사람들이야 얼마나 더 자기 감람나무에 접붙이심을 받으랴(롬 11:17-24)

이방인과 유대인이 그리스도 안에서 하나됨을 이루는 '한 새 사람'의 비전은 마른 뼈가 살아나는 예언의 종말 성취 이후에 유다 나무와 에브라임(이방으로 흩어져 이방인이 된) 나무의 하나됨으로 이미 예정되어 있었다.

¹⁶인자야 너는 막대기 하나를 가져다가 그 위에 유다와 그 짝 이스라엘 자손이라 쓰고 또 다른 막대기 하나를 가지고 그 위에 에브라임의 막대기 곧 요셉과 그 짝 이스라엘 온 족속이라 쓰고 ¹⁷그 막대기들을 서로 합하여 하나가 되게 하라 네 손에서 둘이 하나가 되리라 ¹⁸네 민족이 네게 말하여 이르기를 이것이 무슨 뜻인지 우리에게 말하지 아니하겠느냐 하거든 ¹⁹너는 곧 이르기를 주 여호와께서 이같이 말씀하시기를 내가 에브라임의 손에 있는 바 요셉과 그 짝 이스라엘 지파들의 막대기를 가져다가 유다의 막대기에 붙여서 한 막대기가 되게 한즉 내 손에서 하나가 되리라 하셨다 하고 ²⁰너는 그 글 쓴 막대기들을 무리의 눈 앞에서 손에 잡고

²¹그들에게 이르기를 주 여호와께서 이같이 말씀하시기를 내가 이스라엘 자손을

잡혀 간 여러 나라에서 인도하며 그 사방에서 모아서 그 고국 땅으로 돌아가게

하고 ²²그 땅 이스라엘 모든 산에서 그들이 한 나라를 이루어서 한 임금이 모두

다스리게 하리니 그들이 다시는 두 민족이 되지 아니하며 두 나라로 나누이지

아니할지라(겔 37:16-22)

마지막 때에 순교를 각오하고 하나님의 말씀을 대언할 선지자적인 두 증인은 이방인의 교회(에클레시아)에서 그리고 유대인의 교회(케힐라)에서 나오게 될 것이다. 그들은 또한 두 감람나무와 두 메노라(계 11:4)로 상징되는데 계 1:20에서 예수님께서는 메노라를 교회의 상징으로 보셨다. 그리고 이스라엘의 국장은 메노라와 두 감람나무로 그려져 있다.

네가 본 것은 내 오른손의 일곱 별의 비밀과 또 일곱 금 촛대라 일곱 별은

일곱 교회의 천사들이요 일곱 촛대는 일곱 교회니라(계 1:20b)

두 증인은 교회와 이스라엘을 상징한다. 교회는 이스라엘 나무에게 접붙임 받았고 이스라엘은 교회 나무에 접붙임 받아서 서로 하나의 큰 의의 나무를 이루게 될 것이다. 그 의의 나무는 곧 하나님의 나라(왕국)를 의미한다. 이 일을 이루기 위해서 하나님은 아브라함을 택하셨고 부르셨다.

4th주간: A.M.2101-2800, 약 1825-1125 B.C.
이스라엘 백성과 시내산 언약과 약속의 땅

6   이후에 네 번째 주 그 주간의 끝에 거룩하고 의로운 자들의 장면들이 보여
     질 것이다.[382] 모든 세대를 위한 한 법[383]과 한 울타리[384]가 그들을 위해 만들
     어질 것이다.

5th주간: A.M.2801-3500, 약 1125-425 B.C.
영광과 통치의 집인 성전이 세워짐

7   이후에 다섯 번째 주 그 주간의 끝에 영광과 통치의 그 집[385]이 영원히 세워
     질 것이다.

6th주간: A.M.3501-4200, 약 425 B.C. - A.D. 약 275
모든 자들이 눈멀고 지혜가 떨어져 우상숭배로 떨어짐과 그리스도의 승천과
성전 파괴와 디아스포라

8   이후에 여섯 번째 주 그 주간에 살아가는 모든 자들의 눈이 멀게 될 것이고[386]

---

382 출이집트의 전 과정(열가지 재앙과 홍해)에서부터 시나이 산 정상에서 모세가 120일(40일
    +40일+40일 오순절에서부터 대속죄일까지) 동안 계시를 받는 모든 과정들은 하나님의 나타
    나심과 자기 계시와 천사들의 활동들이 적극적으로 나타났던 특별한 기간이었다.

383 시나이 산 언약 A.M.2448(대략 B.C.1477)

384 광야의 시나이 산 아래에서 지어졌던 성막을 의미한다.

385 다섯 번째 주간의 기간 안에 솔로몬 성전(제1차 성전)과 스룹바벨 성전(제2차 성전)이 둘 다
    포함된다.

386 제2차 성전 시대 중에서 헬라제국과 로마제국의 통치를 받던 시대와 로마에 의한 이스라엘 멸
    망과 디아스포라의 초기 시대까지 포함된다.

그들의 모든 마음들은 지혜로부터 벗어날 것이며 불경건함으로 빠져들어 갈 것이다. 그 주간에 한 사람이 승천[387]할 것이고 그 주간의 끝에 그 통치의 집이 불에 탈 것[388]이며 그 주간에 택함 받은 뿌리로부터 나온 모든 혈통이 흩어지게 될 것[389]이다.

7ᵗʰ주간: A.M.4201-4900, A.D. 약 275-975
총체적인 배교의 세대 VS 창조에 대한 일곱 배의 계시가 주어지게 될 택함 받은 자들

9 이 후에 일곱째 주에 배교의 세대가 일어날 것이다. 그들의 행위가 많을 것이지만 그들의 모든 행위는 배교일 것이다.[390]

10 그 주간의 끝에 영원한 의의 나무로부터 택함 받은 자들이 의로움의 증인들이 되기 위하여 택함 받을 것이고 그들에게 그의 모든 창조에 대한 일곱 배의 지혜와 지식[391]이 주어질 것이다.

---

387 예수님의 승천

388 성전파괴와 디아스포라 사건: A.D.70 또는 A.M.3995

389 유대인의 디아스포라: 성전이 불타고 이스라엘 나라가 망하니 택함 받은 뿌리(아브라함)에서 나온 모든 혈통(이스라엘)이 온 세상으로 흩어지게 된다.

390 중세 교회 시대에 적그리스도 영과 잘못된 길로 인도하는 거짓 선지자들과 거짓 교사들의 가르침들의 섞임으로 때와 법이 변개되고 사람들이 진리에서 어긋나게 되었으며 진리에서 벗어난 자리에서 진리를 추구하며 쌓아 올리려고 하게 되었다. 이 기간에 적그리스도의 영과 혼합적인 가르침의 결과로서 이슬람교가 시작되어 기독교와 유대교 세계와 부딪치고 순교와 배교의 사건들이 발생했다. 이 본문에서 '배교'는 '뒤틀어진' 또는 '패역한'으로 번역되어질 수도 있다.

391 택한 자들 중에서도 다시 택함을 받은 자들에게 창조세계에 대한, 그 이전 시대에 없었던 지혜와 지식이 일곱 배로 주어질 것이다. 과학의 발전은 상대적으로 이방인들 보다는 유대민족을 통해서 더 진보되었고 비기독교 문명에서 보다는 기독교 문명을 통해서 더 진보되었다.

** 8th~10th 주간의 묵시는 91:12~17에서 계속 이어진다**

(아람어 사본에서는 91:11이 7th주간에 위치해 있다)

그 누가 있겠는가? [392]

11 사람의 자녀들 중에서 거룩한 분의 음성을 듣고 두려워 떨지 않을 수 있는 사람이 누가 있겠는가? 누가 그분의 생각들을 생각 할 수 있겠는가? 하늘의 모든 일들을 자세히 볼 수 있는 자가 사람들 중에서 누가 있겠는가?

12 하늘의 일들을 이해할 수 있고 혼이나 영을 볼 수 있고 그것에 대하여 이야기를 하거나 하늘에 올라가서 그들의 결말들을 보거나 이해하거나 그들과 비슷한 어떤 것이라도 만들 수 있는 어떤 누군가가 있을 수 있겠는가?

13 사람들 중에서 땅의 너비와 길이를 아는 자가 있겠는가? 누구에게 그 모든 크기가 보여진 적이 있었는가?

14 하늘의 길이를 알 수 있는 자가 모든 사람들 중에 누가 있겠는가? 하늘들의 높이와 하늘이 무엇에 고정되어 있는지와 별들의 수가 얼마나 많은지와 그 모든 광명체들이 어디에서 머무는지 알 사람이 있겠는가?

> 의로운 자들의 부활과 상급, 죄인들이 맞이할 심판과 재앙(94-99)

의의 길들을 선택함과 죄인들에게 있을 재앙(화禍)

94

이제 나의 자녀들아, 내가 너희에게 말한다. 의를 사랑하고 그 안에서 걸어라. 의의 길들은 받아들여질 가치가 있지만 불의의 길들은

---

[392] 욥기 38장-39장 비교

94장

속히 멸망될 것이며 사라질 것이다.

2 미래 세대의 어떤 사람들에게 난폭함과 사망의 길들이 밝히 드러나게 될 것이나 그들은 그것들을 멀리 할 것이고 그것들을 따르지 아니할 것이다.

3 이제 내가 너희에게 말한다. 의인들아, 악의 길들로 걷지 말고 사망의 길들로 행치 말아라 너희가 멸망될지도 모르니 그것들에 가까이하지도 말아라.

4 그러나 너희 자신을 위하여 의를 찾고 그것을 선택하며 즐거운 삶을 찾고 선택하며 샬롬(평화)의 길들로 걸어서 너희가 살고 번성하도록 하여라.

5 나의 말들을 너희 마음의 생각들 안에 견고하게 붙들어라. 너희 마음으로부터 나의 말들이 지워지지 않게 하여라. 내가 아는 것은 죄인들이 사람들을 유혹하여 지혜를 떨어뜨리려 할 것이며 어떤 곳에서도 지혜가 발견되지 못하게 될 것이고 이러한 미혹은 결코 감소되지 않을 것이라는 것이다.[393]

6 불법과 난폭함을 세우는 자들과 거짓과 속임수를 기초로 놓는 자들에게 재앙이 있을 것이다. 그들은 속히 뒤엎어질 것이다. 그들에게 샬롬(평화)이 없을 것이다.

7 죄로 그들의 집들을 짓는 자들에게 재앙이 있을 것이다. 그들의 모든 기초로부터 그들은 내던져질 것이다. 그들은 칼에 쓰러질 것이고 금과 은을 얻은 자들은 심판에서 속히 멸망될 것이다.

8 너희 부요한 자들아, 너희에게 재앙이 있을 것이다. 너희가 너희의 부요함

---

393 (에녹1서 42:1-3) ¹지혜는 그녀(지혜)가 거할 곳을 땅에서 찾지 못했다. 그래서 그녀의 처소는 하늘들에 있게 되었다. ²지혜는 인간의 자녀들 중에 거하기 위하여 내려갔으나 거할 곳을 발견하지 못하여서 그녀의 자리로 돌아왔고 천사들 가운데 그녀의 자리를 찾았다. ³불의가 그녀(불의)의 방들로부터 나왔고 그녀는 자기가 찾지도 않았던 자들을 발견했고 사막에 내리는 비처럼, 메마른 땅을 덮는 이슬처럼 그들 중에 거하였다.

95장

들을 신뢰해왔으므로 너희는 너희의 부요함으로부터 멀어질 것이다. 너희가 부를 누리던 그 날들 동안 너희가 지극히 높으신 분을 기억하지 아니하였기 때문이다.

9 너희는 신성 모독과 불법을 행하여 왔고 너희는 피를 흘리는 그 날과 어둠의 그 날과 큰 심판의 그 날을 위해 준비되어 왔다.

10 이와 같이 내가 너희에게 말하며 너희에게 알려준다. 너희를 창조하신 그분이 너희를 뒤엎으실 것이고 너희가 쓰러져도 너희에게 자비가 없을 것이며 너희의 창조주는 너희의 멸망으로 인하여 기뻐하실 것이다.

11 그 날들에 너희의 의로움이라는 것은 죄인들과 불경한 자들에게 수치가 될 것이다.

죄인에게 있을 네 가지 재앙(화禍)

95 오, 나의 두 눈이 물의 원천이었더라면 나는 너희를 위해 울어줄 수 있을 텐데, 구름에서 비를 쏟아 붓듯이 내 눈물을 쏟을 텐데, 그래서 내 마음의 슬픔으로부터 내가 쉼을 얻었을 터인데.

2 누가 너희에게 증오와 악을 실행하도록 허락해 주었는가? 너희 죄인들아, 심판이 너희를 덮칠 것이다!

3
오, 너희 의인들아, 죄인들을 두려워하지 말아라. 주님께서 그들을 너희의 손에 다시 넘겨줄 것이며 너희는 너희가 원하는 대로 그들에게 심판을 집행할 수 있게 될 것이다.

4 너희가 풀 수 없는 저주를 내뱉는 너희에게 재앙이 있을 것이다. 너희의 죄

96장

들로 인하여 치유는 너희에게서 멀리 떨어져 있을 것이다.

5 이웃들에게 악으로 되갚는 너희에게 재앙이 있을 것이다. 너희의 그 행실들로 인하여 너희가 되갚음을 받을 것이다.

6 거짓 증인들과 불법과 부정 행위에 무게를 실어주는 너희에게 재앙이 있을 것이다. 너희가 급속히 멸망할 것이다.

7 죄인들아, 너희가 의인들을 핍박함으로 인해 너희에게 재앙이 있을 것이다. 너희의 불법 때문에 너희는 넘겨질 것이고 괴롭힘을 당할 것이며 너희 위에 멍에가 무겁게 메여질 것이다.

고난을 겪은 의인들의 부활과 휴거, 그들에게 주어지는 심판의 권세

96

너희 의인들아, 소망을 품으라. 죄인들이 너희 앞에서 급히 멸망될 것이기 때문이다. 또한 너희가 바라는 것과 같이 너희는 그들에 대한 권세를 가지게 될 것이기 때문이다.

2 죄인들의 환난의 그 날에 너희의 자녀들은 독수리와 같이 날아오를 것이며 너희의 둥지는 독수리들의 둥지보다 더 높은 곳에 있을 것이다. 너희는 오소리들과 같이 타고 올라 갈 것이고 땅의 갈라진 틈들과 바위의 갈라진 절벽들에 들어가서 불법을 행하는 자들의 앞에 있을 것인데 그들은 너희로 인하여 세이렌[394]처럼 신음하며 울 것이다.

3 너희 고난을 겪은 자들아, 두려워하지 말라. 너희는 고침을 받을 것이고 밝은 빛이 너희 위에 비추어질 것이며 안식의 목소리를 너희가 하늘로부터 듣게 될 것이다.

---

394 에녹1서 19:2 각주 참조.

악한 부자들과 권력자들이 맞이하게 될 재앙(화禍)

4 너희에게 재앙이 있을 것이다. 너희 죄인들아, 너희의 부가 너희를 의로운 것처럼 보이게 하였으나 너희의 마음이 너희가 죄인인 것을 증명해 주고 있다. 그리고 이러한 사실이 너희의 악한 행실들을 기억나게 하는 것이 됨으로 너희를 대적하는 증언이 될 것이다.

5 가장 질 좋은 곡식을 먹어 치우고 큰 대접들로 포도주를 마시면서 너희의 권력으로 겸손한 자들을 짓밟는 너희에게 재앙이 있을 것이다.

6 모든 샘으로부터 물을 마시는 너희에게 재앙이 있을 것이다. 너희가 급속하게 되갚음을 당할 것이며 너희는 고갈될 것이며 말라버릴 것인데 이는 너희가 생명의 샘을 떠나버렸기 때문이다.

7 불법을 행하고 속임수로 속이고 신성모독을 저지르는 너희에게 재앙이 있을 것이다. 그 재앙이 너희가 행한 악을 상기시켜 줄 것이다.

8 권력으로 의인들을 압제하는 너희 권력 있는 자들아, 너희에게 재앙이 있을 것이다. 너희가 파멸되는 그 날이 올 것이다. 너희가 심판받는 그 날, 그 때에 의인들을 위해서는 매우 좋은 날들이 오게 될 것이다.

죄인들의 수치스러운 멸망을 기뻐하는 천사들

97 너희 의인들아, 죄인들이 수치의 대상이 될 것과 심판의 그 날에 멸망될 것을 믿으라.

2 죄인들아, 지극히 높으신 분께서 너희의 파멸을 염두에 두고 계시며 천사들이 너희의 멸망을 기뻐한다는 사실이 너희에게 알려지게 되리라.

3 너희 죄인들아, 너희가 의인들의 기도 소리를 듣게 될 그 심판의 날에 너희

가 무엇을 할 수 있을 것이며 어디로 도망갈 수 있겠느냐?

4 너희는 그들(의인들)과 같지 않을 것이다. 이는 "너희가 죄인들과 연합해왔다"라는 이 말이 너희에게 불리한 증언이 될 것이기 때문이다.

의인들의 기도에 따라 진행되는 죄인들이 받게 될 심판의 집행

5 그 날들에 거룩한 자들의 기도는 주님 앞에 상달될 것이나 너희를 위해서는 너희가 심판 받을 그 날들이 너희에게 임하게 될 것이다.

6 너희의 불의한 말들이 위대하시고 거룩하신 분 앞에서 낭독될 것이고 너희의 얼굴은 수치로 붉혀지고 불법의 기반 위에 세워진 모든 행위들은 받아들여지지 않을 것이다.

7 바다 한 가운데 있으며 마른 땅 위에 있는 죄인들아, 너희에게 재앙이 있을 것이다. 그들(바다와 마른 땅)의 기억력이 너희에게 해로움이 될 것이기 때문이다.

8 의롭지 않게 은과 금을 취득하였으면서 "우리는 아주 부유하게 되었고 많은 것들을 소유하였으며 우리가 원했던 모든 것을 가졌다.

9 이제 우리는 우리의 보물 창고에 은을 많이 모았으며 우리 집들에 많은 소유들을 가득 채웠으니 이 모든 것들을 물 쓰듯이 마구 쓰면서 우리가 계획한 것을 실행하도록 하자"고 말하는 너희에게 재앙이 있을 것이다.

10 물과 같이 너희의 삶이 떠내려 가버릴 것이며 부유함들이 너희와 함께 머물지 않을 것이고 너희로부터 신속하게 달아날 것이다. 이는 너희가 그 모든 것을 불법으로 얻었으니 너희가 큰 저주로 넘겨질 것이기 때문이다.

여자보다 더 화려하게 꾸미는 여장 남자들이 결국 불타는 용광로에 던져짐

98 너희 지혜로운 자들과 어리석지 않은 자들아, 이제 내가 너희에게 맹세하는데 너희가 이 땅에서 많은 불법의 행위들을 볼 것이다.

2 너희 남자들은 여자보다 더 많은 장신구들을 걸칠 것이고 처녀보다 더 많은 채색 옷들을 입어 주권과 위엄과 권세로 치장할 것이나 은과 금과 자주색과 명예 그리고 음식이 물같이 쏟아질 것이다.

3 그들에게는 지식도 분별의 지혜도 없으니 그들은 그들의 소유물과 모든 화려함과 명예와 함께 멸망할 것이다. 수치와 굴욕, 살육과 큰 결핍을 위해 그들의 영들은 불타는 용광로로 던져질 것이다.

하늘에서 지존자 앞에서 매일 기록되고 있는 행위록

4 너희 죄인들아, 내가 너희에게 맹세한다. 산은 노예가 된 적이 없었고 언덕은 여인의 하녀가 되지 않는 것이다. 이와 같이 불법은 이 땅에 보내어진 것이 아니라 사람이 스스로 그것을 만든 것이다. 죄를 짓는 자마다 큰 저주 아래로 떨어질 것이다.

5 불임이 그 여자에게 주어진 것이 아니라 그녀의 손들로 행한 행실들 때문에 그녀가 자녀들이 없이 죽는 것이다.

6 너희 죄인들아, 내가 거룩하시고 위대하신 분을 두고 맹세하는데 너희의 모든 악한 행실들은 하늘에서 드러나고 너희의 압제하는 모든 행위들이 덮이거나 숨겨지지 않는다.

7 너희의 불의한 행위들이 하늘에서 알려지지 않고 보여지지 않는다고 너희 마음에 말하지 말아라. 또한 모든 죄는 하늘에서 가장 높으신 분 앞에서 매

일 기록되고 있다는 사실을 모른다고 너희 스스로 속이지도 말아라.

8 앞으로는 너희가 행하는 모든 불의한 행실들이 날마다 너희의 심판의 날에 이르기까지 기록되고 있다는 것을 알아라.

마지막 때에 악한 죄인들이 맞이하게 될 재앙(8화禍 98:9-99:2)

9 너희에게 재앙이 있을 것이다, 어리석은 자들아! 너희는 너희의 어리석음 때문에 멸망할 것이다. 너희가 지혜로운 자들의 말을 듣지 않았으니 선한 일들이 너희에게 일어나지 않을 것이며 오히려 악함들이 너희를 에워 쌀 것이다.

10 이제는 너희가 파멸의 그 날을 맞이할 준비가 되었다는 것을 알아라. 오, 죄인들아, 너희가 구원받으리라는 소망을 가지지 말아라. 너희는 떨어져 나갈 것이고 죽을 것이다. 너희는 큰 심판과 재난의 그 날과 너희의 영들을 위한 크나큰 수치를 맞이할 준비가 되었다.

11 너희에게 재앙이 있을 것이다. 악을 행하며 피를 마시는 목이 뻣뻣하고 마음이 완고한 자들아! 너희가 어디로부터 먹고 마시며 만족케 할 좋은 것들을 얻고 있느냐? 가장 높으신 분이신 우리 주님께서 풍성하게 땅에 베푸신 모든 좋은 것들로부터가 아니냐? 너희에게는 샬롬(평화)이 없을 것이다.

12 너희에게 재앙이 있을 것이다, 너희 삐뚤어진 행위들을 사랑하는 자들아! 왜 너희에게 좋은 행운이 있을 것이라 소망하느냐? 너희는 의로운 자들의 손에 넘겨질 것이며 그들은 너희 목을 자르고 너희를 죽일 것이니 너희에게는 자비란 없을 것이라는 것을 알아라.

13 너희에게 재앙이 있을 것이다, 의로운 자들이 당하는 괴로움을 보고 기뻐하는 자들아! 너희를 위한 무덤들은 파지지 않을 것이다.

14 너희에게 재앙이 있을 것이다, 의로운 자들의 말들을 업신여기며 폐기하는

자들아! 너희에게는 구원의 소망이 없을 것이다.

15 너희에게 재앙이 있을 것이다, 거짓말들과 불경건한 말들을 글로 적는 자들아! 그들은 그들의 거짓말들로 글을 적어서 사람들이 거짓말을 듣게 하고 사람들이 그들의 이웃들에게 하나님이 없는 것처럼 행동하게 하고 있다.

16 그런즉 그들에게 샬롬(평화)은 없을 것이며 그들은 갑작스런 죽음으로 신속하게 망할 것이다.

마지막 때 영적 전투의 주요한 장이 되고 있는 미디어를 통한 비진리와의 전쟁

에녹1서 98:15의 여섯 번째 마지막 화에서 거짓말로 또한 왜곡된 것들로 글을 써서 많은 사람들이 읽고 잘못된 길로 가게 만드는 악함에 대해서 다루고 있는 것은 종말론적인 관점에서도 중요한 의미가 있다.

많은 사람들이 잘못된 서적을 읽고 잘못된 사상을 받아들이게 되어서 하나님을 떠나고 하나님이 없는 것처럼 생각하고 말하고 살아가게 된다. 펜은 칼보다 강하다! 저술, 사상, 언론, 미디어의 역할은 무력보다 영향력이 더 커서 많은 사람들의 생각의 방향과 흐름을 잘못된 길로 주도하며 결국 테러와 대량학살과 인종청소와 전쟁을 일으킨다.

이슬람의 꾸란, 진화론, 공산주의, 나찌즘, 주체사상, 자유주의 신학의 말씀에 대한 칼질... 등은 역사상 가장 큰 거짓말들로 사람들을 진리에서 멀어지게 하고 테러나 대량학살이나 전쟁으로 이끌고 있으며 이 마지막 때에 인류가 그리스도의 재림을 대적하도록 더 소용돌이치게 할 것이다.

에녹1서 69:8-11에서 네 번째 사탄인 프네무에가 이러한 모든 악한 영향력의 배후인 것으로 알려주고 있다. 진리에 대한 올바른 저술 활동으로 바른 사상을 세우고 진리에 속한 언론과 미디어로 사람들에게 참된 분별을 주는 일은 마지막 때에 영적 전투의 중요한 장이 되고 있다.

99 너희에게 재앙이 있을 것이다, 불경건한 행위들을 하며 거짓말들을 높이 받들어 명예롭다고 하는 자들아! 너희들은 파멸될 것이며 행복한 생(生)을 얻지 못할 것이다.

2 너희에게 재앙이 있을 것이다, 진리의 말씀들을 변경시키며 영원한 법을 왜곡시키면서도 스스로를 죄 없는 존재로 여기는 자들아! 그들은 땅에서 발로 짓밟히게 될 것이다.[395]

천사들이 들고 올라가서 하나님으로 기억하시게 하는 의인들의 기도[396]

3 그 날들에 너희 의로운 자들아, 주님으로 기억하시게 하는 너희의 기도들

---

[395] (에녹1서 69:8) 네 번째 이름은 프네무에였다. 그는 사람의 아들들에게 쓴 것을 단 것이라, 단 것을 쓴 것이라 가르쳤다. (에녹1서 69:9a) 그는 인류에게 잉크와 종이로 저술하는 기술을 지도했고 이로 인해 많은 자들이 바른 길에서 벗어나 잘못된 길로 빠져들었다(에녹1서104:9a). 너희는 불경한 마음들을 품지 말고 거짓을 말하지 말며 진리의 말씀들을 변개시키지 말고 거룩하고 위대한 분의 말씀을 거짓이라 말하지 말아라.

[396] (계 8: 3-5) ³또 다른 천사가 와서 제단 곁에 서서 금 향로를 가지고 많은 향을 받았으니 이는 모든 성도의 기도와 합하여 보좌 앞 금 제단에 드리고자 함이라 ⁴향연이 성도의 기도와 함께 천사의 손으로부터 하나님 앞으로 올라가는지라 ⁵천사가 향로를 가지고 제단의 불을 담아다가 땅에 쏟으매 우레와 음성과 번개와 지진이 나더라.

을 올려드릴 준비를 하여라. 너희의 기도들을 천사들 앞에 증거로 두어서 천사들이 죄인들의 그 죄를 지극히 높으신 분 앞에 두고 그분께서 기억하시도록 하게 하여라.

난리와 소요의 소문과 민족이 민족을 나라가 나라를 대적하여 일어남[397]

4 그 날들에 많은 민족들은 혼란 속으로 내던져질 것이며 사악함이 파멸될 그 날에 각 민족의 족속들은 서로 대적하여 일어설 것이다.

마지막 환란의 때에 극심해질 낙태와 흔해질 영아 유기

5 그 날들에 임신한 여자들은 나가서 그들의 태아들을 찢어버리고 뽑아내어서 강제로 제거하여 버릴 것이다.[398] 그들의 자식은 그들로부터 흘러나올 것이며[399] 젖 먹이는 자들은 그들의 유아들을 버리고 그들을 돌아보지 않을 것이며 그들의 소중한 자들에 대한 동정심도 가지지 않을 것이다.

6 내가 다시 너희 죄인들에게 맹세한다. 너희의 그 죄 때문에 멈출 줄 모르는 피흘림의 살육의 날이 예정되어 있다.

---

397 (마 24:6-7; 막 13:7-8; 눅 21:9-10) 난리와 소요의 소문을 들을 때에 두려워하지 말라 이 일이 먼저 있어야 하되 끝은 곧 되지 아니하리라. 또 이르시되 민족이 민족을, 나라가 나라를 대적하여 일어나겠고.

398 게에즈어(에티오피아 고대어)에서 'MASIT'는 '찢어버리고 뽑아내어서 강제로 제거하여 버린다'는 의미이며 '(생명을) 빼앗다, 강탈하다, 박탈하다, 강도질하다'라는 뜻도 가지고 있다. 이 문장에서는 '낙태(落胎)시키다'에 해당하는 단어로 쓰인 것이다.

399 자궁 속에 아기를 유산(流産)시켜 여인의 몸에서 흘러나오는 것을 의미한다.

한순간에 파멸될 우상숭배자들과 악한 영에 미혹된 자들[400]

7 돌들을 숭배하는 자들과 금과 은과 나무와 진흙으로 형상들을 새겨 만든 자들과 악하고 더러운 영들과 귀신들과 혐오스러운 것들과 모든 잘못된 것들을 지각(知覺)없이 경배하는 자들은 그것들로부터 어떠한 도움도 받을 수 없을 것이다.

8 그들은 그들 마음의 어리석음으로 인해 타락으로 빠져들어갈 것이며 그들 마음의 두려움과 꿈에서 본 장면들로 인하여 그들의 눈들은 가려질 것이다.

9 이러한 것들을 통하여 그들은 불경건해질 것이다. 그들은 무서워하게 될 것인데 이는 그들이 거짓말들로 모든 행위들을 행하고 돌들을 숭배하기 때문이다. 그들은 다 한순간에 파멸될 것[401]이다.

복 있는 자들과 구원받을 자들

10 그러나 그 날들에 지혜자의 말씀들을 받아들이고 그것들을 깨달아 지극히 높으신 분의 길들을 따르고 의로운 길로 걸으며 불경건한 자들과 함께 불경스럽게 행하지 않는 자들에게는 복이 있다. 그들은 구원받을 것이기 때문이다.

---

400 (계 9: 20-21) [20]이 재앙에 죽지 않고 남은 사람들은 손으로 행한 일을 회개하지 아니하고 오히려 여러 귀신과 또는 보거나 듣거나 다니거나 하지 못하는 금, 은, 동과 목석의 우상에게 절하고 [21]또 그 살인과 복술과 음행과 도둑질을 회개하지 아니하더라

401 (계 18:8) 하루 동안에 그 재앙들이 이르리니. (계 18:10) 화 있도다 화 있도다 큰 성, 견고한 성 바벨론이여 일시간에 네 심판이 이르렀다. (계 18:16-17a) [16]화 있도다 화 있도다 큰 성이여 세마포 옷과 자주 옷과 붉은 옷을 입고 금과 보석과 진주로 꾸민 것인데 [17]그러한 부가 한 시간에 망하였도다. (계 18:19) 화 있도다 화 있도다 이 큰 성이여 바다에서 배 부리는 모든 자들이 너의 보배로운 상품으로 치부하였더니 한 시간에 망하였도다.

종말의 큰 심판의 날에 악한 죄인들이 맞이하게 될 재앙(5화禍)

11 너희의 이웃들에게 악을 퍼뜨리는 너희에게 재앙이 있을 것이다. 이는 너희가 스올에서 죽임당할 것이기 때문이다.

12 죄와 속임수의 기초들을 놓으며 땅 위에 쓰라림을 일으키는 너희에게 재앙이 있을 것이다. 그 일들로 인한 종말이 너희에게 이르게 될 것이다.[402]

13 자기 스스로의 수고로움은 없이 다른 사람의 노고로 자신의 집들을 건축하는 너희들, 죄의 돌들과 죄의 벽돌들로 집 전체를 짓는 너희에게 재앙이 있을 것이다. 너희에게는 샬롬(평강)이 없을 것이다.

14 자신들의 선조들의 기초와 이어받을 영원한 유업은 저버리고 잘못된 영을 따르고 추구하는 너희에게 재앙이 있을 것이다. 너희에게는 안식이 없을 것이다.

15 큰 심판의 날까지 불법을 실행하고 불의를 도우며 이웃들을 죽이는 너희에게 재앙이 있을 것이다.

16 그분께서 너희의 영광을 내던지실 것이며 너희 마음에 괴로움을 놓을 것이고 너희를 향하여 그분의 진노를 발하실 것이며 칼로 너희 모두를 멸하실 것이다. 그리고 모든 의롭고 거룩한 자들이 너희의 불의한 행위들과 죄들을 기억할 것이다.

---

402 다른 사본에서는 다음과 같이 번역되었다. "속이는 가짜 측량기들을 만들며 땅 위에 쓰라림을 일으키는 너희에게 재앙이 있을 것이다. 그 일들 때문에 그들은 완전히 소멸될 것이다."

> 여호와의 크고 두려운 날(100:1-104:9)

**메시아의 심판을 위한 강림 직전에 부자간, 형제간에 피의 강이 될 때까지
살해함(아마겟돈 전쟁의 예루살렘 전투 장면)[403]**

100

그 날들에 같은 한 장소에서 아버지들과 그들의 아들들이 서로 치며 공격할 것이고 형제들이 그들의 피가 물줄기처럼 흐르기까지 서로 치며 함께 쓰러져 죽을 것이다.

2 어떤 사람은 자기 아들들이나 자기 손자들을 무자비하게 자기 손으로 살해하기를 주저하지 않을 것이며 그 죄인은 존경받는 자들과 자기 형제들을 죽이기를 망설이지 않을 것이다. 새벽 동틀 때부터 해 지는 때까지 그들은 서로를 죽일 것이다.[404]

3 말이 말의 가슴까지 차오른 죄인들의 피를 간신히 지나가게 될 것이며 병거는 그 피에 잠길 것이다.

---

403 (슥 14:13) 그 날에 여호와께서 그들을 크게 요란하게 하시리니 피차 손으로 붙잡으며 피차 손을 들어 칠 것이며. (슥 12:3-4) ³그 날에는 내가 예루살렘을 모든 민족에게 무거운 돌이 되게 하리니 그것을 드는 모든 자는 크게 상할 것이라 천하 만국이 그것을 치려고 모이리라 ⁴여호와가 말하노라 그 날에 내가 모든 말을 쳐서 놀라게 하며 그 탄 자를 쳐서 미치게 하되 유다 족속은 내가 돌보고 모든 민족의 말을 쳐서 눈이 멀게 하리니.

(겔 38:21) 주 여호와의 말씀이니라 내가 내 모든 산 중에서 그를 칠 칼을 부르리니 각 사람이 칼로 그 형제를 칠 것이며.

404 에녹1서 56:7 참조.

심판을 집행하기 위해 예루살렘 동편 여호사밧 골짜기
즉, 심판의 골짜기에 모든 죄인들을 모음[405]

4 그 날들에 천사들이 내려올 것이며 은신처들로 내려가서 불의와 사악함을 도
   왔던 모든 자들을 한 곳으로 모을 것이고 지극히 높으신 분께서 그 모든 죄인
   들에게 큰 심판을 집행하시기 위해서 심판의 그 날에 일어나실 것이다.

아마겟돈 전쟁의 절정에 수호 천사들에 의해 유대인과 남은 자들이 받게 될 특별 보호

5 그분께서는 모든 의인들과 거룩한 자들을 보호하라고 거룩한 천사들을 그
   들의 수호천사들로 임명하셔서 그분께서 모든 악과 모든 죄를 끝장 내실
   때까지 그들을 눈동자처럼 보호하고 지키라고 하실 것이니 의로운 자들은
   늦잠을 자더라도 그들에게는 두려워할 게 전혀 없다.[406]

---

405 (욜 3:2b, 11, 12, 14, 16, 17) ²내가 만국을 모아 데리고 여호사밧 골짜기에 내려가서 내 백
    성 곧 내 기업인 이스라엘을 위하여 거기에서 그들을 심문하리니 이는 그들이 이스라엘을 나
    라들 가운데에 흩어 버리고 나의 땅을 나누었음이며… ¹¹사면의 민족들아 너희는 속히 와서 모
    일지어다 여호와여 주의 용사들로 그리로 내려오게 하옵소서 ¹²민족들은 일어나서 여호사밧
    골짜기로 올라올지어다 내가 거기에 앉아서 사면의 민족들을 다 심판하리로다… ¹⁴사람이 많
    음이여, 심판의 골짜기에 사람이 많음이여, 심판의 골짜기에 여호와의 날이 가까움이로다…
    ¹⁶여호와께서 시온에서 부르짖고 예루살렘에서 목소리를 내시리니 하늘과 땅이 진동하리로
    다 그러나 여호와께서 그의 백성의 피난처, 이스라엘 자손의 산성이 되시리로다 ¹⁷그런즉 너
    희가 나는 내 성산 시온에 사는 너희 하나님 여호와인 줄 알 것이라 예루살렘이 거룩하리니…
    (학 2:21-22) ²¹내가 하늘과 땅을 진동시킬 것이요 ²²열국의 보좌들을 엎을 것이요 열방의 세
    력을 멸할 것이요 그 병거들과 그 탄 자들을 엎드러뜨리리니 말들과 그 탄 자들이 각각 그 동
    무의 칼에 엎드러지리라.

406 (시 17:8-9) ⁸나를 눈동자 같이 지키시고 주의 날개 그늘 아래에 감추사 ⁹내 앞에서 나를 압제
    하는 악인들과 나의 목숨을 노리는 원수들에게서 벗어나게 하소서 ¹⁵나는 의로운 중에 주의 얼
    굴을 뵈오리니 깰 때에 주의 형상으로 만족하리이다.

    (슥 2:8) 만군의 여호와께서 이같이 말씀하시되 영광 후에 그가 나를 너희를 약탈한 민족들
    에게 보내셨나니, 이는 너희에게 손대는 자는 곧 그의 눈동자를 건드리는 자이기 때문이라.

진리를 보게 될 자와 에녹의 책을 묵상하고 이해하게 될 자들

6   사람들 중에 지혜로운 자들은 진리를 볼 것이며 땅의 자녀들은 이 책의 모
든 말씀들을 깊이 묵상하고 이해하게 될 것이다. 죄인들의 죄가 뒤엎어질
때 그들은 그들의 부가 그들을 구원할 수 없음을 깨달아 알게 될 것이다.[407]

마지막 때에 여러 언어로 번역되어 읽힐 에녹서

에녹 1서 104:11-13에서는 에녹의 책들이 여러 민족의 언어로 번역
되어 읽히게 되는 때가 올 것이라 예견한다. 마지막 때에 바벨론 시스템
이전 세상을 장악하여 큰 핍박이 의인들에게 있을 것이지만 짐승의 정
부들과 거짓 선지자들과 음녀 바벨론이 곧 무너지게 되기 전 어느 시점
에 에녹의 책들이 각 언어로 번역되어 읽히게 되는 일이 있을 것이다.

이스라엘 땅이 헬라의 통치 아래 큰 핍박을 겪고 있던 그 시대
를 종말의 때로 여겼던 당시 유대인들의 입장에서 이러한 이유 때
문에 비밀스럽게 소수에 의해서만 보관되어 오던 에녹서가 당
시 다른 언어로(헬라어, 에티오피아어, 콥틱어, 라틴어…) 번역되어 사본들
이 만들어지도록 허락되는 분위기가 조성되었을 것으로 보인다.

---

407 (계 18:15-19) [15]바벨론으로 말미암아 치부한 이 상품의 상인들이 그의 고통을 무서워하여 멀
리 서서 울고 애통하여 [16]이르되 화 있도다 화 있도다 큰 성이여 세마포 옷과 자주 옷과 붉은 옷
을 입고 금과 보석과 진주로 꾸민 것인데 [17]그러한 부가 한 시간에 망하였도다 모든 선장과 각
처를 다니는 선객들과 선원들과 바다에서 일하는 자들이 멀리 서서 [18]그가 불타는 연기를 보고
외쳐 이르되 이 큰 성과 같은 성이 어디 있느냐 하며 [19]티끌을 자기 머리에 뿌리고 울며 애통하
여 외쳐 이르되 화 있도다 화 있도다 이 큰 성이여 바다에서 배 부리는 모든 자들이 너의 보배
로운 상품으로 치부하였더니 한 시간에 망하였도다.

그리고 하나님의 섭리에 의해서 에녹서는 종말의 어느 때를 위해서 감춰져 왔고 사람들도 그 진가를 알지 못한 채 막연한 거부감으로 에녹서를 금서로 취급했었다. 이 책이 이 마지막 시대에 바르게 해석되어 알려지게 되는 일에는 본질에서 벗어나 있는 현대 기독교 신학계 안에서 회자될 많은 영적인 저항들이 당연히 예상되지만 그럼에도 불구하고 하나님의 섭리 안에서 성도들이 이 책을 읽고 이해할 수 있게 될 때 성도들은 '휴거의 세대'로서 스스로 준비되려는 거룩한 열망을 가지고 '에녹의 세대'로서 일어나게 될 것이다.

죄인들이 맞이하게 될 재앙(화禍)과 심판

7   너희 죄인들아, 너희들에게 화가 있을 것이다. 너희가 극심한 비통의 그 날에 의인들을 괴롭히고 그들을 불로 태웠으니 너희가 행한 행위들대로 너희가 되갚음을 받게 될 것이다.

8   악행을 꾸미려고 깨어 주시하고 있는 마음이 뒤틀어진 너희에게 재앙이 있을 것이다. 두려움이 너희를 덮칠 것이며 너희를 도울 자는 아무도 없을 것이다.

9   너희 죄인들아, 너희들에게 화가 있을 것이다.

너희가 무례하게 했던 너희 입의 말들과 너희 손의 행위들 때문에 너희는 맹렬하게 타오르는 불보다 더 심한 화염 속에서 불태워질 것이다.

마지막 때에 기억 매체로서 역할을 하는 해, 달, 별들과 자연

10   자, 이제 너희는 알아라. 그분께서 하늘에 기록된 너희의 행위들에 관해서

천사들에게 자세하게 물어볼 것이며 해와 달과 별들에게로부터 너희의 죄목들을 조회하실 것이다. 너희가 의인들에 대해 이 땅에서 심판을 집행했기 때문이다.

11 모든 구름들과 안개와 이슬과 비가 너희를 대적하는 증언을 하기 위해 소환될 것이다. 너희 때문에 그들이 하늘에서 너희 위에 내리기를 멈출 것이며 그것들은 너희의 죄들을 잊지 않고 기억하고 있을 것이다.

마지막 때에 기후와 날씨를 통한 재앙(화禍)

12 자, 이제 비에게 예물들을 주어서 너희에게 내리는 것을 보류하지 않도록 하는 것이 어떠냐? 너희로부터 금과 은을 받는다면 이슬이 내릴지도 모르지 않겠느냐?

13 흰 서리와 눈이 그들의 추위와 함께, 그리고 모든 눈보라가 그들의 모든 고통들과 함께 너희에게 몰아 칠 때, 그 날들에 너희는 그것들 앞에 설 수 없을 것이다.

101

너희 모든 사람의 아들들아, 하늘과 지극히 높으신 분의 행하신 모든 일들을 잘 생각해 보아 그분을 경외하고 그분 앞에서 악을 저지르지 말아라.

2 만일 그분께서 너희 때문에 하늘의 창들을 닫고 비와 이슬을 막아 땅에 내려주시지 않는다면 너희는 어떻게 할 것이냐?

3 만약에 그분께서 그분의 진노하심을 너희와 너희의 모든 행실들 위에 보낸다면 너희가 그분께 간청하지 않겠느냐? 너희가 거만하고 거친 말들로 그

분의 의로우심에 대적하는 말을 하기 때문에 너희에게 샬롬(평화)이 없을 것이다.

뱃사람들은 바다를 두려워하나 죄인들은 바다를 다스리시는 지극히 높으신 분을 두려워하지 않는다

4 너희는 바다를 항해하는 선장들을 보지 못하느냐? 어떻게 그들의 배들이 파도로 인해 흔들리고 바람으로 인해 바위에 부딪치며 곤경 가운데 있게 되는지 말이다.

5 그 폭풍으로 인하여 그들은 두려워서 그들의 상품들과 소유들을 다 바다로 던져버린다. 그리고 그들의 마음에 바다가 그들을 삼켜 버릴 것을 알아차리면서 그들은 바다에 빠져 멸망한다.

6 모든 바다와 그 모든 바닷물과 그것의 움직임이 지극히 높으신 분의 만드신 바가 아니냐? 그분께서 그 모든 움직임들을 규정해 놓으셨고 바다의 경계를 모래에 두신 것이 아니냐? [408]

7 그분의 꾸짖으심에 바닷물은 두려워하고 마르며 물고기와 그 안의 모든 생

---

408 (렘 5:21-24) [21]어리석고 지각이 없으며 눈이 있어도 보지 못하며 귀가 있어도 듣지 못하는 백성이여 이를 들을지어다 [22]여호와의 말씀이니라 너희가 나를 두려워하지 아니하느냐 내 앞에서 떨지 아니하겠느냐 내가 모래를 두어 바다의 한계를 삼되 그것으로 영원한 한계를 삼고 지나치지 못하게 하였으므로 파도가 거세게 이나 그것을 이기지 못하며 뛰노나 그것을 넘지 못하느니라 [23]그러나 너희 백성은 배반하며 반역하는 마음이 있어서 이미 배반하고 갔으며 [24]또 너희 마음으로 우리에게 이른 비와 늦은 비를 때를 따라 주시며 우리를 위하여 추수 기한을 정하시는 우리 하나님 여호와를 경외하자 말하지도 아니하니

(잠 8:29) 바다의 한계를 정하여 물이 명령을 거스르지 못하게 하시며 또 땅의 기초를 정하실 때에

명이 죽는다. 그러나 땅에 있는 너희 죄인들은 그분을 두려워하지 않는다.

8 그분께서 하늘들과 땅과 그 안에 있는 모든 것들을 만들지 않으셨느냐? 누가 지식과 지혜를 땅과 바다에 움직이는 모든 존재에게 주었느냐?

9 배들의 그 선장들이 바다를 두려워하지 않느냐? 그러나 죄인들은 지극히 높으신 분을 두려워하지 않는다.

하늘과 땅이 진동하는 여호와의 크고 두려운 날[409]

102 그 날들에 그분께서 맹렬한 불을 너희 위에 내리시면 너희가 어디로 도망칠 것이고 어디가 너희에게 안전하겠느냐? 그분께서 너희에게 대적하여 그분의 목소리를 내실 때에 너희가 무섭고 두렵지 않겠느냐?

2 모든 광명체들이 큰 두려움으로 흔들릴 것이고 온 땅이 공포에 떨며 두려워하고 겁에 질릴 것이다.

3 모든 천사들은 그들이 받은 명령들을 실행에 옮길 것이며 땅의 모든 자녀들은 영광으로 위대하신 그분의 얼굴로부터 숨을 곳을 찾으며 그들은 뒤흔들리며 두려워 떨 것이다. 너희 죄인들은 영원히 저주받을 것이다. 너희에게는 샬롬(평화)이 없을 것이다.

---

409 (계 6:12-17) [12]내가 보니 여섯째 인을 떼실 때에 큰 지진이 나며 해가 검은 털로 짠 상복 같이 검어지고 달은 온통 피 같이 되며 [13]하늘의 별들이 무화과나무가 대풍에 흔들려 설익은 열매가 떨어지는 것 같이 땅에 떨어지며 [14]하늘은 두루마리가 말리는 것 같이 떠나가고 각 산과 섬이 제 자리에서 옮겨지매 [15]땅의 임금들과 왕족들과 장군들과 부자들과 강한 자들과 모든 종과 자유인이 굴과 산들의 바위 틈에 숨어 [16]산들과 바위에게 말하되 우리 위에 떨어져 보좌에 앉으신 이의 얼굴에서와 그 어린양의 진노에서 우리를 가리라 [17]그들의 진노의 큰 날이 이르렀으니 누가 능히 서리요 하더라.

현세만 알고 내세는 모르는 세계관으로 의인의 삶과 죽음을 무가치하게 여기는 죄인들의 거만한 말과 생각들

4 두려워 말아라 너희 의로운 자들의 혼들아, 의롭게 죽은 자들에게 소망이 있다.

5 너희의 혼들이 비통하게 스올로 내려갔다고 해서 슬퍼하지 말아라. 너희의 육체가 살아 있는 동안 너희의 경건에 걸맞게 합당한 대접과 보상을 받지 못했다고 슬퍼하지 말아라. 오히려 죄인들이 받을 심판의 그 날과 저주와 응징의 그 날을 기다리라.

6 그러나 너희가 죽을 때 죄인들은 너희에 대해 이렇게 말한다. "우리가 죽는 것처럼 의인들도 죽었으니 그들의 선한 행실들이 그들에게 무슨 소용이 있었는가?

7 자, 보아라! 우리처럼 그들도 슬픔과 어둠 가운데서 죽었으니 그들이 우리보다 무슨 유익이 더 있는가? 이제부터 우리나 그들이나 다 똑같다.

8 그들이 무엇을 얻을 것이며 무엇을 영원히 볼 것인가? 보아라, 그들 역시 죽었으니 이제부터 그들은 다시 빛을 보지 못할 것이다."

9 이제 내가 너희 죄인들에게 말한다. "너희는 먹고 마시는 것에 만족해하고 사람들의 옷을 벗기고, 훔치고, 죄를 지으면서 소유물들을 더 취득하며 좋은 날들을 보내고 있다.

10 죽는 날까지 그들 안에 어떠한 의도 발견되지 않았음에도 스스로 의롭다고 여기는 자들을 보아라. 그들의 멸망이 어떠한지?

11 그들은 사라졌으며 존재하지 않았던 것처럼 되었고 그들의 혼들은 고통 가운데 스올로 내려갔다."

의로운 자들을 위해 예비된 더 좋은 보상과 부활의 신비

103

이제 내가 너희 의로운 자들에게 위대하신 분의 크신 영광과 그분의 왕국의 찬란함과 그분의 위엄으로 맹세한다..

2   나는 이 신비[410]를 알게 된 것은 내가 하늘 돌판들을 읽었고 앞으로 반드시 있을 일들에 대한 기록을 보았기 때문이며, 나는 하늘 돌판들에 너희에 관해 기록된 것들과 새겨진 것들을 알고 있다.

3   모든 선함과 기쁨과 명예로움이 경건하게 죽은 자들의 혼들을 위해서 예비되었고 기록되어 있으며, 너희의 수고를 위한 보상으로 훨씬 더 좋은 것들이 너희에게 주어질 것이며, 너희가 받을 몫은 살아 있는 자의 받을 몫보다 훨씬 더 뛰어날 것이며,[411]

4   죽었던 경건한 자들의 혼들이 살아날 것이고 기뻐하고 즐거워할 것이며, 그들의 영들도 사라지지 않을 것이고 위대하신 분 앞에서 그들에 대한 기억도 세세토록 사라지지 않을 것이다. 그러므로 죄인들의 오만불손한 비난과 학대를 두려워하지 말아라.

죽은 죄인들에게 있을 재앙

5   너희 죄인들아, 너희에게 재앙이 있을 것이다. 너희가 너희 죄 가운데서 죽을 때 너희와 같은 자들이 너희를 두고 말하기를 "죄인들이 복되다. 그들은

---

410 이 신비=하늘의 돌판들에 기록되고 새겨진 의인들과 그들을 위해 예비된 모든 것들(103:3-4).

411 (히 11:35b) ...또 어떤 이들은 더 좋은 부활을 얻고자 하여 심한 고문을 받되 구차히 풀려나기를 원하지 아니하였으며. (히 11:40a) 이는 하나님이 우리를 위하여 더 좋은 것을 예비하셨은즉.... 의인들을 위해서 예비된 좋고 기쁘고 영광스러운 것이 기록되어 있으며 훨씬 좋은 것들이 수고의 보상으로 받을 몫으로 주어질 것이다.

그들의 시절을 다 누렸으며

6 이제 그들은 번영과 부 가운데 죽었으나 그들의 일생동안 재난과 학살을 보지 못했으며 오히려 그들은 영광 가운데 죽었고 그들이 사는 동안 심판이 그들에게 집행되지 아니하였다"고 하고 있다.

7 그들의 혼들이 스올로 내려감을 당할 것이라는 것을 알고 있어라. 그들은 비참할 것이며 그들이 당할 고통이 아주 클 것이다.

8 어둠과 사슬들와 불타는 화염들에서 너희의 영들은 큰 심판에 이르게 될 것이며 큰 심판은 모든 세대에 걸쳐 영원히 지속될 것이다. 너희에게는 샬롬(평화)이 없을 것이므로 너희에게 재앙이 있을 것이다.

의롭고 경건한 자들이 받는 심한 핍박에 대한 하소연

9 사는 동안 경건했던 너희 의로운 자들아, 너희는 이렇게 말하지 않았느냐? "우리의 환난의 날에 우리는 힘들여 수고하였고 온갖 고난을 경험하였으며 수많은 악들을 대면하였다. 우리는 소진되어 적어졌으며 우리의 영은 작아졌다.

10 우리는 쇠퇴하였으며 말이나 행실로 우리를 돕는 자가 아무도 없었다. 우리는 무력했으며 우리를 도울 어떤 것도 찾지 못했다. 우리는 으깨졌고 멸망했으며 하루하루 생명의 안전에 대한 기대도 포기했었다.

11 우리는 머리가 되기를 바랐으나 꼬리가 되었고 고생하고 힘들게 일하였으나 수고의 열매들의 주인들은 우리가 아니었다. 우리는 죄인들의 먹이가 되었고 불법자들은 우리에게 그들의 멍에를 매어 놓고 더 무겁게 하였다.

12 우리를 증오하던 그들이 우리에 대한 지배권을 가지고 있었다. 우리를 막대기로 찌르며 몰아세워 못살게 굴었던 자들에게, 우리를 참수했던 그들에게 우리는 우리의 목을 숙였으나 그들은 우리에게 자비를 베풀지 않았다.

13 우리는 그들로부터 도망쳐서 편하게 쉬며 새롭게 되려고 그들로부터 벗어날 방법을 찾았으나 우리는 그들에게서 도망쳐서 안전할 수 있는 장소를 찾지 못했다.

14 우리는 우리의 괴로움과 고통 중에 통치자들에게 항의를 했으며 우리를 때려 눕히고 우리를 억누르는 자들에 반대하여 부르짖었지만 그들은 우리의 탄원들을 받아들이지 않았으며 우리의 목소리를 들어보려고도 하지 않았다.

15 오히려 그들은 우리 것들을 약탈하고 우리를 삼킨 자들과 우리의 수를 적게 만든 자들을 지원해 주었으며 그들은 그들의 불법한 행위들을 다 덮어 버렸고 우리를 삼키고 우리를 흩어 버리고 우리를 살해한 자들의 그 멍에를 우리에게서 벗겨주지 않았다. 그리고 그들은 우리의 학살됨을 다 덮고 숨겼으며 우리를 대적하여 그들의 손들을 들었던 그들의 죄들을 기억하지도 않았다."

하늘에 기록된 의인들의 이름들과 선행들, 부활 후에 의인들은 하늘의 광명체들처럼 빛나며 하늘의 군대가 된다

104 너희 의로운 자들아, 내가 너희에게 맹세하노라. 하늘에서 천사들이 위대하신 분의 영광 앞에서 너희를 좋게 기억하고 있으며 너희의 이름들은 위대하신 분의 영광 앞에 기록되어 있다.

2 소망을 가지고 담대하라. 전에 너희는 악함들과 환난들에 의해서 수치를 당했고 마멸되었지만 이제 너희는 하늘의 광명체들처럼 밝게 빛을 내며 너희의 모습을 나타낼 것이고 하늘의 큰 현관문은 너희를 위해 열려질 것이다.

3 너희의 부르짖음이 상달될 것이며 너희가 요청하는 그 심판도 너희에게 나타날 것이다. 통치자들에게와 너희를 압제하고 너희를 약탈한 자들을 도왔던 모든 자들에게도 너희가 겪은 환난과 고통에 관하여 심문과 공정한 심

판이 이루어질 것이다.

4   담대하며 너희의 소망을 버리지 말아라. 이는 너희가 하늘의 천사들과 같은 큰 기쁨을 누릴 것이기 때문이다.

5   너희가 무엇을 해야만 하겠느냐? 너희는 큰 심판의 날에 숨을 필요가 없을 것이며 죄인들로 여겨지지도 않을 것이다. 세상의 모든 세대들을 위한 그 영원한 심판은 너희로부터 멀리있게 될 것이다.

6   너희 의로운 자들아, 죄인들이 더 강해지고 그들의 욕망대로 번성해지는 것을 너희들이 볼 때 두려워하지 말아라. 그들과 연합한 짝이 되지도 말고 그들의 모든 악행들로부터 멀리 떨어져 있어라. 너희는 하늘의 군대와 연합한 짝이 될 것이기 때문이다.[412]

죄인들의 모든 죄들은 날마다 기록되고 있음을 알아라

7   너희 죄인들은 "우리의 어떤 죄들도 조사되지 않을 것이고 기록되지도 않을 것이다!"[413] 라고 말할 것이나 너희의 모든 죄들은 날마다 기록되어지고 있다.

---

412 너희는 하늘의 군대와 연합한 짝이 될 것이기 때문이다. 43:1-4에서는 의로운 자가 땅에서 어떻게 했느냐에 따라서 그와 짝된 별의 빛과 크기가 달라진다. 의인의 이름(그의 명성과 명예)은 하늘에서 별이 되어 빛난다. 104:6에서는 의인과 하늘의 광명체가 연합한 짝이 될 것임으로 부활하여 하늘의 군대가 될 것임을 기대하며 죄악된 세상을 두려워 말고 세상을 이기라고 격려하고 있다.

413 (사 28:15-18) [15]너희 말이 우리는 사망과 언약하였고 음부와 맹약하였은즉 넘치는 재앙이 유행할지라도 우리에게 미치지 못하리니 우리는 거짓으로 우리 피난처를 삼았고 허위 아래 우리를 숨겼음 이라 하는도다 [16]그러므로 주 여호와께서 가라사대 보라 내가 한 돌을 시온에 두어 기초를 삼았노니 곧 시험한 돌이요 귀하고 견고한 기초 돌이라 그것을 믿는 자는 급절하게 되지 아니하리로다 [17]나는 공평으로 줄을 삼고 의로 추를 삼으니 우박이 거짓의 피난처를 소탕하며 물이 그 숨는 곳에 넘칠 것인즉 [18]너희의 사망으로 더불어 세운 언약이 폐하며 음부로 더불어 맺은 맹약이 서지 못하여 넘치는 재앙이 유행할 때에 너희가 그것에게 밟힘을 당할 것이라

8 이제 나는 너희에게 빛과 어둠, 낮과 밤이 너희의 모든 죄들을 지켜보고 있음을 보여준다.

9 너희 마음에 하나님이 없는 것처럼 행하지 말고 거짓을 말하지 말며 진리의 말씀들을 변개시키지 말고 거룩하고 위대한 분의 말씀이 거짓이라 말하지 말며[414] 너희의 우상들을 높여 받들지 말아라. 너희의 모든 거짓 우상들과 모든 불경함이 너희를 의로움으로 이끄는 것이 아니라 큰 죄로 이끌고 있기 때문이다.

마지막 때에 풀어질 두 가지 종류의 신비(104:10-105:2)

① 변개되고 왜곡 손상된 성경들과 주석들이 생겨날 것이며 악하고 거짓말로 꾸며낸 책들도 크게 유행하게 될 것이나

10 자, 나는 이 신비를 알고 있는데 이 신비는 많은 죄인들이 온갖 방법으로 진리의 말씀들을 변개시키고 왜곡시킬 것이며 사악한 말들과 거짓말을 하며 엄청난 속임수들을 꾸며낼 것이고 그들 자신의 말들로 책들을 쓸 것이라는 것이다.

② 마지막 때에 에녹의 책들이 여러 민족의 언어로 정확히 번역되어 의인들과 지혜로운 자들에게 읽히게 되는 때가 올 것이다[415]

11 그러나 그들이 나의 모든 말들을 그들의 언어들로 정확하게 적으며 나의 말들을 바꾸거나 빼지 않고 오히려 내가 처음에 증거한 모든 것대로 정확하게 모든 것을 적고자 할 그 때에 있게 될

---

414 에녹1서 69:9, 99:2 참조.

415 에녹1서 100:6 참조.

12 또 다른 두 번째 신비를 나는 알고 있는데 그 신비는 그 책들이 의로운 자들과 경건한 자들과 지혜로운 자들에게 주어질 것이고 그 책들이 그들에게 기쁨과 의와 넘치는 지혜의 원천이 될 것이라는 것이다.

13 그들에게 그 책들이 주어질 것이고 그들은 그 책들을 믿을 것이며 그 책들로부터 모든 진리의 길들을 배운 모든 의인들은 그 책들로 인해 기뻐하고 즐거워할 것이다.

에녹의 책을 통해서 마지막 때에 풀어지게 될 신비

에녹의 책들이 여러 민족의 언어로 정확하게 번역되어 읽혀지며 바르게 이해되어 질 그 마지막 때에 하나님이 감추어 두셨던 어떤 신비가 사람들에게 풀어지게 될 것이다.

요한계시록 10장에서 요한에게 '네가 많은 백성과 나라와 방언과 임금에게 다시 예언하여야 하리라'라는 미래적인 사역이 명령으로 주어졌을 때는 비밀에 감추인 '작은 책'을 받아먹고 난 후였다. 마지막 때에 계 10:4에서 기록되지 못한 채 인봉되었던 일곱 우레가 말한 내용들이 밝히 선포되어지고 다시 예언되어지게 될 때와 '작은 책'을 받아 먹는 것과는 긴밀하게 연관되어 있는 것 같다.

이와 같이 마지막 때에 풀어지게 될 신비의 체험과 신비의 메시지는 에녹의 책들이 잘 번역되어져서 사람들에게 읽혀지는 것과 긴밀하게 연관되어 있다고 에녹서는 이야기하고 있다.

에녹의 책들은 마지막 때에 믿는 사람들로 하여금 하늘의 신비를 체험하게 하는데 중요한 역할을 하게 될 것이다.

죄인들은 온갖 방법으로 진리의 말씀을 변개하고 왜곡된 해석을 더할 것이다. 뿐만 아니라 지성인이라고 하는 자들 조차도 신화들을 성경의 권위 위에 두고 신화로서 성경을 해석하는 것을 지성적이며 과학적이라고 하면서 하나님의 말씀의 권위를 떨어뜨릴 것이다. 또한 어떤 이들은 악한 말들을 거짓말로 꾸며서 새로운 책들을 출판하여 악한 영적인 힘들과 영향력들을 온 세상에 풀려고 할 것이다.

그들이 큰 거짓들로 꾸며낸 책들도 유행하도록 내버려 두며 문제 삼지 않는 많은 눈먼 양떼들은 하나님의 섭리에 의해서 오랫동안 감추어 두었던 고대의 진리들을 때가 되어 번역하고 해석해서 알리고 거룩한 하늘의 신비들이 땅에 풀리게 하려고 할 때 물어 뜯고 공격하며 문제를 삼으려고 할 것이다.

그러나 의인들과 지혜로운 자들에게 에녹의 책들이 주어져 읽혀질 때 그들은 기쁨의 원천과 진리의 원천과 지혜의 원천이 되어주는 이 책들을 믿고 받아들이며 기쁨과 진리와 지혜를 체험할 것이고 즐거워할 것이다. 그리고 그들은 땅의 아들들에게 진리를 증거하는 증인이 될 것이다.

²그 세대를 일으키는 그분께서는 그들에게 네 손으로 기록한 책들과 네 조상들의 책들을 계시해 줄 것이며, 그가 세상의 수호자들을 지적해야 할 그들에게와 내 이름을 헛되이 여기지 않는 신실한 사람들에게와 내 즐거움의 일군들에게 계시해 줄 것이다. ³그리고 그들은 다른 세대에게 전할 것이며, 그 책들을 읽은 다른 세대들은 처음 세대들보다 더 영화롭게 될 것이다(에녹2서 35:2-3).

**에녹의 책들 안에서 기쁨과 진리와 넘치는 지혜의 원천을 맛본 자들이
땅의 아들들에게 증거하는 증인들이 될 것이다**[416]

105

그 후에[417] 주님께서 말씀하신다. 그 날들에 의인들이 땅의 아을 불러 모아 그들 안에 있는 지혜로 땅의 아들들에 맞서서 증거할 것이다.[418] 그들에게 그것[419]을 보여주어라. 이는 너희가 그들을 가르치는 지도자들이기 때문이다. 너희는 온 땅 위에서 건져 올린 보상들[420]이다.

---

416 104:11-13에서 105:1으로 넘어오는 것은 요한계시록 10장과 11장의 장면을 연상케 한다.

417 '그 후에'는 앞의 문장인 104:10-13에서 마지막 때에 풀어질 두 가지 종류 즉, 악에 속한 신비와 선에 속한 신비가 땅에 풀려지게 하기 위해 적혀지거나 번역되어질 두 가지 종류의 책들이 읽혀지게 되는 상황 이후를 말하고 있는 것이다.

418 (계 11:3-7) ³내가 나의 두 증인에게 권세를 주리니 그들이 굵은 베옷을 입고 천이백육십 일을 예언하리라 ⁴그들은 이 땅의 주 앞에 서 있는 두 감람나무와 두 촛대니 ⁵만일 누구든지 그들을 해하고자 하면 그들의 입에서 불이 나와서 그들의 원수를 삼켜 버릴 것이요 누구든지 그들을 해하고자 하면 반드시 그와 같이 죽임을 당하리라 ⁶그들이 권능을 가지고 하늘을 닫아 그 예언을 하는 날 동안 비가 오지 못하게 하고 또 권능을 가지고 물을 피로 변하게 하고 아무 때든지 원하는 대로 여러 가지 재앙으로 땅을 치리로다 ⁷그들이 그 증언을 마칠 때에...

419 '그것'은 104:11-13에서 마지막 때에 번역되어져서 읽혀지게 될 기쁨과 진리와 넘치는 지혜의 원천이 되는 에녹의 책들로부터 나오는 증언을 의미하는 것이다. 에녹의 책들로부터 깨닫고 받은 메시지를 땅의 아들들에게 증거하는 것은 마지막 때에 영적 권세를 가지고 악한 세상과 맞서야 할 지혜 있는 의인들에게 주어진 증인으로서의 사명이라고 에녹서는 예견해주고 있다.

420 (에녹3서 6:3b) 사람의 모든 자녀들이 나와 나의 위대한 왕국을 거절하였고 우상들을 경배하러 몰려갔으니 내가 그들로부터 나의 쉐키나를 거두어 높은 하늘로 들어 올렸다. 그러나 내가 그들 중에서 취하여 올린 이 자는 세상 중에 "택한 자"이며 믿음과 의로움과 행위의 완전함에 있어서 그들 모두가 이 한 사람만 못했기에 내가 그를 모든 하늘 아래 있는 나의 세계에서 보상의 대가로 취하였다.

에녹의 승천을 묘사하면서 '하늘 아래 있는 나의 세계에서 보상의 대가로 취하여 올렸다'라고 표현하고 있다. 마지막 때 의로운 증인들을 끌어 올리셔서 하나님께 보상들로 삼으시겠다는 뜻으로 휴거에 대한 표현이다. 첫째 부활과 휴거를 통해서 부활의 몸을 입은 '부활의 자녀로서 하나님의 자녀'가 된 자들은 아버지와 아들이 하나인 것처럼 그 하나됨 안에 하나된 자들이다. 계 14:14-16 참조

나와 내 아들이 하나인 것처럼 그들도 '우리'와 영원히 하나되게 하리라

2 나와 내 아들이 우리와 그들을 진리의 길 안에서 영원히 하나되게 하리라.
너희에게는 샬롬(평화)이 있을 것이다. 기뻐하라 너희 진리의 아들들아! 아
멘.[421]

아들과 아버지가 하나됨을 이룬 것만큼 그들도 우리와 하나됨을 이루게 하소서

에녹1서의 마지막 부분인 105장 2절에서 '나와 나의 아들'이라는 독
특한 구절이 등장한다. 또한 이 구절에서 '우리'는 '내 아들과 나' 즉, '
아들과 아버지'를 의미한다. 요한복음에서 자주 등장하는 예수님의 '
내 아버지'라는 표현에서도 예수님은 아버지와 아들의 친밀한 관계로
서 스스로를 인식하시며 자연스럽게 말씀하시는 모습을 드러내신다.

에녹1서의 마지막 부분인 105:2에서처럼 예수님도 유월절 마지막
만찬의 자리에서 '내 아버지와 나'를 '우리'라고 표현하며 말씀하신다.

예수께서 대답하여 가라사대 사람이 나를 사랑하면 내 말을 지키리니
내 아버지께서 저를 사랑하실 것이요 우리가 그에게 와서 거처를
그와 함께 하리라(요 14:23)

---

421 105장1절은 "주님께서 말씀하신다"라고 시작하면서 1절과 2절은 주님이 일인칭으로 되는 문
장이며 2절 마지막에는 '아멘'으로 끝난다. 에녹1서에서 '아멘'은 이 곳에서 단 한 번 쓰인다.

요한복음에서는 아들의 입장에서 '내 아버지와 나'를 '우리'라고 표현했지만 에녹1서 105:2에서는 아버지의 입장에서 '내 아들과 나'를 '우리'라고 표현하고 있다.

에녹의 책들에서 나타나는 핵심 주제 중의 하나인 '인간 영화론'이 마지막 때에 성도들에게 알려 주어야 할 지혜의 가르침 중에 중요한 주제가 될 것이다. 에녹1서의 마지막 가르침의 주제이며 예수님의 마지막 만찬에서의 가르침과 기도의 주제인 "내 아들과 내가 하나인 것처럼" 또한 "내가 아버지와 하나인 것처럼 그들도 우리와 하나되게" 하시겠다는 하나님의 계획을 성도들이 깊이 이해하고 믿어 체험하도록 하는 것이 마지막 때가 가까운 이 때에 중요한 메시지 중에 한 주제가 될 것이다.

아버지여, 아버지께서 내 안에, 내가 아버지 안에 있는 것 같이 그들도 다 하나가 되어 우리 안에 있게 하사... 이는 우리가 하나가 된 것 같이 그들도 하나가 되게 하려 함이니이다... 곧 내가 그들 안에 있고 아버지께서 내 안에 계시어 그들로 온전함을 이루어 하나가 되게 하려 함은...(요 17:21-23)

노아의 탄생(106장-107장) A.M.1056

노아의 신비한 출생을 본 라멕이 므두셀라에게 찾아감

106
⁴²²얼마 후에 나의 아들 메투셀라흐(므두셀라)는 그의 아들 라멕 위해 아내를 선택했고 그녀는 그로부터 잉태하여 한 아들을 낳았다.

2 그의 몸은 눈과 같이 희고 장미꽃처럼 붉었으며 그의 머리카락은 양털같이 희고 곱슬거렸으며 그의 눈은 아름다웠다. 그가 그의 두 눈을 떴을 때 그는 집안 전체를 태양처럼 밝게 만들어서 온 집이 매우 밝아졌다.

3 그는 산파의 두 손에서 내려 일어섰으며 그의 입을 열고 영원의 주님을 찬양했다.

4 그의 아버지 라멕은 그로 인해 두려웠고 달려 나가서 그의 아버지 메투셀라흐(므두셀라)에게 갔다.

5 그가 그에게 말했다. "이상한 아들이 저에게 태어났습니다. 그는 사람 같지 않고 하늘의 천사들의 아들들과 같으며 그의 모습은 우리와 같지 않고 다릅니다. 그의 두 눈은 태양의 광선들과 같고 그의 얼굴은 영광스럽습니다.

6 제가 보기에 그는 저로부터가 아닌 천사들로부터 온 것 같습니다.⁴²³ 그의

---

422 이 시점에서는 에녹은 이미 땅에 존재하지 않고 하늘에서 서기관 천사로서 다른 천사들과 함께 있었다. 그러나 106-107에서는 노아의 탄생에 관해서 에녹이 므두셀라와 대화하는 내용이 에녹의 일인칭 서술자의 입장으로 기록되어 있다. 에녹은 노아의 탄생의 계기로 '노아의 특별한 탄생의 의미와 가까운 미래의 심판인 홍수와 노아와 세 아들의 구원과 홍수 이후 다시 세상이 더 포악해질 것이나 결국 종말의 심판으로 사악함과 포악함이 땅에서 사라져 선하고 복된 세상이 오게 될 것'을 다시 므두셀라에게 가르치고 있다.

423 라멕은 갓 출생한 노아의 모습과 용모 때문에 노아가 당시에 감찰자 천사와 여자 사이에 태

날들에 땅에 어떤 비상한 일이 이루어질까 봐 저는 두렵습니다.

7 이제 아버지여, 제가 당신께 부탁드리며 간청하는 것은 우리 조상 하눅(에녹)에게 가셔서 그로부터 그 진실을 여쭤봐 주시라는 것입니다. 이는 그의 처소가 천사들과 함께 있는 곳이기 때문입니다."

므두셀라가 땅 끝에 있는 에녹을 찾아가 노아와 그 시대에 대해서 묻고 들음
(에녹 승천 후 약 69년)

8 메투셀라흐(므두셀라)가 그의 아들의 말을 들은 후 땅의 끝들에 있는 나[424]에게로 왔는데 이는 내가 거기에 있다고 그가 들었기 때문이다. 그는 "나의 아버지, 제 목소리를 들으시고 저에게로 와주세요"라고 부르짖었고 나는 그의 목소리를 듣고 그에게 갔으며 그에게 말했다. "자, 내가 여기 있다. 나의 아들아, 네가 나에게 왔구나."

9 그가 나에게 대답하며 말했다. "큰 고민거리 때문에 제가 아버지께 왔고, 무서운 장면 때문에 제가 아버지께 가까이 나왔습니다.

10 자, 들어보세요 내 아버지, 한 아이가 제 아들 라멕에게 태어났는데 그 아이의 모습과 용모가 사람의 모습과는 다릅니다. 그는 눈처럼 하얗고 장미 꽃보다 붉으며 그의 머리카락은 흰 양털보다 하얗습니다. 그의 두 눈은 태양의 광선들과 같아 그가 그 두 눈들을 떴을 때 온 집을 밝게 만들었습니다.

11 그리고 그는 산파의 손에서 나와 일어섰으며 그의 입을 열고 영원의 주님

어났던 비상한 반인반신과 같은 네필림의 하나가 아닐까라는 두려움이 있었던 것 같다. 그래서 라멕은 그의 아버지 므두셀라에게 찾아가 우리 혈통에서 태어난 이 아이에 대해서 에녹에게 문의해 봐달라고 요청했던 것이다.

424 에녹을 일인칭 화자로 이야기하고 있다.

을 찬양했습니다.

12 그래서 저의 아들 라멕은 두려워서 저에게로 서둘러 달려왔습니다. 그는 그 아이가 그로부터 나온 것이라 믿지 않고 있으며 그 아이가 하늘의 천사 들로부터 왔다고 생각하고 있습니다. 자, 이제 제가 아버지께 왔으니 저에 게 그 진실을 알려주세요."

에녹이 므두셀라에게 대홍수의 원인과 노아의 구원 그리고 홍수 후에 다시 오게 될 더 사악한 마지막 시대에 대해 다시 가르치다

13 그때 나 하녹(에녹)은 그에게 대답하여 말했다. "주님께서 땅에 그분의 계명 을 갱신하실 것이다.[425] 나는 이미 이것을 한 장면에서 보았기에 너에게 알 려주었다. 나의 아버지 야레드(야렛)의 세대[426]에 하늘의 높은 곳들로부터 감 찰자들의 일부가 주님의 말씀을 거역하여 하늘의 언약을 벗어났었다.

14 자, 보아라. 그들이 죄를 짓고 있고 법을 위반하고 있다. 그들은 여자들과 난잡하게 뒤섞여 왔으며 여자들과 함께 죄를 짓고 있으며 그들의 몇몇과 결혼하여 그들로부터 자녀들을 얻었다.

15 이로 인해서 온 땅 위에 큰 멸망이 있게 될 것이다. 대홍수가 있을 것이고 일 년 동안 큰 파멸이 있을 것이다.[427]

16 그러나 너희에게서 태어난 이 아이는 땅에 살아남게 될 것이고 그의 세 아

---

425 다른 사본들에서는 '주님께서 땅에 새로운 일들을 행하실 것이다'라고 번역되었다.

426 (에녹1서 6:6) 야레드 시대 때에 감찰자들 중 자기 지위를 지키지 아니하고 자기 처소를 떠난 자들이 헤르몬 정상에 내려왔다. 유다서 1:6; 에녹1서 39:1-3 참조

427 홍수가 일 년동안 지속될 것을 예언한다. 홍수 이전 세상의 남은 흔적이 전멸되어 땅이 모든 부 패함으로부터 깨끗이 씻겨지도록 일 년 동안의 파멸의 시간을 하나님이 정하셨다.

들[428]은 그와 함께 목숨을 구할 것이다. 땅 위에 있는 모든 사람들이 죽을 때 그와 그의 아들들은 구원받을 것이다.

17 땅에서 그들이[429] 영에 속하지 않고 육에 속한 거인들[430]을 낳을 것이다. 땅에 큰 진노가 있을 것이며 땅이 모든 부패함으로부터 깨끗하게 씻겨질 것이다.

18 이제 너의 아들 라멕에게 가서 그가 낳은 자는 진실로 그의 아들임을 알려 주거라. 그리고 그의 이름을 '노아흐(노아)'라 불러라 이는 그가 너희를 위한 한 남은 자가 될 것이고 그와 그의 아들들이 땅의 부패로부터 또한 그가 사는 날 동안 땅에서 극에 달하게 될 모든 죄와 모든 불의 때문에 땅 위에 있게 될 멸망으로부터 구원함을 받을 것이기 때문이다.

19 그러나 그 일 후에 이전에 땅에서 저질러졌던 것보다 더 큰 불의가 다시 일어날 것이다. 거룩한 자들이 나에게 계시해 주었고 보여주었기에 또한 내가 하늘의 돌판들에서 읽었기에 그 신비들을 내가 알고 있는 것이다.

---

428 노아가 이제 막 태어난 시점이었지만 노아에게 세 아들이 있을 것이고 그 세 아들도 함께 구원받을 것이 예정되었음이 알려지고 있다.

429 16절 문장에서 노아와 세 아들의 구원을 이야기하였지만 여기서 '그들이'는 14-15절 문장의 내용을 17절에서 계속 이어서 설명하고 있는 것으로 보인다.

430 홍수가 일어난 직접적인 원인은 네필림들 때문이다. 홍수 직전에 순수 인류의 혈통은 극소수만 남았고 온 땅에 가득한 네필림의 포악과 음란이 하나님의 진노를 일으켜 대홍수의 멸망이 있게 했다. 일 년동안 지속되었던 대홍수의 파괴와 멸망은 땅 위의 모든 것을 쓸어버리고 새롭게 시작하도록 하였다.

대홍수 이후 다시 오게 될 마지막 때는 노아의 때 보다 더 악하고 음란한 시대가 될 것이다

홍수로 세상이 한번 멸망하여 청소될 것이지만 홍수 이후에 다시 불의와 죄악은 또 일어난다라는 세계관이 족장들에게 계속 알려져 전승 된다.

대홍수 후 약 340년에 바벨탑 사건으로 언어가 나뉘고 인류가 분산되었지만 그 후 종말의 대심판이 가까워지는 그리스도의 재림 직전에 다시 인류는 홍수 이전 보다 더 악하고 음란하며 세상은 죄와 불의가 가득차게 될 것이라는 내용이 전해진다.

홍수 이전에 살던 므두셀라와 라멕은 이러한 세계관들을 에녹에게서 듣고 배워 알게 되었고, 그들로부터 이러한 세계관을 전해 받은 노아와 셈은 홍수 이후에 아브라함에게 직접 전해주었으며, 이삭과 야곱에게까지 셈의 장막에서 이러한 에녹의 세계관이 직접 구전으로 또한 기록으로 전달되었다.

에녹은 동물 묵시와 10주간 묵시를 통해서 아담부터 시작한 7천 년의 인류 역사와 그 후의 영원 세상이 펼쳐지는 것까지 다 목격하였으며 특별히 인류 역사의 제7천 년인 메시아 왕국 시대를 시작하기 위해 인자가 심판의 주로 오시기 직전에는 노아의 대홍수 시대의 죄악보다 더 음란하고 악한 시대가 올 것을 내다보았다.

예수님이 친히 가르치신 종말에 대한 가르치심에서도 이러한 전승은 계속 이어진다.

[37]노아의 때와 같이 인자의 임함도 그러하리라 [38]홍수 전에 노아가 방주에 들어가던 날까지 사람들이 먹고 마시고 장가 들고 시집 가고 있으면서 [39]홍수가 나서 그들을 다 멸하기까지 깨닫지 못하였으니 인자의 임함도 이와 같으리라(마 24:37~39)

홍수 심판 후 세대가 지나갈수록 세상이 다시 더 극악해지겠지만 그 종말에는 '의로운 한 세대'가 일어나게 될 것임, 최후에 악은 땅에서 멸절되고 선함의 시대 (천년왕국)가 땅에 오게 됨

107 나는 그 돌판들에 적혀 있는 것을 보았다. 한 세대에서 다른 세대로 이어지면서 의로운 한 세대가 일어날 때까지 세대는 계속 더 사악해져 갈 것이다. 그러나 사악함은 끝나고 포악함이 땅에서 사라질 것이며 모든 선함과 복들이 땅 위에 오게 될 것이다.

므두셀라가 돌아와서 아기를 보고 그 이름을 노아라 부름

2 이제 내 아들아, 너는 가서 너의 아들 라멕에게 태어난 이 아이는 진실로 그의 아들이고 이것은 거짓이 아니라고 말해주어라."

3 메투셀라흐(므두셀라)가 그의 아버지 하녹(에녹)의 말들을 들었을 때 하녹(에녹)이 은밀한 모든 것을 그에게 보여주었기 때문에 그는 돌아가서 그 아이를 보았으며 그 아이가 모든 멸망 후에 땅을 위로할 자이므로 그 이름을 '노아흐(노아)'라 불렀다.

마지막 때를 살아갈 자들을 위한 에녹의 마지막 말들(108)

마지막 때에 일어나게 될 '의로운 한 세대'(107:1)와 에녹의 뒤를 따르며 토라를 지킬 '에녹의 세대'(108:1)

108 하녹(에녹)이 그의 아들 메투셀라흐(므두셀라)를 위해서 또한 마지막 날들에 하녹(에녹)의 뒤를 따르며 토라를 지킬 자들을 위해 쓴 다른 책.

하늘에서 땅으로 흐르는 생명의 법(法)인 토라
모세 이전 시대의 족장들에게 주어졌던 토라

에녹1서 108:1-2에서 언급된 '토라תורה'는 후대에 '모세 5경'이 곧 '토라'라고 고정된 생각과 개념을 가지기 이전 시대의 '토라'이다. 모세에게도 시나이 산에서 '토라'가 천사들을 통해서 주어졌지만(갈 3:19; 히 2:2) 모세 이전 시대의 사람인 아브라함에게도 '토라'가 주어졌고(창 26:5) 홍수 이전 시대에 에녹과 므두셀라와 라멕과 노아에게도 '토라'가 주어졌다.

4네 자손을 하늘의 별과 같이 번성하게 하며 이 모든 땅을 네 자손에게 주리니 네 자손으로 말미암아 천하 만민이 복을 받으리라 5이는 아브라함이 내 목소리에 순종하고 내 명령과 내 계명과 내 율례와 내 법도(토라תורהַ)를 지켰음이라(창 26:4-5)

토라 תורה는 야라(ירה 또는 ירא)라는 동사에서 파생된 명사인데 야라는 보통 '과녁을 맞추기 위해서 무언가를 쏜다'라는 의미에서 '가르침', '지시', '지침'이라는 의미로 이해한다. 그러나 이러한 야라의 개념 이해에 '하늘에서 땅으로', '하늘 위에서 땅 아래로'라는 방향성을 추가해야 야라(ירה 또는 ירא) 동사에 대한 온전한 이해를 가질 수 있게 된다.

야라(ירה)는 '하늘 위에서 땅 아래로 던지거나, 쏘거나, 붓거나, 흐르게 한다'는 뜻이다. 그러므로 토라 תורה는 '하늘에서 땅으로 정확하게 내려주신 하나님의 가르침, 지시, 지침'이라는 뜻이다.

'토라'의 이러한 의미에서 모세도 하늘에서 하나님으로부터 내려온 토라를 천사들을 통해서 전해 받았지만 모세 이전 믿음의 조상들도 이미 그들이 하늘의 하나님으로부터 전해 받은 토라의 가르침이 있었던 것이다.

'야라' 동사의 더 근원적인 의미는 '물처럼 하늘에서 땅에 흐르다'라는 뜻이다. 이 의미가 비를 연상시켜서 야라 동사는 '비가 내리다'라는 의미로도 사용된다. 히브리력 7월에 가을 절기의 초막절 제7일 최종 마무리를 하는 '명절 끝날, 큰 날'에 우기의 시작을 알리는 첫 비를 구하는 예식을 행하며 첫 비를 주시도록 기도하는데 그때 내리는 이른 비를 요레יורה라고 하며 이 단어도 야라ירה의 의미에서 파생된 명사이다.

하늘에서 샬롬이 쏟아지는 예루살렘과 에덴-동산

그리고 예루살렘의 히브리어 예루샬라임 ירושלים의 '예루'도 야라 ירה 동사와 '샬롬'이라는 명사가 합쳐진 단어로써 예루살렘의 의미도 '하늘에서 샬롬이 비처럼 쏟아지는 곳'이라는 의미이다.

예루샬라임의 접미사 '아임'은 쌍수를 나타내주는 접미사로 두 종류의 예루살렘이 있음을 나타내주는 단어가 된다. 하늘에 속한 하늘 예루살렘이 있고 땅에 속한 땅 예루살렘이 있다. 하늘의 예루살렘은 '하늘 에덴', '낙원', '하늘의 시온'과 같은 개념이다. 땅의 예루살렘은 '땅 동산', '땅의 시온'과 같은 개념이다.

하늘에서 생수의 강이 흘러내려와 땅의 동산을 적시는 그림이 에덴-동산을 잘 설명해주는 이미지이다.

> 강이 (하늘) 에덴에서 흘러나와 (땅) 동산을 적시고(창 2:10a)

이러한 에덴-동산의 그림은 '하늘에서 샬롬의 강이 쏟아 부어지는 장소'라는 예루샬라임의 의미와 같은 개념이다. 창세기 2장에서 묘사되는 처음 그 에덴-동산의 지리적인 주소는 지금 이스라엘 땅의 예루살렘이다.

죄인들과 악인들의 종말을 위해 예비된 그들이 던져지게 될 불타는 장소

2 너희 토라를 준수하며 악을 행하는 자들의 끝날 날과 죄인들의 권력이 끝날 그 날들을 기다리는 자들아,

3 너희는 죄가 지나가 없어질 때까지 기다리고 기다려라. 죄인들의 이름들은 생명의 책과 거룩한 자들의 책들에서 지워질 것이며 그들의 자손들은 영원히 멸망될 것이기 때문이다. 그들의 영들은 죽임을 당할 것이고 그들은 혼돈하고 황폐한 한 곳에서 울부짖으며 신음할 것이며 불에 탈 것이다.

4 그곳에는 땅이 없으며 그곳에서 나는 그 깊이가 너무 깊어서 내가 그것을 볼 수 없었기 때문에 무엇인지 분간할 수 없었던 구름 같은 어떤 것을 보았다. 그리고 나는 밝게 타오르고 있는 불의 화염들을 보았고 밝게 빛나는 산들과 같은 것들이 회전하며 운행하고 좌우로 흔들리는 것을 보았다.

5 나는 나와 함께 있던 거룩한 천사 중 한 명에게 물으며 그에게 말했다. "이 불타오르는 곳은 무엇입니까? 이곳에는 하늘이 없고 타오르는 불의 화염들만 있으며 울부짖고 흐느끼며 신음하는 소리들과 심한 고통만이 있습니다."

6 그가 나에게 말했다. "네가 보고 있는 여기 이 곳에 죄인들과 신성모독자들과 악을 행하는 자들의 영들이 던져질 것이다. 주께서 선지자들의 입들을 통해서 앞으로 되어질 일들에 대해 말씀하셨던 모든 것들을 변개시킨 자들의 영들이 여기에 던져질 것이다.[431]

책에 기록된 대로 심판 받을 죄인들과 하나님으로부터
많은 복들을 보상으로 받을 자들

7 하늘 위에 그들에 대한 책들과 기록들이 있다. 이는 천사들이 읽어서 죄인들에게는 무슨 일이 일어날 것인지 알도록, 또한 겸손한 자들과 육체의 고통을 받고 하나님에 의해 보상 받을 자들과 악한 자들에 의해 학대받은 자들의 영들에게는 무슨 일이 일어날 것인지 알도록 하기 위함이다.

8 하나님을 사랑하며 금과 은과 세상에 있는 어떤 좋은 것들도 사랑하지 않기에 그들의 육체를 고문의 고통에 내어준 자들,

9 그들이 존재했던 그 순간으로부터 이 세상의 양식에 대해 욕망을 품지 않고 그들 스스로를 사라져 버리는 한 숨으로 여기며 이를 지켰던 자들, 주께서 그들을 많이 단련하며 다루어 주심으로 그들의 영들이 순전하다고 판정받은 그들은 그분의 이름을 송축하게 될 것이다.

10 그들에게 있을 모든 복들을 나는 이 책들에서 열거했다. 그들은 이 세상에

---

431 선지자들을 통해 예언된 마지막 때를 이해하지 못하게 막은 죄: 요한계시록 마지막 장에서와 같이 에녹1서의 마지막 장에서도 동일한 경고가 엄중하게 주어지고 있다. (계 22:18-19) [18]내가 이 두루마리의 예언의 말씀을 듣는 모든 사람에게 증언하노니 만일 누구든지 이것들 외에 더하면 하나님이 이 두루마리에 기록된 재앙들을 그에게 더하실 것이요 [19]만일 누구든지 이 두루마리의 예언의 말씀에서 제하여 버리면 하나님이 이 두루마리에 기록된 생명나무와 및 거룩한 성에 참여함을 제하여 버리시리라.

있는 동안 그들의 생명보다 하늘을 더 사랑했다고 판명되었기에 그분께서 그들의 받을 보상을 챙겨 놓으셨다. 비록 그들이 사악한 자들의 발 아래 짓밟혔고 그들로부터 욕과 비난을 들었어야 했으며 학대를 받았을지라도 그들은 나[432]를 여전히 송축했다.

선한 자들이 부활의 몸의 형체로 변화됨, 보상의 부활을 받을 자들과 영광스러운 보좌에 앉을 자들, 그들은 영원히 밝게 빛나게 될 것이다

11 자, 이제 나는 빛의 세대에 속한 선한 자들의 영들을 불러 모을 것이다.[433] 나는 어둠으로 내려간 자들과 육체 안에서 그들의 신실함에 걸맞은 명예를 보상으로 받지 못한 자들의 형체를 변화시켜 줄 것이다.[434]

12 진실로 나는 내 거룩한 이름을 사랑한 자들을 반짝이는 빛으로 나타나게 할 것이며 각각 그의 영예로운 보좌에 앉혀 줄 것이다.

13 그리고 그들은 셀 수 없는 시간들 동안 찬란하게 빛날 것이다. 하나님의 심

---

432 108:6-9까지는 천사가 일인칭 화자로서 에녹에게 설명을 하는 문장이고 108:10에서 부터 일인칭 화자 '나'는 '하나님'으로 전환된다.

433 '불러 모을 것이다'는 죽은 자들의 부활을 표현하고 있다(마 24:31). 그가 큰 나팔소리와 함께 천사들을 보내리니 그들이 그의 택하신 자들을 하늘 이 끝에서 저 끝까지 사방에서 모으리라(살전 4:16). 주께서 호령과 천사장의 소리와 하나님의 나팔 소리로 친히 하늘로부터 강림하시리니 그리스도 안에서 죽은 자들이 먼저 일어나고.

434 (고전 15: 40a) 하늘에 속한 형체도 있고 땅에 속한 형체도 있으나. (고전 15:44) 육의 몸으로 심고 신령한 몸으로 다시 살아나나니 육의 몸이 있은즉 또 영의 몸도 있느니라. (고전 15:49) 우리가 흙에 속한 자의 형상을 입은 것 같이 또한 하늘에 속한 이의 형상을 입으리라. (고전 15: 51-52) [51]보라 내가 너희에게 비밀을 말하노니 우리가 다 잠 잘 것이 아니요 마지막 나팔에 순식간에 홀연히 다 변화되리니 [52]나팔 소리가 나매 죽은 자들이 썩지 아니할 것으로 다시 살아나고 우리도 변화되리라.

판은 의로우며 그분께서는 올바른 길들에 거한 신실한 자들에게 신실하심을 베풀어 주실 것이다.[435]

밝게 빛나는 의인들과 영원한 흑암으로 던져지는 죄인들

14 의인들은 자신들이 밝은 빛을 발하는 동안 어둠에서 태어난 자들이 흑암으로 던져지는 것을 보게 될 것이다.[436]

15 그리고 죄인들은 의인들이 눈부시게 밝게 빛나는 것을 보면서 그들 스스로는 그들을 위해 기록된 날들과 시간들의 장소로 떠나는 것을 볼 때에 크게 울부짖을 것이다.

> **빛나는 부활과 상급과 보상을 받는 천국에 대한 소망**
> **영원히 고통받는 불타는 지옥에 대한 경고**
>
> 에녹1서의 마지막 장인 108장에서 죄인들은 불타는 지옥에서 울부짖고 흐느끼며 심한 고통에 신음하게 될 것과 의인들은 밝게 빛나며 부활하여 상급 받고 보상받아 천국에서 영예로운 보좌에 앉혀지게 될 것이 대조되며 설명되고 있다.

---

435 (시 18:24-28) 24그러므로 여호와께서 내 의를 따라 갚으시되 그의 목전에서 내 손이 깨끗한 만큼 내게 갚으셨도다 25자비로운 자에게는 주의 자비로우심을 나타내시며 완전한 자에게는 주의 완전하심을 보이시며 26깨끗한 자에게는 주의 깨끗하심을 보이시며 사악한 자에게는 주의 거스르심을 보이시리니 27주께서 곤고한 백성은 구원하시고 교만한 눈은 낮추시리이다 28주께서 나의 등불을 켜심이여 여호와 내 하나님이 내 흑암을 밝히시리이다.

436 108:14에서는 의인들이 죄인들을 바라보고 108:15절에서는 죄인들이 의인들을 바라본다. 에녹1서 27:2-3a 참조.

에녹1서의 마지막 장 마지막 절인 108:15에서는 흑암에 던져지는 죄인들이 밝게 빛나는 부활한 의인들을 바라보며 울부짖는 모습으로 끝난다.

이사야서의 마지막 장 마지막 절인 66:24에서도 새 하늘과 새 땅에서 월삭과 안식일마다 하나님께 나와 예배드리는 부활한 의인들이 영원히 꺼지지 않는 불못에 있는 패역한 자들의 시체들과 그들의 몸에 죽지 않는 벌레들이 기어다니는 가증한 장면을 볼 것이라는 내용으로 마무리된다.

[22]내가 지을 새 하늘과 새 땅이 내 앞에 항상 있는 것 같이 너희 자손과 너희 이름이 항상 있으리라 여호와의 말이니라 [23]여호와가 말하노라 매월 초하루와 매 안식일에 모든 혈육이 내 앞에 나아와 예배하리라 [24]그들이 나가서 내게 패역한 자들의 시체들을 볼 것이라 그 벌레들이 죽지 아니하며 그 불이 꺼지지 아니하여 모든 혈육에게 가증함이 되리라(사 66:22-24).

히브리어 문자의 변천 과정(부록)

(고고학을 통해서 발굴된 발굴물을 기초로 한)

상형문자 의미	초기 히브리어	중기 히브리어	후기 히브리어	현재 히브리어	
	주전19~16세기[1]	주전16~11세기[2]	주전12~2세기[3]	주전6세기~ [4]	
	아브라함~모세	모세~통일왕국시대	사사 시대~ 하스모니안	에스라~현재	
	Proto-Sinaitic	Proto-Canaanite	Phoenician alphabet	Jewish square script	
뿔 난 가축					알렙
집					베트
던지는 무기					김멜
물고기, 문					달렡
두손 들고 찬양하는 자					헤이
못					바브
칼 무기					자인
앞마당, 꼬인 실					헤트
도는 바퀴					테트
손					유드

뜻	[1]	[2]	[3]	[4]	이름
손바닥					카프
지팡이					라메드
물					멤
뱀					눈
텐트 말뚝, 받침 지지물, 기둥					싸멕
눈					아인
입, 입술					페이
낚시바늘, 사냥					짜데
바늘					쿠프
머리					레쉬
이빨, 활					쉰
십자 표시					타브

[1] 이집트에서 발견된 서체

[2] 가나안 지역과 이스라엘 땅에서 발견된 서체

[3] 이스라엘 땅, 지중해 연안, 사마리아 사본, 사해 사본에서 발견되는 서체

[4] 사해 사본에서도 나타나며 바벨론에서 아람어체의 영향을 받은 형태로 현재까지 사용하는
    히브리어 글자체

   * 239쪽 '창조의 언어인 히브리어' 참조

에필로그: 그 300년
The 300 years

"에녹은 65세에 므두셀라를 낳았고 므두셀라를 낳은 후 300년을 하나님과 동행하며 자녀들을 낳았으며 그는 365세를 살았더라 에녹이 하나님과 동행하더니 하나님이 그를 데려가시므로 세상에 있지 아니하였더라"(창 5:21-24)

늘 궁금하였다. 65세에 므두셀라를 낳고 365세에 하나님이 하늘로 데려가시기까지 하나님과 동행했던 에녹의 그 300년의 삶이⋯ 구약 성경에 한 구절의 설명 '에녹이 하나님과 동행했다' 그리고 히브리서에서 '하나님을 기쁘시게 하는 자라는 증거를 받은 자'라고만 알려진 에녹의 삶⋯ 나는 늘 그 300년을 동경하면서 그 300년 동안 에녹은 하나님과 어떤 교제를 나누었을까, 하나님은 에녹에게 무엇을 보여주셨으며 무슨 이야기를 해주셨을까, 또 에녹은 하나님과의 교통의 비밀을 어떻게 자손들에게 전해주고 남겨주었을까를 알고 싶어 했다.

중학교 3학년 때 성령세례를 받은 후 나는 성경을 친구처럼 붙이고 살았다. 그리고 성경을 읽고 묵상하고 연구할 때마다 하나님은 늘 나에게 역사의 마지막 때를 조명해 주셨다. 고등학생 때 나는 나의 부르심과 사명이 마지막 때에 대한 메세지를 교회와 성도들에게 전하는 것이라는 것을 깨닫게 되었다. 그래서 성경을 연구하고 신학을 공부할 때 하나님은 나에게 종말론적인 관점으로 성경을 연구하도록 안내해 주셨고 그러다가 자연스럽게 일곱 절기를 연구하기 시작했다. 그리고 중국에서 사역할 때 이스라엘과 중동에 대한 선교의 부르심을 가지고 있는 중국 교회와 함께 예배하며 기도하던 중 내 영의 중심에 이스라엘이 들어왔고 그러던 어느 날 에녹서를 만나게 되었다.

에녹서가 나에게 다가왔을 때 나는 이것이 종말의 시대를 살아가는 성도들이 읽고 이해해야 하는 귀한 지침서이며 성경 속 깊숙하게 감추어진 보물들을 찾을 수 있도록 가르쳐 주는 보물 지도와 같다고 직감하게 되었고 내가 체험한 영적인 세계에 대해서 뒷받침 해주는 내용들 때문에 그 내용들이 낯설지는 않았지만 묵시적인 부분들은 충분히 이해가 되지 않았다.

그후 하나님은 나를 이스라엘을 섬기라고 예루살렘으로 보내셨고 이곳에서 히브리어를 배우고 히브리 대학 도서관에서 쿰란 사본들을 연구하면서 에녹 문헌들을 깊이 연구할 수 있는 상황을 열어 주셨다. 망망대해와 같은 책들 속에서 어떤 책을 찾아야 하고 어떤 자료를 읽어야 할 지 알 수 없는 내게 성령님은 내가 올라탄 배의 키를 잡고 직접 방향을 잡고 인도해 주셨다. 또 난해한 단어와 구절들을 이해하기 위해 꿀을 찾아 이 꽃에서 저 꽃으로 옮겨 다니는 꿀벌처럼 날마다 이 책에서 저 책으로, 성경의 구절들을 이 곳에서 저 곳으로 옮겨 다닐 때 성령님은 어김없이 나의 눈을 밝혀 그 뜻을 알게 하셨다.

그렇게 보물 지도의 해석의 실마리가 하나씩 풀려갈 때마다 내 영에는 진리의 보물들이 하나씩 박히기 시작했고 이 여정은 나를 더 깊고 더 높은 곳으로 이끌어주고 있었다. 비밀을 풀어내고 보물을 발견한 기쁨을 뛰어 넘어 형언할 수 없는 하늘 세계의 아름다움과 '인간 영화론'을 깨닫게 되는 환희에 나는 이것을 나누지 않고는 견딜 수 없었다. 내가 발견한 이 보물과 이 환희가 다른 것이 아닌 하나님의 킹덤을 향해 바른 방향을 가지고 흔들림 없이 달려가고자 하는 정결한 신부들을 위한 것이라는 것을 알았기에 먼저 발견한 자로서 나는 이 아름다운 여정에 함께 하자고 사람들을 초대하고 있었다.

그러나 몇몇 사람들은 내가 손에 들고 있는 이 보물 지도를 비웃었다. 그들은 그것이 진품인지 위조품인지 어떻게 증명해 보일 수 있냐며 나에게 냉소적이고 비판적인 화살을 쏘아 대었다. 또 몇몇 사람들은 불필요한 오해, 공격과 비난을 받게 될 것을 두려워했으며 또 몇몇 사람들은 관심이 없기도 했고 또 주님이 관심을 차단시키기도 하셨다. 처음부터 나는 이 보물 지도가 모두에게 주어질 수는 없으며 또 모든 사람들이 알아보거나 깨닫기는 어려울 것이라는 것을 알고 있었다. 무엇보다 이 귀중한 보물 지도를 먼저 손에 들었던 자들 중에 잘못 이해했거나 오용했던 사람들 때문에 선뜻 받아들이기가 어려울 것이라는 것도 이해하고 있었다. 그렇다고 결코 이 책의 가치가 떨어질 수는 없는 일이었다. 마지막 때를 위해 감추인 보화로서 얼마나 귀중한 것이었으면 수천년 동안 하나님의 섭리에 의해서 이때를 위해 감추어져 왔었겠는가?

이 보물 지도를 들고 가지 못하게 하려는, 때로는 포기하게 하려는 훼방들도 있었다. 때로는 나를 설득시키며 타협하고 좌절하게 하려는 소리도 있었다. 거기에 육체적인 피곤함, 영적인 거센 저항과 공격, 생각과 감정으로 치고 들어와 나의 평강을 깨뜨리려는 불화살들이 더해질 때 나는 그 자리에 멈춰 서서 한동안 머물러 앉아 있어야 했다. 그때마다 지극히 낮은 자의 모습으로 오셔서 온유함과 겸손함으로 이 땅을 섬기셨던 예슈아의 아름다운 성품이 내 영을 채웠고 그가 흘리신 보혈이 나를 씻어 주셨다. 그리고 아버지는 내가 가는 이 길이 옳다고, 그리고 잘 하고 있다고, 그리고 사랑한다고 위로해 주시고 격려해 주시며 하늘에서부터 사랑과 은혜와 자비를 나에게 쏟아 부어 주셨다.

그래서 나는 나에게 이 보물 지도를 들려주시면서 이 여정을 시작하게 하시고 인도하신 성령님을 의지하며 한 걸음씩 계속 걸어갔다. 그러던 중 이 보물 지도의 가치를 알아본 자들이 하나, 둘씩 나와 함께 서기 시작했다. 그리고 나는 그들이 바로 에녹이 동물 묵시 중에서 보았던 '눈 뜬 양들'이라는 것을 알게 되었다. 이제는 이 여정이 나 혼자가 아니라 열방 곳곳의 '눈 뜬 양들'과 함께 갈 여정이 되었고 그리고 이 '눈 뜬 양들'은 이 보물 지도 속에 담긴 비밀들을 통해서 성경 속에 깊이 감추었던 보물들을 발견하고 깨달아 가면서 다른 양들의 눈도 뜨게 할 것이다. 그렇게 우리는 사람들이 빨리 달리며 왕래하는 이 마지막 때에 많은 사람들이 자기의 부활을 더 아름답게 준비하게 하며 영생을 더 영화롭게 가꾸어가도록 옳은 데로 돌아오게 하는 자가 될 것이다.

이제 앞으로의 시대는 남겨진 자들 중에서도 더 적은 소수가 남겨 지게 될 것이며 그들은 좁은 문으로 들어가기를 애쓰며 협착한 길로 가기로 선택한 '에녹의 세대'일 것이다. 그러나 그 끝에는 온 우주의 왕이신 우리 주님께서 약속하신 빛나는 부활과 아름다운 상급과 영생이 있을 것이다. 그래서 우리는 이 믿음의 여정을 포기할 수 없다. 마지막 때까지 감춰져 왔던 이 놀라운 지침서가 이제 우리 손에 들려져 있다. 이 글을 마무리하기 위해서 나는 지금 예루살렘 동문 앞에 와서 서있다. 찬란한 보석들로 가득 찬 새 예루살렘에서 영화롭게 황금길을 걸을 날이 눈 앞에 보인다.

진실로 나는 내 거룩한 이름을 사랑한 자들을 반짝이는 빛으로 나타나게 할 것이며 각각 그의 영예로운 보좌에 앉혀 줄 것이다. 그리고 그들은 셀 수 없는 시간들 동안 찬란하게 빛날 것이다(에녹1서 108:12-13)

아담 이후 5782년 쉐밧 월
예루살렘 동문에 서서 하늘 예루살렘을 바라보며 육에녹

참고문헌

"The Early Enoch Literature." *Journal for the Study of Judaism* 367 (2007).

"The Sons of God and the Daughters of Men." *The Old and New Testament Student* 15.1/2 (1892): 78–79.

ANF04. Fathers of the Third Century: Tertullian, Part Fourth; Minucius Felix; Commodian; Origen, Parts First and Second. CCEL. http://www.ccel.org/ccel/schaff/anf04.vi.v.iv.iv.html.

Arcari, Luca. "2 Enoch and the Messianic Son of Man: A Triangular Reading Between the Book of the Parables of Enoch, The Testament of Abraham. and 2 Enoch." *Henoch Journal* 33 (2011): 88–93.

Argall, Randal A. *1 Enoch and Sirach: A Comparative Literary and Conceptual Analysis of the Themes of Revelation, Creation, and Judgment. First Enoch and Sirach.* Atlanta, Ga: Atlanta, Ga: Scholars Press, 1995.

Barker, Margaret. *The Lost Prophet: The Book of Enoch and Its Influence on Christianity.* Nashville: Abingdon Press, 1989.

Bautch, Kelley Coblentz. *A Study of the Geography of 1 Enoch 17-19: "No One Has Seen What I Have Seen."* Leiden; Boston: Brill, 2003.

Black, Matthew. *The Book of Enoch or 1 Enoch.* Leiden: Brill, 1985.

Boccaccini, Gabriele, Ehrenkrook, Jason von., Hellens, Harold J., Ruark, Ronald., Winger, Justin.,. "Enoch and the Messiah Son of Man: Revisiting the 'Book of Parables.'" Grand Rapids, Mich.; Cambridge: W.B. Eerdmans, 2007.

Boccaccini, Gabriele. *Beyond the Essene Hypothesis: The Parting of the Ways between Qumran and Enochic Judaism.* Grand Rapids, Mich.: William. B. Eerdmans Pub, 1998.

Boccaccini, Gabriele. "Enoch and Qumran Origins: New Light on a Forgotten Connection" (2005).

Boccaccini, Gabriele., Argall, Randal A., Enoch Seminar. "The Origins of Enochic Judaism: Proceedings of the First Enoch Seminar, University of Michigan, Sesto Fiorentino, Italy, June 19-23, 2001." Torino: S. Zamorano, 2002.

Bock, Darrell L, and James H Charlesworth. *Parables of Enoch: A Paradigm Shift,* 2013.

Briggs, Francis Brown Samuel R Driver, and Charles A. *Hebrew and English Lexicon of the Old Testament with an Appendix Containing the Biblical Aramaic: Coded with the Numbering System from Strong's Exhaustive Concordance of the Bible,* 1906.

Charlesworth, James H. *The Old Testament Pseudepigrapha, Volume 1: Apocalyptic Literature & Testaments,* 1983.

Collins, John J., and Maxwell J. Davidson. "Angels at Qumran: A Comparative Study of 1 Enoch 1-36, 72-108 and Sectarian Writings from Qumran." *Journal of Biblical Literature* 112.1 (1993): 142.

Cresson, Warder. *Jerusalem, the Centre and Joy of the Whole Earth: And the Jew, the Recipient of the Glory of God.* 2nd ed. London: J. Nisbet, 1844.

Dimant, Devorah. "The Biography of Enoch and the Books of Enoch." *Vetus Testament* 33. Brill (1983): 14–29.

Drawnel, Henryk. "An Introductory Bibliography for the Study of 1 Enoch." *Biblical Annals* 9.1 (2019): 101–30.

Enarson, Lars. *Joy of the Whole Earth: Jerusalem and the Future of the World.* Ariel Media, 2015.

Evans, Craig A. *The Interpretation of Scripture in Early Judaism and Christianity. Journal of Chemical Information and Modeling,* 2000.

García, Florentino, and Martínez Kuleuven. *Parabiblical Literature from Qumran and the Canonical Process,* n.d.

Grabbe, Lester L. *THE SCAPEGOAT TRADITION: A STUDY IN EARLY JEWISH INTERPRETATION). Source,* 1987.

Grant Macaskill. "The Slavonic Texts of 2 Enoch." *Studia Judaeoslavica* 6 (2013).

Hapter, C. "The Messiah: A Comparative Study of the Enochic Son of Man and the Pauline Kyrios." *The Messiah: A Comparative Study of the Enochic Son of Man and the Pauline Kyrios* (2011): 1–22.

Harkins, Angela Kim, Bautch, Kelley Coblentz, Endres, John C.. *The Watchers in Jewish and Christian Traditions,* 2014.

Harkins, Angela Kim, Kelley Coblentz Bautch, and John C Enders S. J. *The Fallen Angels Traditions: Second Temple Developments and Reception History.* First Edit. Washington, DC: Catholic Biblical Association, 2014.

Hayman, Henry. "The Book of Enoch in Reference to the New Testament and Early Christian Antiquity." *The Biblical World* 12.1 (1898): 37–46.

Heger, Paul. "1 Enoch-Complementary or Alternative to Mosaic Torah?" *Journal for the Study of Judaism* 41.1 (2010): 29–62.

Jackson, David R. *Enochic Judaism: Three Defining Paradigm Exemplars.* T & T Clark International, 2004.

James Scott Trimm. *The Book of Enoch Study Edition.* The Worldwide Nazarene Assembly of Elohim.

Johnston, Robert. "The Eschatological Sabbath in John's Apocalypse: A Reconsideration." *Andrews University Seminary Studies* 25.1 (1987): 9.

Jung, Leo. "Fallen Angels in Jewish, Christian and Mohammedi Literature: A Study in Comparative Folk-Lore." *The Jewish Quarterly Review* 16.3 (1926): 287–336.

Knibb, Michael A. *The Ethiopic Book of Enoch: A New Edition in the Light of the Aramaic Dead Sea Fragments.* Oxford, 1978.

Knibb, Michael Anthony. *Essays on the Book of Enoch and Other Early Jewish Texts and Traditions.* Leiden; Boston, Mass.: Brill, 2009.

Leslau, Wolf. *Comparative dictionary of Ge'ez: (Classical Ethiopic) Ge'ez-English/ English-Ge'ez, with an index of the semitic roots.* Wiesbaden: Otto Harrassowitz, 1991.

Leslau, Wolf. *Concise dictionary of Ge`ez (classical Ethiopic).* Wiesbaden: Harrassowitz, 1989.

Mahoney, Timothy P., , Law, Steven,, Schroeder, Gerald L.,,. *Patterns of Evidence: Exodus.* Thinking Man Media, 2015.

Milik, J. T., Black, Matthew. *The Books of Enoch: Aramaic Fragments of Qumran Cave 4. Oxford,* 1976.

Nickelsburg, George W. E., VanderKam, James C., Baltzer, Klaus. *1 Enoch 2: A*

Commentary on the Book of 1 Enoch Chapers 37-82. Minneapolis, Minn.: Fortress Press, 2012.

Nickelsburg, George W. E., VanderKam, James C.. 1 Enoch: The Hermeneia Translation, 2012.

Nickelsburg, George W. E., Baltzer, Klaus.,. 1 Enoch 1: A Commentary on the Book of 1 Enoch, Chapters 1-36; 81-108. Minneapolis, Minn.: Fortress, 2001.

Odeberg, Hugo. 3 Enoch or the Hebrew book of Enoch. Cambridge: University Press, 1928.

Olson, Daniel C.. A New Reading of the "Animal Apocalypse" of 1 Enoch: "All Nations Shall Be Blessed": With a New Translation and Commentary. Leiden; Boston: Brill, 2013.

Orlov, A. "The Pillar of The World: The Eschatological Role of The Seventh Antediluvian Hero In 2 (Slavonic) Enoch." Selected Studies in the Slavonic Pseudepigrapha 2 (2010): 91–110.

Orlov, Andrei A. Dark Mirrors Azazel and Satanael in Early Jewish Demonology. Albany: Albany: State University of New York Press, 2011.

Pinker, Aron. "A Goat to Go to Azazel." Journal of Hebrew Scriptures 7 (2011): 1–25.

Pixner, Bargil. With Jesus through Galilee According to the Fifth Gospel / Bargil Pixner. Rosh Pina: Rosh Pina: Corazin, 1992.

R.H. Charles. The Book of Enoch or 1 Enoch. 2nd ed. Oxford, 1912.

Reed, Annette Yoshiko. Fallen Angels and the History of Judaism and Christianity: The Reception of Enochic Literature. Fallen Angels and the History of Judaism and Christianity: The Reception of Enochic Literature, 2005.

Reeves, John C. "Complicating the Notion of an 'Enochic Judaism'." *Enoch and Qumran Origins: New Light on a Forgotten Connection* August 2003 (n.d.): 1–17.

Sacra Scriptura: How "Non-Canonical" Texts Functioned in Early Judaism and Early Christianity. London: Bloomsbury, 2015.

S. Al-Zoub, Abdallah, ., Elias Salameh,. "A New Evidence for Lateral Displacement along Wadi Araba Fault/the Dead Sea Transform, Jordan." *J. of Applied Sciences Journal of Applied Sciences* 3.4 (2003): 216–24.

Stokes, Ryan E. "The Throne Visions of Daniel 7, 1 Enoch 14, and the Qumran Book of Giants (4Q530): An Analysis of Their Literary Relationship." *Dead Sea Discoveries* 15.3 (2008): 340–58.

Stone, Michael E. "Enoch and the Fall of the Angels: Teaching and Status." *Dead Sea Discoveries* 22.3 (2015): 342–57.

Stuckenbruck, Loren T. "The 'Angels' and 'Giants' of Genesis 6:1-4 in Second and Third Century BCE Jewish Interpretation: Reflections on the Posture of Early Apocalyptic Traditions." *Dead Sea Discoveries* 7.3 (2000): 354–77.

Tiller, Patrick A. *A Commentary on the Animal Apocalypse of I Enoch.* Early Judaism and Its Literature; No. 04. Y, 1993.

Tromp, J., James C. VanderKam, and William. Adler. *The Jewish Apocalyptic Heritage in Early Christianity.* Vigiliae Christianae. Vol. 52. 2, 1998.

VanderKam, James C.. *Enoch, a Man for All Generations.* Columbia, S.C.: University of South Carolina Press, 2008.

Vela, Tyler. "Canonical Exclusion or Embrace? The Use of Enoch in the Epistle of Jude." *Academia.Edu* (2017).

Waddell, James. "Enoch And the Enoch Tradition: A Bibliography, 2000–Present" (2007): 337–47.

Wright, Archie T. "Breaching the Cosmic Order: The Biblical Tradition of Genesis 6:1-4 and Its Reception in Early Enochic and Philonic Judaism." 2004.

Wright, Archie T. The Origin of Evil Spirits: *The Reception of Genesis 6:1–4 in Early Jewish Literature (Revised Edition),* 2015.

초판1쇄 펴낸날 2022년 6월 5일
초판2쇄 펴낸날 2023년 5월 9일
초판3쇄 펴낸날 2024년 8월 20일

글쓴이	육에녹
표지 사진	쿰란 4번동굴에서 발견된 아람어 에녹1서 4Q201
편집 및 북디자인	박미소
표지디자인	디자인아난 백진영
인쇄	나눔프린팅
펴낸이	육에녹
펴낸곳	도서출판 진리의집
등록	제2020-13호(2020.09.02)
주소	(31411)충청남도 아산시 둔포면 관대길 59-6번지
영업·관리	백진영(010-5164-2593)
유튜브	진리의집
홈페이지	https://cafe.naver.com/houseoftruth
온라인몰	smartstore.naver.com/houseoftruth

※ 모든 도서는 진리의 집 온라인 몰과 전국 온,오프라인 서점을 통해 구매 가능합니다.

ISBN 979-11-971774-5-3 부가기호: 93230 | 정가 25,000원